Te joden vivo

Cómo sobrevivir a la familia

Oliver James

TÍTULO ORIGINAL
THEY FUCK YOU UP
HOW TO SURVIVE FAMILY LIFE

Publicado por:
GLOBAL RHYTHM PRESS, S. L.

C/ Bruc 63, Pral. 2ª – 08009 Barcelona
Tel.: 93 272 08 50 – Fax: 93 488 04 45

Publicado por primera vez en el Reino Unido por Bloomsbury en 2002
Edición revisada de 2007

Copyright 2002, 2007 de Oliver James

Copyright 2007 de la traducción de Antonio Padilla

Derechos exclusivos de edición en lengua castellana:
Global Rhythm Press, S. L.

ISBN: 978-84-96879-16-4

DEPÓSITO LEGAL: B. 2.298-2008

Diseño gráfico PFP (Quim Pintó, Montse Fabregat)
Preimpresión LOZANO FAISANO, S. L.
Impresión y encuadernación SAGRÀFIC

PRIMERA EDICIÓN EN GLOBAL RHYTHM PRESS: febrero de 2008

Te joden vivo
Cómo sobrevivir a la familia
Oliver James

Traducción de Antonio Padilla

GLOBALrhythm

A mi mamá y mi papá,
la causa principal de este libro

THIS BE THE VERSE

They fuck you up, your mum and dad.
They may not mean to, but they do.
They fill you with the faults they had
And add some extra just for you.

But they were fucked up in their turn
By fools in old-style hats and coats,
Who half the time were soppy-stern
And half at one another's throats

Man hands on misery to man.
It deepens like a coastal shelf.
Get out as early as you can,
And don't have any kids yourself.

PHILIP LARKIN

SEA ÉSTE EL VERSO

Mamá y papá en verdad te joden vivo,
tal vez no quieran, pero al fin da igual;
te cargan con su saldo negativo,
luego añaden una carga adicional.

Pero a ellos los jodieron en su día
unos necios de rancios atavíos
que hablaban con solemne bobería
cuando no peleaban como críos.

El hombre lega al hombre su flagelo,
que se ahonda como el lecho de la mar.
Tan pronto como puedas alza el vuelo
y a los hijos más te vale renunciar.

PHILIP LARKIN

AGRADECIMIENTOS

Sólo Clare, la mujer con quien comparto mi vida, conoce de verdad el esfuerzo que hay detrás de este libro. Además de soportar con infinita paciencia a un marido irritable y ensimismado envuelto en una humareda de tabaco cada vez más espesa, ha leído los sucesivos borradores y ha reclamado mejoras en el texto con lucidez inmisericorde.

Entre los familiares y amigos que me han hecho observaciones vitales, el segundo puesto de la clasificación corresponde ex aequo a mi difunta madre, que ni siquiera en el lecho de muerte escatimó sus dictámenes sobre los sinuosos meandros de la prosa, y a Jemima Biddulph, que se incorporó tarde pero decisivamente al proyecto pese a sus muchas obligaciones como profesora.

También se dejaron engatusar Lucy Astor, Penny Garner, Anna-Louise Garner, Teddy St Aubyn, James Sainsbury y mis hermanas Lucy, Mary y Jessica, quienes comentaron diversas secciones del texto y me plantearon útiles sugerencias.

A Rosemary Davidson, de la editorial Bloomsbury, quiero agradecerle que aceptara inicialmente el proyecto y que más tarde me diera claras directrices para salvarlo cuando tras doce meses de trabajo estaba aún a años luz de completarse. Bill Swainson y Pascal Cariss hicieron varias propuestas sobre asuntos generales o de detalle que contribuyeron inmensamente a la mejora del manuscrito.

Gillon, de Gillon Aitken Associates, hizo posible con su severa insistencia que la idea tomara forma y se pusiera en marcha. Su colega Lesley Shaw me brindó más tarde un apoyo constante por el que estoy muy agradecido.

Doy las gracias a los herederos de Philip Larkin y a la editorial Faber and Faber por el permiso para reproducir el poema «This Be the Verse» perteneciente al libro *High Windows*. Asimismo le agradezco a Jane Beresford el permiso para reproducir en el capítulo 1 parte de la entrevista que Feargal Keane le hizo a Rufus May, entrevista emitida en el programa radiofónico de la BBC *Taking a Stand*.

SUMARIO

PRÓLOGO A LA EDICIÓN REVISADA

Aparte de mi matrimonio y los dos adorables chiquillos nacidos de dicha unión, una de las grandes alegrías de mi vida (aunque no tan gratificante como los dos goles que marqué en la final del campeonato escolar de 1972) es el hecho de que este libro se haya vendido lo suficiente para justificar una segunda edición, pues su tema es el que he sentido más próximo durante al menos treinta años. Si los lectores lo han encontrado provechoso tanto para sortear sus dificultades como para estar mejor preparados a la hora de afrontar las de sus propios hijos, me satisface enormemente haber sido capaz de contribuir a la solución de esos problemas, sin duda los más importantes después del hambre y la enfermedad.

En los cinco años transcurridos desde la edición de 2002 se han publicado abundantes estudios científicos que respaldan con contundencia la tesis de este libro y hacen necesaria una segunda edición de la obra. Durante este breve período, los más señalados defensores del origen genético de trastornos mentales como la esquizofrenia o la depresión han acabado abjurando de su posición inicial. Tras examinar en detalle los genes identificados por el Proyecto Genoma Humano se han visto obligados a reconocer que la existencia de un gen específico para cada una de las enfermedades mentales es altamente improbable. De acuerdo con la nueva hipótesis, la responsabilidad recae ahora en agrupaciones de genes. El futuro dirá,

pero por el momento hay pocos datos que corroboren esta teoría.
Mientras tanto se sigue confirmando la importancia fundamental
de la educación y el trato dispensados por los padres, como muestran de forma convincente diversos estudios sobre su impacto en las
reacciones eléctricas o químicas del cerebro e incluso en el tamaño
mismo de distintas áreas cerebrales. Por ejemplo, cada vez está más
claro que el trato recibido durante la primera infancia fija el termostato para nuestros niveles de cortisol (hidrocortisona) y las pautas de
las ondas cerebrales en el lóbulo frontal izquierdo. También está cada
vez más claro que subsiguientes experiencias positivas (la terapia, por
ejemplo) tienen la capacidad de reajustar dichos niveles hasta situarlos
en índices más saludables y que las experiencias negativas pueden
provocar el efecto inverso. Uno de los acontecimientos científicos más
significativos ocurridos en lo que va de siglo tuvo lugar en 2007 cuando una prestigiosa revista de psiquiatría dedicó un número entero a
exponer las cada vez más sólida pruebas de que la esquizofrenia puede
en muchos casos proceder de abusos sexuales y maltratos físicos. Por
lo menos la mitad de las personas diagnosticadas como esquizofrénicas
padecieron tales experiencias.

Tengo perfectamente claro que la difusión alcanzada por este
libro no se debe a las excelencias de su prosa o la agudeza de sus
observaciones. En los años ochenta tuve la suerte de conocer al director
de cine Nic Roeg. Aunque había realizado espléndidas películas,
Amenaza en la sombra (protagonizada por Donald Sutherland y Julie
Christie) era de lejos su obra más vista y su mayor éxito comercial.
Nic no la consideraba mejor que otros trabajos suyos salvo por la
azarosa virtud de conectar con la sensibilidad predominante en el
mundo desarrollado y en esa etapa concreta de la historia cultural.

Si este libro se hubiera publicado a finales de los años ochenta,
cuando el determinismo genético estaba en su apogeo, dudo que

hubiese logrado sintonizar tanto con los tiempos. Como he expuesto de forma más detallada en *Affluenza*, mi último libro, fue preciso el ascenso de lo que he caracterizado como «capitalismo egoísta» (es decir, liberalismo económico en su versión thatcherita o reaganita) para que el libro de Richard Dawkins *El gen egoísta* —publicado en 1976— se convirtiera en un best-seller que proporcionaba una explicación racional a las ideas políticas de la derecha. Mi libro ha coincidido por mera casualidad con un gobierno británico que, al menos en teoría, atribuye una importancia decisiva al entorno social y en particular al papel de los padres. Estas cosas funcionan por ciclos. En mi juventud, durante los años sesenta y primeros setenta, se creía que el cuidado y la educación de los niños lo eran todo, sin que la naturaleza tuviera apenas nada que decir. El péndulo se movió en sentido opuesto durante los ochenta y ahora ha vuelto al punto anterior. Sospecho que hacia 2002 mucha gente estaba harta de escuchar que el libre albedrío era básicamente ilusorio y que los genes eran lo fundamental.

No obstante, la nueva atención a la importancia del modo como criamos a nuestros hijos durante la primera infancia no tardó en ser puesta al servicio del capitalismo egoísta. La aplicación de teorías conductistas, originalmente basadas en estudios sobre la respuesta de ratas o monos a la recompensa y el castigo, está detrás de obras tan populares como el *Contented Little Baby Book* [libro del bebé satisfecho] de Gina Ford o la teleserie del Channel Four británico *Supernanny* [superniñera] protagonizada por Jo Frost. Un título mucho más idóneo para el libro de Ford sería *Los padres satisfechos*, mientras que la serie de Frost debería titularse *Cómo domar a la fierecilla que tenemos en casa*. Las necesidades de los padres lo son todo y las necesidades emocionales de los niños no aparecen por ninguna parte. Aunque ha habido alternativas tan populares como los libros de Steve Biddulph o la obra de Jean Liedloff *The Continuum Concept*,

éstas se enfrentaban a un gobierno y una cultura nacional obsesionados por unos padres que trabajan cada vez más horas fuera de casa
para poder permitirse el consumo de caprichos cada vez mayores,
más frecuentes y más perentorios.

«Blatcher»* y sus acólitos del Nuevo Laborismo no sólo fueron
taimados con respecto a las armas de destrucción masiva. Al final
resultó que sus vidas personales estaban grotescamente dominadas
por el ansia de codearse con los famosos (el propio Blair), de conquistar a mujeres sexualmente atractivas (los ministros Blunkett o
Prescott) y, más grave aún, de acumular dinero (Cherie Blair con sus
conferencias millonarias y sus inversiones inmobiliarias) o de asociarse con éste (concesión de títulos nobiliarios a cambio de préstamos, compadreo con los ricos).

Su política educativa y de atención a la infancia reflejaba ese
mismo materialismo rampante situando la creación de pequeños
productores-consumidores muy por encima de la aportación de afecto y seguridad que tanta importancia tiene para una formación y una
salud mental verdaderas. Su propósito era que los niños británicos
se convirtieran tanto como fuese posible en adictos a los valores
americanizados que ellos mismos propugnaban.

En el terreno educativo, los exámenes rivalizaron con las tasas
universitarias como métodos para recluir a los jóvenes en una existencia dominada por actitudes comerciales brutalmente competitivas.
Los campos de juego fueron malvendidos con tanta diligencia como
bajo los conservadores, toda actividad educativa que no contribuyera de forma directa a la economía fue minimizada o eliminada y los
hombres de negocios fueron autorizados a comprar escuelas donde
propagar una inquietante mezcla de religión e ideología capitalista.

* Juego de palabras con los apellidos de Tony Blair y Margaret Thatcher.
(N. del T.)

En el terreno de la atención a la infancia, y de acuerdo con la mentalidad del Nuevo Laborismo (cuyos jerifaltes o sus parejas muy rara vez cuidaban personalmente a sus hijos), la degradación del papel materno (ya fuera éste asumido por un hombre o por una mujer) continuó acelerándose, pues sólo el trabajo asalariado estaba bien considerado. De forma particular, el plan SureStart dirigido a los padres carentes de recursos pronto fue destinado de manera primordial a la creación de guarderías de barrio con el argumento de que las madres sólo pueden disfrutar de autoestima y dignidad si se realizan a través del trabajo remunerado. Esta política tuvo además el efecto de incrementar la reserva de trabajadores mal pagados a disposición de las empresas que contribuían con «préstamos» a las campañas electorales del Nuevo Laborismo. Curiosamente, pocos o ninguno de los jerarcas laboristas optaron por las guarderías como método sustitutivo de atención para sus propios hijos, pues tan sólo las niñeras con dedicación individual a tiempo completo resultaban dignas del pequeño Leo Blair, por poner un ejemplo conocido. No pasaba un año sin que uno u otro de los ministros adscritos al Nuevo Laborismo tratase de ganar capital político mediante el anuncio de medidas encaminadas a meter en vereda a padres e hijos «asilvestrados». Las pantallas de televisión no paraban de mostrar a padres e hijos insumisos procedentes de catastróficos barrios de viviendas baratas a quienes se les impartían lecciones de disciplina. Es descorazonador que las oportunidades surgidas tras el triunfo electoral laborista de 1997 hayan sido así desperdiciadas.

La manzana del Nuevo Laborismo ha demostrado estar podrido de múltiples formas (Irak, el obsceno enriquecimiento de quienes ya eran ricos de por sí, los numerosos escándalos en que se han visto involucrados prácticamente todos y cada uno de los allegados a Tony Blair, etc.). No obstante, su mayor iniquidad desde mi punto de vista radica en el fracaso a la hora de generar las condiciones precisas para atender las necesidades emocionales de los niños. Fueron unos irresponsables.

A un nivel menos polémico y más práctico, el individuo que se esfuerza por entender la influencia que la niñez ha ejercido sobre su personalidad adulta cuenta con opciones que van más allá de lo expuesto en este libro, pues desde que lo escribí he descubierto un nuevo método merecedor de especial atención. Si bien yo no lo he probado personalmente, sé que muchas personas han encontrado que el Proceso Hoffman resulta muy efectivo a la hora de revivir el impacto ejercido por la niñez y ofrece soluciones muy prácticas para superar la simple queja contra los padres y la repetición constante del pasado (véase hoffmanprocess.co.uk).

Cuando escribí este libro no tenía hijos, pero ahora soy padre de una niña de cuatro años y un niño de veintiún meses. La gente a veces me pregunta si la paternidad ha cambiado mis opiniones. Mi respuesta es que no, que no las ha cambiado; si acaso ha servido para incrementar mi confianza en las investigaciones que se describen más adelante. Está claro que mi mujer y yo las vamos a pasar canutas a la hora de criar a nuestros hijos, cosa que es hasta cierto punto inevitable. Como el psicoanalista Donald Winnicott, creo que en la vida sólo podemos aspirar a ser unos padres «razonablemente buenos». Mi objetivo es que todos reflexionemos con frialdad y sin sentimentalismo sobre el modo como nuestras historias nos han afectado, porque así tendremos más capacidad para no proyectar nuestros propios problemas sobre nuestros hijos. Me gustaría pensar que este libro puede contribuir a lograrlo.

OLIVER JAMES
Idbury, octubre de 2006

PREFACIO

M i recuerdo más temprano es una caída de la cama de mis padres ocurrida cuando yo tenía dieciocho meses. Ofuscado por la llegada de mi hermana menor, agarré un berrinche tremendo cuando vi que la estaban amamantando. Después de este episodio, durante bastantes semanas me mostré de lo más huraño: me expresaba con gruñidos y ponía siempre mala cara. Si alguien trataba de cogerme, yo lo apartaba a empellones, y durante tres semanas mis padres supusieron que ese humor de perros era consecuencia de la llegada de mi hermana. Mi padre y mi madre tenían formación psicoanalítica, de modo que no eran reacios a las explicaciones psicológicas, aunque, para hacerles justicia, cualquier progenitor seguramente habría llegado también a la conclusión de que mi malhumor se debía a la rivalidad con mi hermanita. Sólo cuando me llevaron al médico descubrieron que me había producido una fisura en la clavícula al caerme de la cama. Mi padre era médico, pero había confundido lo psicológico con lo fisiológico.

Ésta y un sinfín de experiencias posteriores vividas dentro y alrededor del mundo de la psiquiatría y la enfermedad mental me han llevado a concluir que la sobreinterpretación psicológica del comportamiento humano puede ser desaconsejable. En mi chiste preferido sobre Freud, éste aparece en su club de Viena fumándose un puro tras haber dado cuenta de la cena. Un colega hostil se le acerca y señala:

—Se está usted fumando un puro enorme, muy gordo y muy largo, profesor Freud...

A lo que Freud contesta:

—Hay ocasiones en que un cigarro es sólo un cigarro.

Estoy por completo a favor del saludable escepticismo con que la gente normal y corriente contempla las artificiosas teorías sobre las motivaciones humanas, así que no estará de más que explique por qué me creo cualificado para analizarlas.

Tras licenciarme en antropología social, estudié para convertirme en psicólogo clínico de la infancia y como tal trabajé a tiempo parcial en un hospital psiquiátrico durante seis años. Fascinado por el modo como los cuidados que recibimos a lo largo de la primera infancia determinan en parte la clase de adultos en que acabamos convertidos, escribí un extenso y denso tratado sobre la cuestión. Así surgió lo que ha sido un constante interés por las pruebas científicas y las teorías relacionadas con la clásica controversia entre lo innato y lo adquirido, interés que me ha convertido en un verdadero devorador de tales estudios.

Hoy seguramente estaría reescribiendo mi tesis si en 1982 no hubiera recibido una llamada telefónica de un amigo de la universidad que trabajaba para el canal televisivo Granada y a quien se le había ocurrido que tal vez yo pudiera saber algo sobre el desarrollo infantil. Así fue como me vi envuelto en la producción de documentales, varios de los cuales me llevaron a entrevistar a hombres de naturaleza violenta. Como veremos en el capítulo 3, éstos forman un grupo de particular interés, pues los vínculos entre sus crímenes y sus historias de infancia son poco menos que ineludibles. Esas personas me aportaron valiosos elementos para entender el papel que el pasado juega en el presente, ya que los hombres violentos a menudo (y lamentablemente) hacen a sus víctimas justo lo que a ellos les hicieron sus propios padres.

Di con un filón no menos instructivo cuando me aventuré a realizar entrevistas televisivas de perfil psicológico a varios personajes célebres. De nuevo me quedé anonadado por lo transparentes que resultaban los lazos entre las experiencias tempranas de esos triunfadores y su posterior necesidad de triunfo. Como había sucedido con los hombres violentos, en muchos casos bastaba con formular preguntas sencillas del tipo «¿con cuál de sus progenitores tenía usted vínculos más estrechos?» o «¿de qué forma lo castigaban sus padres?» para que los obvios nexos entre el pasado y el presente aparecieran ante el espectador.

Aparte de recurrir a casos clínicos convencionales, en este libro he incluido las historias de varios individuos famosos a quienes he conocido personalmente y psicobiografías de otros a los que nunca he tratado. La televisión y los periódicos han convertido a algunos de ellos en virtuales integrantes de nuestro círculo social, de modo que cuando utilizo al príncipe Carlos, a Woody Allen o a Paula Yates para ilustrar un argumento es más fácil establecer la conexión porque a todos nos parece que ya conocemos a esas personas.

R. D. Laing, el creador de la denominada antipsiquiatría o psiquiatría radical, presentó su polémica y maravillosa obra *La política de la experiencia*, publicada en 1967, con las palabras «pocos libros son hoy perdonables». Espero que éste lo sea. Laing añadía que «todos somos asesinos y prostitutas [...] todos somos seres perplejos y enloquecidos, extraños a nuestras verdadera naturaleza, a nuestros semejantes y al mundo espiritual o material». Su libro concluye con una frase alarmante: «Si os pudiera despertar, si os pudiera sacar de vuestras mentes desdichadas, si os lo pudiera decir, lo anunciaría».

¡Cómo me gustaría proclamar que estoy en definitiva cualificado para escribir este libro porque he alcanzado una especie de equilibrio mental trascendente, un estado de salud emocional tan superior y espectacular que merece ser compartido con los demás! Pero por desgracia no puedo pretender que me hallo en semejante estado. Como veréis a lo largo de este libro, al igual que todo el mundo estoy luchando por comprender qué papel juega el pasado en mi presente. Sin embargo me arriesgaré a decir en qué os podría ayudar este libro.

Averiguar cómo vuestros padres os trataron cuando erais pequeños (recurriendo a vuestros propios recuerdos, a testimonios ajenos o al análisis de vuestras relaciones actuales con los demás) podría conduciros a una existencia más satisfactoria. Aunque éste no es exactamente un libro de autoayuda, en él he incluido procedimientos para llevar a cabo una auditoría emocional —un recuento— del pasado en vuestro presente y un ejercicio que, aplicado a ese material, os puede facilitar el entendimiento y la transformación.

Buena parte del libro trata de divulgar datos científicos relativos al papel fundamental que el comportamiento de nuestros padres juega en la conformación de nuestra personalidad; las notas que aparecen al final de cada capítulo servirán de orientación a quienes estén interesados en leer dichos estudios por su cuenta. Aunque no os quiero sacar de vuestras mentes desdichadas, sí comparto con Laing el deseo de que despertéis.

INTRODUCCIÓN

La actriz Mia Farrow era la quinta de ocho hermanos.[1] Cuando tenía diecinueve años lamentó en una entrevista esa circunstancia:

—Un niño necesita más amor y más afecto del que puede encontrar en una familia numerosa.

A los veinticinco años fue madre por primera vez (de gemelos), y poco después tuvo un hijo varón. Ya podía criar a sus hijos en el seno de esa familia no demasiado extensa que ella no había tenido durante su propia niñez. Sin embargo, antes de que pasara un año había adoptado a dos pequeños vietnamitas, y en el curso de los siguientes doce años tuvo otro hijo y adoptó a seis más. Al final eran doce los niños que la llamaban mamá. Hoy Mia Farrow señala:

—Los beneficios que se derivan de crecer en una familia numerosa son enormes. Lo que yo quiero es recrear el entorno de mi propia infancia.

A lo largo de ese período la actriz había olvidado lo que supone andar perdida entre una multitud de hermanos y hermanas... Pero las pruebas científicas indican que Mia Farrow tenía razón a los diecinueve años. Los niños que viven con cinco o más hermanos tienen bastantes más probabilidades de convertirse en delincuentes o sufrir enfermedades mentales.[2] De hecho, dos de los hijos adoptados por la actriz con el tiempo fueron arrestados por hurtos en tiendas.

El intento de cubrir las necesidades de doce niños sin la ayuda de una niñera, empeño del que Farrow se muestra orgullosa, puede redundar en unos niños ansiosos de amor o atención y carentes de individualidad.

Cuando la situación se combina con múltiples divorcios es bastante probable que las chicas aprovechen su nubilidad para obtener la adoración absoluta y la protección de hombres que podrían ser sus padres; muchachas como Soon-Yi, la hija adoptiva hoy casada con Woody Allen, ex pareja de la actriz, o como la propia Mia, quien a sus veinte infantiles años se casó con Frank Sinatra, que por entonces tenía cincuenta (su segundo marido, el músico André Previn, era dieciséis años mayor que ella). Si alguien en el mundo conocía el percal, era ella: ¿en qué demonios estaba entonces pensando? ¿Cómo se explica que reprodujese un entorno familiar que, al menos a los diecinueve años, recordaba como una fuente de privaciones para ella misma? Quizá había heredado un gen que la llevaba a desear una gran familia. Pero también es posible que su conducta halle explicación en la frase «quienes olvidan el pasado están condenados a repetirlo».

Las personas como Mia Farrow no son las únicas que de pronto se ven reviviendo su propio pasado. Todos hacemos lo mismo. De hecho, el grado en que repetimos nuestras experiencias infantiles es sin duda extraordinario. El modo como nos relacionamos con nuestros amigos, las personas a quienes escogemos como amantes, nuestras capacidades e intereses profesionales, casi todo lo relacionado con nuestra experiencia adulta es una proyección continua de la infancia en nuestra vida cotidiana.

Algunos experimentos recientes han demostrado, por ejemplo, que cuando conocemos a una persona recurrimos a preconceptos fundamentados en nuestras relaciones familiares.[3] Sin darnos cuenta, confundimos a nuestros nuevos conocidos con personajes extraídos del drama que en su momento fue nuestra vida familiar. Su nombre, su forma de hablar, su aspecto físico, centenares de minúsculos detalles activan recuerdos del previo guión familiar, recuerdos con los que al instante revestimos al individuo apenas conocido.

No sólo nos relacionamos con las personas cercanas basándonos en narraciones y papeles extraídos de la niñez: los experimentos indican que incluso nos las arreglamos para que dichas personas se comporten de acuerdo con la imagen a la que entonces estábamos acostumbrados. Si de niños nos veían como angelitos encantadores o como las ovejas negras de nuestras familias, de mayores damos con individuos que tienen la misma idea de nosotros. Cuando no es así, los manipulamos para que adquieran la idea prefijada o, simplemente, suponemos que ya la han adquirido sea cual sea la auténtica realidad. No es de extrañar que nos resulte tan difícil dar con los amantes o amigos idóneos. Primero les exigimos que se ajusten a nuestros guiones infantiles y luego nos vemos obligados a adaptarnos a sus propios relatos inconscientes para que la relación pueda funcionar. Estos hallazgos confirman la sabiduría del chiste con que Woody Allen concluye su película *Annie Hall:* un hombre visita al psiquiatra y le explica que su esposa está convencida de ser una gallina; el psiquiatra le pregunta por qué no abandona a su mujer, a lo que el hombre contesta: «Porque necesito los huevos». El chiste sintetiza a la perfección la situación de todos los matrimonios que he conocido: cada cónyuge necesita al otro.

Otro descubrimiento sensacional viene a subrayar que la educación, no los genes, explica conductas como la de Mia Farrow. Los procesos eléctricos y químicos que hacen únicos los pensamientos o sentimientos en el cerebro de cada persona están en buena parte determinados por el modo como esa persona fue tratada durante la primera infancia.[4] Por ejemplo, si la madre sufre depresiones, los pensamientos o sentimientos generados por la situación materna terminan fijándose como pautas electroquímicas diferenciadas y medibles en los lóbulos frontales del hemisferio cerebral derecho. Los psicólogos saben hoy que esas pautas no son heredadas porque están ausentes en el cerebro del recién nacido y sólo aparecen si la madre se comporta de forma depresiva en su relación con el niño pequeño.[5] Aunque esas pautas no son inmutables, cuanto antes surgen más difícil resulta cambiarlas. Si no se produce un cambio radical, seguirán presentes muchos años después de su aparición. Las disfunciones localizadas en el lado derecho del cerebro están hoy asociadas a numerosas enfermedades mentales.[6]

Al igual que las ondas cerebrales, la química del cuerpo está tremendamente condicionada por la formación temprana. Hay, por ejemplo, una hormona denominada cortisol (o hidrocortisona) que segrega nuestro organismo en respuesta a amenazas externas o a otras demandas de acción planteadas desde el entorno. En las personas normales, los niveles suben y bajan en función de lo que sucede en cada momento, pero si durante los seis o siete primeros años de vida nos vemos sometidos a fuertes tensiones familiares, esta circunstancia opera como un termostato que fija unos niveles de hidrocortisona demasiado altos o bajos durante la edad adulta.[7] Si un niño vive bajo constantes amenazas por obra de unos padres agresivos, negligentes o despóticos, el sistema de la persona ya adulta puede bloquearse (niveles bajos) o situarse en alerta permanente (niveles altos). Es posible que ese individuo tenga los niveles de cortisol mermados (o sea, bajos) porque se ha adaptado tanto a los estímulos inductores de la lucha o la huida que éstos ya no provocan la secreción de la hormona; también es posible que esos niveles sean constantemente elevados y lo predispongan a una inmediata respuesta ante el peligro. Las personas maltratadas durante la infancia tienen niveles específicos de cortisol que reflejan esos maltratos.[8] Quienes sufrieron abusos sexuales poseen niveles altos en la edad adulta; quienes fueron tratados con frialdad y falta de cariño poseen niveles bajos.

Tan profundo es el impacto que la atención temprana ejerce sobre nuestra psicología que incluso el tamaño de las distintas áreas cerebrales se ve afectado. Varios estudios sobre el volumen del hipocampo, región de la parte inferior del cerebro que juega un papel crucial en nuestra vida emocional, muestran que su tamaño es un cinco por ciento menor entre las mujeres que fueron víctimas de abusos sexuales durante la niñez.[9] Cuanto más tempranos hayan sido los abusos, mayor es la reducción. El abuso sexual es una de las numerosas experiencias infantiles que puede causar la depresión en años posteriores, y los adultos deprimidos poseen hipocampos menos voluminosos. De modo que también el tamaño y la forma de nuestro cerebro dependen significativamente de cómo fuimos tratados por nuestros padres durante la infancia y de los posibles trastornos mentales que sufrimos en la edad adulta.

De acuerdo con lo anterior, cuanto más tempranos y extremos hayan sido los malos tratos padecidos durante la infancia, más profundos son sus efectos.[10] Por ejemplo, en un estudio efectuado a 800 niños de nueve años, quienes habían sufrido maltratos graves antes de cumplir los tres tenían alteraciones más serias que quienes los habían sufrido entre los tres y los cinco años (pero no antes de cumplir los tres).[11] En este último grupo se daban, a su vez, desarreglos más severos que en quienes habían sido víctimas de malos tratos entre los cinco y los nueve años de edad. La clase específica de maltrato también determinaba el tipo de trastorno posterior, de modo que las dolencias de los niños físicamente desatendidos no coincidían con las de quienes, por ejemplo, habían sufrido malos tratos.

Además, los niveles de hidrocortisona eran anormalmente altos (estaban crónicamente estancados en el modo «lucha-huida») cuando habían padecido varios tipos de maltrato, mientras que sus niveles eran anormalmente bajos cuando sólo habían sufrido abusos de forma ocasional.[12] Si se hubieran examinado los cerebros de esos niños, se habría observado que cuanto más tempranos hubiesen sido los malos tratos más graves serían las alteraciones electroquímicas y estructurales. Los primeros seis años juegan un papel decisivo en la conformación física y psicológica de los futuros adultos.

Disfuncionales o no, nuestras pautas y estructuras cerebrales intervienen cuando buscamos amigos, amantes u ocupaciones haciendo que escojamos a personas o actividades compatibles con las demandas de nuestra electroquímica. Por ejemplo, si de niños fuimos maltratados, en la edad adulta tenemos más posibilidades de sufrir experiencias traumáticas como la violación (la mayoría de las mujeres violadas no padecieron malos tratos en la niñez, pero haberlos padecido incrementa en general la probabilidad de que uno se vea en situaciones con alto riesgo de abuso).[13] Como es natural, las experiencias vividas en la adolescencia o más tarde (encontrar el amante idóneo, someternos a terapia, tomar medicación antidepresiva, etc.) pueden modificar las pautas dominantes en la química o las ondas cerebrales. Pero para la mayoría de nosotros, y en la mayoría de los aspectos, nuestros primeros seis años de vida explican de forma significativa el tipo de adultos que somos.

Una de las objeciones más habituales a estas afirmaciones suele adoptar la siguiente forma:

—¿Y cómo se explica que yo sea tan distinto de mis hermanos? Tenemos los mismos padres, crecimos en el mismo hogar, nuestra educación fue la misma… ¿cómo se entiende que nuestros cerebros no muestren pautas parecidas? La diferencia tiene que ser genética.

La respuesta radica en el hecho extraordinario de que los hermanos no son hijos de los mismos padres. Cada progenitor trata a sus hijos de formas tan diferentes que éstos muy bien podrían haber sido educados en familias distintas. Por increíble que parezca, nuestra unicidad está más relacionada con este hecho que con nuestros genes.

En los años noventa aparecieron un sinfín de libros, artículos periodísticos y documentales de televisión en gran medida derivados de una investigación llevada a cabo por Thomas Bouchard, un psicólogo estadounidense, con hermanos gemelos que habían crecido separados. Sus resultados sugieren que buena parte de lo que somos tiene su origen principal en los genes. Pero hay muchas razones para dudar de los hallazgos presentados de ese estudio (véase el apéndice 1) y todavía más para rechazar el modo como han sido reflejados por los medios de comunicación. Lo cierto es que, dejando aparte un puñado de enfermedades mentales agudas e infrecuentes como la psicosis maníaco-depresiva o la esquizofrenia, la forma en que fuimos tratados durante la infancia es, en numerosos aspectos, mucho más determinante para la conformación de nuestra personalidad adulta.

Admitir esta realidad puede ser una fuente de liberación en nuestras vidas y tiene profundas implicaciones para la sociedad en su conjunto. Si estuviéramos tan condicionados por los genes como se asegura, el cambio personal y el cambio social resultarían imposibles. Si los pobres son pobres, los locos están locos y los malvados son malos a causa de sus genes, no tiene mucho sentido invertir en instrucción para los pobres, en terapias para los enfermos mentales o en políticas carcelarias progresistas. Sería tan inútil como tratar de alterar el color de los ojos de una persona por medio de métodos similares. Pero, como me propongo mostrar, la investigación indi-

ca que los genes no terminan de explicar ni nuestra individualidad
ni las diferencias de carácter que se dan entre hermanos.

La comprensión de este hecho y la aplicación de ese conocimiento a nuestras experiencias personales pueden contribuir a mejorar
en profundidad nuestras vidas; su aplicación a la sociedad en su
conjunto puede conducir a positivas reformas en la esfera pública.
Por citar un ejemplo obvio, nada menos que el 90 por ciento de las
personas encarceladas padece enfermedades mentales, la mayoría
originadas en la niñez:[14] como os resultará patente cuando lleguéis
a las conclusiones de este libro, la mejora de la atención a la infancia en el curso de la próxima generación conduciría a una reducción
sustancial en los índices de criminalidad. Desde un punto de vista
más general, en el informe de la UNICEF *Situación de los niños en
el mundo* (año 2001) se indicaba que «si un gobierno pretende
mejorar la suerte de su pueblo, la inversión más eficiente es la dirigida a garantizar el bienestar durante los primeros años de vida.
El drama, tanto para los niños como para las naciones, es que esos
años son precisamente los que menos atención reciben».

Un impedimento importante es que a muchos de nosotros nos
disgusta reflexionar sobre los verdaderos fundamentos de nuestra
personalidad, y más aún sobre los orígenes infantiles de la criminalidad. Aunque gran parte del mundo desarrollado vive instalada en
lo que se conoce como «cultura de la queja» (tendemos, como nunca
antes, a proclamar nuestra condición de víctimas), la mayoría de las
personas siguen ancladas en el empeño de proteger a los padres. Uno
de los mayores problemas radica en nuestra resistencia a aceptar un
relato más o menos sincero sobre nuestras personas e infancias, como
ha señalado la polemista y experta en psicoanálisis Alice Miller:[15] «En
nuestra cultura es de buen tono no tomarse en serio los propios
sufrimientos, aceptarlos con ironía y hasta reírse de ellos [...] mu-

chas personas (yo misma en el pasado) muestran orgullosamente su falta de sensibilidad con relación a su propio destino y, de forma muy especial, a su propia niñez». Con todo, las implicaciones que se derivan de confrontar la verdad sobre la atención que recibimos de niños no son tan destructivas como se suele suponer. La identificación de los padres como figuras perjudiciales (pero también constructivas) no tiene por qué llevarnos al fútil ejercicio de culparlos de todo ni a sumirnos en ociosas y amargas introspecciones al estilo de Woody Allen. La comprensión no es lo mismo que la autocompasión.

No propongo que, una vez entendido el origen infantil de vuestra tendencia a irritar a los jefes en el trabajo o a equivocaros una y otra vez cuando escogéis pareja sexual, tengáis que reaccionar recriminándoselo todo a vuestros padres. La mayoría de los progenitores educan a sus hijos tan bien como saben y pueden. A nosotros nos corresponde valernos de lo que nos hicieron y moldearlo para que se ajuste a nuestros propósitos: así conseguiremos reescribir el guión de nuestras vidas.

Esto, por supuesto, no resulta fácil. T. S. Eliot dio en el clavo cuando escribió que «el hombre no puede soportar demasiada realidad». Nos aislamos de ésta por medio de una delicada burbuja de ilusiones en la creencia de que los amigos nos aprecian más de lo que en verdad sucede o de que las posibilidades de que nos ocurran hechos desagradables son menores de lo predecible.[16] Disfrazamos el pasado para que éste se acomode al presente. Cuando, por ejemplo, a los estudiantes universitarios se les pregunta por las calificaciones obtenidas durante el bachillerato, casi todos responden hinchando ligeramente su historial, pero casi ninguno recuerda haber obtenido peores notas de las que en realidad obtuvo.[17] A todo esto, los padres de los hijos que despuntan en uno u otro ámbito atribuyen su éxito a la esmerada atención con que los han criado, mientras que achacan a los genes los rasgos de su prole que no terminan de complacerlos.[18] También nos esforzamos por contemplar el futuro bajo un prisma en gran medida positivo. De acuerdo con cierto estudio, los hombres que habían dado positivo en el análisis de HIV consideraban menos probable la aparición del SIDA en sus organismos que quienes habían dado negativo en ese mismo análisis.[19] Una versión amable de la realidad nos ayuda a mantener la cordura.

Creedme, por favor, si os digo que lo último que pretendo es meter cizaña entre vosotros y vuestras familias, reventar vuestra burbuja de ilusiones sobre la niñez o incrementar la carga de ansiedad que los padres de por sí llevan consigo. Tratad de leer este libro desde el punto de vista de un hijo, no desde la perspectiva de un padre en ejercicio o en potencia. Yo pienso en mi lector como en el producto de una familia antes que como un cabeza de familia. De este modo, cuando las pruebas parezcan establecer el trato paterno como causa principal de un fenómeno, será menos probable que tendáis a situaros a la defensiva. El objetivo de este libro es ayudaros a comprender mejor la manera como vuestra experiencia infantil opera en vuestro presente y cómo dicha comprensión puede resultaros útil.

De hecho, una de las conclusiones extraíbles de estas páginas es que, hasta cierto punto, no hay nada extraño en que nos jodan vivos, que todo el mundo tiene problemas durante la infancia y que nos convendría modificar nuestras ideas sobre lo que resulta normal. Por ejemplo, las estadísticas sobre trastornos mentales indican que una quinta parte de la población los padece y que un tercio los padecerá (aunque sea de forma episódica) en algún punto de la vida.[20] Dependiendo de los estudios a los que hagamos caso, entre un 20 y un 40 por ciento adicional presenta síntomas significativos sin que su estado pueda calificarse de «patológico».[21] Dejemos pues de pensar que tan sólo «yo» tengo problemas y asumamos que el desequilibrio mental pertenece íntegramente al territorio de lo humano. Sigmund Freud afirmó que «la neurosis es la norma, no la excepción», y la asunción de este hecho puede ayudarnos a ver que no estamos solos. También constituye el punto de partida para entender qué falla en nuestro caso y descubrir que tenemos la posibilidad de elegir: podemos resignarnos a revivir el pasado, pero también podemos escribir un nuevo guión.

Este libro hace posible una auditoría emocional. Como el contable que revisa minuciosamente las transacciones anuales de una empresa para determinar su estado financiero, podéis usar este libro para auditar lo sucedido en vuestra infancia y averiguar cómo esos hechos están afectando a vuestro presente. Al final de cada capítulo encontraréis un procedimiento sencillo y breve para la aplicación de los hallazgos previamente descritos, lo que os permitirá auditar el aspecto de vuestra personalidad mencionado en esa sección. Podéis hacer los ejercicios al final de cada capítulo, mientras sus ideas siguen estando frescas en vuestra mente, o esperar hasta el final para embarcaros entonces en una auditoría general. Tened un lápiz siempre a mano y, si algo despierta en especial vuestro interés, haced marcas en los márgenes para facilitar más tarde la búsqueda de los pasajes correspondientes. La auditoría os permitirá definir quiénes sois y por qué sois así, y cuando lleguéis al capítulo 6 ya estaréis en condiciones de aprovechar unas cuantas sugerencias que hago para ayudaros en vuestra transformación interior.

Podéis seguir siendo actores que repiten una y otra vez papeles procedentes de un drama familiar cuyo guión fue escrito mucho tiempo atrás por otras personas. O podéis convertiros en vuestros propios dramaturgos. Pero antes de iniciar la tarea tenéis que averiguar algo más sobre el hecho de que vuestro destino no está programado en vuestros genes.

Sobre notas y referencias

Las fuentes de los datos estadísticos y la información sobre las investigaciones explícita o implícitamente mencionados en el texto («los estudios muestran que...») aparecen al final de cada capítulo.

Notas y referencias

Quienes no tengan costumbre de manejarse con informes científicos de publicaciones especializadas o textos académicos, pueden solicitar su entrega a domicilio por correo tras hacerse socios de la British Library en Boston Spa (tel. +44 1937 546464). La inscripción es gratuita, si bien la British Library cobra 3,91 libras esterlinas (algo menos de 6 euros) por cada texto fotocopiado y enviado a domicilio. También es posible visitar la biblioteca de la universidad más cercana y tratar de acceder desde allí a las referencias aquí mencionadas.

Notas

1. *Farrow*, 1997.
2. Véase la p. 425, *Belksy*, 1993; en relación con el hecho de que los niños con cuatro o más hermanos tienen dos veces más probabilidades de sufrir desatención o malos tratos, véase la p. 1226, *Widom*, 1999.
3. Para un pequeño resumen, véase *Anderson y Miranda*, 2000.
4. Véase *Schore*, 1997.
5. Véase *Dawson et al.*, 1999.
6. Véase *Cutting*, 1992.
7. Véase *Bremner y Vermetten*, 2001.
8. Véase la p. 482, *Bremner y Vermetten*, 2001.
9. Véanse *Teicher*, 2000 y 2002; *Bremner et al.*, 2000.

10. Véase la nota 13 de la p. 267 para información más detallada al respecto.
11. Véase *Manly et al.*, 2001.
12. Véanse *Cicchetti y Rogosch*, 2001a; *Cicchetti y Rogosch*, 2001b.
13. Véase *Nishith et al.*, 2000.
14. La cifra procede del minucioso estudio de una muestra de 3.000 reclusos en Inglaterra y Gales; véase *Singleton et al.*, 1998.
15. Cita extraída de *Miller*, 1991.
16. Véase *Taylor et al.*, 1994.
17. Véase Bahrich et al., 1996.
18. Véase *Himmelstein et al.*, 1991.
19. Véase *Taylor et al.*, 1992.
20. Véase *Robins et al.*, 1992.
21. Véanse *Burvill*, 1995; *Lewinsohn*, 2004.

1

NUESTROS GENES

They fuck you up, your mum and dad.

[Mamá y papá en verdad te joden vivo.]

La Nochevieja de 1980, un joven estadounidense llamado John Hinckley se grabó a sí mismo en cinta magnetofónica cantando una canción de John Lennon titulada «Oh Yoko». Sumido en la tristeza, cada vez más borracho y melancólico a medida que el nuevo año se acercaba, Hinckley empezó a rasgar en su guitarra de forma lastimera los familiares acordes iniciales de la canción. «En mitad de la noche», cantó, «en mitad de la noche grito tu nombre...». Hasta ahí todo en orden, y además el cantante afinaba bastante bien, pero de pronto ocurrió lo inesperado. En lugar del estribillo «Oh Yoko, oh Yoko», Hinckley cambió la letra y dijo «Oh Jodie, oh, Jodie» en alusión a la actriz Jodie Foster.

Hinckley alimentaba la complicada fantasía de que estaba haciéndole la corte a Jodie Foster, y en su creciente delirio terminó por idear un plan con el que esperaba probar su valía a la persona que amaba: pensaba asesinar al presidente Reagan. El 30 de marzo de 1981 disparó efectivamente contra Reagan y, tras un largo proceso judicial, se determinó que sufría esquizofrenia, por lo que fue recluido un hospital psiquiátrico penitenciario.

En 1985, los padres de Hinckley publicaron un relato sobre su experiencia y crearon una fundación para ayudar a los padres cuyos hijos padecen esa enfermedad.[1] Estaban convencidos de que la esquizofrenia es una dolencia de origen genético, que se trata de una patología inscrita en el ADN desde el momento mismo de la concepción. ¿Pero es eso cierto?

Ante una pregunta así, los más listos suelen responder «no es ni innata ni adquirida, sino ambas cosas a la vez». Pero los listos también pueden estar equivocados. En este caso, están de hecho muy equivocados. La verdad sobre los factores que nos convierten en únicos y distintos de todos los demás es que en muy pocos casos podemos identificarlos con «los genes enteramente o en gran medida»; casi siempre se trata del «entorno en gran medida», y tan sólo con respecto a un pequeño número de rasgos psicológicos podemos afirmar sin reservas que éstos se deben a «ambas cosas a la vez», que la natura y la cultura se reparten el pastel al cincuenta por ciento.

El problema con cualquier debate sobre la dicotomía innato-adquirido (o «natura contra cultura») es que todos aportamos a la discusión nuestro propio bagaje personal, por lo que resulta difícil tomar en consideración los datos incómodos y no exagerar todo cuanto sustente nuestros prejuicios. Aunque la mayoría de la gente afirma que nuestra personalidad se explica por una combinación de ambos factores, basta rascar un poco, acaso después de unas copas de vino, para que salga a relucir una clara preferencia por una u otra alternativa. La razón, como era de esperar, reside en que nos sentimos atraídos por aquellas teorías que respaldan las historias que nos contamos para preservar nuestras hermosas ilusiones.

Por ejemplo, cuando se les pregunta qué es lo más conveniente para sus hijos, las madres suelen recurrir a teorías que las ayudan a justificar sus propios comportamientos.[2] Las que trabajan fuera de casa a tiempo completo tienden a suponer que los niños chicos son unas vigorosas criaturitas capaces de afrontar cuanto la vida les depare sin requerir para ello una constante atención personal. Esas madres pueden pensar que delegar el cuidado de los niños en otras personas es beneficioso para ellos, de modo que no se inquietan cuando los abandonan cada mañana. Siempre que sean atendidas sus necesidades básicas, la excepcional dotación genética del pequeño terminará por florecer. Estas ideas son perfectamente razonables y contribuyen a que las madres se sientan más cómodas en lo tocante a la organización de su vida laboral y familiar. Pero las madres que no trabajan fuera de casa tienden a responder a la pregunta expresando el punto de vista opuesto. So pena de causarles graves perjuicios, sus hijos precisan una atención constante y personal. Esas madres sienten gran ansiedad ante la perspectiva de dejar a sus niños al cuidado de otras personas, pues los consideran frágiles y necesitados de exquisitas atenciones. Siempre ponen el acento en los cuidados maternos, no en los genes, creencia que, como en el caso anterior, se ajusta de forma natural a la decisión de permanecer en el hogar.

Si unas u otras leen datos que contradicen sus posturas respectivas, la información recibida amenazará con reventar la burbuja de sus ilusiones. Lo mismo nos sucede a todos en innumerables cuestiones. Por ejemplo, un estudio efectuado en varios países desarrollados, indica que los homófobos tienden a contemplar la homosexualidad como una elección individual o como el resultado de la educación recibida, mientras que los homosexuales y quienes los apoyan la consideran una preferencia genéticamente heredada.[3] La creencia en los genes elimina la posibilidad de culpar a los padres. La homosexualidad se convierte así en un destino natural e inmutable en oposición a la elección personal, que los homófobos siempre podrían presentar como una enfermedad susceptible de tratamiento terapéutico.

Lo que pensamos en relación con la controversia innato-adquirido suele acabar mezclado con nuestras ideas políticas. En fecha tan
lejana como 1949, una investigación mostraba que las personas de
mentalidad conservadora tendían a otorgarle una importancia fundamental a los genes mientras que los individuos de izquierdas
ponían mucho más énfasis en el entorno,[4] y hoy las cosas parecen
seguir igual.[5] La derecha suele argumentar que las diferencias sociales
reflejan talentos innatos, de forma que los ricos deben su riqueza a
unos genes de mejor calidad y los pobres su pobreza a un historial
genético inferior. De igual modo, las mujeres han de quedarse en sus
hogares cuidando a los niños porque la evolución genética ha equi-
pado mejor a su sexo para dicha función. La izquierda, sin embargo, considera que estas desigualdades son producto de la sociedad
y que, en consecuencia, pueden ser corregidas. Como un reciente
estudio indica las explicaciones genéticas contribuyen a mantener
intacta la burbuja de las ilusiones con que la derecha justifica su defensa del statu quo.[6]

Bienvenidos a mi burbuja

No tiene ningún sentido que salgamos del útero materno predesti-
nados a actuar en nuestro diminuto rincón del mundo según el dictado de unas personalidades, capacidades o trastornos mentales
específicos. En términos evolutivos parece mucho más lógico que
vengamos al mundo siendo flexibles, abiertos a la influencia de los
padres y la educación, pues cada entorno familiar, cada clase social
o cada sociedad requiere una respuesta particular para que el individuo salga adelante.[7] El niño necesita atraer el interés y el amor de
sus padres, y los genes no pueden anticipar cuáles son los rasgos

precisos más adecuados para ello, del mismo modo que no pueden prefigurar las demandas particulares de la clase social y la cultura a las que uno pertenece, demandas que, por otro lado, pueden modificarse con rapidez, como ilustran los hábitos sociales de los últimos cincuenta años.[8]

Por establecer una analogía con juegos de cartas como el bridge o el póker, la identificación de los naipes, las reglas del juego y el valor de las distintas manos constituirían la herencia común a toda la especie. Estos conocimientos previos son esenciales para poder jugar, fenómeno equiparable a la llegada al mundo de un ser humano dotado de emociones (alegría, tristeza, etc.) y de un mecanismo mental básico que le permite pensar y hablar. Pero relacionarnos con nuestros padres y hermanos mediante comportamientos predeterminados genéticamente o mantener hábitos y sentimientos (como la afición a la ópera o la costumbre de interrumpir las conversaciones ajenas) establecidos antes incluso de conocer a nuestras familias resultaría tan poco práctico como tener prefijada nuestra reacción frente a una baza de naipes determinada. A fin de sacarle el mejor partido posible a la mano que nos han pasado, necesitamos adaptarnos a las señales que los demás jugadores emiten en relación con las bazas que en cada momento tienen a la vez que tomamos decisiones con respecto a nuestras propias cartas basándonos en el previo desempeño de los demás, decisiones que, en consecuencia, se basan en la experiencia que de ellos tenemos. Una respuesta preestablecida a cada combinación de cartas (apostar por sistema cuando tuviéramos una pareja de reyes o una escalera o declarar un *gran slam* siempre que tuviéramos veintitrés puntos en el bridge) sería tan desastrosa como las respuestas genéticamente prefijadas en nuestra relación con los padres.

Pero, sí, los genes establecen un repertorio básico de rasgos peculiares en casi todos los seres humanos, aunque las sutiles diferencias existentes entre nosotros en lo referente a la expresión de dichos rasgos viene principalmente determinada por la educación que recibimos. Hemos llegado a nuestra condición actual (ser la única especie de la tierra capaz de sobrevivir en todos los ecosistemas) gracias a que nacemos dotados de una plástica flexibilidad en relación con nuestras familias. Esta lectura de la evolución se ha visto respaldada en los últimos tiempos por la finalización del Proyecto Genoma Humano, el mapa de nuestros genes. En un principio se suponía que los seres humanos poseíamos un mínimo de cien mil genes distintos, pero al final resulta que tan sólo tenemos entre treinta y cuarenta mil como máximo, apenas el doble de los inscritos en la común mosca de la fruta. El hecho de que contemos con tan pocos genes muy bien puede implicar que éstos no sean suficientes para explicar la enorme variedad de rasgos que nos diferencian como individuos. Craig Venter, el director de uno de los dos grupos responsables del estudio, concluyó que los genes sólo juegan un papel menor en la determinación de las diferencias que distinguen a unos hombres de otros. Según sus propias palabras, el estudio demuestra que «la maravillosa diversidad de la especie humana no está inscrita en nuestro código genético: el entorno resulta crítico».[9]

De hecho, antes del Proyecto Genoma ya existían numerosos datos que así lo sugerían. Los más relevantes procedían de estudios hechos sobre hermanos gemelos. En términos generales, los resultados no respaldan la tan frecuente aseveración de que nuestras diferencias psicológicas tienen origen a medias en los genes («las dos cosas a la vez»).[10] La realidad es mucho más interesante.

Como los gemelos idénticos tienen idénticos genes, toda diferencia psicológica entre ellos por fuerza tiene que derivarse del entorno. En los estudios sobre gemelos, el alcance de dicha diferencia se compara con el existente en el caso de hermanos mellizos (es decir, gemelos no idénticos), quienes tan sólo comparten la mitad de sus genes. Los mellizos son un grupo de comparación más indicado que los hermanos corrientes (no gemelos) porque también nacen a la vez y poseen una alta afinidad genética. La cuestión fundamental consiste en que si un rasgo particular está influido por los genes, los gemelos idénticos tendrían que ser más similares en ese rasgo que los mellizos ya que sus genes son idénticos al cien por cien, mientras que los fraternales tan sólo tienen media dotación genética en común. Por ejemplo, mientras que el 90 por ciento de los gemelos idénticos tienen muy parecida estatura, el porcentaje desciende al 45 por ciento en el caso de los mellizos. Este mayor grado de semejanza entre los idénticos suele achacarse a su mayor afinidad genética. El hecho de que sean de altura mucho más parecida que los mellizos confirmaría que la estatura está fuertemente determinada por los genes.

Los hallazgos de los estudios sobre gemelos

Atendiendo a los propósitos de este libro, y dejando aparte la investigación llevada a cabo por Thomas Bouchard, voy a suponer que los resultados de los estudios sobre gemelos son fiables aunque la mayoría de los estudios con niños adoptados ofrezcan estimaciones de heredabilidad mucho más bajas que los efectuados con gemelos y de que haya muchas razones técnicas para poner en cuestión el rigor de las investigaciones sobre gemelos (véase el apéndice 2). El hecho fascinante es que, incluso si las aceptamos a pies juntillas, lo que revelan no es tanto la gran importancia de los genes como su relativamente escasa importancia. Así lo ve Robert Plomin, la prin-

cipal autoridad mundial en la materia, cuando escribe que el hallazgo
fundamental extraído de las investigaciones sobre gemelos es que
«generalmente, lo variable en la conducta de los individuos es de
origen adquirido».[11]

Gran parte de nuestros rasgos físicos tiene un fuerte componente
genético, pero casi ninguna distinción psicológica procede de semejante predeterminación (el apéndice 3 contiene un sumario de las
estadísticas que siguen). La inmensa mayoría de los rasgos examinados en los estudios sobre gemelos no alcanzan el cincuenta por
ciento de determinación hereditaria y muchas características cruciales –como la propensión a la violencia, nuestras preferencias ama-
torias o el grado de masculinidad-feminidad—tienen muy escaso o
ningún carácter hereditario. Algunos rasgos de la personalidad son
bastante heredables (la extroversión y la emotividad, por ejemplo,
en un grado del 40 por ciento), pero muchos otros (la sociabilidad:
25 por ciento) no lo son. Los resultados de los tests de inteligencia
sugieren que ésta es la capacidad cognitiva general de carácter más
hereditario (30 por ciento en la infancia hasta alcanzar el 52 por ciento en la edad adulta), pero hay muchas aptitudes mentales impor-
tantísimas que no parecen demasiado heredables. La memoria lo es
en un 32 por ciento y la creatividad en un 25 por ciento, mientras
que la eminencia en la vida, incluido el genio, tiene su origen principal, cuando no total, en el entorno.

No hay mejor forma de ilustrar este punto que a través de las
vidas de gemelos nacidos con idénticos genes. Gayle y Gillian Blakeney, una pareja de gemelas morenas y guapas eran las estrellas de la
teleserie australiana *Neighbours*. Poco antes de que yo las entrevis-
tara en 1993, ambas habían visitado a un óptico por primera vez en
la vida. A su edad, veintisiete años por entonces, todo el mundo ha
perdido agudeza en la vista, pero el nivel de distorsión varía de una

persona a otra. El óptico se quedó atónito al descubrir que el grado y el tipo de deterioro eran exactamente iguales en ambas. Pero no tan sólo sus ojos eran idénticos. También lo eran sus rostros y sus cuerpos. Cinco minutos después de haberlas conocido y a pesar de que la chaqueta roja de Gillian ofrecía un marcado contraste con la blusa beige de Gayle, yo ya había confundido varias veces a la una con la otra. Y sin embargo, por muy semejante que fuese su aspecto, sus psicologías eran extraordinariamente distintas. Lejos de tener origen en sus genes, dicho contraste tan sólo podía explicarse por diferencias en la educación. Les pregunté por sus respectivas historias personales, y un psicólogo ocupacional las sometió a pruebas formales de personalidad e inteligencia. Entre los dos elaboramos los siguientes perfiles.

De niña, Gillian era asertiva y algo violenta, una rebelde que disfrutaba jugando con los chicos y prefería los juguetes masculinos. De natural impaciente y temperamental, tenía tendencia a enfrentarse con sus padres y se había escapado de casa dos veces. Aunque en realidad había nacido nueve minutos después que su hermana, el guión familiar la retrataba como la pequeña del clan que acabaría convirtiéndose en una manipuladora «hija de papá», como ella misma reconocía. No obstante, la personalidad de Gillian era más similar a la de su madre, como denotaban su caligrafía, su forma de moverse, sus expresiones faciales y su actitud mental. Muy enérgica en su tono al hablar conmigo, me interrumpía cada vez que quería dejar algo claro. Gillian era suspicaz y más tendente que su hermana a envolverse en el secreto. Describía su relación con ésta como semejante a un matrimonio en el que ella era el hombre y Gayle la mujer. Cuando vivieron juntas en el mismo apartamento, ella se ocupaba de las pequeñas reparaciones y chapuzas caseras.

Gillian no quería comprometerse en ninguna relación seria, pues

se reservaba para el matrimonio perfecto con el hombre de sus sueños, quien sin duda acabaría apareciendo en su vida. La infidelidad
era una perspectiva que la ponía enferma. Se había iniciado sexualmente a los diecisiete años con un novio a quien su padre consideraba poco recomendable. A Gillian la atraían diversos rasgos masculinos y, según explicó, «prefiero a los hombres apuestos y viriles,
mientras que a Gayle le van los intelectuales». Quería tener sus hijos
en Gran Bretaña y vivir con ellos en Australia unos cuantos años
antes de volver al Reino Unido, donde cursarían la enseñanza secundaria. Su marido tendría que ajustarse a estos y a otros planes, aunque
ella esperaba que fuese un hombre con éxito en la vida y muy masculino, lo que en su opinión sería fuente de muchas discusiones con
las que, en el fondo, disfrutarían. Aunque se mostraba independiente
y asertiva en su relación con los hombres, no vacilaba en recurrir a
las armas de mujer. Gillian resultaba en principio más sexy y coqueta
que su hermana.

Gayle era tan distinta en todos esos aspectos que uno la tomaría por el producto de otra familia. En términos de personalidad, nada
permitía suponer que tenía los mismos genes que su hermana. Vi-
siblemente menos asertiva, de niña había asumido la función de
ayudante en el hogar, valiéndose de su buena voluntad y su natural acomodaticio como medios para conseguir la aprobación de sus
padres. A diferencia de su hermana, tenía una muñeca que era «su
bebé». En ella no había nada de rebelde o traviesa, y ni en sueños
se le hubiera ocurrido escaparse de casa. En su relación con Gillian,
«la pequeña de la familia» asumía el papel protector propio de una
hermana mayor. No era tan temperamental como Gillian, y tan sólo
se mostraba agresiva bajo provocación extrema. En la edad adulta,
su caligrafía, forma de moverse, expresiones faciales y actitud mental
recordaban a las de su padre, a diferencia de Gillian, que en esos

aspectos llevaba a pensar en la madre. En el caso de unas hermanas ordinarias, por lo menos en teoría, tales diferencias podrían ser explicadas por la posibilidad de que una hubiera heredado los genes paternos y la otra los maternos, pero esta posibilidad es por entero descartable en el caso de gemelas genéticamente idénticas.

Gayle era más reflexiva y escuchaba con más atención cuando yo hablaba. También era más directa y comunicativa. Si Gillian me ocultó un dato significativo sobre su padre, Gayle no tuvo empacho en revelarlo:

—El negocio de papá quebró a principios de los años setenta. Desde entonces es otro… Es un hombre acabado.

Mucho más abierta y confiada, Gayle asimismo contaba con sus propias reservas de furia, que en ocasiones terminaban por desbordarse y salir a la luz.

—Puedo ser muy mala cuando se me cruzan los cables; yo no soy de las que pierden el tiempo en discusiones.

Gayle era la cocinera cuando vivía con su hermana y en general asumía el papel de ama de casa. Estaba convencida de que su hermana era «mucho más guapa… por la forma de su rostro», por mucho que sus caras fueran indistinguibles para un extraño. Gayle se inició sexualmente cinco años después que Gillian, a los veintidós años. Atraída por los hombres de tipo reflexivo, esperaba casarse con un varón que la llevase a un nuevo plano social y estaba dispuesta a vivir allí donde él la necesitara, mientras que Gillian esperaba que su marido se ajustara a sus propios planes. Si bien no tenía intención de ceñirse en exclusiva al papel de ama de casa, Gayle estaba convencida de que en un matrimonio «una tiene que ser consciente de su papel de esposa […] estoy dispuesta a acomodarme a lo que más convenga». También opinaba que, llegado el momento de casarse, lo mejor sería contemplar el matrimonio como un pacto de orden práctico entre dos adultos. Muy al contrario que Gayle, consideraba posible que su esposo un día le fuera infiel, aunque no veía por qué el adulterio necesariamente tenía que concluir en divorcio.

Las profundas diferencias existentes entre ambas mujeres no podían tener origen en sus genes. De hecho, incluso en mi primer encuentro con ellas empezaba a estar clara la importancia de las distintas formas en que se habían relacionado con sus padres. Su madre mostraba una actitud por completo diferente en relación con la agresividad de una y otra hija, y el matrimonio en general favorecía de forma patente a Gillian.

La tranquila y pacífica Gayle recordaba un episodio significativo:

—Yo tenía una muñeca de aspecto angelical que con el tiempo se convirtió en algo verdaderamente valioso para mí. La muñeca era mi niña, era mi vida entera. De forma que, si lo que quería era dañarme en lo más hondo, Gillian no tenía más que arrancarle la cabeza, tirarla ladera abajo y metérsela a un perro entre los dientes… Cosa que un día hizo.

La venganza no se hizo esperar.

—Agarré su muñeco de Snoopy, le arañé la cara contra el suelo y le arranqué una oreja.

La respuesta de la madre a la mutilación de la muñeca ilustra a la perfección qué es lo que diferenció a las dos mujeres.

—Mamá se enfadó conmigo, no con Gillian. Según me dijo, «a una muñeca siempre se le puede volver a ajustar la cabeza, pero los arañazos en la cara de Snoopy no hay quien los quite». A mí no me pareció muy justo y al momento respondí: «Pero, mamá, la muñeca es mi niña… ¡Gillian le ha arrancado la cabeza a mi niña!». Pero mamá siempre se ponía de parte de Gillian.

En los últimos años se ha puesto de moda afirmar que tan distinto tratamiento tiene su causa en el temperamento genético del niño, de modo que los pequeños «difíciles» se convierten en impopulares mientras que los de natural dulce y cariñoso atraen el favoritismo ajeno.[12] Pero ello es simplemente imposible en el caso de las hermanas Blakeney, pues ambas nacieron iguales. Aunque puede ser difícil llegar a la verdad del asunto (pues los padres raras veces están dispuestos a admitir que a sus hijos los trataron de forma distinta y éstos suelen proteger a los padres por encima de todo), las diferencias en el trato (provocadas por las proyecciones de los padres antes que por el supuesto temperamento innato) son la norma, no la excepción, y hasta cierto punto están presentes en todas las familias.

Los centenares de casos en que la madre apoyó a la agresividad de Gillian y reprimió la de Gayle terminaron obviamente por hacer efecto. Es posible que tengan que ver con la tendencia que la Gayle adulta mostraba a guardarse la ira en el interior hasta que ésta terminaba por estallar y aflorar a la superficie. Quizá, cuando las palabras de nada servían, tan sólo la fuerza física le resultaba útil para dejar las cosas claras. También ayuda a explicar por qué en general era una niña más obediente, mientras que Gillian, a quien se alentaba a expresar la agresividad, se mostraba rebelde. Gillian adoptó la costumbre de dejarse siempre un poco de comida en el plato, costumbre de la que me dio abundantes muestras en el curso de un almuerzo y que en su momento trajo de cabeza a sus padres. Gayle se definía como una niña más obediente.

—Me gané su respeto y me sentía realizada ayudando en casa siempre que podía y mostrándome de buen humor, pues mis padres todo el día andaban muy ocupados y tensos. A mí me gustaba que me recompensaran. A Gillian le gustaba que la admirasen.

Gillian incurrió en la ira de su padre cuando tuvo un primer novio con tendencias delictivas, pero su madre «adoraba» al muchacho. Gillian se las arregló para dividir y vencer a sus padres. Uno de sus recursos preferidos para tomarse libertades adicionales consistía, según sus propias palabras, «en hacerme la niñita inocente y subrayar mi papel de hermana menor; yo sabía hacerme querer y era bastante manipuladora a pesar de mis años: si quería una cosa, sabía lo que tenía que hacer para conseguirla».

A pesar de que habían nacido idénticas y con tan sólo nueve minutos de diferencia, el padre se encaprichó con ella de forma especial. Gayle recordaba que Gillian solía sentarse en el regazo de su padre «para hacer monerías».

—«¿Cómo está mi niña?», le decía mi padre entonces.

Gillian confirmó que «era su hija preferida, la niña de sus ojos».

Ello pudo haberle conferido la confianza en sí misma necesaria para tratar con los hombres a su manera y acaso también explique el enfado con que su padre, posiblemente motivado por los celos, contempló su primera relación con un novio «poco recomendable».

Si pasamos de los casos específicos de Gillian y Gayle a circunstancias más generales, los estudios de gemelos muestran que tan sólo un puñado de características, todas ellas trastornos mentales, tienen un carácter hereditario superior al 50 por ciento. Incluso en estos casos, la forma en que somos tratados durante la infancia y más tarde decide en gran medida hasta qué punto estaremos enfermos. Si consideramos a la gran mayoría de ese quinto de la población que en algún momento de su vida sufre un trastorno mental en toda la regla, los genes juegan un papel muy reducido. Esto se debe al hecho de que las dolencias más comunes tienden a no ser hereditarias: sólo las más raras tienen un alto componente genético.[13]

La corea de Huntington, causante de degeneración cerebral, parece ser de naturaleza por completo hereditaria, de forma que prácticamente todas las personas que tienen el gen correspondiente terminan por desarrollarla; pero esta dolencia tan sólo afecta a una de cada veinte mil personas y es la única enfermedad mental grave cuyo origen ha sido vinculado a un gen preciso. Allí donde la dotación genética es en parte responsable de un trastorno mental grave, es la interacción de muy diversos genes lo determinante en la dolencia, sin que hasta la fecha se haya determinado que una sola de las principales enfermedades mentales sea resultado de un gen o unos genes en particular. La segunda enfermedad mental más hereditaria es el autismo, que por suerte tan sólo afecta a un diminuto número de niños (en torno al 0,2 por ciento).[14] El autismo acaso sea hereditario en hasta un 80 por ciento, pero siguen dándose grandes diferencias en su desarrollo dependiendo de la edad en que se efectúa el diagnóstico y se empieza el tratamiento. Tras el autismo viene la psicosis maníaco-depresiva (que afecta al 0,5 por ciento de la población), mal de naturaleza hereditaria en hasta un 60 por ciento. La depresión grave (4 por ciento de los individuos) lo es en menor medida, en torno a un 50 por ciento, lo mismo que la esquizofrenia (uno por ciento de la población). Estas enfermedades afectan a una minoría reducida, de modo que hay mayor inquietud por dolencias más comunes como las neurosis (15 por ciento de la población), la llamada depresión «menor» (18 por ciento) o el alcoholismo y otras adicciones cada vez más generalizadas. Estos últimos trastornos son bastante menos hereditarios y van desde un 30 por ciento como máximo hasta una determinación genética nula. En consecuencia, los genes juegan un papel menor en la mayoría de las alteraciones mentales, pues las neurosis, la depresión leve y las adicciones son de lejos las más generalizadas.

En términos generales, incluso en aquellos raros casos en que los genes son responsables al cincuenta por ciento de una enfermedad, el entorno continúa siendo crucial. Por ejemplo, algunos (pero no la totalidad) de los estudios sobre gemelos apuntan a que la pro-

pensión al tabaquismo es hereditaria en un cincuenta por ciento.[15]
(Personalmente siento gran inclinación a creerlo: aunque dejé de
fumar por primera vez en 1988, desde entonces he estado haciendo uso ocasional de los sustitutos nicotínicos. Me avergüenza con-
fesar que durante la redacción de este libro he sucumbido a la tentación de fumar diez cigarrillos al día, circunstancia que me
encantaría achacar a los genes). Esto significa que las diferencias en
la propensión al tabaco perceptibles entre diversos individuos son
en parte producto de los genes, pero que tales diferencias tan sólo
encuentran su expresión bajo ciertos condicionamientos ambientales.
En Europa no había un solo fumador antes del siglo XVI, pues el tabaco no empezó a cultivarse en nuestro continente hasta esa época. Hasta el siglo XX eran muy pocas las mujeres fumadoras; hoy el
hábito está más extendido entre las mujeres jóvenes que entre los
varones de su edad. Afirmar que las diferencias individuales en relación con el tabaquismo tienen origen en los genes al cincuenta por
ciento resulta engañoso. Todo depende del entorno en que viva el
individuo.

El divorcio nos ofrece otro ejemplo espectacular en este sentido. Un estudio sobre gemelos estableció que el divorcio era hereditario en un grado aproximado del 50 por ciento, pero una vez más
hay que preguntarse qué significado preciso tiene ese porcentaje.[16]
En 1857 hubo cinco divorcios en Inglaterra porque entonces cada
separación legal requería una autorización especial del parlamento.[17]
La ley fue modificada al año siguiente, pero en 1900 la cifra seguía
sin superar los 590 divorcios anuales, mientras que en 1930 apenas
llegaba a 4.000. ¿Cómo se explica que el 50 por ciento de las personas teóricamente poseedoras del «gen del divorcio» siguieran
casadas? La tasa de divorcio no se disparó de veras hasta después de
la Segunda Guerra Mundial, cuando pasó del 12 al 40 ciento con

respecto al conjunto de los matrimonios. Estos hechos demuestran más allá de toda duda que las tendencias y fuerzas sociales son la causa principal del divorcio. ¿En qué sentido cabe pues afirmar que el divorcio es hereditario en un grado del 50 por ciento? ¿Cómo puede la genética acomodarse al hecho de que el divorcio no está tolerado en absoluto en algunos países o explicar las muy distintas tasas de divorcio existentes en los países desarrollados? ¿Qué ha sido del «gen del divorcio» en estos casos? Es una tontería sugerir que el divorcio resulta a medias hereditario mientras no se especifique de forma adicional que los condicionamientos ambientales aparecidos en los países desarrollados desde mediados del siglo pasado (cambios en las leyes, mayor riqueza material, etc.) por fuerza juegan un papel decisivo. No menos significativas son las grandes diferencias en los porcentajes de trastornos mentales entre unos países y otros.[18] Los estadounidenses tienen seis veces más posibilidades de padecerlos que los ciudadanos de Shangai (China) o Nigeria. En términos generales, los ciudadanos de las naciones angloparlantes tienen dos veces más posibilidades que los criados en países de la Europa continental. Es muy poco probable que ello tenga que ver con los genes, pues el componente genético es parecido a uno y otro lado del Canal de la Mancha: como he argumentado en otras ocasiones, la razón de dicha diferencia es el capitalismo egoísta imperante en los países de tradición anglosajona.[19] De forma también significativa, si comparamos las tasas de trastornos mentales entre Singapur y China, cuyas poblaciones asimismo comparten genes, el índice es muy superior en el Singapur antaño colonia británica y hoy totalmente americanizado.

Hace muy poco, como resultado del Proyecto Genoma Humano, un estudio neozelandés indicaba que la propensión a los estados depresivos, el consumo de cannabis y la violencia depende de

ciertas variaciones genéticas:[20] pero si a pesar de tener los genes erróneos uno recibe la atención adecuada durante la infancia, la aparición posterior de esos desarreglos es improbable; análogamente, una
educación inadecuada facilita la aparición de esos problemas. Por
otro lado, la probabilidad de padecer esos trastornos cuando no se
tienen los genes correspondientes es muy baja incluso aunque uno
haya sufrido un trato inadecuado durante la niñez. Esta teoría con-
cuerda con el modelo que podríamos denominar «son las dos cosas».
Con todo, sigue sin estar claro el papel jugado por estos genes. Por
una parte, cuatro estudios posteriores ofrecen resultados similares
en lo tocante al papel de la genética en la depresión.[21] Por desgracia, estos estudios fueron efectuados sobre muestras muy pequeñas
de población, categorizaron el gen de formas diversas y, en dos de
ellos, los mencionados resultados similares tan sólo se correspon-
dían con las mujeres, pero no con los hombres.[22] Hay tres pequeños estudios más que también ofrecen apoyo parcial a la teoría.[23]
La opinión generalizada es que este conjunto de investigaciones
está lejos de ser concluyente a la hora de igualar los resultados obtenidos en Nueva Zelanda. Por otra parte, tres estudios adicionales no han conducido en absoluto a resultados similares en relación con la influencia genética en la depresión.[24] Uno de estos tres
estudios fue realizado sobre un grupo de población mucho mayor
que los empleados en las investigaciones anteriores;[25] en este caso,
los poseedores de la variación genética que tendría que convertirlos
en más vulnerables a la depresión en caso de inadecuada atención
durante la niñez al final resultaron ser menos vulnerables que
los demás individuos, lo que estaba en directa contradicción con
los hallazgos del estudio neozelandés. No sólo eso, sino que en las
grandes investigaciones sobre muestras de pacientes deprimidos,
los genes de éstos no presentaban la tan traída y llevada variación

que los distinguiría de las personas no deprimidas;[26] los deprimidos no tienen mayor probabilidad de exhibir la variante reforzadora de la propensión a la depresión cuando en la niñez se ha recibido un trato inadecuado.

Desde una perspectiva más amplia, hay razones para poner en cuestión el papel de esta variación genética. En los países desarrollados, dos de los principales indicadores a la hora de establecer quiénes van a ser víctimas de la depresión son los ingresos reducidos y el hecho de ser mujer:[27] los pobres y las mujeres tienen dos veces más posibilidades de caer deprimidos que los ricos y los varones. Dos investigaciones distintas han confirmado que entre las personas con bajo nivel adquisitivo no se da una incidencia superior de la variación genética supuestamente inductora de la depresión.[28] Con la salvedad del par de estudios mencionados más arriba, las investigaciones no han hallado que el gen esté más presente entre las mujeres que entre los hombres. Hasta la fecha, los resultados de esta línea de investigación hablan de que la variación genética acaso no juegue papel alguno en el origen de la depresión, y que si lo juega, el factor verdaderamente clave es la existencia de un entorno adverso y, sobre todo, los malos tratos durante la infancia.

Se han realizado algunos estudios semejantes sobre el trastorno por déficit de atención con hiperactividad, y los resultados son dispares.[29] En los años venideros es posible que nuevos estudios pongan de manifiesto que todos nacemos con predisposiciones para muy diversas enfermedades, predisposiciones que pueden tomar cuerpo como resultado de una inadecuada educación durante la niñez, pero por el momento se trata de una conjetura que acaso nunca llegue a ser demostrada.

Incluso en graves enfermedades mentales donde los genes parecen jugar un papel crucial, la intervención del entorno sigue siendo decisiva. Entre los científicos, la *cause célèbre* en este sentido es la esquizofrenia. Los psiquiatras suelen afirmar que esta enfermedad tiene su origen en una anomalía cerebral causada básicamente por los genes. Como los esquizofrénicos se apartan de la norma de forma tan espectacular, la afirmación es sin duda creíble. A primera vista no parece probable que los tratos recibidos durante la infancia puedan explicar tan graves daños… ¿O sí? En el resto del capítulo examinaremos las causas de esta enfermedad para ilustrar la importancia fundamental de lo adquirido incluso cuando parece existir una significativa base genética.

La esquizofrenia como ejemplo

Cuando trabajaba en un centro terapéutico para enfermos mentales tropecé con un caso bastante típico de crisis esquizofrénica.[30] Julie había estudiado ciencias políticas y se había licenciado con unas notas magníficas. Sus relaciones con las autoridades universitarias eran tormentosas, pero había hecho un curso de posgrado y publicado un libro (un análisis de inspiración marxista sobre el sistema electoral estadounidense) antes de abandonar la universidad. Sus observaciones sobre la situación política y económica del Reino Unido eran propias de una mente brillante y bien informada. Cuando la conocí tenía treinta y pocos años y llevaba tres trabajando sin descanso con organizaciones de la izquierda. Fue hospitalizada tras mostrar cierto desequilibrio mental indefinido que ni de lejos se acercaba a la esquizofrenia, pero Julie era una mujer de natural cálido y sencillo que solía congeniar con todo el mundo. Vegetariana y habitual consumidora de marihuana, era de trato afable aunque algo sarcástica y de carácter inquieto. Bajita y delgada, exhibía una energía nerviosa que la llevaba a ajustarse continuamente las gafas a modo de reflejo automático.

Sus relaciones con los hombres seguían una pauta bien definida. O los trataba en términos amistosos y asexuados casi fraternales o, en unos pocos casos, se enamoraba con una intensidad de perfiles idealistas. Cuando mantuvo relaciones sexuales activas, éstas no tardaron en ser rotas por su pareja. Julie a veces se mostraba muy crítica con los hombres en general y en más de una ocasión indicó que quizá en el fondo era lesbiana.

Aproximadamente un año después de nuestro primer encuentro, un día en que regresaba de mis vacaciones me encontré a Julie y a otros pacientes sentados a la mesa de la cocina a punto de compartir un té recién hecho. Una vez servido en las tazas, y antes de que pudiéramos probarlo, Julie exclamó:

—¡Ni se os ocurra beberlo, está envenenado!

Desoímos su advertencia recurriendo a las fluidas habilidades que los grupos desarrollan para momentos así, pero aquélla fue la primera nota en una sinfonía de síntomas que a lo largo de las siguientes dos semanas se convirtió en auténtica cacofonía. Julie estaba convencida de que en ambos extremos de la ciudad había dos transmisores que estaban emitiendo una señal destinada a volverla loca. Se pasaba horas acuclillada desnuda en el baño, frotando sus ropas a conciencia con agua y jabón «para limpiarlas de una vez». El miedo a la comida envenenada, «sucia», la llevaba a no probar bocado. Decía algunas cosas que no tenían el menor sentido para mí, pero a veces me obsequiaba con observaciones tan brillantes como atinadas, fueran éstas sobre mis motivos para estar a su lado en aquellos momentos o sobre la sociedad en general. Como sucede durante los últimos minutos de vida de una bombilla cuyo filamento se está fundiendo, esas observaciones eran luminosas, pero luego eran seguidas por una oscuridad que duraba días enteros de hundimiento en la incomprensión psicótica. Al final llamamos a sus padres, que vivían en otra región del país, y entre todos decidimos trasladarla a un hospital con vigilancia permanente, pues se había convertido en un peligro para sí misma.

Las teorías psiquiátricas convencionales sostienen que la crisis de Julie tuvo su origen principal en el impacto de los genes sobre el cerebro, impacto que llevaría a un funcionamiento defectuoso de dicho órgano.[31] Emil Kraepelin, médico alemán del siglo XIX, estableció los frágiles cimientos sobre los que los psiquiatras han construido una vulnerable construcción sobre síntomas como los de Julie.[32] Kraepelin defendía que los síntomas de la locura no pueden ser entendidos en términos estrictamente psicológicos. La demencia sería un mal de origen biológico, genético sobre todo, en último término visible si se examina directamente el deteriorado cerebro del paciente. Este modelo sigue siendo el dominante en psiquiatría. Los manuales dividen los trastornos mentales en las categorías discretas formuladas por Kraepelin. El protocolo de diagnóstico refleja tanto la creencia fundamental de Kraepelin en el origen genético de la enfermedad como la necesidad de decirle al paciente que padece una dolencia en última instancia tan física como la amigdalitis. En 1978, el psiquiatra estadounidense Gerald Klerman actualizó la tesis de Kraepelin indicando que «la psiquiatría trata a enfermos mentales necesitados de tratamiento [...] Entre las personas normales y los enfermos hay una frontera [...] Hay enfermedades mentales definibles y discretas [...] Los médicos psiquiatras harían bien en centrarse de forma particular en los aspectos biológicos de la enfermedad mental».

Pero hay incontables muestras de que ninguna de estas aseveraciones resiste el análisis científico. Muchas más personas de las que antaño se suponía muestran por lo menos un síntoma de locura, de forma que la supuesta frontera entre lucidez y demencia acaba por desdibujarse del todo: voces que hablan y con las que se sostienen conversaciones, alucinaciones con personajes familiares, delirios como el de haber volado en un OVNI o pensamientos emparentados con la paranoia aguda. La misma psicosis de los maníaco-depresivos parece una defensa psicológica contra la depresión. Cuando en una prueba se les pide que den nombres específicos, las personas que han superado un episodio maníaco-depresivo tienen más dificultad para mencionar palabras asociadas a la depresión que a la euforia. Aunque aseguren que se encuentran bien, muchas veces dan la impresión de estar sufriendo una depresión de carácter leve. Otros estudios sugieren que las palabras asociadas a la depresión les resultan dolorosas desde el punto de vista emocional y que estas personas sufren enormes fluctuaciones en su autoestima. El seguimiento posterior indica que cuanto mayor sea el número de indicios ocultos de depresión que muestran cuando afirman sentirse bien, mayores son los riesgos de reaparición de la enfermedad. Durante la fase maníaca, a pesar de la euforia, los pacientes muestran en los tests resultados muy parecidos a los obtenidos por enfermos de depresión. La frenética actividad de la fase maníaca constituye un intento desesperado de alejar al yo del epicentro depresivo y puede adoptar la forma de una lucha febril encaminada a compensar la baja autoestima por medio del éxito o la actividad incesante.

La paranoia es un síntoma corriente de la esquizofrenia que parece estar muy lejos de la simple disfunción mecánica descrita por la psiquiatría convencional. Los paranoicos son expertos en el arte de evadir la culpa por los hechos negativos y de llevarse todos los méritos en relación con los positivos. Después de jugar a unos juegos de ordenador sobre cuyos resultados no tenían ningún control, los pacientes de este tipo se jactaban de su habilidad si ganaban y aseguraban que el juego estaba trucado (lo cual era cierto) cuando perdían. Muy al contrario, los enfermos de depresión se mostraban casi por entero indiferentes en relación con sus posibles triunfos o derrotas.

Otro síntoma clave de la esquizofrenia lo constituyen los trastornos del habla (el lenguaje incoherente, confuso o simplemente extraño). Los estudios recientes dejan claro que dicho síntoma se da con mucha mayor frecuencia cuando el tema de conversación tiene profundas implicaciones emocionales para el hablante. Cuando se le pide que mencione recuerdos tristes, su discurso se vuelve más confuso de un modo apreciable, y cuanto más personal es la materia de conversación, más oscuro se torna. Las alucinaciones tampoco carecen de sentido. Si un paciente es pobre o de baja extracción social, son mayores las posibilidades de que oiga unas voces a las que se siente subordinado. El estrés emocional hace mucho más probables las alucinaciones visuales o auditivas: nada menos que un 13 por ciento de las personas viudas afirman haber oído la voz de su cónyuge muerto.

Los estudios de gemelos son la piedra angular del debate genético.[33] Y sin embargo, si hay que hacerle caso a dichos estudios, lo que éstos realmente demuestran es que en la mitad de los casos los genes no juegan el papel principal. Podemos afirmarlo con tanta contundencia porque si cien esquizofrénicos tuvieran hermanos gemelos, tan sólo entre un tercio y la mitad serían también esquizofrénicos. Se trata de un índice superior al que se da entre los hermanos mellizos (en torno al 15 por ciento), lo que sugiere la existencia de un importante componente genético en la enfermedad. Pero lo más extraordinario es constatar que los genes no son la causa de la enfermedad cuando sólo uno de los gemelos es esquizofrénico. Dado que ambos tienen exactamente el mismo código genético, si uno es esquizofrénico en razón de los genes, el otro por fuerza también tendría que serlo. La única explicación para la diferencia entre ambos hermanos radicaría en la influencia de sus respectivas experiencias vitales.

En teoría, esas influencias pueden ser de orden físico (posturas en el útero o exposición a sustancias químicas nocivas durante la infancia, por ejemplo), pero como veremos en el capítulo siguiente, hay muchos indicios de que la causa principal del trastorno estriba en que los hermanos fueron tratados de distinta manera por mucho que sus padres fueran los mismos.[34] Si bien algunos casos tienen un origen principalmente genético, veremos que la explicación más plausible de la esquizofrenia debe buscarse generalmente en la educación recibida o en una combinación de los dos factores (lo innato y lo adquirido).

Dejando aparte los estudios sobre gemelos, el hecho de que la esquizofrenia se extienda por todo el mundo (en todas las sociedades hay esquizofrénicos) indica que la enfermedad tiene un componente genético, que forma parte del bagaje inherente a la condición humana.[35] Esto, sin embargo, no supone necesariamente que todos los casos tengan una causa genética. Un estudio efectuado en Dinamarca sobre dos millones de ciudadanos puso de relieve que los riesgos son mayores cuanto más tiempo se ha vivido durante la niñez en entornos urbanos.[36] Una investigación de carácter internacional llegó a mostrar que el tipo de síntomas del enfermo depende precisamente de dicha circunstancia. En las zonas rurales suelen aparecer síntomas como la pérdida de interés por la higiene y la apariencia per-

sonales, mientras que en las ciudades el enfermo tiene mayor tendencia a oír voces y creerse perseguido, diferencia que casa muy mal
con una posible explicación genética. Los pobres tienen casi dos
veces más posibilidades que los ricos de padecer esquizofrenia. En
fecha tan lejana como 1939, unos sociólogos estadounidenses de-
mostraron que cuanto menor fuese el bienestar material y mayor la
proximidad a los barrios bajos del centro de Chicago, mayores eran
los riesgos de esquizofrenia. El hecho de que su incidencia varíe de
forma considerable según las clases sociales (es dos veces más común entre los pobres) y las razas acostumbra a ser minimizado por
los psiquiatras, por mucho que la esquizofrenia sea tres veces más
frecuente entre los estadounidenses negros de origen caribeño y hasta
16 veces más entre los hijos de la inmigración caribeña al Reino
Unido.[37] Este último porcentaje, casi con toda seguridad, nada tiene que ver con los genes porque los familiares de los inmigrantes esquizofrénicos que permanecen en sus países de origen y comparten
con sus parientes britanizados la misma herencia genética no presentan tan elevadas tasas de incidencia.[38] La emigración misma y la
posterior experiencia de esa minoría en el país receptor son los factores que disparan el índice. Las personas no blancas que viven en
distritos de población mayoritariamente blanca tienen más probabilidades de sufrir la dolencia que aquellas que residen en barrios
de población no blanca.[39] Por si no bastara con el racismo, los padres de origen afrocaribeño sufren fuertes presiones de distinto origen
que los llevan a pasar largos períodos alejados de sus hijos. Un estudio efectuado con 38 afrocaribeños enfermos de esquizofrenia puso
de relieve que un tercio había estado separado de sus madres y la mitad de sus padres durante más de cuatro años en la niñez.[40] Los psiquiatras asimismo restan importancia a la incómoda circunstancia
de que la enfermedad tiende a ser más aguda y mucho más prolon-

gada en los países ricos e industrializados que en las naciones pobres y básicamente rurales (lo que es una prueba elocuente del carácter perturbador de la vida moderna). De hecho, quien enloquece en un país no desarrollado tiene diez veces menos posibilidades de recaer en la dolencia, lo que supone una diferencia muy importante, que nada tiene que ver con los genes.[41]

Muchos psiquiatras argumentan que el hecho de que la enfermedad tienda a darse en las mismas familias delata su carácter hereditario.[42] Aunque tan sólo el uno por ciento de la población padece esquizofrenia en algún momento de la vida, el índice sube al 17 por ciento si uno de los padres ha sido o es esquizofrénico y hasta el 46 cuando ambos progenitores se han visto afectados por la enfermedad.[43] La muy verosímil explicación de que crecer bajo la tutela de un par de locos puede ser bastante perturbador casi nunca es tenida en cuenta.[44]

En consonancia con la lógica psiquiátrica (que sólo ve una dolencia física comparable al cáncer, a una infección bacteriana o a cualquier otra enfermedad), el tratamiento habitual para la esquizofrenia es de tipo farmacológico. En torno a la cuarta parte de los pacientes no responde en absoluto a los medicamentos, y cerca del 15 por ciento acaba suicidándose.[45] Cuando los fármacos hacen efecto, la reducción de los síntomas no es pronunciada, pues la mejora se sitúa en una franja que va del 15 al 25 por ciento y siempre con marcados efectos secundarios (como temblores en las manos u otros problemas neurológicos acompañados por una sensación de vacío y desorientación). La mayoría de los tratamientos parten de la premisa de que lo que el paciente diga no tiene el menor sentido. Los psiquiatras suelen ser tajantes a la hora de decirles a enfermeras y familiares que no hagan ningún caso a los supuestos o reales delirios del paciente.[46]

Como hemos visto, la idea de que la esquizofrenia siempre tie-

ne un origen genético es demostrablemente inexacta si consideramos que la mitad de las personas con un hermano gemelo esquizofrénico no padecen la enfermedad. Pero así lo indica también un
hecho difícil de explicar para los psiquiatras partidarios de la teoría genética: por lo menos el 20 por ciento de los esquizofrénicos
acaba por recuperarse totalmente, y la mayoría se las arregla para
seguir viviendo sin medicación.[47] Rufus May es un ejemplo ilustrativo de que la recuperación de un esquizofrénico es perfectamente
posible. May no sólo recobró completamente la lucidez, sino que más
tarde estudió psicología clínica y hoy día trata a esquizofrénicos en
un proyecto comunitario de un barrio muy degradado de Londres.
Su historia es la del cazador furtivo que se convierte en guardabos-
ques, la del loco que se convierte en director del manicomio. Si su
enfermedad hubiera tenido un origen tan genético como, por ejemplo, el color de sus ojos, ello habría sido imposible por completo.

   May tenía dieciocho años cuando un psiquiatra le dijo que era
un paranoico esquizofrénico y que iba a tener que medicarse durante
el resto de su vida. Tras el diagnóstico vinieron siete meses en un
hospital psiquiátrico y la ingestión forzosa de fármacos. Y sin embargo, Rufus lleva hoy trece años sin tomar medicamentos. May
considera que la convicción de que su enfermedad era incurable y
el tratamiento exclusivamente farmacológico en realidad obstacu-
lizaron su recuperación. Mentalmente sano en la actualidad, May refirió su historia en el curso de la espléndida entrevista que Feargal
Keane le hizo para el programa radiofónico *Taking A Stand* de la BBC.[48]
   Así describe el inicio de su derrumbamiento:

   —Por entonces acababa de empezar en un nuevo trabajo. Mi novia me
   había dejado un par de meses antes, de forma que me sentía más bien
   solo... A la vez, pronto iba a cumplir los dieciocho y me decía que tenía

que hacer algo en la vida y convertirme en alguien. Sometido a todas aquellas presiones, me acuerdo de que el trabajo además era de lo más aburrido.

»Estaba empleado como aprendiz de dibujante, tenía muy poco que hacer y, acaso para no pensar que estaba iniciando una carrera profesional más bien gris, me gustaba jugar con la idea de que yo en realidad era un aprendiz de espía.

»En el trabajo un día me pidieron que hiciera de mensajero y llevara un paquete a Manchester. Me dieron dinero para el billete, y me dirigí a la estación de King's Cross. Cuando iba a coger el tren me di cuenta de que había perdido el billete recién comprado y de que un desconocido acababa de rozarse conmigo al pasar.

»Me pregunté si me lo habría robado del bolsillo.

»Sin más tiempo para pensar, sonó el silbato del tren, y de forma impulsiva corrí al andén, rodeé el torniquete de control y subí a un vagón. Al momento me escondí en un lavabo, pues temía que me hubieran visto. Me dije que lo mejor sería cambiar un poco mi aspecto. Me mojé el pelo con agua del grifo y me puse una camiseta sobre la camisa.

»La cosa me estaba empezando a gustar. Me acordé de los relatos sobre espías que solía leer de chaval y me dije: ¿y si resulta que en realidad soy un espía? ¿Y si todo es un montaje para ponerme a prueba y comprobar si soy capaz de entregar el paquete en circunstancias complicadas? La idea me iba resultando cada vez más interesante, hasta que en el trayecto de vuelta el revisor me pilló escondido en el lavabo. Sólo me dejó marchar cuando le expliqué que era un simple becario de oficina.

»Yo creo que fue por entonces cuando empecé a sumirme más y más en aquel mundo de fantasía. Un mundo que tenía muchos alicientes para mí. Me aportaba cierta sensación de importancia, y yo podía echar mano a mi creatividad para escapar a una realidad gris. Una realidad deprimente, pues antes de ponerme a trabajar había suspendido el acceso a la universidad. Durante muchos años no supe muy bien qué hacer con mi vida.

»Cuanto más tiempo le dedicaba a aquellas ideas gratificantes, mayores eran las recompensas que me ofrecían. Empecé a encerrarme en mi pequeño mundo, cada vez más, y tan intensa excitación hacía que por las noches no pegara ojo. Yo creo que la falta de sueño jugó un papel determinante en todo este proceso, pues en cierta forma empecé a soñar despierto.

»Si te fijas, tú eres siempre el protagonista de tus sueños. Lo que sucede a tu alrededor siempre tiene que ver contigo, y mi vida comenzó a adoptar esa misma forma. Las señales y rótulos de la calle se convirtieron en mensajes personales para mí. Si una persona se rascaba la cabeza, se trataba de una señal precisa que yo tenía que descodificar. Los artículos de periódico tenían su propio significado oculto. Todo giraba en torno a mi persona, lo mismo que en un sueño.

»No hay duda de que yo estaba muy confuso y necesitaba que alguien me ayudase a encontrarle sentido a lo que estaba experimentando. Pero en los meses siguientes resultó decisivo que (los médicos) descartaran todo lo que me estaba sucediendo como el producto insensato de una enfermedad carnívora, una dolencia llamada esquizofrenia, lo que resulta discutible…

—¿Cómo respondieron los médicos cuando les dijo que necesitaba algo más de ayuda de su parte, que no bastaba con que le medicaran y le tuvieran encerrado en un psiquiátrico?

—Yo diría que entramos en guerra sobre la cuestión. Se lo tomaron como una muestra de que yo no terminaba de comprender que era un enfermo mental y que en consecuencia necesitaba medicación. Me resultaba muy difícil mencionar efectos secundarios tan embarazosos como la impotencia en una sala en la que quizá habrían quince personas, estudiantes de medicina muchas de ellas. Me sentía como si estuviera en un escenario durante cinco minutos cada semana, cinco minutos que eran muy importantes, pues tenías que demostrar que ya estabas a punto para que te redujeran la medicación o te dejaran salir. Yo tenía la impresión de que entre nosotros se estaba dando una guerra de voluntades.

—¿Qué trato recibían los demás pacientes?

—Eso dependía de los enfermeros. Había algunos que te trataban en plan sargento, con desprecio y de mala manera. También los había que te trataban como a un igual, pero éstos tenían órdenes de no entrar en conversaciones sobre tus extrañas ideas. Si se te ocurría mencionar una idea que habías tenido, al momento te daban un tablero de ajedrez o algo por el estilo y te animaban a echar una partida con alguien.

—Entonces, ¿no les proporcionaban terapia?

—No había terapia.

—¿Cuántas veces veía a un psiquiatra?

—Una vez por semana.

—¿Durante cuánto rato?

—Unos pocos minutos.

—Entonces, ¿toda la terapia se reducía a eso? ¿A unos pocos minutos a la semana?

—La terapia era de tipo farmacológico…

—¿Cómo se las arregló para dejar la medicación para siempre y convertirse en psicólogo?

—Tuve varios empleos durante una temporada. Incluso llegué a trabajar como vigilante nocturno en el cementerio de Highgate. Empecé a estudiar teatro en un centro cultural de barrio, y me pidieron que diera clases a un grupo de adultos con dificultades de aprendizaje. Cuando les pregunté por qué habían pensado en mí, me dijeron que porque creían que tenía dotes para el asunto. La verdad es que me emocioné un poco y pensé que igual podía llegar a trabajar como asistente social. Al poco empecé a pensar en una posibilidad: ¿y si me las arreglaba para infiltrarme en el mundo de la psiquiatría para cambiar las cosas desde dentro? El proceso al final me llevó muchos años. Me pasé diez años estudiando trabajo social y psicología, sin decirle nada a nadie sobre mi historial psiquiátrico, pues lo más seguro era que no me dejasen seguir adelante con mis estudios. No creo que me hubiesen dejado realizar esa clase de trabajo de haber sabido que una vez me habían diagnosticado esquizofrenia...

—Durante su época de formación hizo cuanto pudo por mantener oculta su pasada etapa de enfermo. Y sin embargo llegó a encontrarse con personas que habían sido enfermeras suyas cuando era paciente. ¿Cómo reaccionaron esas personas?

—Era una situación muy rara, pues yo en cierto sentido había terminado por convertirme en el agente secreto de mis fantasías, y de pronto me habían descubierto. Una vez, durante una reunión, un enfermero se me quedó mirando y me preguntó: «¿A usted no lo conozco de algo?». El hombre empezó a caer en la cuenta, y yo al momento le sonreí de manera forzada y le dije que prefería hablar con él de la cuestión en otro momento. Más tarde hablé con él, y de hecho se mostró muy comprensivo. Me dijo que no me preocupara, que la cosa iba a quedar entre él y yo...

»Durante los seis o siete años previos a mi episodio psicótico pasé por muchos problemas. Me sentía bloqueado. La llegada de la psicosis me permitió salir de mí mismo y seguir adelante en la vida. No me convertí en paciente permanente de hospital psiquiátrico por muy poco... Estoy convencido de ello. Por difícil que me resultara, lo sucedido aportó dirección a mi vida. Quiero ayudar a que los servicios psiquiátricos sean mejores y más humanos. Quiero que cambiemos nuestra forma de pensar sobre la experiencia humana.

Después de haber hablado con Rufus May, no me extrañaría lo más mínimo que el libro que hoy está escribiendo sobre su aventura vital efectivamente consiga cambiar nuestra forma de pensar. Pero entretanto, una cuestión sigue pendiente: la mitad de los casos de esquizofrenia no tiene un origen genético primario; ¿cuál es entonces su causa?

Aunque la esquizofrenia no es la materia central de este libro, dicha enfermedad constituye una *cause célèbre* del debate entre lo innato y lo adquirido. Mi respuesta a la cuestión específica que acabo de plantear se despliega a lo largo de las páginas de este libro. Hacia el final del capítulo 2 encontraréis numerosos datos que avalan la influencia determinante del papel que nos toca jugar en el drama de la vida familiar. En capítulos posteriores muestro cómo las experiencias de la infancia pueden generar la predisposición para la enfermedad. La activación o no de este potencial depende del trato recibido durante el resto la niñez, en particular de si nuestros padres nos transmiten mensajes ambivalentes o tienen comportamientos abusivos. Tan sólo en algunos casos los genes constituyen la razón principal; en otros, el entorno puede ser la causa parcial o total, mientras que en un tercer grupo las razones acaso haya que buscarlas tanto en lo innato como en lo adquirido. Por lo demás, la esquizofrenia es una de los trastornos mentales con mayor determinación genética.

A medida que os adentréis en la lectura de este libro observaréis que el verdadero debate en torno al problema de por qué somos como somos está en muchos casos más relacionado con el presente y el pasado que con el dilema entre lo innato o lo adquirido. La cuestión que más me interesa es la siguiente: ¿hasta qué punto el trato recibido durante los primeros seis años de vida es más influyente en la conformación de nuestro carácter que el segundo o tercer período de seis años o que experiencias ya adultas como el desempleo o el divorcio? De modo particular, ¿dónde está el vínculo que enlaza los episodios puntuales de nuestra vida familiar hasta los seis años con nuestros rasgos personales como adultos?

Tras analizar la importancia de nuestro papel dentro del guión familiar en el capítulo 2, me extenderé sobre tres elementos que me parecen clave, tres personajes que, a distintas edades, cumplen funciones bien diferenciadas en el drama intransferible de nuestra vida personal:

— Nuestra «conciencia» (capítulo 3), una especie de policía interno determinado principalmente por el modo como se nos prohibió o se nos alentó a hacer unas cosas u otras entre los tres y los seis años.

— Nuestro «patrón de apego» (capítulo 4), el conjunto de asunciones sobre la forma en que vamos a ser tratados por los demás, pauta que trasladamos a todas nuestras relaciones y que en gran medida está influida por el trato que recibimos hasta los tres años de edad.

— Por último, nuestra «conciencia —o sentido— del yo» (capítulo 5). La sensación de que existimos, y de que existimos en nuestro cuerpo, tiene su causa —parcial cuando menos— en la forma en que fuimos tratados durante la primera infancia.

Cada capítulo se adentra todavía más que el anterior en las turbias interioridades de la niñez. Sin duda podréis acordaros y aplicaros a vosotros mismos buena parte de lo que explico en el capítulo 2, pero lo más probable es que no suceda lo mismo con los capítulos 3, 4 y 5, pues ninguno de nosotros es capaz de recordar mucho, si es que recuerda algo en absoluto, sobre sus primeros años de vida, y con frecuencia apenas tenemos una muy tenue impresión del modo como por entonces fuimos tratados. Con todo, espero que al uniros a mí en este viaje hacia vuestro pasado empecéis a advertir que, en lo que respecta a la gran mayoría de nosotros y en la mayor parte de los aspectos, son nuestras particulares relaciones en el seno de la familia, no nuestro cóctel genético, lo que determinan la gradual aparición de la volición, la capacidad de elegir, a medida que durante nuestra niñez luchamos por convertir lo que nos hacen en algo que nos pertenezca en exclusiva. La pugna continúa durante la edad adulta porque toda nuestra vida batallamos para ser el organillero y no el mono, para explorar o revivir el pasado inscrito en nuestro presente de manera que ese pasado opere en nuestro favor y no nos perjudique. Queremos dejar de ser actores en una obra cuyo guión fue escrito durante nuestra primera niñez para convertirnos en los dueños de nuestra auténtica experiencia.

Notas

1. Véase *Hinckley y Hinckley*, 1985.
2. Véanse *Hock et al.*, 1988; *DeMeis et al.*, 1986.
3. Véase *Ernulf et al.*, 1989.
4. Véase *Pastore*, 1949.
5. Véase *Murray*, 2000.
6. Véase *Jost et al.*, 2003.
7. En relación con la plasticidad y la estructuración genética como elementos determinantes de la individualidad, véanse *Greenough et al.*, 1987; *Gottlieb*, 1991; *Johnson*, 1999.
8. Para un resumen de la evolución de los nichos en las familias, véanse las pp. 86-89, *Sulloway*, 1996.

9. Publicado en la p. 1, *The Observer*, 11 de febrero de 2001; el artículo hace referencia al informe científico de *Venter et al.*, 2001.

10. Véase, por ejemplo, *Pinker*, 1997.

11. Véase *Plomin y Daniels*, 1987.

12. Para la interpretación más aberrante de los datos, véase *Harris*, 1995, obra que consigue ignorar casi por entero los más de 2.000 estudios científicos que demuestran que la atención y los cuidados recibidos en la primera niñez influyen de forma decisiva en los patrones posteriores de relación personal; no menos engañoso resulta *Scarr*, 1997.

13. Para las estimaciones apuntadas en el siguiente párrafo, véase *McGuffin et al.*, 1994.

14. Véase *Bryson*, 1996.

15. Para una revisión, véanse las pp. 161-162, *Gilbert*, 1995.

16. Véase *Mcgue y Lykken*, 1992.

17. Para más detalles acerca del incremento de los divorcios, véanse las pp. 150-157, *James*, 1997.

18. Véase *James*, 2007 a.

19. Véase *James*, 2007 b.

20. Véase *Caspi*, 2002, 2003, 2005.

21. Véanse *Eley et al.*, 2004; *Kendler et al.*, 2005; *Zalsman et al.*, en imprenta; *Wilhelm et al.*, 2006.

22. Véanse *Eley et al.*, 2004; *Grabe et al.*, 2005.

23. Véanse *Grabe et al.*, 2005; *Fox*, en imprenta; *Kaufman et al.*, 2004.

24. Véanse *Gillespie et al.*, 2005; *Willis-Owen et al.*, 2005; *Surtees et al.*, 2005.

25. Véase *Surtees et al.*, 2006.

26. Véanse *Mendlewicz et al.*, 2004; *Lasky-Su et al.*, 2005.

27. Véase *James*, 2007b.

28. Véase *Manuck et al.*, 2004, 2005.

29. Véase *Timimi*, 2005.

30. La mejor descripción del mundo interior del esquizofrénico aparece en *Laing*, 1960.

31. Véase *Gottesman*, 1992.

32. Véase *Bentall*, 2003, para referencias a los estudios de sintomatología mencionados en los párrafos siguientes.

33. Véase *Gottesman*, 1992.

34. Para estudios sobre gemelos idénticos discordantes, uno esquizofrénico y el otro no, véanse *Belmaker et al.*, 1974; *DiLalla y Gottesman*, 1995; *Mosher et al.*, 1971; *Stabenau et al.*, 1967; *Stabenau*, 1973.

35. Véase *Jablensky et al.*, 1992; para una interesante crítica de lo aportado por dicho estudio, véase *Marshall*, 1991.

36. Véase *Pedersen*, 2001.

37. Para más datos en relación con la clase social, la raza y el país, véanse las pp. 76-79, *Gottesman*, 1992.

38. Véase *Hutchinson et al.*, 1996; véase también *McKenzie y Murray*, 1988.

39. Véase *Boydell*, 2001.

40. Véase *Bhugra*, 1997.

41. Véase *Susser*, 1994.

42. Véase *Jablensky et al.*, 1992.

43. Véase la tabla en la p. 96, *Gottesman*, 1992.

44. Para un análisis revelador de por qué los psiquiatras no son dados a contemplar esta posibilidad, véanse las pp. 260-266, *Johnstone*, 1992.

45. Para las estadísticas mencionadas en esta frase y la siguiente, véanse las pp. 118-119, *Horrobin*, 2001.

46. Para una muestra de las instrucciones que los psiquiatras suelen dar a las enfermeras y los familiares (por ejemplo, «pongan fin inmediato a todo diálogo hostil; concéntrense en la estructura de expresión, no en el contenido del problema»), véase *Falloon et al.*, 1988.

47. Véase la p. 118, *Horrobin*, 2001.

48. *Taking a Stand*, producido por Jane Beresford, emitido en primavera de 2001.

2

EL GUIÓN DE NUESTRO DRAMA FAMILIAR

They may not mean it, but they do…

[Tal vez no quieran, pero al fin da igual;]

L as familias son comparables a una obra de teatro. Como si fuéramos personajes de ficción, a todos nos es asignado un papel
estipulado en el guión y se nos dirige con mano férrea durante la interpretación, en la que lucimos el adecuado vestuario psicológico y
estamos obligados a cantar y bailar al son característico de nuestra
familia. Así queda patente cada vez que hay una reunión familiar…
En Navidad, por ejemplo.

Durante la comida navideña, nuestros padres y hermanos exigen que interpretemos el papel que en su momento nos fue asignado.
No importa en absoluto si hace mucho tiempo que dejamos de ser
el listo o el gordito de la familia, el que siempre quiere llamar la
atención o el que no hace más que quejarse. Nuestra familia insiste en tratarnos del mismo modo exacto de siempre, y a los pocos
minutos de habernos sentado a la mesa volvemos de nuevo a ser
niños pequeños. Los logros y la independencia de la edad adulta se
borran por entero, y de pronto nos encontramos interpretando un
papel que considerábamos olvidado hacía mucho tiempo.

Un método sencillo de comprobar esta idea es convertirnos,
durante la próxima representación navideña, en autores de nuestros

propios diálogos, en desviarnos del guión de forma deliberada. Como no tardaréis en comprobar, los demás personajes se quedarán perplejos a más no poder, lo que será prueba de la existencia de un guión prefijado. Como cualquier buen escritor, necesitaremos hacer una labor de investigación. Para determinar el carácter de nuestros diálogos, primero hay que establecer qué es lo que esperan de nosotros los demás actores, los cuales, en el caso de este drama concreto, fueron también los autores de nuestro papel original.

Empezad haciendo un listado de todos los rasgos que pensáis que vuestra familia os atribuye como inmutables. Algunos de ellos os serán atribuidos por todos los miembros de la familia. Por ejemplo, es posible que no sólo vuestros padres os tengan por un vago, un desordenado y un egoísta sin remedio, sino que también piensen así vuestros hermanos o hermanas. Ciertas opiniones acerca de vuestra persona procederán sólo de determinados miembros de la familia o de coaliciones de éstos. Puede que vuestro hermano mayor y vuestra madre piensen que tenéis muchas manías a la hora de comer, pero que vuestro padre y los demás hermanos no lo vean de esa forma. Cuando llegue el momento del banquete navideño, es preciso que tengáis muy claro qué papel espera de vosotros cada familiar. Y, entonces… a divertirse. En lugar de actuar al modo predecible, podéis hacer justo lo contrario.

Si tenéis fama de ser tacaños a la hora de comprar regalos, haced unos presentes verdaderamente caros y ostentosos. Si sois conocidos porque nunca laváis los platos, corred raudos al fregadero después de la cena. Si os consideran un dormilón, sed los primeros en llegar a la mesa del desayuno por la mañana. Parte de la gracia de este juego radica en que los demás se esforzarán en no darse por enterados, en negar cualquier posible cambio. De la misma forma que los actores en una representación teatral se quedarían pasmados, e incluso asustados, si un miembro del reparto de pronto empezase a recitar los diálogos de otra obra, y en un principio fingirían que no pasa nada raro, así sería la reacción de vuestra familia. Cuando la diferencia resulte ya innegable, es posible que traten de aunar fuerzas e imponeros vuestro viejo papel de siempre, acaso burlándose de vuestra forma de lavar los platos o bromeando sobre el hecho de que os hayáis levantado tan pronto. Puede que insistan en hacer referencia a episodios pasados, como la vez en que os quedasteis dormidos y llegasteis con retraso a la comida de Navidad. Pero, en lugar de irritaros, haced hincapié con tranquilidad en que los hechos de hoy apuntan a lo contrario. Cuando menos, la experiencia os resultará divertida. Y, ¿quién sabe?, puede que la próxima Navidad os encontréis interpretando un papel que, esta vez sí, será vuestra propia creación.

El guión de las diferencias entre vosotros y vuestros hermanos

Como R. D. Laing expresó en relación con las familias:[1] «Somos intérpretes de una obra que no hemos leído ni hemos visto, cuya trama desconocemos, cuya existencia podemos atisbar, pero cuyo principio y final van más allá de nuestra imaginación y concepción actuales». Vuestro particular guión familiar ejerció una influencia decisiva en el establecimiento de las diferencias que os separan de vuestros hermanos. El hecho de que seáis tan distintos, pese a haber sido criados por los mismos padres, es con frecuencia empleado como salva inicial por los defensores de la teoría genética en las discusiones sobre lo innato y lo adquirido que se suelen dar en la barra del bar o a la hora de cenar. Los padres con niños pequeños, de forma particular tras el nacimiento del segundo hijo, muestran tendencia a explicar el carácter único de cada pequeño en razón de los genes (aun cuando antes de tener hijos defendieran con pasión la teoría contraria). «Nacen distintos —insiste el padre cuya explicación está siendo puesta en duda—. Desde el primer momento muestran caracteres diferentes. ¿Cómo pueden ser tan distintos cuando los padres son los mismos y han sido criados por la misma familia?». La respuesta estriba, sin duda, en que fueron tratados de forma muy diferente. Si alguien es extrovertido o neurótico o estúpido, la posibilidad de que sus hermanos compartan esos rasgos es tan remota como en el caso de otros niños con quienes no tengan la menor vinculación genética. Si lo pensamos bien, la cosa tiene mucho sentido. Si comparáis el trato que os dieron vuestros padres y el que recibieron vuestros hermanos, no tardaréis en daros cuenta de que fueron muy distintos. Mi propia historia familiar ofrece un elocuente ejemplo sobre el trato radicalmente diferente que los padres dispensan a cada hermano.

A principios de los años setenta, el consumo de drogas alucinógenas no resultaba infrecuente entre los jóvenes; en algunos casos, dicho consumo redundaba en ataques de ansiedad y episodios de paranoia. En cierta ocasión, tras fumar una marihuana excepcionalmente fuerte, una de mis hermanas estuvo convencida durante un breve período de ser víctima de una conspiración de la que participaban todas las personas con quienes hablaba. Al enterarse de su estado de desequilibrio, mis padres respondieron de las formas más distintas que quepa imaginar. Mi padre se puso furioso y abroncó a mi hermana sin piedad por haber cometido la estupidez de consumir drogas. Mi madre fue un modelo de comprensión y benignidad.

Unos años después de ese episodio, yo mismo consumí LSD en una ocasión, y el potente alucinógeno me llevó a hundirme y a sentirme presa del pánico. Le pedí a un amigo que me llevara en coche al hospital psiquiátrico más cercano, pero me llevó a casa de mis padres. Una vez en el salón, les expliqué que estaba pensando en tirarme por la ventana y acabar con todo de una vez. El modo en que reaccionaron fue el reverso polar de lo sucedido durante el anterior incidente con mi hermana. Esta vez la condena provino de mi madre: «¡Maldito idiota! ¿Cómo puedes ser tan estúpido como para tomar drogas?». Mi padre se mostró conmigo tan cálido y comprensivo como frío y poco comprensivo había sido con mi hermana. Cada uno de ellos tenía su código de normas para mí y para mi hermana en lo tocante al consumo de drogas. Esto es algo típico de las diferencias radicales en las relaciones de los padres con cada hijo. Existen muy diversas razones que ayudan a explicarlo.

Los padres se encuentran en distintas etapas de su vida cuando nace cada hijo, y muchas veces también se encuentran en etapas diferentes del matrimonio. Al principio, la llegada del primer hijo ejerce un enorme impacto sobre la mayoría de las mujeres, que muchas veces pasan de ser trabajadoras a convertirse en madres a tiempo completo o parcial. A su vez, el padre puede sentirse excluido por el recién llegado, o tal vez eufórico; puede sentir una tremenda presión porque debe aportar bienestar material a su familia, o sentir que su destino por fin se ha cumplido. Cuando nace el segundo hijo, la familia ya ha sido transformada por la llegada del primero. Puede que mamá y papá ahora ya no se lleven tan bien a causa de las nuevas presiones, o que éstas los lleven a sentirse más unidos que nunca. Es posible que su situación económica sea boyante, o que el dinero se haya convertido en habitual motivo de discusiones. Es posible que se hayan mudado a vivir a otro lugar, y que el traslado no haya sido bien encajado por uno de ellos o por ambos. En un sinfín de aspectos, la satisfacción emocional y las preocupaciones de cada progenitor habrán cambiado de forma considerable desde el nacimiento del primogénito.

No sólo eso, sino que tanto el padre como la madre proyectan sobre cada uno de sus vástagos muchos rasgos extraídos de su propio pasado infantil. Los padres siempre reviven y aplican el modo en que fueron tratados de niños, hasta cierto punto, y también en algunos aspectos hacen todo lo posible por hacerles a sus hijos lo contrario de lo que a ellos les hicieron. Si el padre fue el primogénito, puede que la llegada de un segundo o tercer hijo active el recuerdo de sentirse desplazado cuando era pequeño y que esto lo lleve a mostrarse mucho más afectuoso y permisivo con su hijo mayor. Si, por el contrario, el padre fue el benjamín, quizá haga lo posible por conseguir que el más pequeño de los hermanos no se lleve «la peor parte», como le sucedió a él mismo. Si es un niño y el padre tenía un hermano abusón, si es una niña y la madre tenía una hermana más guapa... las variables asociadas al orden de nacimiento y las relaciones con los hermanos son innumerables, y su efecto sobre la forma en que cada padre trata al hijo recién nacido, muy profundo.

El sexo del niño también condiciona el lugar que ocupa en la familia durante la creación del guión destinado al pequeño, a su vez muy influido por las propias experiencias infantiles de los padres. Es posible que la madre quisiera un varón y haya tenido una hija; es posible que fuera el padre quien anhelase un varón. Quizá la mujer tuvo una madre intrusiva y ahora esté determinada a respetar al máximo el espacio personal de su hija. Tal vez el padre tenga la idea de que los suyos no lo educaron con la adecuada severidad y ahora se proponga no cometer el mismo error con su pequeño. De forma todavía más profunda, es posible que uno de los cónyuges fuera tratado de forma cruel o negligente y lo proyecte sobre uno de sus hijos en particular, sometiéndolo a la misma crueldad mental, violencia o abusos sexuales.

Los cambios que se dan en el estado emocional de cada padre, y en el propio matrimonio entre un nacimiento y otro, se combinan con los remanentes biográficos que cada uno de los cónyuges proyecta por separado sobre cada hermano, creando así un entorno psicológico único en cada momento. Aunque los padres siempre inculcarán a todos sus hijos por igual algunos pocos rasgos comunes, como la atención a la puntualidad o el deseo de sacar buenas notas escolares, es un hecho indudable que la mayor parte de lo adquirido por cada hijo es exclusivo de ese hijo, quien termina por esculpir su propio nicho en la familia como resultado de las diferencias radicales en su educación.

El guión de nuestro género

Desde el momento en que vuestras madres supieron que estaban embarazadas, os convertisteis en personajes de vuestro propio drama familiar: vuestros padres se preguntaron si ibais a ser niño o niña. El sexo es una percha muy empleada por los padres para colgar su bagaje biográfico y sus estereotipos sociales. Por lo general, los bebés masculinos despiertan mayores reacciones entre los padres, quienes suelen entregarles juguetes que precisan de la resolución activa de problemas y de mayor implicación por parte de los adultos.[2] Más tarde, a los hijos varones se les anima a explorar el mundo y a jugar por su cuenta, mientras que a las hijas se las ata más en corto por miedo a que algo malo pueda sucederles, con lo que las pequeñas se acostumbran a acomodarse a las expectativas de los adultos. Los cónyuges masculinos juegan de forma más física con los hijos varones, de quienes esperan más y a los que exigen más, al tiempo que fomentan la dependencia y la pasividad de las hijas. Ambos padres por igual tienden a interrumpir a las hijas cuando hablan y a escuchar a los hijos con mayor atención. En consecuencia, los alumnos y las alumnas en la escuela acostumbran a segregarse de forma espontánea en razón del género, con lo que no llegan a aprender las pautas de comportamiento del sexo opuesto. Los maestros están acostumbrados a que los chicos sean más agresivos y las chicas se muestren más cooperadoras.

Por supuesto, estas distintas reacciones hacia los hijos encuentran en parte su causa en el hecho de que niños y niñas son distintos al nacer. No cabe duda de que, hasta cierto punto, los hombres realmente son de Marte y las mujeres de Venus, como resultado de la producción en diferentes cantidades de las hormonas sexuales, la testosterona y los estrógenos. Antes de tener hijos, los padres suelen afirmar que las diferencias entre uno y otro sexo son simple producto del machismo, pero la mayoría ven las cosas de forma distinta después de tenerlos. Las niñas y los niños pequeños de hecho son distintos desde que nacen, circunstancia que origina reacciones dispares por parte de los adultos. No hay duda de que si un adulto piensa que el bebé es un niño o una niña, su relación con la criatura es totalmente diferente, con independencia de cómo sea ésta en realidad. Por ejemplo, cuando los adultos creen que un bebé es varón, lo más probable es que interpreten sus lloros como producto del enfado.[3] Si ese mismo bebé es mostrado a otros adultos y se les dice que se trata de una niña, lo más seguro es que achaquen su llanto al miedo. Otros muchos ingeniosos estudios de este tipo muestran que nos relacionamos con los niños de acuerdo con una serie de estereotipos sexuales, independientemente de su comportamiento real. No es de extrañar que tanto padres como madres todavía tiendan a creer que los hijos se desempeñan mejor en las matemáticas y los deportes, haciendo caso omiso de las estadísticas, y que las hijas tienen mayores aptitudes para materias como la lengua y la literatura.[4] Dado que las creencias que los padres tienen sobre las capacidades de sus hijos ejercen un efecto considerable sobre las notas que éstos más tarde consiguen en los exámenes, tales estereotipos continúan influyendo en el rendimiento escolar. Una vez más, voy a poner un ejemplo extraído de mi propia vivencia.[5]

Yo fui el tercero de cuatro hermanos, las tres hembras. Ni mi padre ni mi madre escondían que estaban encantados por haber tenido un hijo después de las dos niñas, mientras que ninguna de mis hermanas se cortaba un pelo a la hora de sacar a relucir el trato de favor de que yo disfrutaba en razón de mi sexo (mis hermanas no se muestran tan explícitas en relación con los numerosos problemas adicionales que mi sexo me creó). No obstante, la diferencia que a mí me resulta más remarcable es el modo en que mi padre reaccionaba ante el desastroso rendimiento escolar que mostré durante la mayor parte de mi niñez.

Tras gozar de un trato bastante permisivo durante mi primera infancia, en la que más o menos me dejaron hacer lo que quisiera, no me gustó que me mandaran a la escuela a los cuatro años de edad. Me parecía ridículo tener que atenerme a unas normas. La verdad sea dicha, yo era un golfillo que se pasaba el día peleándose con los demás niños, sin apenas prestar atención a las tareas escolares. No tardé en convencer a mi sufrida madre de que me sacara de la escuela y que esperara al siguiente año. Una vez transcurrido ese plazo, mis padres me enviaron a diversas escuelas liberales, en las que mi reticencia al trabajo y al buen comportamiento no me creó demasiados problemas… aunque sí a quienes estaban a mi alrededor. Mis informes escolares eran una sucesión de horrores. Por fin, cuando tenía ocho años, las cosas cambiaron de forma radical. Mi padre insistió en que ingresara en una escuela preparatoria de tipo estricto y tradicional (aunque distaban de estar forrados, mis padres tenían el suficiente dinero para pagar una escuela privada). Como resultado de sus propias experiencias de la niñez, para mi padre era importante que su hijo superase con éxito los exámenes de graduado escolar previos a la enseñanza secundaria, a fin de poder acceder a alguno de los buenos colegios privados del país. Estaba claro que la consecución de este objetivo precisaba de mi paso por un centro de enseñanza bastante más exigente con los alumnos. En dicha cárcel (pues por tal la tenía), yo y otros dos niños igualmente recalcitrantes fuimos durante dos años y de forma sistemática los últimos de la clase en todas las materias. Los azotes que con una vara me propinaba el director, ya fuera por mi mal comportamiento o por mi pereza, se convirtieron en algo habitual. A pesar de todos los indicios en sentido opuesto, mi padre nunca cesó de repetirme que yo era «muy inteligente» y que podía llegar «muy lejos» si me lo proponía. Pidió que me sometieran a un test de inteligencia, en el que obtuve unos resultados por encima de la media, e hizo heroicos esfuerzos para enseñarme latín, geometría y demás durante las vacaciones. Sin ningún éxito, todo hay que decirlo. Cuando tenía diez años, el director me dio por imposible. El hombre les dijo a mis atónitos padres que tenía una mentalidad por debajo de lo normal y que lo que necesitaba era ir a una «escuela especial».

En la siguiente escuela preparatoria a la que me apuntaron, cuyas exigencias eran menores, continué como siempre y suspendí los exámenes para acceder a alguna institución privada. Con todo, mi padre siguió negándose a aceptar lo que a todos les resultaba obvio menos a él: que yo era tonto. Suspendió las vacaciones familiares que íbamos a pasar en la nieve para llevarme a una escuela de preparación intensiva a fin de que pudiera aprobar los exámenes de ingreso. Tras haberlo dejado todo para el último momento, le pagué aquella muestra de confianza como estaba mandado y, después de catorce semanas de sudores y lágrimas (tan sólo fui azotado una vez, aunque el castigo habitual en aquel centro era el de correr; debí de correr varios cientos de kilómetros), me las arreglé para aprobar. Pero mi acostumbrado patrón de jugarme las cosas a todo o nada no terminó ahí. Suspendí los exámenes en mi primer año del colegio y tuve que repetir curso. Durante mi primera adolescencia seguí haciendo el vago y portándome mal hasta que, a los dieciséis años, llegó el momento de superar los primeros exámenes de acceso a la universidad. Yo había estado ignorando las constantes cartas de mi padre instándome a volver a entrar en razón y, tras obtener los predecibles resultados mediocres en los exámenes, mi padre vino a recogerme al colegio y me llevó a tomar algo a la terraza de un hotel junto a la ribera del Támesis. En tan hermoso entorno me ofreció tres alternativas bastante menos hermosas, aunque sí memorables. Podía seguir en el colegio y obstinarme en no estudiar, pero cuando acabara los estudios de forma mediocre tendría que aceptar cualquier empleo en la City, el barrio financiero londinense, y ejercer, pongamos, como corredor de bolsa en prácticas. Mi segunda opción era la de dejar el colegio y ponerme a realizar un trabajo manual como operario de mantenimiento de los ferrocarriles. Aunque esta segunda posibilidad me atraía bastante, pues tenía ínfulas de ser el próximo George Orwell (yo leía novelas; eran los libros de texto los que me repelían), fue la tercera alternativa la que me convenció: la de ir a Cambridge.

Cuando comunicamos a mi madre «mi decisión» de ir a Cambridge, por poco le dio un ataque. Todos los indicios apuntaban a que bastante suerte tendría con que me aceptasen en alguna universidad. Ella era bastante más realista que mi padre y no compartía nuestra fantasía de que todo es posible en la vida. Nuestro plan le pareció «absurdo» y «ridículo». Pero lo más curioso es que, después de aquella conversación con mi padre, me apliqué en serio y, después de muchos y grandes altibajos, conseguí salir adelante bastante bien.

Lo que resulta interesante de esta historia de indulgencia infinita es que, al escribir el culebrón de mi vida, uno de los autores del guión, mi padre, decidió que el personaje de su hijo iría a Cambridge y estaba dispuesto a casi todo para que esa ficción se convirtiera en realidad. Como mis tres hermanas acostumbran a subrayar, mi padre no tenía las mismas aspiraciones para ellas. A él le parecía estupendo que estudiasen en colegios de escaso nivel, aunque fueran mucho más prometedoras que yo desde el principio (de hecho, a pesar de la actitud paterna, todas acabaron licenciándose en buenas universidades y han seguido exitosas carreras profesionales, con el apoyo de mi madre, quien por su parte también lo había logrado). Pero, por la simple razón de lo que yo tenía entre las piernas en el momento de nacer, mi padre me trataba de manera totalmente distinta en lo relativo a mi rendimiento en los estudios. Estoy convencido de que si mi hermana menor hubiera nacido antes que yo, no por ello se habría convertido en el objeto de sus aspiraciones. Era necesaria la llegada de un hijo varón para que éstas se activasen.

Nuestro género también influye de forma directa en el guión que nuestros padres nos escriben con respecto a la sexualidad. Como explicaré con mayor detalle en el capítulo 3, dentro de la familia también existen unos deseos sexuales y el modo en que los padres responden a los de los hijos es muy importante para éstos. Las respuestas fuertemente inhibidoras conducen a la inhibición, mientras que un apropiado entusiasmo origina que uno crezca con la capacidad para disfrutar de este instinto, como sucedía en el caso de la «niña de papá» Gillian Blakeney y su padre. Pero algunos padres encuentran perturbadora la sexualidad de sus hijas y hacen lo po-

sible por reprimirla, del mismo modo que hay madres que rechazan
la masculinidad de los hijos. Dos ejemplos extremos los ofrecen las
historias del cantante Elton John y el actor John Gielgud.

Según Philip Norman, biógrafo de Elton John, la madre de éste
«ansiaba muchísimo tener una hija». No dejaba jugar a su pequeño con los demás niños y lo mantenía siempre pegado a sus faldas.
Elton John se describe a sí mismo con el aspecto de una niña: «Era
igualita que Shirley Temple, con la cabeza llena de ricitos». Su entrega en la edad adulta a disfrutes estereotipadamente femeninos,
como las compras y la ropa llamativa, es asunto de dominio público, como lo es su homosexualidad. En el caso de Gielgud, asimismo homosexual, ambos progenitores querían también tener una hija
después del nacimiento de dos niños en la familia. El pequeño se
convirtió de inmediato en el preferido de su madre, Katie. Mientras
sus hermanos eran atendidos por niñeras, Katie le brindó una absoluta atención personal hasta los tres años. Su relación con la madre
era tan estrecha que, de forma inevitable, acabó por valerse la ene-
mistad de sus hermanos. En su autobiografía, Gielgud escribió que
«mamá tenía tendencia a mimarme y me consideraba como más
delicado y "de temperamento artístico"». Lo que estaba haciendo
era escribir el guión de la existencia del futuro actor. En ocasiones
John fingía estar enfermo para que ella le mimara todavía más y se
valía de su condición de favorito para eludir cuanto no le gustaba.
En sus memorias Gielgud recuerda lo siguiente: «Yo les decía: "A mi
madre no le gustaría que hiciera eso. Podría pillar una insolación"»,
y, durante su primer día en el parvulario: «Me senté en mitad de la
clase y rompí a llorar». Al pequeño le encantaba disfrazarse y detestaba las actividades de tipo más masculino: «Me lo pasaba en grande
cuando estaba enfrente de un público y era malo de remate jugando al fútbol y al críquet». El guión ideado por su madre estaba fuer-

temente influido por el pasado de ésta, y Gielgud se identificaba en
gran medida con las mujeres de la rama familiar de su madre, integrantes de una conocida saga de profesionales de la escena teatral
británica. Su abuela fue una actriz de fama nacional, su tía era la
legendaria Ellen Terry y otras dos tías suyas también eran actrices
de renombre. Gielgud escribió: «Nunca he sido capaz de seguir las
diversas ramificaciones de la familia de mi padre, mientras que la
relación de mi madre con la gente del teatro siempre me atrajo enormemente».

Por supuesto, estamos haciendo referencia a casos extremos, pero
que ilustran la influencia que las expectativas y atribuciones de los
padres tienen en la conformación de nuestra identidad sexual.

El guión de nuestro lugar en la familia

El lugar que uno ocupa en la familia, por orden de nacimiento, es
por lo menos tan determinante como el sexo en relación con el papel
que nuestros padres nos asignan en el drama familiar.[6] Si bien hay
muchas excepciones a lo que sigue, los hijos mayores suelen ser más
asertivos, seguros de sí mismos, competitivos y dominantes que los
hijos menores. Con excepcional frecuencia los líderes políticos como
presidentes y primeros ministros son primogénitos. Asimismo, los
hijos mayores tienden a ser concienzudos, a ajustarse a la moral
tradicional, a identificarse con los valores de sus padres y a obedecer a la autoridad de éstos. Suelen llegar más lejos en el ámbito profesional, les va mejor en los estudios, y en la mesa familiar es habitual
que los padres conversen más con ellos que con los hermanos menores. Sufren mayor ansiedad en lo tocante a su estatus social, lo
viven todo con mayor intensidad emocional y tardan más tiempo en

recuperarse de los reveses de la vida. Son más vengativos y más propensos a la ira. Por lo general no les gusta correr muchos riesgos ni practicar deportes que puedan conllevar algún peligro físico, así que prefieren la natación, el tenis, el golf y otros deportes en los que no existe contacto. Tampoco les gusta demasiado el turismo mochilero ni los viajes a destinos exóticos.

Los hijos menores son, en general, muy distintos en todos estos aspectos. En comparación con los primogénitos, tienen menor seguridad en sí mismos. Son más altruistas, muestran mayor empatía emocional y, de pequeños, se relacionan más con el resto de los niños. Son menos concienzudos y menos dados a enfados y venganzas, más sociables y de trato más fácil. Están mucho más abiertos a la experimentación y son poco amigos de las convenciones. De natural aventurero y rebelde, les gusta correr riesgos y los deportes de contacto, y muestran mayor tendencia a disfrutar de disciplinas como el rugby, el fútbol, el boxeo y el paracaidismo.

Tales disparidades se explican en buena parte porque, en función de nuestro orden de nacimiento, recurrimos a distintas estrategias para atraer la atención de nuestros padres. Dado que nunca hay amor suficiente para todos, nos vemos obligados a esculpir nuestro propio nicho para atraer ese afecto, a cultivar destrezas y atributos personales diferentes a los de nuestros hermanos con el objeto de destacar. Por eso acostumbramos a ser más distintos de los hermanos nacidos inmediatamente antes o después de nosotros que de los más distantes en el tiempo. Para subrayar ante los padres nuestro carácter único, hacemos lo que podemos por diferenciarnos de nuestros hermanos o hermanas más inmediatos. Del mismo modo, cuando un hijo se identifica fuertemente con uno de los padres, el siguiente por orden de nacimiento suele identificarse con el otro progenitor. Congeniar más con uno de los padres y tenerlo siempre de nuestra parte es mejor que no contar con ninguno, aunque sin duda lo ideal fuese disponer del constante apoyo de ambos.

Si somos los primogénitos, acostumbramos a adoptar la línea de menor resistencia y establecer nuestro nicho dándoles a nuestros padres lo que quieren y poniéndonos de su parte. Cuando llega el siguiente niño, los hijos mayores tratamos de afianzar enseguida nuestra posición y hacemos lo posible por convertirnos en dominantes. Como somos más grandes y fuertes, eso hace que ganemos confianza en nuestras propias posibilidades. No obstante, en función del éxito que nuestros hermanos menores tengan a la hora de recabar atención, es posible que nos enfurezcamos y ansiemos venganza al vernos dejados de lado. Bajo la apariencia de seguridad es posible que se esconda un miedo considerable. Como hijos mayores, nos suelen encomendar el cuidado de los pequeños y nos recuerdan constantemente que debemos ser los responsables de la familia. Ello nos convierte en menos dados a correr riesgos, más conservadores, más ansiosos de seguir disfrutando del statu quo anterior a la llegada de nuestros hermanitos. Ser un estudiante aplicado es una forma sencilla de ganarnos el favor de los padres si eso es importante para ellos.

Cuando nace el último hijo, es posible que muchos de los nichos más claramente útiles para atraer el amor y la atención de los padres hayan sido ocupados. A esas alturas, los hermanos mayores ya han asumido el papel del gracioso, el deportista o el coquetón de la familia (los apodos de las Spice Girls —la pija, la deportista, la nena— adquieren un sentido claro para los pequeños enzarzados en la batalla por los nichos familiares). Ante lo limitado de las alternativas disponibles, como hijos menores podemos optar por la estrategia de la innovación y la rebeldía. Los viajes pueden convertirse en un medio para escapar de una familia que tiene poco que ofrecernos y para aportarnos ideas útiles sobre la mejor forma de ser diferente. Por otra parte, también podemos descubrir que mostrándonos altruistas y ayudando en todo lo posible conseguimos mitigar la hostilidad de los hermanos mayores y más fuertes. Esto nos convierte en buenos jugadores de equipo.

A la hora de buscar nuestros nichos, también actuamos de acuerdo con el modo en que nuestros padres responden a nuestro orden de nacimiento. Los primogénitos tienen más probabilidades de convertirse en reflejo de las aspiraciones de los padres, especialmente en lo referente al rendimiento en los estudios, y también tienen más números para convertirse en vehículos del bagaje emocional de los padres. En su calidad de pioneros, son los primeros en ir a la escuela y en afrontar los desafíos de la adolescencia, y lo normal es que al menos uno de los padres tenga una relación «especial» con ellos. Durante la infancia reciben mayor atención, unos cuidados más centrados en el niño y un trato con mayor implicación e intensidad, pero hacia los tres años, si llega otro hijo a la familia, empiezan a ser tratados con mayor frialdad y mayores restricciones de lo que lo serán sus hermanitos a esa edad.

A medida que la familia se amplía, el primogénito continúa manifestando las actitudes y convicciones fundamentales de los padres, si bien cada vez obtiene menos atención positiva. Durante los primeros años, los padres hablan más y tienen más contacto físico con su primogénito que con los hijos siguientes, aunque con el tiempo es probable que el padre se muestre más severo e interfiera en sus actividades, exigiéndole mayores niveles de rendimiento. Ambos cónyuges se esfuerzan en acelerar la aparición en el primogénito de los hitos en el desarrollo, como la capacidad de andar o de leer, con mayor insistencia que en el caso de los hijos menores. Simplificando, lo bueno de los primogénitos es que los padres suelen estar encantados con su llegada y los miman con una atención absoluta. Lo malo es que la llegada de un hermano genera un relativo descuido por parte de los padres que resulta muy difícil de asumir por el hijo mayor, al tiempo que las especiales exigencias que se le plantean no vienen atemperadas por muestras adicionales de amor; en realidad, de producirse, éstas más bien se dirigen hacia los hermanos menores. La mayor parte de cuanto acabamos de mencionar sobre los primogénitos también es aplicable al caso de los hijos únicos, con la salvedad de que éstos no sufren el impacto de ver cómo los padres redirigen su atención hacia un hermano menor. En consecuencia, los hijos únicos tienden a tener más aspiraciones y a llegar todavía más lejos que los primogénitos, pues nunca dejan de servir como conducto de las ambiciones de los padres.

Aplicados a algunos personajes célebres, los efectos del orden de nacimiento resultan esclarecedores. Mientras que muchos revolucionarios profesionales como León Trotski, Karl Marx y Fidel Castro fueron los hijos menores, los políticos de tipo conservador suelen ser los primogénitos. Los científicos nacidos como hijos menores, como Charles Darwin, tienden a desarrollar teorías más radicales que los primogénitos. Cuanto más tardío es el orden de nacimiento de un científico, más amplia será la diversidad de sus intereses, tal vez porque disponer de talentos más variados aumenta sus probabilidades de atraer la atención de los padres. Los científicos que tienden a enzarzarse en enconadas disputas sobre quién fue el primero en desarrollar una teoría de la que se consideran creadores tienen tres veces más probabilidades de ser primogénitos, tal vez porque siguen mostrando la ansiedad infantil de que sus hermanos pudieran robarles sus juguetes.

El grado de separación temporal entre nosotros y nuestros hermanos menores inmediatos también influye en el impacto producido por el orden de nacimiento. Los niños de cuatro años se muestran mucho menos afectados por el nacimiento de un hermanito que los de edad más temprana, pues a los cuatro años están mejor equipados para asumir la nueva situación. Curiosamente, el conocido estudio que Sulloway realizó sobre figuras famosas de la historia mostraba que cuanto mayor era el lapso entre el nacimiento de uno y otro hermano, menos probable resultaba que el menor se convirtiera en político radical o científico innovador. La lejanía entre ambos nacimientos provocaría que el hijo menor no tuviese tanta necesidad de rechazar el statu quo como forma de atraer la atención de los padres. La evidencia más sorprendente sobre el efecto traumático que el corto lapso entre uno y otro nacimiento puede ejercer sobre el hijo mayor procede de algunos estudios que lo muestran como un factor influyente en el desarrollo de la esquizofrenia.[7] (Como se ha explicado antes, ésta es la enfermedad mental más extrema de todas y, al igual que la depresión, suele afirmarse que tiene un origen principalmente genético, algo que voy a cuestionar de forma repetida a lo largo de este libro). Los estudios indican que los adultos que antes de cumplir los dos años tuvieron un hermanito presentan bastantes más riesgos de sufrir la enfermedad que quienes tuvieron hermanos pasados los dos años. Se trata de un dato que no puede ser explicado por factores genéticos. Éstos tampoco pueden explicar el resultado de otra investigación: los niños excepcionalmente dotados antes de desarrollar esquizofrenia suelen ser primogénitos en mucha mayor medida que los niños con dotes normales.[8] Si bien está claro que el temprano nacimiento de un hermano menor o el hecho de ser primogénito no son, por sí solos, causas de la esquizofrenia, sí que influyen en ese sentido cuando el niño es vulnerable a la enfermedad.

También el tamaño de la familia es importante en la escritura del guión familiar. Las familias numerosas con cinco o más hijos suelen poner a prueba y llevar al límite los recursos, materiales y emocionales, de los padres.[9] En consecuencia, los hijos de familias numerosas suelen sufrir privaciones de tipo emocional y, como resultado, corren mayores riesgos en relación con problemas de toda índole. Tienen que esforzarse más a fin de identificar un nicho. Los hijos menores de familias numerosas muestran especial tendencia a tener una gran diversidad de intereses y a sentirse atraídos por los viajes. Las hijas de familias numerosas son más estereotipadamente femeninas porque es probable que la madre, por falta de tiempo o energías, las haya reclutado a temprana edad para el cuidado de los hermanos menores.

En términos generales, los rasgos propios de los primogénitos, como la capacidad de liderazgo, la asertividad y la competitividad, vienen asociados a la masculinidad, mientras que los atributos característicos de los hijos menores, como la flexibilidad o la capacidad para el afecto y la cooperación, son más estereotipadamente femeninos. Las hijas primogénitas suelen ser más masculinas, sobre todo si sólo tienen hermanas, pues se identifican más con el padre. Por su parte, los hijos menores tienden a mostrarse más femeninos. Un estudio reciente muestra que los varones homosexuales tienen muchas mayores probabilidades de contar con un hermano mayor que los heterosexuales. Es posible que su atracción por las características más femeninas se explique en parte por el hecho de que el nicho convencionalmente masculino ya había sido ocupado en sus familias. Está claro que la circunstancia de tener un hermano mayor no causa por sí misma la homosexualidad, pero, como veremos en el capítulo 3, la forma en que nuestros padres se relacionaron con nosotros durante la niñez ejerce mucha mayor influencia sobre nuestra sexualidad que los factores genéticos.

Un ejemplo de la influencia general del orden de nacimiento y de cómo el hijo primogénito se convierte con frecuencia en el vehículo de las aspiraciones y los problemas emocionales de los padres nos lo ofrece la figura del príncipe Carlos de Inglaterra. Los biógrafos de la realeza británica suelen sugerir que Carlos nació con una timidez, inhibición y falta de seguridad innatas. Con todo, es bastante más probable que tales rasgos tuvieran su origen en el trato que de niño le dispensó su padre, el príncipe Felipe (aunque, como se explicará en el capítulo 3, los tempranos cuidados de su madre y su niñera también influyeron lo suyo). El periodista Jonathan Dimbleby, quien tuvo acceso a la persona de Carlos y a su documentación personal cuando preparaba la biografía del príncipe, presenta el problema como un choque de personalidades de tipo innato, mostrando a Carlos como un ser tímido y sensible, y a Felipe como una figura dominante e insensible, aunque bienintencionada. Si bien no hay duda de que ambos eran así, existen buenas razones para poner en entredicho que las causas fuesen genéticas.

Tommy Lascelles, una prominente figura de la corte, en su momento describió a Felipe como «basto, de modales groseros, poco culto y probablemente infiel».[10] Huérfano desde los diez años, Felipe había vivido una niñez marcada por las privaciones emocionales extremas, ya que sus padres estaban separados, y más tarde utilizaría a su hijo primogénito como vehículo transmisor de este legado emocional. Hay innumerables ejemplos bien documentados de la actitud desdeñosa, en ocasiones cruel y hostil, con que Felipe trató a su hijo desde muy temprana edad, y es bastante probable que ello contribuyera a aportar una pátina melancólica al carácter de Carlos. Éste explicó a Dimbleby que su padre era «incapaz o poco dispuesto a ofrecer afecto y aprecio», al tiempo que la reina se sometía a todas las demandas de Felipe en relación con los cuidados y la formación de Carlos. Felipe consideraba a su hijo hipersensible y necesitado de mano dura para que pudiera afrontar las realidades desagradables de la vida, razón por la que lo envió a Cheam, el internado donde él mismo había estudiado y en el que imperaban unas normas de lo más estricto, y más tarde a Gordonstoun, un colegio superior no menos duro y que también conocía por propia experiencia. Si bien la familia real enviaba a todos los príncipes a esos centros, la elección fue particularmente desafortunada en el caso de Carlos, cuyo carácter tímido y frágil era de sobra conocido. Felipe justificó así la decisión: «Se puede ser indulgente con los niños en casa, pero la escuela ha de ser de una experiencia espartana y disciplinada». Confundir el trato severo que dispensaba a su hijo en el hogar con una permisividad excesiva resulta cuando menos chocante. No satisfecho con enviarlo a internados de ese tipo, Felipe hizo todo lo posible por conseguir el despido de quien fuera la figura más afectuosa en la infancia de Carlos, su niñera Helen Lightbody, a quien Felipe consideraba «demasiado indulgente».

En Cheam, Carlos echaba muchísimo de menos su hogar. Más tarde explicaría que «allí no era fácil hacer muchos amigos [...] Yo no soy una persona gregaria ni me ha gustado nunca andar en camarillas [...] Siempre he preferido mi propia compañía o las amistades más personales». Según Dimbleby, Carlos se esforzaba en mostrarse amistoso, «pero su naturaleza cálida e impetuosa se veía muy constreñida por la reserva y formalidad exteriores, tras las cuales se escondía una dolorosa inseguridad». Si Cheam, en palabras de Dimbleby, «le resultaba odiosa [...] un lugar terrible», su paso por el colegio de Gordonstoun fue una auténtica tortura. La reina hubiera preferido que asistiera a Eton, más cercano a su residencia de Windsor, pero fue precisamente esta proximidad la que llevó a Felipe a decantarse por Gordonstoun, situado en la campiña escocesa. Según Felipe, un muchacho «con un carácter tan tímido y reticente» necesitaba «salir un poco de su concha y ganar mayor confianza en sí mismo». Tan sólo una persona ciega a las necesidades emocionales de los demás pudo haber imaginado que el desagradable entorno ofrecido por Gordonstoun ejercería tal efecto sobre Carlos.

Pues el lugar era ciertamente desagradable. Las descripciones del colegio por esa época, como la ofrecida por su coetáneo el novelista William Boyd, confirman que la crueldad mental estaba allí a la orden del día. Era habitual que una pandilla de matones irrumpiese por las noches en el dormitorio de Boyd para golpear a los más pequeños y exigir dinero y comida bajo amenazas. El director de la residencia de Carlos se regía por una disciplina intimidante acompañada por un carácter caprichoso. Dimbleby escribe que los demás alumnos se metían constantemente con Carlos «de forma maliciosa y cruel, sin darle respiro». Entre ellos se impuso una norma no escrita por la cual hablar con el heredero al trono era motivo de inmediato ostracismo. Ya de entrada no demasiado sociable, Carlos se encontró ante una campaña deliberadamente dirigida a conseguir su aislamiento. Dicha campaña encontraba su máxima expresión en el campo de rugby, donde para los matones del colegio avasallarlo era una cuestión de honor. William Boyd menciona haber oído cómo se jactaban algunos: «Hoy le hemos dado una buena al futuro rey de Inglaterra». En las cartas que escribía a su hogar, Carlos afirmaba que «no me gusta mucho este lugar. Tengo verdadero miedo al acostarme, pues sé que me van a pegar durante toda la noche [...] A estas alturas ya no soporto que me peguen con almohadas en la cabeza». Su talante cortés y su interés por las facetas espirituales de la existencia se veían profundamente ultrajados por el lenguaje vulgar y la falta de sensibilidad de sus compañeros de colegio. Carlos trató de refugiarse en la alfarería y la música. Cualquiera habría esperado que Felipe, antiguo alumno del internado, se hubiera dado cuenta de lo que allí le esperaba a un futuro monarca, especialmente uno con la personalidad de Carlos.

La especial situación de Carlos como primogénito heredero al trono contribuyó también a situarlo dentro del guión familiar más amplio como objeto de burla. Tanto Felipe como su tío, lord Mountbatten, estaban constantemente ridiculizándolo y tomándole el pelo, al tiempo que cubrían de mimos a su hermana menor inmediata, la princesa Ana. Fanática amante de los caballos, no tardó en adquirir el lenguaje propio de los entusiastas de la equitación y podía pasarse horas enteras debatiendo con sus padres curiosidades equinas totalmente ajenas al neófito. En el curso de estas conversaciones, Carlos siempre quedaba como un ignorante que se equivocaba una y otra vez al utilizar tal o cual tecnicismo de la jerga. Durante las comidas familiares siempre lo ponían a prueba y se complacían en humillarlo ante el regocijo general.

Es posible que Felipe envidiase el papel de su hijo como heredero de la corona, a la que él no podía acceder por su condición de simple consorte de la reina. Ello explicaría que disfrutara con tales humillaciones, pero lo cierto es que los hermanos también se apuntaban al acoso del heredero. Cuando un hermano goza de unas prerrogativas muy especiales, el deseo de derribarlo de su pedestal puede ser muy fuerte, más aún si está alimentado por el propio padre. Aunque sus hermanos varones también fueron enviados a Gordonstoun, Carlos siempre fue la víctima principal de las inseguridades emocionales de Felipe. De haber sido el príncipe Andrés o el príncipe Eduardo el primogénito, habrían sufrido el mismo destino y casi con toda certeza hoy serían mucho más parecidos a Carlos en carácter. Del mismo modo que Ana se las ingenió para monopolizar el nicho familiar vinculado a la equitación, Andrés adoptó la actitud

chulesca y cínica de su padre respecto a las mujeres, mientras que
Eduardo, como hijo menor prototípico, se convirtió en el rebelde de
la familia, volviéndole la espalda a su condición de miembro de la
realeza para desarrollar una carrera profesional en los ámbitos del
teatro y la televisión. Y, ¿quién sabe?, si el orden de nacimiento
hubiera sido el inverso tal vez hoy Carlos sería el actor.

Está claro que el mero hecho de que un niño nazca primogénito
no basta para conferirle un estatus especial. La belleza física es otro
recurso muy manido en los culebrones familiares, de forma particular en las naciones desarrolladas y obsesionadas con la apariencia.[11] La gente hermosa físicamente suele sacarle mucho partido a
esta situación. No tiene que sorprendernos que los recién nacidos
considerados convencionalmente guapos suelen estar más en brazos de sus madres, que los miran más a los ojos y les dicen más monerías. Los recién nacidos no tan lindos disfrutan menos de esta clase
de interacción y reciben mayor atención en lo referente a necesidades
de orden físico como eructar o limpiarles las babas, aunque en general sus madres muestran mayor descuido en atenderlos. La observación de las madres de gemelos indica que éstas prestan menor
atención al hermano que pesa menos al nacer y presenta un aspecto menos saludable. (Es interesante apuntar que ambos cónyuges
tienden a subrayar que el recién nacido se parece más al padre que
a la madre, algo que se atribuye a las ansiedades sobre la verdadera paternidad; de hecho, no parece una cuestión tan infundada, ya
que por lo menos el 10 por ciento de los niños no tienen relación
genética con quien consideran su padre biológico. El índice asciende
a la tercera parte entre algunos grupos más desfavorecidos.[12]) El trato preferente continúa durante la última niñez. Por ejemplo, los
adultos suelen concederles a los niños de siete años físicamente
agraciados el beneficio de la duda después de que se hayan porta-

do mal y a decir que les parece poco probable que el pequeño haya hecho la travesura en cuestión. También tienden a creer que el niño no volverá a repetir sus diabluras.

En la edad adulta, cuando les son mostradas fotografías de modelos y mujeres de aspecto corriente, los hombres acostumbran a mostrarse más dispuestos a ayudar a la guapa, tanto si se trata de prestarle dinero como en casos más extremos, como donar un riñón o protegerla contra la granada arrojada por un terrorista. En relación con casi toda cualidad positiva que se nos ocurra, tendemos a asumir que las personas bellas la presentan en mayor cantidad, frecuencia y calidad. A pesar del estereotipo de la rubia tonta, esperamos que las mujeres guapas sean inteligentes, al igual que los hombres guapos. Pensamos que disfrutan de una vida sexual más intensa, mejor y más variada. Si se comportan de forma reprobable, tienen más probabilidades de escapar al castigo, ya sea por hurtar en una tienda o copiar en un examen; de forma curiosa, el delito que más asociamos a ellos es el fraude, pues consideramos que utilizan su labia y sus encantos para conseguir sus objetivos. Los guapos nos impresionan mucho más, como demuestran algunos experimentos: cuando se nos pide que nos coloquemos junto a una persona a la que no conocemos, si ésta es atractiva nos situamos a una media de casi 60 centímetros de distancia, mientras que si no lo es tanto nos colocamos a unos escasos 25 centímetros. Permitimos más cosas a los físicamente agraciados, que en consecuencia se vuelven más asertivos. En el curso de un estudio, después de que se les pidiera esperar en una salita sin explicarles el motivo, las personas atractivas tan sólo necesitaron tres minutos para levantarse y quejarse, mientras que los menos atractivos tardaron nueve minutos en dar ese paso.

Como les concedemos un estatus tan especial, los físicamente agraciados disfrutan en general mucho más de la vida. De niños queremos que sean nuestros amigos, y en la edad adulta son más populares entre el sexo opuesto, tienen más parejas y, de hecho, afirman gozar de una vida sexual más intensa, variada y precoz. En términos sociales, la única pega es que las personas apuestas, especialmente las mujeres, suelen ser menos populares entre los de su mismo sexo.

Guiones para grandes triunfadores

Es evidente que en la mayoría de los casos el padre y la madre no tratan a sus hijos de la misma forma. Mientras que un progenitor favorece a un hijo porque es físicamente más atractivo, el otro puede tener lazos más estrechos con un hermanito menos agraciado. Sea cual sea la razón, ser considerado como alguien especial es una de las principales causas para lograr grandes triunfos en la vida.

Michael Jackson, la estrella de la música pop, creció bajo un cruel régimen marcado por las palizas, la tortura emocional y la tiranía, como contó su hermana La Toya en su autobiografía.[13] Michael era constantemente humillado por su padre, quien a la menor ocasión le repetía: «Tú no eres nadie». Lo que hace singular esta historia familiar abusiva es que el padre utilizó su reinado de terror para formar a sus hijos como músicos y bailarines. Cuando no estaban en la escuela, los Jackson Five se pasaban las horas bajo un adiestramiento brutal destinado a convertirlos en un grupo musical de éxito. El padre no les permitía relacionarse con los demás niños y los obligaba a volver a casa nada más salir de la escuela para ensayar hasta la hora de acostarse. Todo amago de resistencia era reprimido a golpes de cinturón. Con el tiempo, el padre se centró de forma especial en Michael, a quien exigía mayor nivel y más horas de ensayo. Ésta probablemente sea la razón por la que Michael tuvo mayor talento como cantante que sus hermanos.

Aunque muchas veces se asume que el talento para la música es heredado, hay muchos datos que avalan lo contrario.[14] Se suele creer que todos nacemos dotados de un perfecto tono musical y de una capacidad innata para enlazar notas de forma idónea. A los niños con mayores dotes musicales se les cantaba más cuando eran bebés —y también en el útero—, y durante la primera infancia sus padres los animaban más a participar en juegos con canciones; todo esto, por supuesto, antes de que los pequeños pudieran mostrar cualquier talento musical, lo cual sugiere que lo adquirido resulta clave desde el principio. Los estudios con músicos clásicos muestran que los mejores, los solistas, ensayaban durante la infancia en mucha mayor medida que los intérpretes orquestales corrientes; esto se debe a que sus padres los animaban a practicar más horas desde edad muy temprana. En una escuela de música se observó que los mejores violinistas eran aquellos que habían ensayado aproximadamente el doble de horas más que el resto antes de los veintiún años. Los niños admitidos en cierto conservatorio de renombre también habían practicado más o menos el doble de tiempo más que los que no fueron admitidos. En una investigación realizada en otra escuela de música, resultó que desde muy corta edad todos los alumnos habían contado con el apoyo activo de sus padres, quienes no vacilaban en dedicar su tiempo libre a llevar a los chavales a las clases de música, conciertos y demás. De pequeños, habían sido etiquetados por sus padres como «buenos para la música», etiqueta que los niños habían llegado a asimilar internamente. El caso de Michael Jackson, aunque desagradablemente brutal, ilustra muy bien este hecho.

Además de poseer mayor talento, Jackson también mostraba más iniciativa. Esto pudo deberse al hecho de que, de todos los hermanos, era el que más próximo estaba a su madre. Si su padre lo trataba con especial violencia, su madre lo consideraba alguien único. «Yo siempre encontré que Michael era especial, distinto a los demás niños», explicaría más adelante en referencia a su hijo. Es muy posible que la madre no se percatara del hecho de que tratarlo así podía ser una de las razones de que efectivamente se convirtiera en alguien tan especial. Esta condición de ser considerado especial está muy presente en la historia de algunos grandes triunfadores, aunque no siempre sean los padres quienes confieren tan especial estatus. El ex futbolista Gary Lineker y el político conservador Kenneth Clarke son ejemplos de personas que han despuntado y que de niños estaban considerados como especiales por sus abuelos varones.

El abuelo de Lineker había sido un futbolista con talento que tuvo que renunciar a sus ambiciones deportivas para hacerse cargo de la parada de frutas y verduras que su familia tenía en un mercado de Leicester.[15] El propio Lineker explica: «Mi abuelo empezó a venir al campo a verme jugar cuando yo tenía unos ocho años», y también estaba presente cuando a Lineker le llegó su gran oportunidad. «Un ojeador del Leicester City vino a verme jugar un día. Lo curioso es que el hombre conocía a mi abuelo, quien le preguntó qué hacía viendo el partido. Mi abuelo se alegró mucho cuando el ojeador le respondió que había venido a verme a mí.»

Mientras que Gary Lineker procedía de una familia estable y funcional, la madre de Kenneth Clarke, Doris, era una alcohólica que acabó muriendo de cirrosis hepática. El hermano de Kenneth, Michael, recuerda así su niñez: «Mi madre pasaba constantemente de la euforia a la depresión. A veces se pasaba dos días seguidos bebiendo a solas en su dormitorio». Seguramente los dos hermanos Clarke trataron de compensar su difícil infancia a través del éxito en la edad adulta, aunque lo buscaron en ámbitos diferentes. Mientras que

Kenneth afirma que «el dinero no es una de mis prioridades», para
Michael, en la actualidad millonario propietario de una cadena de
concesionarios de automóviles, siempre fue algo crucial, como recuerda él mismo: «A los veintitrés años me compré un Rolls. A
Kenneth no le entraba en la cabeza que alguien pudiera querer algo
así». La diferencia radicaba en que Kenneth Clarke había gozado de
una consideración especial por parte de su abuelo, un hombre muy
interesado en las cuestiones sociales y a quien le habría gustado hacer
carrera política. Kenneth lo admiraba y trató de cumplir los sueños
de su abuelo a través de su persona.

Sin embargo, estos casos son excepcionales, ya que las ambiciones no realizadas de los padres, y no las de los abuelos, son las que
suelen marcar la niñez de quienes más tarde triunfarán en la vida.
Por lo general tendemos a escoger una profesión parecida a la de uno
de nuestros padres, y si desde muy jóvenes nos mostramos excepcionalmente dotados en un campo determinado, se debe casi siempre
a que es el mismo ámbito en el que nuestros padres destacaron o les
hubiera gustado destacar.[16] Estos padres crían a sus hijos como si
fueran purasangres, con frecuencia desde la cuna, sometiéndolos a
regímenes de formación acelerada. Un ejemplo prototípico es el de
John Adams, quien superó el primer examen de acceso universitario a los ocho años de edad (cuando lo normal es a los dieciséis) y
el segundo un año después. Su padre, Ken, publicó un libro con un
título no precisamente modesto, *Su hijo también puede ser un genio*,
en el que refería en detalle el adiestramiento que un padre tenía que
ejercitar para conseguir el resultado deseado. Hay varios casos de
célebres prodigios matemáticos cuyos padres llegaron a mudarse con
su niño prepubescente a ciudades universitarias para que pudiera
cursar los estudios superiores de mayor nivel. Por mucho que los
medios de comunicación insistan en presentar a los niños excepcio-

nalmente dotados como rarezas genéticas, éste casi nunca es el caso; las escasas excepciones son algunas destrezas aisladas, como la capacidad para el cálculo (hay niños que, sin una causa aparente relacionada con lo adquirido, son capaces de realizar complicadísimas multiplicaciones y divisiones sin pestañear). Prácticamente no existen casos documentados de niños prodigio procedentes de hogares en los que no fueran adiestrados de forma obsesiva o, en general, ayudados de un modo u otro. Durante los primeros años, los padres hacen todo lo posible por desarrollar unas aptitudes determinadas, sin reparar en gastos a la hora de obtener la mejor formación para sus pequeños. Casi todas las figuras prodigio del deporte moderno, como las hermanas tenistas Venus y Serena Williams, han sido educadas en su disciplina de modo obsesivo y desde muy corta edad, por lo general bajo la vigilante mirada de unos padres situados en primera línea del campo de juego. En el caso de las hermanas Williams, el padre hizo pública su intención de convertirlas en campeonas a nivel mundial nada menos que en el momento de su nacimiento.

Sin embargo, el hecho de que en nuestro guión familiar aparezcamos como dotados de algún talento excepcional no implica que todo vaya a ser un camino de rosas. Los niños prodigio no necesariamente se convierten en adultos geniales: en la gran mayoría de los casos, eso no sucede. Del mismo modo, los altos resultados obtenidos en los tests de inteligencia tampoco garantizan logros especiales durante la edad adulta. Un famoso estudio realizado sobre 400 niños estadounidenses con un coeficiente de inteligencia superior a 140 (el promedio está establecido en 100) puso de relieve que como adultos no habían descollado más de lo que resultaba previsible en razón de su clase social.[17] Ninguno de ellos se convirtió en un genio. En cualquier caso, la capacidad de aprobar exámenes y obtener gran-

des resultados en los tests de inteligencia puede ser más una medida de nuestro deseo de complacer a padres y maestros antes que
de originalidad intelectual.

En términos generales, nuestra inteligencia y rendimiento aca-
démico tienen mucho que ver con nuestro entorno social.[18] El hecho de que en los tests de inteligencia los afrocaribeños y los niños
de familias pobres saquen un promedio de diez puntos menos que
los de raza blanca y de familias ricas,[19] es algo que tiene que ver más
con la formación recibida que con la genética.[20] Así lo demuestra el
hecho de que los niños procedentes de hogares pobres adoptados por
padres de clase media obtienen un promedio de 12 puntos más que
sus padres biológicos.[21] Lo que es más, a medida que la educación
gana terreno en muchos países, también sube el promedio del coeficiente intelectual de sus ciudadanos, lo cual apunta claramente
a que estas pruebas de inteligencia evalúan el tipo de formación
recibida y no la capacidad innata.

Los datos más interesantes sobre las causas subyacentes al éxito excepcional proceden del estudio de niños cuyo guión familiar
se vio alterado por la pérdida de uno de los padres a edad temprana. Dicho estudio sugiere que la capacidad mental se halla muy
influida por la motivación emocional. Una tercera parte de las seis-
cientas personas cuyas entradas ocupan más de una columna en la
British and American Encyclopaedia sufrieron la pérdida temprana de
uno de los padres.[22] En las líneas que siguen voy a centrarme principalmente en casos de hombres, ya que casi todos los datos disponibles se refieren a varones. Antes de la aparición de la medicina
moderna, el temprano fallecimiento de un padre era compartido por
el 35 por ciento de los primeros ministros británicos y el 34 por
ciento de los presidentes de Estados Unidos. Esas tasas duplicaban
el índice que se daba entre la población general, por entonces esta-

blecido en el 17 por ciento. En un estudio contemporáneo sobre hombres de negocios británicos, el 30 por ciento de ellos habían perdido a un padre antes de cumplir los quince años (comparado con el porcentaje actual del 8 por ciento entre la población general);[23] a esa edad, Robert Maxwell era huérfano tanto de padre como de madre. En el mundo de las letras, Byron, Keats, Wordsworth, las hermanas Brontë y entre el 40 y el 55 por ciento de otros eminentes escritores británicos (dependiendo de lo que uno entienda como tal) se convirtieron en huérfanos durante la niñez.[24] Entre los grandes escritores franceses que perdieron a uno de los padres a edad temprana se cuentan Rousseau, Baudelaire, Zola y Molière. En el campo científico fueron huérfanos Isaac Newton y Charles Darwin; en la música popular, Lennon y McCartney.[25] La cantante Madonna y la empresaria Anita Roddick son ejemplos contemporáneos de grandes triunfadoras que fueron huérfanas desde pequeñas. En todos los campos sin excepción, los estudios realizados dejan patente que los porcentajes de orfandad temprana entre los grandes triunfadores son muy superiores a la media. Es posible criar a un niño para convertirlo en prodigio, pero el genio nace de la temprana adversidad.

Algunas de las emociones originadas por la orfandad temprana tienen carácter universal. En el caso de los niños varones, el pequeño casi siempre se siente inseguro por la disrupción del hogar familiar y por la temporal falta de amor y atención que se da mientras el cónyuge enviudado lucha por sobreponerse a su dolor. Si ha perdido al padre, el niño se siente impotente y empequeñecido, y corre el riesgo constante de sentir un odio profundo hacia sí mismo originado por su incapacidad para convertirse en el sustentador material, en la fuente de estabilidad familiar y (si hacemos caso a Freud) en la pareja en el lecho conyugal. Las asombrosas muestras de diligencia e inteligencia de que hace gala el niño se prolongan durante toda la vida, y tienen como objetivo la reparación de la autoestima dañada y la demostración de su valía ante el mundo. La dominación de esos sentimientos, especialmente de la depresión, activa una inmensa energía compensatoria, que a su vez lleva a grandes logros asociados al estatus social, el poder o la riqueza material.

El empeño por domeñar los sentimientos negativos puede adoptar diversas formas. La más corriente consiste en desarrollar una absoluta determinación a no confiar en nadie y a ejercer el máximo control posible sobre el entorno a fin de no volver a sufrir nunca tan amargos abandonos. Cuando esta determinación se alía con la rabia o la ira, muchas veces desemboca en un rechazo frontal de la injusticia social. Por supuesto, tal rechazo puede no ir más allá de las quejas simplistas tipo «la culpa es de la sociedad», proferidas por jóvenes antisociales y paranoicos que creen que todos están en su contra: maestros, policías y, con el tiempo, funcionarios de prisiones. Pero también puede transformarse en el compromiso profundo de un Mahatma Gandhi o un León Tolstoy (quien a los ocho años era huérfano de ambos padres), individuos decididos a luchar con uñas y dientes en pro de un mundo más justo. Llevada a su conclusión lógica, la combinación de ira y afán de dominación se convierte en totalitarismo. El individuo considera que tiene la misión personal de eliminar el papel que en la vida juega el destino: engañar a éste y, al mismo tiempo, imponer un nuevo destino a todo el prójimo. De ahí llegamos al dictador mesiánico que apela a «la voluntad de poder», o al revolucionario dispuesto a emplear la violencia para que el mundo entero se ajuste a sus creencias. Ya desde niño, la persona cree que su condición de huérfano lo convierte en único antes que en desgraciado. Se tiene a sí mismo por «elegido», y más adelante no admite que nada se interponga en su camino. Muchos de los más célebres —e infames— líderes mundiales conocieron la orfandad de pequeños, como es el caso de Hitler (quien en *Mein Kampf* se describe «sumido en los abismos del dolor» tras la muerte prematura de su padre), Stalin y Napoleón.[26] El listado de personajes tan eficientes como faltos de escrúpulos en su misión vital incluye a Lenin, Robespierre y Danton, y, más recientemente, a Ho Chi Minh, Eamon De Valera y presidentes poscoloniales como Amin, Sukarno, Nasser, Kaunda y Kenyatta.[27] Este tipo de hombres por lo general no son conscientes en absoluto de su desesperación e inseguridad personales, y proyectan todos sus problemas en una entidad o ideología política. En lugar de sentirse deprimidos, actúan de forma deprimente; en vez de sentirse impotentes, abusan del poder y dominan por entero a sus subordinados inmediatos, e incluso a millones de conciudadanos; y en lugar de contener y comprender la ira volcánica que les produce su condición de víctimas del destino, la dirigen al exterior haciendo gala de un terrible poder de destrucción.

Hasta qué grado el afán de dominación se manifieste de este modo depende de cómo la rabia y el deseo de venganza se vean atemperados por el remordimiento, que a su vez está dictado por el papel desempeñado por el niño en el guión familiar antes y después de la pérdida sufrida. El remordimiento estaba detrás de las extremas concienciación e indignación moral de Gandhi y de Tolstoy. De niños sintieron que tenían que haber salvado al padre, de cuya muerte se creían responsables. Por el contrario, el niño que en esa situación apenas sufrió remordimientos bien puede obrar de modo amoral en la edad adulta a fin de conseguir sus objetivos. Mientras que Tolstoy o Gandhi optaron por no recurrir a la violencia, los dictadores y los revolucionarios suelen caracterizarse por su falta de empatía con los millares o millones de existencias que consideran de su propiedad. La capacidad para el remordimiento que puedan poseer resulta desarbolada por la ira y la sed de venganza.

Para estos individuos, el afán de dominación encontró su expresión en el control ejercido sobre otros seres humanos. En este sentido, las artes y las ciencias también pueden ser útiles. El novelista o poeta tiene control absoluto sobre los personajes ficticios o los sentimientos expresados. El compositor dicta qué sonidos precisos serán producidos por una serie de instrumentos concretos (pensemos en la intensidad del poder ejercido por Georg Friedrich Händel, huérfano de padre a los once años de edad, que compuso su obra maestra *El Mesías* en una explosión continuada de creatividad que duró sólo veintiocho días). El pintor determina todos los aspectos del lienzo, y el escultor juega a ser Dios cuando modela la arcilla. En las artes escénicas, el músico virtuoso convierte al instrumento en perfecto ejecutor de sus órdenes, del mismo modo que el actor ejerce un control absoluto sobre su voz, sus expresiones faciales y su cuerpo. Desde un punto de vista subjetivo, este control puede ser tan extremo como el que implica dictar el destino de una nación. Por si esto fuera poco, en todas las artes existe un componente de ejercer control sobre los demás por medio de la apelación a sus emociones, que con frecuencia son las mismas que el artista es incapaz de afrontar en el plano personal.

El efecto de la pérdida de un padre en artistas y científicos resulta decisivo sobre todo en su imaginación creativa. Si el niño nunca llegó a conocer al padre, puede sentir que en su existencia hay un vacío que precisa ser llenado. En su obra autobiográfica *Las palabras*,[28] Jean-Paul Sartre habla del impacto ejercido por la muerte de su padre, Jean-Baptiste, acaecida cuando el filósofo tenía dos años: «Un padre me habría aportado algo de perseverante estabilidad. Al hacer de sus estados de ánimo mis principios, de sus decepciones mi orgullo, de sus singularidades mi ley, habría habitado en mí [...] La muerte de Jean-Baptiste fue el principal acontecimiento en mi vida».

La ausencia implicaba que «yo no era. No era sustancial o permanente. No era el futuro continuador de la obra de mi padre [...] en suma, no tenía alma». La obra entera de Sartre es el intento de llenar dicho vacío escribiendo sobre la naturaleza de la nada y su influencia decisiva sobre el resto de nosotros en novelas como *La náusea* o ensayos como *El ser y la nada*.

Sartre era demasiado pequeño para conocer a su padre, de forma que no llegó a sufrir el dolor del abandono. Pero la mayoría de los triunfadores que sufrieron una pérdida temprana tenían la edad suficiente para haber conocido al progenitor desaparecido y experimentado la tristeza y la rabia producidas por su muerte. Esto a veces se convierte en tema recurrente en la obra de algunos creadores empeñados en reconformar dicha experiencia para que sea más tolerable. Edgar Allan Poe (huérfano de ambos padres a los cuatro años) se pasó una noche entera junto al cadáver de su madre antes de que unos vecinos los encontraran juntos. En la obra literaria de Poe se da una persistente confusión sobre si los muertos están vivos o los vivos muertos, confusión que muchos críticos achacan a esa experiencia temprana. En lugar de convertirse en escritora de narraciones de terror, Tracey Ullman adoptó la comedia como medio de expresión después de haber pasado por un trance similar cuando tenía cinco años. En una entrevista televisiva emitida en 1987, Ullman me explicó que estaba jugando con su padre cuando éste murió de forma repentina. A lo largo de los meses y años siguientes, la pequeña empezó a explotar su vis cómica para intentar animar a su afligida madre.

Los escritores, y los poetas en particular, suelen haber sufrido la pérdida de la madre (y no la del padre) en mayor medida que las personas que destacan en otros ámbitos. Esto puede ayudar a explicar la fuerte asociación existente entre la depresión y la literatura. Los

escritores tienden a ser depresivos[29] y a presentar una alta incidencia de alcoholismo.[30] Su depresión suele adoptar la forma de una melancolía nostálgica que los lleva a beber para ahogar sus penas. En algunos casos, sus vidas han sido un duelo continuo por la muerte de
la madre. Por lo general, el padre fue una figura distante y punitiva antes que presente y afectuosa. Su fallecimiento habría resultado seguramente mucho menos doloroso que el de la madre. Además,
el niño huérfano de madre tiene que adaptarse por lo general a una
nueva figura materna, que muy raras veces resulta una presencia tan
gratificante como la de su predecesora. El resultado de la pérdida de
la madre y de la posible desatención afectiva subsiguiente es una
intensa convicción de la propia inutilidad, una profunda desesperación y una tendencia a la reflexión melancólica que, cuando el niño
resulta tener talento artístico, pueden encontrar su expresión por
medio de la literatura.

Pero la pérdida de la madre también se da en otros tipos de genios. Charles Darwin perdió a la suya cuando tenía ocho años, y
también sufrió otras aterradoras muertes durante su niñez.[31] Son
muchos los autores que han vinculado directamente esta experiencia
de un mundo pérfido con su empeño como científico en demostrar
que la crueldad tiene un propósito y que está sometida a ciertas
normas en lugar de ser aleatoria. Darwin demostró que el mundo
natural evoluciona a través de la supervivencia del más fuerte, y que
los elementos inadaptados tienen menores probabilidades de reproducir sus genes. Su teoría le ofrecía una consoladora explicación a
la grave amenaza para su salud mental que la muerte de su madre
le había planteado. Así, la evolución le exigía adaptarse y convertirse
en uno de los fuertes.

No obstante, estas argumentaciones tan sólo explican en parte
por qué la pérdida de un progenitor puede espolear el éxito en la vida,

ya que lo más corriente es que tal pérdida suponga un tremendo revés antes que un factor de progreso para el desarrollo individual. Sin hacer mención al dolor y la angustia que sufren el niño y el cónyuge enviudado, el fallecimiento suele producir estrecheces económicas a largo plazo y redundar en una reducción de los recursos para la adecuada crianza y educación del pequeño. Resulta difícil de comprender cómo tales condicionamientos pueden favorecer el crecimiento del niño en lugar de perjudicarlo, y lo cierto es que la pérdida resulta dañina en la gran mayoría de los casos. Los criminales adultos (32 por ciento), los enfermos de depresión (27 por ciento) y los delincuentes juveniles (30 por ciento) tienen entre tres y cuatro veces más probabilidades que el resto (8 por ciento) de haber sufrido la pérdida de un progenitor antes de los quince años.[32] Así pues, sólo en muy contadas ocasiones el genio florece a partir de dicha pérdida —de hecho, el mismo genio es muy infrecuente de por sí—, y bastante más corrientes resultan la depresión y las tendencias delictivas.

La línea que separa el éxito de los problemas emocionales derivados de la pérdida es muy sutil, y existen claros paralelismos psicológicos entre el dirigente obsesionado por el poder y el individuo un tanto desequilibrado y antisocial al uso. Ambos se muestran en ocasiones extremadamente vulnerables y sensibles, pero en otras hacen gala de una extraordinaria capacidad para ignorar el entorno y salirse con la suya. Ambos invierten grandes energías en sí mismos y en lo que hacen con sus vidas, y también son enormemente narcisistas. Ambos mantienen relaciones débiles, distantes o destructivas con sus allegados. Ambos reinciden con facilidad en comportamientos infantiloides, si bien los individuos con éxito han aprendido a controlarlos en su propio beneficio, mientras que los desequilibrados nunca llegan a lograrlo. Sobre todo, ambos tienen gran capacidad de sufrimiento y muestran una profunda insatisfacción con su entorno. Por tanto, se esfuerzan por modificarlo, en lugar de cambiar ellos mismos. Rehúsan someterse al statu quo, suelen hacer gala de originalidad y se comportan de formas que no se consideran normales.[33]

¿Cómo se explica la diferencia entre estos dos tipos resultantes: el desequilibrado antisocial y el fustigador de los males de este mundo, marcados ambos por la misma tragedia? Evidentemente no hay una respuesta definitiva a tan compleja pregunta, pero está claro que el guión familiar desempeña un papel de mucho peso. La edad del niño en el momento de la pérdida, la naturaleza de la relación con el fallecido y las particulares circunstancias de la familia también tienen gran importancia, aunque hay un factor recurrente que parece decisivo. Tras la desgracia, la persona que asume el cuidado del niño debe ser extremadamente disciplinada y afectuosa. Los genios no llegan a serlo como mera consecuencia del trauma o las privaciones sufridas en la infancia. Aunque se adopte el lema de la RAF británica, *Per Ardua Ad Astra* («Por la adversidad hasta las estrellas»), ésta tiene que combinarse con una precisa mezcla de amor y disciplina. Es fundamental que, después del fallecimiento, la madre o la persona que la sustituya quiera con pasión al niño (sólo existen datos sobre hijos varones) y le haga sentirse verdaderamente especial. Como Freud apuntó, «el hombre que en su momento fue el indiscutible favorito de su madre continúa sintiéndose toda su vida como un conquistador, con esa confianza en el éxito que suele conducir al éxito efectivo». Entre las figuras históricas hay numerosos ejemplos en tal sentido,[34] desde George Washington, quien se confesaba «muy unido» a la madre, hasta Yosif Stalin, que de niño «estaba unido a una sola persona: mi madre». Con todo, no basta con que la madre sea excepcionalmente afectuosa. También tiene que ser muy competente y disciplinada. La madre de Washington era «activa, capaz y resuelta», mientras que la de Stalin fue «una mujer de carácter severo y decidido, inflexible en sus maneras y muy exigente consigo misma». Aunque muy pocos en Occidente encuentren admirable lo que consiguió su hijo, en la antigua Unión Soviética mucha gente sigue considerando a Stalin como un héroe, y de lo que no cabe duda es de que sus logros fueron extraordinarios.

Además de la pérdida de uno de los padres, hay muchos otros factores del entorno estrechamente vinculados a la consecución de logros excepcionales en la vida.[35] La condición de hijo varón es sin duda uno de ellos, la de primogénito es otro, y pertenecer a una familia en cierta medida socialmente marginal —por ejemplo, inmigrante— es otro de esos factores. Pero ninguno de ellos desempeña un papel tan crucial en el drama de la vida como la pérdida de un progenitor.

Guiones deprimentes para grandes triunfadores

Estar predestinado desde pequeño a conseguir logros excepcionales en la vida, ya sea por la pérdida de un progenitor o simplemente por las exigencias de uno o ambos padres, presenta muchas veces un marcado carácter ambivalente. Esto tal vez pueda depararnos mayores éxitos en la vida que a nuestros hermanos, pero con frecuencia implica pagar un precio muy alto: la depresión. Los sentimientos de baja autoestima («Estoy gorda», «Todo me sale mal», «Soy despreciable», cuando nada de ello es cierto), la falta de esperanza en el futuro y la incapacidad para controlar nuestra vida que experimentamos durante la depresión suelen atribuirse erróneamente a la genética como causa principal. En la mayoría de los casos, la clave radica en la forma en que hemos sido tratados por nuestra familia.

En términos generales, cuando a los adultos que han sufrido
depresión se les pregunta por su niñez, suelen referirse en mayor
medida a la falta de apoyo, la severidad y la carencia de amor que
quienes nunca han estado deprimidos.[36] Esto es así incluso cuando
el entrevistado está deprimido en el momento de la entrevista, por
lo que su relato no puede estar simplemente influido por los sentimientos negativos.[37] Junto con la frialdad de los padres, es habitual
que describan una tendencia al control excesivo del niño, a interferir
de forma innecesaria en su vida y a intentar dictar todos sus pensamientos y sentimientos, así como su conducta. Todo esto provoca
con frecuencia que el niño se vuelva muy ansioso y corra el riesgo
de caer en la depresión.

Cuanto mayores son los abusos y la desatención, mayores son
las probabilidades de contraer depresión. Un estudio efectuado con
800 mujeres de entre la población general reveló que el 41 por ciento
de las que habían sufrido graves maltratos físicos en la niñez habían
estado deprimidas durante el año anterior, porcentaje que ascendía
a la mitad entre las que habían padecido abusos sexuales graves.[38]
También habían estado deprimidas la tercera parte de las que habían
sufrido desatención en la niñez. La depresión era mucho más infrecuente (sólo el 8 por ciento) entre las mujeres que nunca pasaron
por tales adversidades. Cuando se estudia directamente a los niños
mientras viven con sus padres y, más tarde, en la edad adulta, se
evalúa el estado de su salud mental, también los cuidados paternos
se revelan decisivos. Un reciente estudio británico muestra que los
niños de cinco años que vivían con madres con problemas y en
hogares disfuncionales eran cuatro veces más proclives a sufrir depresión a los treinta y tres años de edad que los niños criados en
hogares normales.[39] Otro estudio muestra que los niños de cinco años
cuyos padres se mostraban faltos de afecto y controladores en exceso

tenían mayores probabilidades de ser severamente críticos consigo mismos a los treinta y un años.[40]

El papel que la privación emocional temprana —especialmente durante los tres primeros años— desempeña en la aparición de la depresión es descrito en detalle en los capítulos 3 y 4, aunque el estar predestinado como triunfador en el guión familiar durante los primeros años y más adelante también tiene gran importancia. Muchas personas con gran éxito en la vida son autocríticas en extremo y viven marcadas por sentimientos de inutilidad, inferioridad, fracaso y culpabilidad. Se sienten acosadas por el miedo a la desaprobación, la crítica y el rechazo de los demás, y tienden a ser muy duras consigo mismas. Pueden establecerse unos estándares imposibles de cumplir, se esfuerzan por lograr unas metas y un perfeccionismo excesivos, y son trabajadoras y competitivas al máximo, exigiéndose muchísimo pero nunca disfrutando de una satisfacción duradera, incluso cuando ya han alcanzado el éxito deseado. Para ellas lo mejor nunca es suficiente, y su depresión con frecuencia se ajusta a un subtipo denominado «de meta dominante».[41]

En estos casos, la autoestima del sujeto depende de la consecución de una meta muy elevada, lo que le lleva a desdeñar todas aquellas otras actividades que puedan desviarle de su objetivo. De niño, sus padres sólo lo recompensaban cuando conseguía algún éxito, de forma que el pequeño se acostumbró a sacar buenas notas o descollar en uno u otro terreno para asegurarse la aceptación de los padres. El amor siempre estaba supeditado al rendimiento del niño. Con el tiempo, este tipo de individuos acaban por establecerse una meta distante, a la que tratan de llegar con fanatismo, creyendo que alcanzarla será la solución que transforme su existencia. Están convencidos de que conseguir dicho objetivo bastará para que los demás los traten de forma especial y reconozcan finalmente su valía. Mientras que el depresivo de tipo dependiente fantasea con una relación en la que es querido como forma de incrementar la autoestima, el depresivo de meta dominante necesita de fantasías de éxito para dar sentido a su vida y obtener la estima de los demás. Los creadores de esta teoría, Silvano Arieti y Jules Bemporad, ofrecen un ejemplo clínico ilustrativo:

> El señor B. era un investigador científico de mediana edad que acudió a la consulta quejándose de falta de interés en su trabajo, cierto sentido de futilidad en todas sus actividades, dificultad para conciliar el sueño, fatiga, diferentes molestias psicosomáticas de origen reciente y una subjetiva sensación de depresión. Los distintos síntomas se habían desarrollado a lo largo de los dos años anteriores, después de no haber sido ascendido a cierto cargo que llevaba tiempo ambicionando. Pronto quedó claro que este episodio depresivo no era una simple respuesta a dicho traspié profesional, sino que su fracaso al no conseguir ese puesto implicaba para el paciente que sus planes profesionales, meticulosamente trazados, habían sido desbaratados para siempre. El señor B. hizo referencia a sus grandes aspiraciones de ser galardonado con prestigiosos premios y ser nombrado director de un reputado organismo de investigación. Al serle negado el puesto se había dado cuenta de que tal vez nunca llegara a conseguir las metas previstas.
>
> Este hombre estaba obsesionado con su trabajo, al que dedicaba un número extraordinario de horas al día (aunque su labor no le gustara especialmente), hasta el punto de que algunos de sus colegas se negaban a colaborar con él. Su matrimonio era un desastre. El señor B. esperaba que su mujer planificase toda su vida en función del trabajo de él y también esperaba un tratamiento especial por su parte en atención a la supuesta trascendencia de su labor. No tenía aficiones ni intereses,

y se consumía fantaseando sobre un futuro glorioso en el que todo el mundo lo admiraría.

El señor B. había sido criado por unos padres carentes de recursos y cuyas aspiraciones de ascenso social estaban enteramente depositadas en los hijos. Sus dos hermanos también eran unos profesionales obsesionados con el trabajo. Durante la niñez, los padres le habían inculcado que tenía una misión especial en la vida y que la búsqueda de la excelencia (y el prestigio) era su medio de pagarles los sacrificios que habían tenido que hacer para enviarlo a las mejores escuelas, etcétera. Estaban prohibidas las actividades que no fuesen «productivas». La creencia en este papel mesiánico se vio aún más espoleada por un ministro religioso que acogió al paciente bajo su tutela e, impresionado por su capacidad de trabajo y ansias de aprender, le vaticinó también un futuro glorioso si continuaba aplicándose como era debido. Con el tiempo, el señor B. llegó a vivir obsesionado con una meta grandiosa que, una vez alcanzada, reportaría significado y gratificaciones a su existencia. La remota posibilidad de seguir siendo un simple científico más, respetado pero no admirado, lo desalentaba de tal forma que ya no encontraba sentido a sus actividades. La meta y su consecución eran la razón de su vida.

En todo el mundo desarrollado, las clínicas psiquiátricas de lujo están llenas de triunfadores ambiciosos de este tipo, entre ellos muchos famosos. Un buen ejemplo es Elton John, que en el pasado ha sido tratado por depresión y adicción, y que ha llegado a afirmar: «Me deprimo con facilidad y siempre estoy de muy mal humor». Elton John se valió del éxito para reforzar su autoestima, pero, como les sucede a todos los depresivos de meta dominante, el reconocimiento público y el dinero nunca resultaban suficientes para él. Como el propio cantante ha explicado: «Cuando una canción mía tenía éxito o conocía a alguien que me gustaba, yo nunca tenía bastante. Siempre quería más, en exceso. Era incapaz de tomarme las cosas con calma y disfrutar un poco de la vida». De niño, sus padres quisieron que se convirtiese en músico e intérprete, un reflejo de sus propias ambiciones personales nunca satisfechas. El cantante lo describe así: «Cuando era un niño siempre me estaban diciendo lo que no tenía que hacer. Mi padre me anulaba y me provocaba terror. Me sentía aterrado cuando llegaba a casa». Sus padres se divorciaron cuando tenía catorce años y, aunque la adúltera fue de hecho la madre, él culpó al padre de la separación. Sin embargo, su madre también había sido muy exigente con el muchacho. Desde la infancia le obligó a tomar lecciones de piano, y el talento que el niño desarrolló se convirtió en otro motivo de discusión habitual entre la pareja. El padre quería que se convirtiera en pianista clásico, mientras que la madre lo animaba a dedicarse a la música popular; finalmente fue ella quien se impuso. Solitaria y atrapada en un matrimonio desdichado, hacía que el hijo la animara con su música. Elton John recuerda que ya estaba «en el escenario» mucho antes de convertirse en profesional y que «siempre me obligaban a tocar el piano. Si por ejemplo estábamos en una boda, decían: «¡Venga! ¡Tócanos algo!». Hay una famosa fotografía del artista a los siete años de edad, sentado al piano y con el rostro vuelto hacia la cámara. Su biógrafo, Philip Norman, comenta: «La sonrisa trasluce la cualidad resignada del profesional que debe actuar, tanto si le apetece como si no». Prototipo del depresivo de meta dominante, Elton John ha afirmado: «Me resulta poco menos que imposible mantener una relación estrecha con alguien. Me gusta estar solo, pero a la vez ansío amar a alguien. Mi existencia viene a ser un tormento en ese sentido». Incapaz de establecer una relación auténtica con otros durante la niñez, más adelante encontró refugio en la histriónica fantasía teatral de su personaje escénico. Su arte se convirtió en su refugio y consuelo, hasta tal punto que es muy posible que las trágicas letras de sus canciones tuvieran para él más sentido que su propia vida. Él, y no Marilyn Monroe o la princesa Diana, podría ser la «Candle in the Wind». En 1976 declaró que «durante los seis últimos años mi vida ha sido como una película de Disney, pero tengo que vivir mi existencia como una persona real».

El actor y autor teatral Stephen Fry, a quien entrevisté en un programa de televisión en 1988, ofrece otro ejemplo bien conocido. Depresivo durante toda su vida, Fry utilizó el éxito como paliativo contra un odio hacia su persona persistente e irracional. En sus propias palabras: «He llegado donde he llegado por miedo a mis propias limitaciones y al rechazo de los demás». Fry muestra la bajísima autoestima característica del depresivo de meta dominante: «De adolescente era tímido y más bien raro. Tenía una imagen de mi propio cuerpo verdaderamente nefasta y pensaba en mí como en una suerte de monstruo, cosa que sigo pensando hasta cierto punto. Yo no pienso en mí como en una pintura al óleo… más bien, como una informe mancha oleosa. El mejor favor que puedo hacerle a las mujeres es no infligirles el sentirme atraído por ellas». La principal causa de tan baja autoestima parece haber sido su padre. Científico y hombre de negocios, Alan Fry era un hombre de aguda inteligencia que usaba para encontrar defectos a su hijo. Así describe Fry la relación con su padre: «Entre nosotros había mucha tensión y rivalidad. Él sabía que yo era brillante, y eso le irritaba mucho. Hasta los veinte años me aterrorizó durante todos los días de mi vida». Su padre se mostraba hipercrítico: «Todo aquello en lo que yo mostraba un cierto grado de competencia a él le parecía mal». En 1991 dicha actitud seguía siendo patente en ciertos comentarios que Alan hizo sobre su hijo: «A veces me entran ganas de decirle: "Déjate de chorradas insustanciales y empieza a escribir en serio". Stephen invierte mucha energía en escribir cosas que no son dignas de él». Si consideramos su currículum, Fry hizo todo lo posible por demostrar que su padre se equivocaba mediante una impresionante sucesión de éxitos. Pero después de sufrir una crisis depresiva que a punto estuvo de llevarlo al suicidio, cayó en la cuenta de que su existencia basada en una meta dominante había sido la causante del episodio. Durante años creyó que para ser feliz le bastaría con escribir un puñado de buenas novelas y ser un buen humorista y actor. Y sin embargo, por mucho que se hubiera enriquecido y fuera muy respetado por sus compañeros de profesión, entonces se dio cuenta de que su vida no podía funcionar de ese modo.

Más recientemente, en dos documentales emitidos por la BBC en 2006, Fry ofreció una nueva interpretación de sus problemas, que ahora atribuía a un supuesto trastorno bipolar maníaco-depresivo. Otra posibilidad es la de que en realidad sufriera los síntomas de identidad, estados de ánimo febriles y ombliguismo narcisista de quien padece un trastorno de personalidad (véase el capítulo 5). Fry se mostraba tranquilizado (al tiempo que disgustado) por haber encontrado una etiqueta descriptiva de su conducta, etiqueta que en principio lo liberaba por entero de toda responsabilidad personal, ya que dicha enfermedad suele ser atribuida a causas de origen físico y neurológico. Esto también le ofrecía la posibilidad de ignorar sus anteriores declaraciones públicas sobre la relación con su padre y la actitud de éste como generadora de su estado mental perturbado. Al final de estos documentales, Fry declaraba estar completamente a la deriva y contar con las únicas alternativas de tomar una medicación potencialmente tóxica o intentar aguantar con su enfermedad y su persona tal como es.

Resulta interesante pensar que Fry podría haberse evitado tantos problemas si hubiera leído la sustancial literatura científica que avala que quienes insisten en obtener recompensas materiales aliadas a la aprobación de los demás suelen ser bastante más infelices que quienes se contentan con aceptarse a sí mismo y disfrutar de una buena relación con amigos y familiares.[42] Particularmente pernicioso resulta intentar alcanzar esa parte del sueño americano en la que la riqueza material constituye el objetivo primordial en la vida, como han demostrado numerosos investigadores estadounidenses. Las personas que anteponen el dinero a la familia, la comunidad o la plenitud emocional como motores de la existencia tienen bastantes más probabilidades de sufrir depresión o ansiedad, de abusar de sustancias tóxicas y de padecer de un trastorno narcisista de la personalidad. Diversos estudios recientes sorprenden al mostrar que los hijos de familias estadounidenses con alto poder adquisitivo muestran mayor propensión que los de familias pobres a sufrir depresión y ansiedad, así como a abusar de sustancias a modo de compensación, tendencia que se manifiesta tanto en el instituto como en la universidad.[43] Como he tratado de explicar en mi libro *Affluenza*, las personas con una niñez parecida a la de Stephen Fry corren mucho mayor riesgo de caer en la enfermedad por vivir en un país anglófono dominado por el capitalismo egoísta.

Muchos estudios han demostrado que el guión familiar marcado por la presencia de unos padres excesivamente críticos y exigentes es causa de la depresión de meta dominante.[44] Es muy probable que los adultos que la sufren fueran sometidos en su niñez a un torrente de expresiones negativas tales como «malo», «tonto», «incapaz», «inútil» o «indeseable». Al menos uno de cada diez niños es víctima de esta clase de críticas exacerbadas.[45] En el pasado esta actitud solía dirigirse contra los niños varones espoleados para convertirse en triunfadores, pero existen razones para creer que en la actualidad las niñas también están siendo cada vez más sometidas a presiones similares. A diferencia de sus madres, muy pocas de las cuales estudiaron en la universidad, las jóvenes de hoy día tienen las mismas posibilidades de hacerlo que sus hermanos. Algunas madres que vieron frustrados sus anhelos de recibir una educación superior y seguir una carrera profesional proyectan sobre las hijas sus ambiciones insatisfechas. En muchos casos, esto sirve para rectificar una situación negativa perpetuada durante generaciones, pero también abundan los ejemplos de presiones excesivas sobre las hijas que las hacen propensas a la depresión de meta dominante.[46] Aunque a nivel consciente la madre sólo quiere lo mejor para su hija, en la práctica tiende a considerar a ésta como una agente para la satisfacción de sus propios anhelos individuales, lo que a veces se traduce en una dosificación del amor materno en función del rendimiento de la hija, así como en un control excesivo sobre su persona.

Uno de los métodos más utilizados de sobreestimulación para conseguir el éxito y que también suele conducir a la depresión consiste en establecer comparaciones con modelos inapropiados.[47] En este sentido, un estudio realizado sobre niños discapacitados pone de relieve que aquellos que sufren depresión se ven considerablemente afectados por algunas comparaciones establecidas por los padres. Si en el pasado los padres los compararon con niños sin discapacidades y dotados de buena salud, los hijos tienen bastante más probabilidades de caer en estados depresivos que aquellos cuyos padres utilizaron a otros niños discapacitados como modelos de comparación.[48] Las hijas de madres muy exigentes acostumbran a fijarse unos estándares prácticamente inalcanzables, con el curioso resultado de que en muchas ocasiones las hijas que alcanzan el éxito poseen una autoestima menor que la de sus hermanas menos exitosas. En Estados Unidos, más de la quinta parte de las chicas procedentes de hogares acomodados sufren depresión aguda, cuando el porcentaje general es tan sólo del 7 por ciento.[49] En el Reino Unido, un estudio efectuado sobre 5.000 chicas de quince años indica que el 38 por ciento de las muchachas de clase acomodada tienen grandes probabilidades de sufrir depresión y ansiedad.[50] Por contraste, el porcentaje era del 27 por ciento entre las jóvenes de familias con escasos ingresos. Esta tendencia sólo se modifica cuando las chicas superan la fase universitaria, y disponer de menores recursos aumenta las probabilidades de enfermedad mental. Las niñas estadounidenses de entre 11 y 13 años son las que reciben mayores presiones, mientras que en el Reino Unidos son las de 15 (con Estados Unidos en segundo lugar).[51] Un exhaustivo estudio británico ha efectuado la comparación entre las alumnas brillantes de clase media y las de origen proletario, cuyas trayectorias han sido seguidas desde los cuatro años.[52] A los diecinueve, todas las chicas de clase media sin excepción mostraban considerablemente más ansiedad y estrés. A pesar de los buenos resultados obtenidos, seguían convencidas de que no habían llegado todo lo lejos que sería deseable. Elspeth Inch, directora de uno de los principales colegios femeninos británicos (el King Edward VI de Birmingham), me confirmó personalmente este hecho al decirme: «Ni las más inteligentes de nuestras alumnas se dan cuenta de lo inteligentes que son en realidad». En el peor de los casos, esta actitud conduce a un perfeccionismo autodestructivo, como el mostrado por una mujer de 32 años llamada Karen a quien entrevisté para un documental televisivo en 1998, y que llevaba años sumida en una depresión con impulsos suicidas.

«Lo que más me sorprende es que me he fijado unas metas en la vida, las he alcanzado y aun así no soy feliz. Tengo un buen empleo, muy bien pagado y al que me entrego con dedicación. Tengo un novio encantador, un piso estupendo de dos habitaciones con jardín en Chelsea, y una preciosa casita de campo en Somerset a la que vamos los fines de semana. Tengo muy claro que la mayoría de las mujeres estarían encantadas de encontrarse en mi situación, lo que no hace más que empeorar las cosas, pues yo lo tengo todo y no soy feliz. Entonces, ¿qué es lo que puede hacerme feliz? Absolutamente nada. Tengo todo lo que puedo querer y sigo sin ser feliz.»

Como todos los perfeccionistas de meta dominante, Karen utilizaba sus logros para reforzar su autoestima.

«Mi trabajo me apasiona, y menos mal que en el ámbito profesional conservo la autoestima, pues en todos los demás aspectos de mi vida la tengo por los suelos. Me odio a mí misma, así es como me siento: "No te mereces ese trabajo, no te mereces tener amigos, no te mereces el apartamento. Eres lo peor, la peor persona del mundo". Pienso que las personas que me aprecian son estúpidas, que se dejan engañar por las apariencias. Mi verdadero yo es una persona horrible, despreciable, que no se merece nada.»

Llegó un momento en que el médico de cabecera de Karen se sintió tan alarmado ante la posibilidad del suicidio que hizo que ingresara en un hospital. Una vez allí, Karen le dijo a la enfermera que tenía que ir a trabajar al día siguiente como fuese. La enfermera le preguntó: «¿Qué es más importante para usted? ¿Su vida o su trabajo?». «¡Mi trabajo, naturalmente!», contestó Karen. Su perfeccionismo era extremo. Si un día dejaba las llaves en un lugar que no era el habitual, se enfurecía consigo misma, pues no podía cometer descuidos de ninguna clase. Cuando cuestioné esta última aseveración y le dije que sin duda ella debía comprender que antes o después todo el mundo comete algún error, que es algo natural, su respuesta fue: «No, Oliver, no hay por qué cometer errores. Una puede ser perfecta si se lo propone. Si consiguiera ser perfecta, todo me iría bien en la vida».

Aunque fue una estudiante excelente, Karen nunca se sintió lo suficientemente buena. Si sacaba la segunda mejor nota en una asignatura, la reacción de su madre era preguntarle por qué no había sido la primera, algo que resulta típico en la niñez de los perfeccionistas.[53] Los padres se muestran hipercríticos de forma tanto abierta como solapada. Apenas tienen elogios para los logros y encuentran motivos constantes de descontento, instándoles siempre a obtener mejor rendimiento, de modo que el niño nunca acaba de sentirse satisfecho por el esfuerzo realizado. El descontento adopta formas sutiles, implícitas. El padre felicita de vez en cuando al pequeño, pero su mirada y su tono dejan entrever que el elogio no es sincero. La retirada del afecto está siempre a un paso, en función del próximo traspié, y el niño acaba por pensar que, si se esfuerza un poco más y obtiene unos resultados algo mejores, sus padres terminarán por quererlo de veras. En términos generales, las hijas tienen más probabilidades de ser perfeccionistas cuando sus madres, y no sus padres, lo son también.[54] Las hijas perfeccionistas de madres perfeccionistas corren mayor riesgo de sufrir depresión, de tener impulsos suicidas y, lo que no es sorprendente en vista del grado de ansiedad por hacerlo todo «como es debido», de ser obsesivas. Las madres someten a un intenso escrutinio el comportamiento de sus hijas e intentan impedir cualquier intento de convertirse en independientes y asertivas. En la mayoría de los casos, los padres también muestran una acusada tendencia a infravalorarse, fijándose metas no menos inalcanzables. Un seguimiento prolongado muestra que aquellos niños cuyos padres se mostraron fríos y dominantes en exceso antes de que cumplieran los ocho años tienden a ser más implacables consigo mismos, más proclives a la depresión y más insatisfechos tanto en la adolescencia temprana como en la primera edad adulta. Los niños aprenden a ser como sus propios padres.[55]

Por descontado, el perfeccionismo puede también desempeñar un papel positivo a la hora de conseguir que el niño desarrolle todo su potencial. De hecho, los rasgos de perfeccionismo también suelen encontrarse en el historial de algunos triunfadores. Se trata de personas que encuentran placer en el esfuerzo y las dificultades y pugnan por hacer las cosas bien, pero a la vez son capaces de asumir los límites de lo posible. Comparten con los perfeccionistas patológicos el amor por la buena organización y el establecimiento de grandes metas, pero no comparten con ellos la baja autoestima y además son capaces de sentirse satisfechos por el trabajo bien hecho. El humorista y escritor John Cleese me contó que el rasgo personal del que más orgulloso se sentía era que nunca precisaba de la aprobación de los demás para sentirse satisfecho con sus obras, algo que quienes conocen bien a Cleese confirman. El mismo rasgo encontré en John Lloyd, uno de los más brillantes productores de programas humorísticos de la televisión británica. Lloyd se inició adaptando la *Hitchhiker's Guide to the Galaxy* para la radio, tras lo cual produjo para la televisión *Not the Nine O'Clock News*, *Spitting Image* y *Black Adder*. Tras haber conseguido éxitos tan grandes, decidió retirarse de la producción televisiva. Pero la mayoría de los perfeccionistas no son así. Tienden a ser hipercríticos consigo mismos, a tener miedo de la opinión ajena, a exigir metas absurdas a quienes les rodean, o a una mezcla de todo ello.

Que el perfeccionismo sea patológico o no depende del papel que nos hayan adjudicado en nuestro guión, pero también del tipo de sociedad que nos rodea y del grado en que ésta fomente el perfeccionismo. Aunque en la actualidad haya un mayor número de madres que utilizan a sus hijas para cumplir sus propios anhelos insatisfechos, también es cierto que vivimos en una cultura mucho más perfeccionista que la del pasado. Las presiones educativas para alcanzar el éxito empiezan a edad más temprana, y la medida del rendimiento escolar y laboral es hoy mucho mayor que, pongamos, en 1950.[56] Las hijas son especialmente vulnerables, pues suelen ser más acomodaticias de pequeñas y encajan con mayor facilidad en un sistema en el que uno vale lo que las notas de sus últimos exámenes. La combinación de una madre perfeccionista y la novedosa presión educativa constituye una receta perfecta para la depresión.

Por si todo esto no fuera poco, las hijas también tienen que afrontar las crecientes exigencias de unos ideales de belleza física simplemente ridículos. Aunque suele alegarse que los trastornos alimentarios tienen su causa principal en factores genéticos, hay pruebas abundantes de que los padres desempeñan un papel clave en este sentido. Las chicas perfeccionistas tienen mayores riesgos de sufrir bulimia (comer compulsivamente para después vomitarlo todo) cuando su afán de perfección está acompañado por una baja autoestima.[57] Esto ilustra la importancia que tiene la letra pequeña de nuestro guión familiar. Si los padres son exigentes pero animan a su hija a tener una imagen positiva de sí misma, seguramente no caerá en la bulimia. Por lo general, los padres de las bulímicas suelen vivir en un permanente estado de conflicto con sus hijas, a quienes ponen malas caras, menosprecian y abroncan en todo momento.[58] Los padres de hijas anoréxicas (que pasan hambre de forma deliberada) son más propensos a transmitirles mensajes ambivalentes, mezclando el afecto y la atención con una represión de sus emociones y de su afán de independencia. Pero, debo insistir, aunque la vulnerabilidad a los trastornos alimentarios tenga su origen en el guión familiar, es la sociedad en general la que exacerba dicha tendencia. El hecho de que los porcentajes fluctúen según la época, la sociedad y el sexo desvirtúa la idea de que los genes desempeñan un papel importante en estos trastornos.[59] A día de hoy, el incesante bombardeo de bellezas escuálidas en vallas publicitarias, cine y televisión explica, al menos en parte, que las mujeres se muestren diez veces más insatisfechas con su peso que los hombres. No es de sorprender que un reciente estudio británico realizado con 900 mujeres de entre 18 y 24 años muestre que más de la mitad de las que tenían un peso normal quisieran estar más delgadas, que el 40 por ciento no se sintieran cómodas al desnudarse ante su pareja y que el 20 por ciento confesara haberse quedado en casa por lo menos una vez durante el mes pasado porque estaban muy insatisfechas de su aspecto físico.[60]

Todo esto ayuda a explicar por qué tantas jóvenes atractivas y con éxito en los estudios y el trabajo sufren depresión y trastornos alimentarios. Como Karen, una mujer delgada y atractiva, lo tienen todo (*Having It All*, título del best-seller de 1960 de Helen Gurley Brown) y aun así se sienten muy desdichadas. El equivalente moderno del libro de Brown sería *El diario de Bridget Jones*, de Helen Fielding. No es casual que esta historia tan diferente, acerca de expectativas infladas hasta el ridículo con la consiguiente desesperación personal, haya vendido millones de ejemplares en todo el mundo.

Si bien las presiones de la sociedad actual son particularmente implacables con las mujeres jóvenes, los varones tampoco se libran de ellas. Entre 1987 y 1993 se dio un pronunciado aumento de los suicidios entre los muchachos británicos, incremento que varios autores atribuyen a una cultura cada vez más competitiva y dividida entre ganadores y perdedores. Nueva Zelanda tiene el porcentaje de suicidios más alto del planeta, con una incidencia seis veces mayor en hombres que en mujeres.[61] Se cree que este índice tan elevado responde al hecho de que a los varones neozelandeses se les exige que respondan a un modelo de masculinidad a todas luces exagerado, por el cual tienen que destacar en los deportes y esconder sus sentimientos hasta el punto de que el suicidio casi siempre llega por sorpresa, incluso para los amigos íntimos y la familia inmediata. Pero, hablando en términos generales, es Bridget Jones, y no su hermano, quien corre mayor riesgo de que se le asigne el papel de perfeccionista de la familia.

Guiones de patitos feos

Hasta ahora he analizado las consecuencias negativas de ser elegido por los padres para cumplir sus sueños irrealizados, o de que se nos asigne en el guión familiar un papel de meta dominante o perfeccionista, pero las cosas pueden ser mucho peores cuando ninguno de nuestros padres muestra ningún afecto por nosotros. Como es lógico, a los hijos con relaciones positivas con ambos progenitores les suele ir mejor que quienes sólo la tienen con uno de ellos.[62] Y aquellos con relaciones negativas con ambos padres son los que peor lo pasan.

En todas las familias se dan favoritismos, y de forma inevitable siempre hay una cantidad limitada de atención que repartir.[63] Dos tercios de los niños afirman que sus padres muestran siempre alguna forma de trato preferencial, y en todos los hogares con niños pequeños se oyen amargas quejas en Navidad sobre quién ha recibido los mejores regalos.[64] Ésta es la norma, pero en ciertas familias uno de los niños tiene que sufrir las consecuencias de no ser querido. Un estudio efectuado en Checoslovaquia examinó la situación de 220 niños cuyas madres habían dado a luz después de que se les hubiera denegado dos veces la petición de aborto.[65] Las madres de estos niños los amamantaban menos en comparación con las de hijos deseados, y a la edad de nueve años a los niños no deseados les iba bastante mal en la escuela, donde eran poco diligentes y proclives a los estallidos de ira y actitudes defensivas. A los quince años, su rendimiento escolar era aún peor, y sus maestros los calificaban como desobedientes y poco aplicados. Al ser preguntados sobre el trato de sus madres hacia ellos, los jóvenes aseguraban que su actitud era poco positiva. O bien se sentían desatendidos por ellas, o bien que eran muy controladoras e interferían en exceso en sus vidas.

Para estos niños tan desfavorecidos, o para aquellos con una aguda percepción de que sus hermanos están recibiendo una porción excesiva de la tarta del cariño de los padres, la sensación de ser víctimas de la injusticia puede durar toda la vida. Atribuyen ese trato preferencial a una predecible letanía de razones: el sexo («Mi hermano era el favorito porque mis padres querían/preferían un chico»), la edad («Yo siempre lo tuve más difícil por ser el mayor»), el físico («Mi hermana era más guapa que yo y por eso recibía más atención»), la inteligencia («A mi hermana la trataban mejor porque era más brillante»), la necesidad («Mi hermano era débil y enfermizo y por eso recibía más atención») y la personalidad («Mis padres preferían a mi hermana porque encajaba mejor con los valores y creencias de la familia»).[66] Los padres pueden fomentar también esa sensación negativa en el hijo comparándolo erróneamente con modelos exteriores a la familia, como figuras públicas de éxito o niños de otras familias (en mi caso, de pequeños siempre nos estaban instando a emular a dos hermanos que eran unos angelitos más bien repelentes, aunque sospecho que nuestros padres se habrían horrorizado si efectivamente hubiéramos salido como ellos). Los adultos que de pequeños se sintieron relegados por otro hermano son más proclives a la depresión, la ansiedad y los sentimientos de hostilidad.[67] También tienden a sentirse inferiores, poco atractivos y poco estimados por el prójimo. Tras haber aceptado sin más la opinión que de ellos tenían sus padres, de adultos esperan el rechazo y la crítica de los demás, les falta seguridad en sí mismos y se dejan llevar fácilmente a una sumisión de naturaleza pasiva y a la vez defensiva.

Carol Thatcher, hija de Margaret Thatcher, la antigua primera ministra británica, sufrió esta clase de relegación en la niñez. Su hermano gemelo Mark era el favorito de su madre, mientras que Carol era la receptora de la negatividad materna. Como explica la propia Carol: «Cuando venía de visita a mi apartamento, mamá siempre se quejaba de lo desordenado que estaba todo. Nunca le gustaba nada de lo que me ponía. "Horroroso" era un adjetivo que empleaba con frecuencia». Como suele ocurrir en los hogares en los que existe un marcado favoritismo hacia uno de los hijos, en realidad ninguno de los hermanos era demasiado querido. El propio Mark recuerda que, aunque su madre lo tratara de forma preferente en presencia de la hermana, «el afecto materno tan sólo era perceptible a rachas». Carol añade que: «Mamá era perfecta. No había nada que no pudiera hacer, pero nunca mostraba demasiada calidez en ello. Mi madre y yo nunca estuvimos muy unidas. No recuerdo que diera muestras físicas de afecto». De hecho, Margaret daba más bien miedo. «De pequeña la temía, y más adelante soy consciente de estar hablando con ella sabiendo que tenía la mente en otra parte. Yo solía explicármelo pensando que era porque mi cháchara era insustancial y sin interés.» Carol tiene un concepto muy bajo de sí misma. Al comparar su aspecto físico con el de su madre, considera que sale perdiendo, y cree que no resulta atractiva para los hombres. «Mamá está hecha de mejor pasta que yo. Nunca podré ser como ella. No diré que nunca me haya sentido querida, pero siempre tuve la sensación de no estar a la altura. Siempre me sentí la segundona» (en comparación con su hermano). En algunas familias, esta situación se compensa con el amor del otro progenitor, pero Carol afirma que tampoco estaba muy unida a su padre: «Entre nosotros no había una de esas típicas relaciones padre-hija».

Avergonzar es una de las armas más corrientes en el arsenal de los padres de familias con un hijo menospreciado.[68] La vergüenza provoca una fuerte sensación de sentirse expuesto, sin secretos y juzgado de forma negativa. Con frecuencia está ligada a una dolorosa conciencia extrema de los propios defectos, supuestos o reales, y a sentimientos de ineptitud, inhibición y reticencia, rasgos que también presenta el príncipe Carlos. Pero la vergüenza también está asociada a la ira dirigida contra el progenitor que la ha provocado. Esto puede explicar en parte la pública defensa que Carlos ha hecho de causas que su padre con seguridad detesta, como la ecología. Las más de las veces, la inducción a la vergüenza tiene lugar por medio de comentarios cortantes, humillantes y despreciativos, que dejan al niño sintiéndose totalmente empequeñecido, como hacía Felipe con su hijo Carlos. El niño avergonzado se encuentra sin dignidad, con la sensación de no tener control sobre sí mismo ni sobre la percepción que los demás tienen de él. Los padres también utilizan la vergüenza para expresar disgusto ante las funciones corporales del pequeño, ya sea con la comida, por ejemplo diciéndole siempre que sus maneras en la mesa son repugnantes, ya sea con las muestras de sexualidad, como cuando un niño pequeño exhibe fugazmente sus genitales ante otros. Cuando ha habido abusos físicos o sexuales, el niño siente una terrible vergüenza de sí mismo. Por lo general, los adultos que de niños fueron humillados, avergonzados o ridiculizados por sus padres son mucho más propensos a la depresión, la ira, la ansiedad y el alcoholismo. Se ha demostrado que causar vergüenza al niño en la infancia temprana puede afectar el desarrollo cerebral de forma negativa.[69]

Por lo menos uno de cada diez niños declara que a uno de sus padres «era como si no le gustara o me tuviera manía».[70] El papel de niño relegado suele venir acompañado del de víctima destinataria de unas emociones tan dolorosas como no deseadas. El príncipe Felipe parece haberle adjudicado a Carlos ese papel de víctima y haber animado a su hermana a que asimismo se ensañara con él, burlándose de su falta de conocimientos en el tema de los caballos. En los últimos años, a la moda de exagerar la importancia del factor genético se le ha sumado una tendencia a minusvalorar la influencia de los padres y a otorgarle mayor importancia a la ejercida por los hermanos y los compañeros. Hay quien sostiene que los padres de Carlos no tuvieron tanta importancia en la conformación de su personalidad como sus hermanos, hermana y compañeros de estudios. Pero la evidencia científica no secunda esta teoría.[71] En primer lugar, no es en absoluto cierto que los amigos y compañeros de niñez ejerzan una influencia decisiva en los rasgos de personalidad y valores del individuo. Por ejemplo, los padres tienen mucha mayor influencia en la posible religiosidad del niño, en la aplicación a su trabajo o en la elección de una profesión. En segundo lugar, el supuesto poder de los compañeros a la hora de determinar la personalidad individual se explica simplemente como resultado de haber elegido unos amigos con gustos y rasgos similares. Por ejemplo, no son los compañeros los que inducen al hijo a tomar drogas o iniciarse en el sexo a edad temprana, sino que dichas acciones responden al hecho de que el hijo escoge como amigos a otros muchachos que tienen esas mismas inclinaciones. Lo que lleva al hijo a escoger a sus amistades es la forma en que fue tratado por los padres durante sus primeros años, es decir, la clave radica en la educación y el trato paternos. Los padres ejercen una gran influencia en el tipo de amistades con que se relacionan sus hijos y, como consecuencia, en lo

susceptibles que puedan ser a la influencia de dichos compañeros.
Así pues, los niños sin adultos responsables que los esperen en casa
al volver de la escuela son más propensos a relacionarse con otros
niños antisociales y más fáciles de manipular para que adopten sus
mismas tendencias. Los niños que disfrutan de una relación estrecha con unos padres que están por ellos se encuentran mucho menos sujetos a la posible influencia de unos compañeros que los ani-
men a mostrar comportamientos autodestructivos, como consumir
drogas, o antisociales, como robar.

Las emociones que los padres proyectan más habitualmente
sobre los demás miembros de la familia son la depresión y la agresión.[72] Los padres violentos tienden a trasladar sus frustraciones y
su ira a los hijos, aunque, como vimos en el caso de Michael Jackson, no suelen repartir su crueldad de forma equitativa, sino que más
bien la concentran en un personaje concreto del drama familiar. Las
madres depresivas son muy propensas a trasladar a sus hijos la irritabilidad y el odio que sienten hacia sí mismas, aunque normalmente
dirigen esa negatividad contra uno de sus hijos más que contra los
otros. La vulnerabilidad de la madre puede provocar que el niño
temeroso asuma el papel de padre, por lo que a los dos años los hijos
de madres depresivas son más proclives que los de madres no depresivas a actuar de forma responsable, mostrando angustia e indicios
de culpabilidad cuando se enfrentan a situaciones difíciles.[73] Cuál
de los hijos se convertirá en destinatario habitual de la depresión
agresiva materna y en qué medida se verá afectado depende del
momento en que la madre caiga en la depresión y de la duración de
ésta.[74] La madre podría encontrarse bien cuando dio a luz por primera vez pero estar deprimida cuando tuvo el segundo hijo, pero incluso aunque la depresión se prolongara durante toda la fase de crianza, la relación con cada uno de ellos seguiría siendo diferente. La

cantidad de apoyo que el niño reciba por parte del padre o los hermanos puede atenuar el impacto ejercido por la madre. Encontré un buen ejemplo de este complejo entramado de relaciones cuando entrevisté a una familia para un programa de la BBC 2, *Horizon*, que coproduje en 1995.

Michael, quien por entonces tenía 29 años, había acumulado durante su adolescencia y primera juventud un historial de violencia y pequeña delincuencia. Trabajaba en empleos precarios y esporádicos y estaba soltero. Por el contrario, su hermano David, un año mayor que él, era respetuoso con la ley, tenía un trabajo estable desde hacía trece años como conductor de carretillas elevadoras, y llevaba dos años felizmente casado. Sus padres, Maureen y Terry, se separaron cuando Michael tenía once años. Así es como el rebelde Michael explicaba su historia y su relación con la familia:

> David es todo lo contrario de mí. Fue un buen alumno en el colegio, donde llegó a destacar. Se casó con su novia de siempre y nunca se ha descarriado. Yo lo veo como una persona responsable y en la que se puede confiar, justo lo que a mí me gustaría ser. Ojalá pudiera cambiarme por él. De pequeños nunca nos llevamos bien. Cuando nuestro padre nos dejó, David estuvo mucho más por mamá que yo. David asumió el papel de padre, y fue por entonces cuando empezamos a pelearnos casi a diario. También se lleva mejor con nuestro padre que yo.
>
> Yo a mi padre no lo aguanto. El tío era patético, la verdad. Se bebía cuatro o cinco pintas de cerveza fuerte de una sentada, se subía en su coche con motor Monza de 3 litros y salía corriendo como un loco para Dorking, ¡y luego se quejaba de que rompía el motor! Cuando empezó a traerse a una lagarta a casa durante el día, mientras mamá estaba trabajando, yo pensaba: «Ahí está, arriba, follando con esa vieja

zorra, cuando mi madre es la mujer más atractiva del planeta». Incluso siendo tan pequeño me resultaba difícil de entender.

Cuando mamá vendió la casa tomó partido claramente por mi hermano, y eso es lo que más me dolió. A mí sólo me dijo que me fuera buscando un lugar donde vivir unas dos semanas antes de dejar la casa.

Ésta es la versión de David:

Mike se junta con una gente totalmente distinta a mis amigos. Él va con gente de mala vida, le gustan los coches llamativos, la bebida, las chavalas... Yo tengo gustos más intelectuales, me interesan los libros, el cine, ese tipo de cosas. Ahorro hasta el último penique y disfruto de mi vida junto a Linda [su mujer].

Mike siempre me dice que él por lo menos no es un tío aburrido como yo, que me paso el día encerrado entre cuatro paredes. Yo le respondo que él nunca llegará a nada. A mí me recuerda a esos pequeños hampones que aparecen en algunas series de televisión. Siempre me está diciendo que un día de éstos va a meterse en un asunto que le hará rico. La cosa siempre es inminente.

Mike idealiza a todas las personas que conoce. Siempre me dice que acaba de conocer «a un tío de la hostia», hasta que encuentra al siguiente... le encanta toda esa jerga *cockney*. Mi hermano se relaciona con mucha gente, siempre con nuevos amigos y parejas que no le duran casi nada.

Yo no diría que es un hombre violento. Durante los ochenta, cuando estaba de moda ser skinhead, iba por ahí pegándoles a los estudiantes extranjeros que venían a aprender el idioma, pero yo creo que sólo lo hacía para liberar un poco de tensión. Al igual que Mike, yo también tuve algunos problemas en la escuela, pero fui más listo que él.

El divorcio de nuestros padres se produjo en el peor momento para ambos. Yo me tomé muy en serio lo que mi abuelo me dijo entonces: «Tienes que cuidar de tu madre, ser el cabeza de familia». Tras el divorcio, Mike buscó sus modelos de comportamiento fuera de la familia y acabó por relacionarse con gente más bien dudosa. Yo tuve más suerte a la hora de encontrar mis modelos.

Mike se parece a mis padres en las cosas malas. Como mi padre, se guarda las cosas dentro y luego necesita beber para sacarlo todo fuera. De mi madre ha sacado el carácter nervioso y neurótico.

Michael y David reconocían ser muy distintos. La entrevista con su madre, Maureen, ofreció algunas pistas sobre el origen de esas diferencias.

Después de dar a luz a Michael sufrí una depresión posparto. Michael no dormía bien por las noches, y yo al final terminaba por perder la paciencia. Cuando tenía un año de edad, volví a trabajar y lo dejé al cuidado de una canguro. Ésta un día no le cambió los pañales, y cuando volví a casa por la noche encontré que tenía la piel toda roja e irritada. No creo que eso le pasara nunca a David.

Michael era un niño muy malo y travieso. Me costó mucho hacer que fuera a la escuela y no se aplicaba nada en los estudios, sólo le gustaba hacer el payaso. De nada servían los castigos, era como darse golpes contra la pared. Luego empezó a hacer novillos. El jefe de estudios me llamaba a casa casi todos los días. Y al final se metió en líos más serios, y tuve que ir a buscarlo a la comisaría de policía.

David era más serio. Tras la marcha de Terry [el marido de Maureen], pensó que tenía que convertirse en el hombre de la casa, pero Michael no estaba de acuerdo con eso y andaban peleándose a todas horas.

Cuando Terry se marchó, Michael estaba decidido a irse con él, no sé por qué. Terry le dijo que no, que debía quedarse con su madre, y desde entonces Michael se puso en contra de su padre. Terry tenía una relación distinta con David y con Michael, igual que yo. Michael y yo siempre estábamos de uñas, y no entiendo bien el porqué. Todavía hoy mido mucho mis palabras al hablar con él, para no volver a pelearnos. Para mí siempre ha sido el pequeño, el más vulnerable.

Esta historia ilustra cómo el divorcio suele tener efectos negativos cuando entra a formar parte del desarrollo de la trama familiar. Los hijos de padres separados son dos veces más propensos que los de familias unidas a sufrir una larga serie de problemas, que van desde la delincuencia a la depresión, pasando por el embarazo adolescente.[75] Pero este caso también muestra que el impacto ejercido por el divorcio depende en gran medida del papel concreto que tengamos en la familia y de la historia de ésta. Como a todos nosotros, a Michael y a David les habían sido asignados papeles muy diferentes en el guión familiar. Tener una relación positiva con uno de nuestros padres puede inocularnos contra numerosos trastornos, en el caso de que se separen o divorcien.[76] Michael carecía de ese tipo de relación, mientras que David se llevaba bien con ambos padres. Las respuestas al divorcio dependen asimismo del tipo de educación y atención recibidos antes de la separación. Como veremos en el capítulo 4, la depresión posparto que sufrió Maureen durante los primeros meses de vida de Michael pudo debilitar la identidad del pequeño; en el capítulo 3 se explica que dejar a un niño de un año en manos de una sustituta inadecuada cuando la madre volvió a trabajar probablemente hizo que el niño se tornara inseguro en sus relaciones e incluso más proclive a la delincuencia. Estos episodios tempranos sólo le sucedieron a Michael; su hermano David, más equilibrado, nunca pasó por ellos. Ésta es una diferencia importante que permite explicar, en parte, por qué los dos niños reaccionaron más adelante de forma distinta ante el divorcio de los padres. No obstante, como se muestra en el capítulo 3, las muy distintas relaciones que ambos tenían con sus padres después de los tres años también pudieron desempeñar un papel relevante.

Si el impacto del divorcio es tan diferente sobre los distintos hijos, mucho más dramático resulta el ejemplo de la esquizofrenia. El hecho de que un niño pueda sufrir esta grave enfermedad mental de carácter delirante mientras sus hermanos se muestran normales y dentro del plano real implica para mucha gente que la genética debe haber tenido algo que ver: después de todo, tienen los mismos padres, ¿no? A continuación presento un ejemplo definitivo de cómo las diferencias en los papeles familiares pueden originar resultados dramáticamente distintos.

El guión para la esquizofrenia

Hay abundantes pruebas científicas de que las distintas formas en que los padres se relacionan con los hijos pueden ser una de las principales causas de la esquizofrenia. Con todo, la literatura científica al respecto suele estar un tanto anticuada, en parte porque no se ajusta a las creencias y aspiraciones fundamentales del *establishment* psiquiátrico actual.[77] Casi todos los estudios fueron realizados antes de 1990 y llevan años sepultados en los archivos. Desde entonces se han realizado muy pocos estudios de este tipo.

El otro gran problema que presenta esta línea de investigación se refiere a que la implicación de los padres en la aparición de la enfermedad muchas veces es entendida como sinónimo de culpabilidad. Sin embargo, no hay razón para ver las cosas de este modo:

aquí nos estamos refiriendo a una explicación científica, y la explicación nada tiene que ver con la asignación de culpabilidades. Mi propósito al tratar de desempolvar las pruebas de que la relación con los padres puede ser la causa de la esquizofrenia no es el de provocar ansiedades y conflictos, sino el de hacer referencia a un aspecto de suma importancia. La atención y los cuidados dispensados por los padres son fundamentales, tanto en los casos en que la enfermedad ya ha empezado a desarrollarse, como en los que su aparición puede ser prevenida con la ayuda de una intervención y un seguimiento adecuados. Mientras que los cuidados paternos y la gestión de la enfermedad son susceptibles de mejoras, no puede decirse lo mismo de nuestros genes. Cuando menos, no en el futuro inmediato.

El punto de partida de la explicación de la esquizofrenia a partir del componente externo adquirido es incuestionable, incluso para los defensores de la «teoría genética» del trastorno. A día de hoy existe una gran cantidad de datos científicos que demuestran que el curso de la enfermedad en los esquizofrénicos jóvenes se ve en gran medida afectado por la forma en que las familias reaccionan cuando el paciente sale del hospital y regresa a casa.[78] Aproximadamente la mitad de los progenitores se muestran negativos en esta fase de la enfermedad.[79] Estos padres suelen hacer comentarios críticos, son hostiles y tratan de ejercer un control excesivo sobre los comportamientos de sus hijos. Mientras que el 55 por ciento de los pacientes que vuelven a un hogar negativo de esta clase sufren nuevas recaídas, el porcentaje desciende a un 16 por ciento cuando los padres adoptan una actitud positiva.[80] La diferencia es abismal.[81] Cuando a aquellos padres se les ofrece formación y asesoramiento para ser menos negativos, el índice de recaídas disminuye, lo cual sucede también cuando los pacientes son enviados a algún centro especial en lugar de ser devueltos a unos hogares marcados por la negatividad. En relación con el índice de recaídas, el hecho de que los pacientes tomen o no la medicación prescrita tiene mucha menos importancia que la reacción de los padres.[82]

Estos datos demuestran de forma concluyente que las respuestas de los padres son una causa importante de las recaídas en la esquizofrenia, pero no nos dicen nada sobre el origen de la enfermedad. Es posible que los padres se muestren negativos porque se hallan al límite de sus fuerzas por tener que lidiar con un niño terriblemente difícil a causa de una dolencia genética, lo cual es sin duda así en algunos casos. Al ser comparadas con familias en las que ninguno de sus miembros sufre la enfermedad, los estudios de las relaciones en las familias donde sí hay algún esquizofrénico muestran que los padres son más dominantes, tal vez porque se ven forzados a intentar manejar a un niño extremadamente difícil.[83] También se ven mucho más desconcertados, quizá porque se sienten confusos ante el extraño comportamiento de su hijo. Asimismo, respetan menos la autonomía del niño, seguramente por la necesidad de atarle en corto. No obstante, en otros casos, estos patrones de comportamiento pueden no estar causados por el hijo sino por los padres.

Puede suceder que la negatividad de los padres preceda a la aparición de la enfermedad y que de hecho sea la causante del mal. En otros casos puede darse una combinación de ambas causas: un grado de predisposición genética a la esquizofrenia en el niño es susceptible de provocar la reacción negativa de unos padres poco preparados para lidiar con la enfermedad, reacción que a su vez exacerba la esquizofrenia. Así pues, la cuestión fundamental resulta ser ésta: ¿existía la negatividad de los padres antes de la aparición de la esquizofrenia?[84] A pesar de la general renuencia de los psiquiatras a la hora de investigar tal posibilidad, muchos estudios rigurosos indican claramente que así sucede en muchos casos.

En uno de estos estudios, se realizó un seguimiento a varias familias con hijos problemáticos pero en los que no se había observado síntoma alguno de esquizofrenia.[85] Los investigadores efectuaron una medición de la negatividad y la tendencia a la perplejidad y pasividad de los padres. Cuando la salud mental de los hijos fue examinada quince años después, una vez llegados a la edad adulta, los resultados fueron esclarecedores: cuanto mayor era la disfuncionalidad emocional percibida en los padres durante la niñez de los hijos, mayores eran las probabilidades de que los hijos fuesen esquizofrénicos o mostrasen síntomas de la enfermedad. En todos los casos de esquizofrenia aguda, ambos padres se habían mostrado negativos y erráticos en el trato con sus hijos desde pequeños. En términos generales, cuanto mayor era la negatividad de los padres, más agudos eran los síntomas de la consiguiente esquizofrenia de los hijos. Cuando los padres no se habían mostrado negativos ni desconcertados en su relación con los niños, ninguno de los hijos mostraba de adulto síntomas de esquizofrenia.

Por supuesto, también es posible que se den casos de esquizofrenia con un fuerte componente genético; pero incluso en tales casos una investigación reciente subraya el papel clave que el entorno juega en la enfermedad. Se realizó una comparación entre 56 niños adoptados a edad temprana nacidos de mujeres esquizofrénicas (que, en teoría, eran más propensos a desarrollar la enfermedad) y 96 adoptados cuyos padres biológicos no sufrían el trastorno.[86] El seguimiento de las familias fue exhaustivo cuando los niños tenían corta edad, y luego se examinó a los adoptados de forma regular hasta entrada la edad adulta. Los resultados son espectaculares.

Por sí solo, el mero hecho de contar con mayor riesgo genético (porque la madre biológica era esquizofrénica) no redunda en mayores probabilidades de que el niño vaya a desarrollar síntomas de esquizofrenia. Los genes solos no causan la enfermedad. No obstante, si existe un elevado riesgo genético y se combina con unos cuidados inapropiados por parte de los padres adoptivos, la probabilidad es mayor. Así pues, los genes ejercen un efecto, pero sólo cuando el entorno familiar tiende a exacerbar el potencial esquizofrénico. Lo que es más, el entorno a veces resulta decisivo para mitigar el trastorno. Cuando ha sido dejado al cuidado de unos padres adoptivos que le dedican una atención positiva, el niño en principio más propenso a la esquizofrenia por los genes de la madre biológica se ve protegido contra el estallido del potencial hereditario.

En los últimos tiempos, el *establishment* psiquiátrico se ha visto sacudido por un terremoto que ha socavado sus cimientos intelectuales. El contenido de un número reciente de una de las publicaciones más prestigiosas, *Acta Psychiatrica Scandinavica*, ha obligado a replantear muchas de las premisas del pensamiento psiquiátrico hegemónico. Desde la publicación en 1964 de la obra de R. D. Laing *Sanity, Madness and the Family** no se había cuestionado tan significativamente la teoría convencional de que la causa fundamental de la esquizofrenia es genética, y que de forma automática debe ser tratada con medicación.

Junto con sus colegas, el editor invitado John Read (cuyo nombre a partir de ahora emplearé como referencia general para este corpus de datos), un prestigioso psicólogo neozelandés, da buena cuenta de estas vacas sagradas biológicas. El hecho de que unas dos terceras partes de los diagnosticados como esquizofrénicos sufrieran en el pasado abusos físicos o sexuales es descrito como una de las principales causas de la enfermedad, si no la primordial. Al establecer

---

* Publicado en castellano bajo el título *Cordura, locura y familia* por la editorial mexicana Fondo de Cultura Económica. (*N. del T.*)

la conexión entre los síntomas del trastorno por estrés postraumático y la esquizofrenia, Read deja claro que numerosos síntomas de la enfermedad tienen su origen directo en el trauma del pasado.

La piedra angular de los hallazgos de Read la constituye una cuarentena de estudios que hablan de abusos físicos o sexuales en la niñez o la edad adulta de la mayoría de los pacientes psiquiátricos.[87] El análisis de 13 de estos estudios centrados específicamente en enfermos de esquizofrenia reveló una incidencia de los abusos sexuales que oscilan entre el 51 (la más baja) y el 89 por ciento (la más alta).[88] Un dato crucial se refiere a que los pacientes psiquiátricos o los esquizofrénicos que afirman haber sufrido abusos tienen muchas más probabilidades de experimentar alucinaciones, cuya naturaleza con frecuencia tiene que ver directamente con el trauma sufrido.[89] En su forma más simple, las alucinaciones adoptan la forma de flashbacks de los episodios abusivos, y esos destellos de la memoria acaban generalizándose hasta convertirse en la totalidad de la experiencia. Por ejemplo, la víctima de un incesto creía que su cuerpo estaba cubierto de semen. A menudo las alucinaciones visuales o auditivas tiranizan y subyugan a los pacientes, justo como sus atormentadores hicieron en la realidad, creando un universo paranoide en el que no se puede confiar en los más allegados.

Hacen falta nuevas investigaciones que determinen si los abusos también son responsables de los demás síntomas principales de la enfermedad, como por ejemplo el lenguaje incoherente, confuso o directamente extraño. Hasta el momento los estudios han mostrado que es lo que suele suceder cuando el tema de la conversación tiene profundas implicaciones emocionales para el paciente.[90] Cuando al esquizofrénico se le pide que hable de recuerdos desagradables en oposición a agradables, el discurso se torna mensurablemente más desordenado, en medida cada vez mayor según la trascendencia de la experiencia para el individuo. Son necesarios nuevos estudios que dejen claro si la incoherencia verbal tiene relación con los abusos sufridos en el pasado. Otro síntoma característico es el de la disociación (sentirse desconectado de sí mismo y del entorno). Se trata de un fenómeno observado repetidamente en las víctimas de abusos.[91] Está por ver si la catatonia (retraerse por completo del mundo) está también relacionada, lo cual parece muy probable, ya que las víctimas de traumas dan muchas veces muestras de catatonia. Lo mismo puede aplicarse en el caso de los pensamientos depresivos, que muchos esquizofrénicos sufren y que son muy frecuentes entre las víctimas de abusos. En torno a un 15 por ciento de los esquizofrénicos acaban por suicidarse, y la depresión es la norma entre los suicidas.[92] Los intentos de suicidio son más corrientes entre las personas que han sufrido abusos en la niñez, lo que sugiere una posible relación entre el abuso y la esquizofrenia, vía depresión y suicidio.

Entre las víctimas de abusos sexuales, las probabilidades de desarrollar esquizofrenia son mayores cuanto más pronto se produjeran las agresiones, cuanto más estrecha fuera la relación con el perpetrador y cuanto más invasivos fueran dichos abusos.[93] Por ejemplo, quienes padecieron abusos leves tienen dos veces más probabilidades de sufrir psicosis que quienes no padecieron ningún trauma sexual, mientras que las víctimas de abusos graves tienen 48 veces más probabilidades.[94] Sin embargo, es evidente que no todos los esquizofrénicos sufrieron traumas sexuales ni todas las víctimas de abusos desarrollan la enfermedad. ¿Dónde radica la clave? Aparte del posible papel de los genes, la diferencia entre el maltrato menos flagrante y los abusos reales durante la primera infancia puede ser muy importante. En una revisión de los 33.648 estudios realizados sobre las causas de la esquizofrenia entre 1961 y 2000, Read encontró que menos de un uno por ciento de ellos examinaban el impacto de los cuidados paternos.[95] Lo que es más, ese porcentaje no ha hecho sino bajar a lo largo de las décadas: si en los años sesenta el 1,6 por ciento abordaba la cuestión, la cifra ha sido cuatro veces inferior en los noventa.

Como se ha señalado antes, los estudios sociológicos ofrecen más datos generales sobre el papel crucial jugado por el entorno.[96] La esquizofrenia es unas 12 veces más común entre los hijos de los inmigrantes antillanos en el Reino Unido. Los pobres tienen bastantes más probabilidades que los ricos de sufrir esquizofrenia, y la vida urbana incrementa dicho riesgo.

La diferencia entre los índices de esquizofrenia en el mundo es hasta 16 veces mayor en unos países que en otros.[97] La enfermedad es menos corriente en los países no desarrollados y tiende a ser más aguda y duradera en las naciones ricas e industrializadas (aun así, un 20 por ciento de los esquizofrénicos en los países desarrollados se recuperan por completo y muchos más son capaces de llevar unas existencias normales sin necesidad de tomar medicación antipsicótica). De hecho, los enfermos de esquizofrenia en países no desarrollados, donde casi nadie es tratado con medicación, tienen diez veces menos probabilidades de sufrir una recaída. Se trata de una diferencia enorme que, por supuesto, nada tiene que ver con factores genéticos.

Lo que sí puede resultar decisivo es la propia administración de medicamentos. Algunos estudios apuntan a que los fármacos impiden que las personas traumatizadas lleguen a entender sus voces o visiones a fin de poder superarlas.[98] Existe una relación muy estrecha entre la industria farmacéutica y el *establishment* psiquiátrico.[99] Aunque pueda no ser intencionado, la explicación que la psiquiatría convencional ofrece sobre las causas y las soluciones de la esquizofrenia resulta crucial en el proceso de comercialización de los medicamentos. Cuando a los pacientes se les convence de que su enfermedad es fruto de un inexorable destino genético y que se trata de un problema físico que requiere de una solución física, los beneficios de las empresas farmacéuticas no hacen sino crecer. Read demuestra que los pacientes que se creen este cuento de hadas genético tienen menos probabilidades de recuperarse, y que los padres que también lo hacen prestan menor apoyo a sus hijos enfermos.

La enorme importancia que esta cantinela biogenética tiene para los beneficios de las compañías farmacéuticas se hace más patente cuando descubrimos que mucha gente no está dispuesta a sumarse al coro. Los estudios indican que la mayoría de los pacientes hacen mención a factores externos como el trauma, el estrés y las penurias económicas como causas primordiales de la esquizofrenia.[100] Cabe pensar que la industria farmacéutica lo tiene muy difícil para convencer a esos pacientes de lo errado de sus impresiones personales, por lo que necesita desesperadamente que la psiquiatría convencional le eche un cable. Según Read, lo mejor sería soltar ya de una vez ese cable para impedir que siga estrangulando a los muchos esquizofrénicos cuyo trastorno ha sido provocado por los abusos. Con todo, los factores genéticos, así como los problemas surgidos durante el embarazo, pueden desempeñar un papel importante en la vulnerabilidad a la esquizofrenia. Asimismo, hoy está fuera de duda que las drogas alucinógenas ilegales desencadenan la enfermedad entre las personas de por sí vulnerables. Pero, por muy cierto que sea todo esto, resulta difícil ignorar las implicaciones que se derivan del meritorio trabajo llevado a cabo por Read.

La importancia del entorno como elemento activador de la esquizofrenia me resultó patente cuando tuve ocasión de hablar con los padres de Julie, la mujer descrita en el capítulo 1, cuya crisis incluía una peculiar obsesión con la suciedad. Aunque no dispongo de información clínica detallada del caso, el comportamiento del padre era claramente negativo. Cuando entró en la habitación en que Julie había pasado por su terrible pesadilla, enseguida empezó a vaciar el armario y la cómoda. El padre separó la ropa en tres montones: uno destinado a la quema («asqueroso sin remedio»); otro para donación a caridad («asqueroso, pero se puede salvar»); y un tercero para colada. Resultó que el padre de Julie trabajaba como agente del departamento de sanidad medioambiental del ayuntamiento local, lo cual explicaba en parte la obsesión que su hija tenía por la limpieza y la toxicidad. El hombre se mostraba extremadamente agresivo hacia la suciedad y el desorden que veía por todas partes, y no menos inaudita resultaba la absoluta falta de respeto que mostraba en relación con la autonomía personal de Julie. No parecía darse cuenta en absoluto de que su empeño en tirar de inmediato ropas, objetos personales y algunos escritos que su hija había hecho durante la enfermedad constituía una violenta intrusión en su vida privada.

De forma inevitable, la figura paterna pudo haber desempeñado un crucial papel en la hostilidad que ella sentía hacia los hombres en general, así como hacia la autoridad y el sistema económico y político británico. Julie siempre se sentía insatisfecha en sus relaciones con los hombres y con cualquier representante de la autoridad formal. En su trato con ellos siempre se enzarzaba en furibundas disquisiciones sobre sus «contradicciones», aplicando su conocimiento de la teoría marxista para explicar por qué un hombre la había ofendido o por qué un policía no debería multarme por exceso de velocidad cuando nos dirigíamos en mi coche al hospital. Era difícil evitar pensar que Julie había escogido el marxismo como una manera de afrontar la relación con su padre. Y tal vez esa aplicación de la teoría marxista se extendiera al conjunto de sociedad británica en proporción directa con sus dificultades para afrontar su situación personal. A medida que éstas aumentaban, Julie se veía obligada a aplicar su marxismo defensivo con más fervor y en contextos cada vez más amplios.

Al final, fueron las «contradicciones» de Julie, y no las del sistema capitalista, las que acabaron provocando el colapso no de la estructura económica existente, sino de la capacidad de la propia Julie para adaptarse al entorno. Quizá trató de hallar la salvación identificándose con aquello a lo que trataba de oponerse: su padre y la obsesión que éste tenía por la limpieza. El maniático cepillado de sus ropas y la negativa a comer alimentos «sucios» pudieron haber sido un último intento de salvarse por medio de la identificación con su atormentador.

Otros muchos estudios apuntan a que la negatividad y los comportamientos desconcertantes de los padres preceden a la aparición de la esquizofrenia.[101] Al menos siete de estos estudios demuestran que no son las características del hijo enfermo las que provocan la negatividad paterna. No menos reveladores son los estudios realizados sobre hermanos gemelos (uno esquizofrénico y el otro no, los denominados gemelos «discordantes»).[102] En estos casos, la genética por sí sola no puede ser la causa de la discordancia; tan sólo la explicación referida al entorno tiene sentido.[103] La investigación indica que, desde muy temprana edad, los gemelos discordantes eran distintos en razón del diferente trato recibido en la familia.[104] En ocasiones, uno de los gemelos nace más delgado y débil como resultado de la gestación. A menudo los padres utilizan esta diferencia física para determinar sus preferencias personales, y con frecuencia se decantan por el hermano más fuerte y saludable. A medida que los gemelos crecen, el futuro esquizofrénico es más sumiso, tímido, neu-

rótico y obediente, y tiende a depender cada vez más de su hermano, por lo general más extrovertido y con mejor rendimiento escolar.
Subrayaré una vez más que tales diferencias no pueden ser explicadas
por los genes, sino que por fuerza se derivan del entorno. El gemelo
enfermizo es más proclive a identificarse con el progenitor que sufre mayores problemas emocionales, quien a su vez proyecta más
sentimientos negativos sobre el futuro esquizofrénico. Generalmente
se trata de la madre, que puede sufrir de trastornos depresivos o pensamientos incoherentes. Cuando la madre presenta este cuadro y el
padre está muy unido a uno de los gemelos, si es sensible y afectuoso
procurará proteger a este último de los trastornos maternos.

En las familias de este tipo, los padres suelen proyectar sus sentimientos positivos sobre uno de los gemelos, mientras que el futuro
esquizofrénico se convierte en receptor de la negatividad y los comportamientos desconcertantes. En el caso concreto de los gemelos
idénticos Tim y George, al primero se le decía que había heredado
los orejones de su padre, y que era más débil y problemático que su
hermano. George era considerado más vivo, curioso y audaz, más
extrovertido y sociable. Su madre, Jill, decía lo siguiente: «Cada uno
de los hijos es único aun cuando sean idénticos [...] Puedes querer-
los a todos por igual, pero eso no implica que reacciones del mismo modo ante cada uno de ellos». Esto era particularmente cierto
en el caso del padre, Terry. Terry siempre había competido con su
hermano mayor, Kevin, ante el cual se sentía más débil, menos lan-
zado y con menos éxito. Desde el nacimiento de los gemelos, Terry
veía reflejadas en su hijo George todas las cualidades de su hermano mayor que a él le habría gustado tener, mientras que proyectaba todos sus rasgos negativos en Tim. Por desgracia para éste, Jill
también proyectaba sobre él su negatividad, siendo como era una
madre voluble y desconcertante, capaz de decir una cosa y hacer la

otra, y de criticar hoy el mismo comportamiento exacto que ayer aplaudía. Con el tiempo, fue Tim el que se convirtió en esquizofrénico.

Estos estudios muestran que los esquizofrénicos tienen mayores probabilidades de haber sido objeto de proyecciones negativas y comportamientos desconcertantes en el período previo al desarrollo de la enfermedad, lo que sustenta las controvertidas teorías de R. D. Laing.[105] La comunidad psiquiátrica menosprecia a Laing, pero esta hostilidad no es compartida de forma general, como lo demuestra el hecho de que sus libros sigan reeditándose treinta años después de haber sido publicados. Laing sugiere en sus obras que la esquizofrenia puede ser el resultado de la interacción por completo voluble y desconcertante que algunos padres tienen con sus hijos. En un conocido ejemplo, una madre visita a su hijo esquizofrénico en el hospital.[106] Cuando se encuentran, el hijo hace amago de besarla en la mejilla. Pero la madre permanece inmóvil y vuelve la cabeza, por lo que el hijo retrocede. Entonces la madre dice: «Hijo mío, ¿es que no piensas darle un beso de bienvenida a tu pobre madre?». Laing aporta numerosos ejemplos de esta clase de «doble vínculo» perceptible en muchas familias de esquizofrénicos, en las que los padres transmiten constantemente dos instrucciones contradictorias, de forma que todo lo que haga el hijo siempre estará mal. Finalmente, según Laing, al niño que sufre esta situación sólo le queda un recurso: situarse en un plano distinto de significado, a fin de no sentirse permanentemente confuso y furioso. En lugar de atribuir un significado transparente a las palabras y los gestos de las personas (ya sea un simple «hola» o un apretón de manos), el niño empieza a asumir que en realidad todo el mundo se comporta en función de unos significados simbólicos más profundos y encubiertos. Dado que es lo que sucede frecuentemente en la comunicación de doble vínculo con sus padres, para dar sentido a su historia familiar el niño adquiere el hábito de magnificar la interpretación de la realidad.

El incesto constituye el máximo exponente de la doble vinculación. Al niño suele decírsele que lo que el padre hace con él es perfectamente normal y natural, y en el caso de un incesto cometido por el padre con la hija es muy posible que aquél le explique que necesita aprender educación sexual antes de relacionarse con los muchachos, y que él mismo está dispuesto a ofrecérsela. Sin embargo, esas explicaciones no concuerdan con la posterior insistencia paterna, acompañada de amenazas, en que la niña nunca revele a nadie lo sucedido. La posterior y creciente comprensión de que el incesto está prohibido por la sociedad origina que la hija empiece a sentirse perturbada por el impacto de tan flagrantes incoherencias. Con frecuencia el abuso sexual provoca un síntoma conocido como «disociación».[107] En lugar de asumir la palpable realidad del estupro, la hija se limita a alejarse mentalmente de su propio cuerpo, hasta el punto de que incluso puede llegar a contemplarlo desde el techo de la habitación. Sólo dista un paso de llegar a creer que se es otra persona, alguien que disfruta de una posición de control o poder, lo cual resulta mucho más atrayente que la insoportable realidad... por ejemplo, una espía. Como ilustraba el caso de Rufus May en el capítulo 1, la reinterpretación de la realidad de acuerdo con una excéntrica teoría personal consigue que el esquizofrénico se sienta mejor. También sirve para alejarlo de un mundo lastrado por los desconcertantes dobles vínculos, la negatividad o el abuso sexual.

Aun cuando la teoría de Laing ayuda a explicar la esquizofrenia y está respaldada por numerosos estudios científicos, muchos hijos de familias en las que se da la doble vinculación o el abuso sexual nunca llegan a desarrollar la enfermedad. Una condición adicional para ello puede ser la de poseer una débil conciencia del yo, producto de unos cuidados carentes de empatía durante la primera infancia, como examinaremos en el capítulo 5. Esta conciencia débil, además, puede convertir al niño en más vulnerable al posterior maltrato. Como veremos, las carencias afectivas a edad temprana incrementan enormemente las probabilidades de disociación cuando con posterioridad se producen los abusos. Un indicio significativo de la gran importancia que tienen las carencias afectivas en la infancia y la subsiguiente conciencia débil del yo nos lo ofrece otro hecho incómodo para los psiquiatras: que los niños con madres esquizofrénicas son dos veces más propensos a desarrollar la enfermedad que los niños con padres esquizofrénicos.[108] Si tenemos en cuenta que son las madres las que cuidan de los pequeños en la mayoría de las familias y que las madres esquizofrénicas suelen ser mucho menos afectuosas que las no esquizofrénicas, resulta inevitable pensar que las carencias afectivas durante la primera infancia desempeñan un papel clave.

Por lo demás, lo afirmado aquí sobre los esquizofrénicos es aplicable también a todos nosotros: constantemente estamos viviendo las consecuencias de lo sucedido durante los primeros años de nuestra niñez.

El pasado está inscrito en nuestro presente

A día de hoy está claro que Sigmund Freud se equivocaba en algunas cuestiones muy importantes, como la exagerada trascendencia de la atracción sexual de los pequeños por sus padres (complejo de Edipo).[109] No obstante, la investigación reciente ha empezado a confirmar que sí tenía razón en muchos aspectos fundamentales. Por ejemplo, se ha demostrado que estaba en lo cierto al afirmar que las personas tenemos un inconsciente y que éste rige buena parte de nuestros pensamientos, sentimientos y comportamientos. Freud tenía razón cuando aseguró que en el inconsciente reprimimos aquello que nos resulta insoportable y que gran parte de nuestra actividad mental está encaminada a elaborar complicadas estrategias defensivas para que permanezca confinado en el inconsciente. También estaba en lo cierto al afirmar que nuestra vida interior es enormemente complicada, con deseos en conflicto e impulsos paradójicos que coexisten y luchan por manifestarse. Pero lo que la investigación de los últimos cuarenta años confirma de manera más significativa es su teoría de que nuestros guiones de la niñez gobiernan en gran medida la manera en que interpretamos nuestro presente adulto.

Cuando estaba en la universidad compartí residencia con otros cinco estudiantes, y era sorprendente lo específico y apasionado de nuestras reacciones individuales ante el lamentable estado en que se encontraba la cocina. Uno de ellos encontraba la situación tan intolerable que estableció un sistema de limpieza por turnos que, por desgracia, fue ignorado. A otro no le importaba que nadie fregara los platos, pero insistía en que, de hacerlo alguien, debía hacerlo bien y a fondo, hasta el punto de imponerse la ingrata tarea de repasarlo personalmente todo las raras veces en que ese alguien se decidiera por fin a fregar. Un tercero no daba mucha importancia a las sartenes cubiertas de mugre y grasa, pero se molestaba, y mucho, si el suelo de la cocina estaba sucio. Por mi parte, todo aquello me daba bastante igual hasta que la asquerosidad llegaba a un límite, momento en que lo limpiaba todo personalmente o intentaba obligar a otro a hacerlo.

Lo que más me sorprendía era lo profundamente convencido que cada uno estaba de que la suya era la única actitud correcta y aceptable. Yo sospechaba que tales ideas tenían su origen en nuestras particulares experiencias familiares, ya fuera porque estuviéramos imitando las costumbres de nuestros padres o reaccionando contra ellas. En los últimos tiempos, una serie de experimentos muy significativos han demostrado que todos estamos constantemente transfiriendo nuestras experiencias de la niñez, a menudo de forma precisa y exacta, a nuestras circunstancias de la edad adulta. En uno de estos experimentos, se pidió a los participantes que describieran a sus padres.[110] Por ejemplo, a una mujer que había dicho de su padre que «le interesaba la política, era amante del deporte y un tanto infeliz», se le hablaba a continuación de otro individuo al que le gustaban la política y el deporte, pero sin mencionar en ningún momento lo de «un tanto infeliz». Un poco más tarde, al pedirle que describiera a ese hombre, la mujer respondía que le interesaba la política, era amante del deporte y un tanto infeliz, imponiéndole a aquella persona todos los rasgos de su padre. Estimulados por una información que asociaba a alguien nuevo con alguien del pasado, como las características personales mencionadas, los participantes solían transferir a lo nuevo rasgos adicionales procedentes del propio pasado. En otras ocasiones, eran el aspecto físico o el nombre de una persona los que actuaban como estímulos similares.

Al profundizar en esta línea de investigación, queda patente que tendemos a mostrar mejor disposición hacia los desconocidos que nos recuerdan a los padres o hermanos queridos.[111] Esperamos que los desconocidos que nos hacen pensar en figuras del pasado reaccionen en nuestra presencia del mismo modo en que aquéllas lo hacían, y dichas expectativas alimentan nuestros propios sentimientos hacia el desconocido en cuestión. Por ejemplo, si una persona nos recuerda a una hermana ante la que siempre nos sentimos un tanto inferiores, es muy posible que volvamos a sentirnos inferiores al encontrarnos en compañía de esa persona.[112] Proyectamos los rasgos de

nuestra hermana sobre la persona que acabamos de conocer, lo que
al momento nos lleva a sentirnos de nuevo inferiores. Lo más sorprendente de todo es que somos muy capaces de manipular al desconocido para que se comporte de manera parecida al original, lo
que habla de lo poderosa que es nuestra necesidad de reconstruir el
pasado en el presente.[113] Por ejemplo, la mayoría de nosotros somos
conscientes de los patrones de repetición que con frecuencia se dan
en nuestro trato con los amigos o en nuestras relaciones amorosas.
Por lo general solemos atribuir tales patrones repetitivos a la tendencia a elegir un mismo tipo de pareja o a buscar nuestras amistades
entre ciertos tipos de personas. Esto no sólo resulta muy cierto, sino
que además solemos manipular a nuestros allegados para que se
comporten de las formas a las que nos acostumbramos durante la
niñez. Así, si uno de nuestros progenitores era muy dominante,
podemos intentar que un nuevo conocido que nos recuerde a él se
comporte también de forma dominante con nosotros, instándolo por
medios indirectos o incluso alentándolo a controlarnos. De ahí que
las personas a las que convertimos en nuestras allegadas sean precisamente aquellas a las que podemos persuadir —siempre de forma inconsciente— para que adopten el papel que esperamos de ellas
en función de nuestro pasado. Pero es muy posible que eso no baste
para establecer una intimidad auténtica, ya que la cosa funciona en
ambos sentidos: además de lo que esperamos de sus personas, está
lo que ellos requieren de nosotros a partir de sus propias infancias.
Por lo visto, la amistad y el amor van más allá de dos personas que
buscan la compatibilidad basándose en sus respectivos pasados: para
llegar a la verdadera intimidad, ambas partes tienen que sentirse
cómodas en el papel que cada uno le adjudica al otro para que se
ajuste a los prototipos precisos de sus infancias respectivas.

La auditoría de nuestro papel en el guión familiar

Así pues, ¿cuál fue vuestro papel en el guión familiar? Sin duda tuvo que ver con el sexo, el orden de nacimiento, la apariencia física y la combinación única de proyecciones que cada uno de vuestros padres difundió sobre vosotros. Recordemos cómo todo eso influyó en la vida del príncipe Carlos, cómo se reían a la mesa por su desconocimiento de los secretos de la equitación y cómo se le asignó el singular papel de receptor de la negatividad de la vida interior de su padre, todo lo cual acabó por minar su confianza en sí mismo. Hayáis tenido mayor o menor éxito en la vida, vuestro guión habrá jugado un papel fundamental. Si vuestros padres o algún familiar cercano os consideraban especiales, o si erais los patitos feos menospreciados de la familia, lo sucedido en la infancia os seguirá afectando.

Para empezar, repasad este capítulo y haced un listado de aquellos puntos que os hayan resultado familiares, los momentos que os recuerden a parte de vuestra propia experiencia. A continuación proceded de manera más sistemática, haced memoria y tratad de determinar cómo creéis que os influyeron los siguientes factores:

— Vuestro sexo.
— Vuestro orden de nacimiento.
— Las aspiraciones de vuestros padres en relación con los estudios y el trabajo.
— Hasta qué punto fuisteis los favoritos o los patitos feos de la familia.
— De qué forma el pasado se manifiesta en vuestro presente adulto.

Tomad breves notas bajo los siguientes epígrafes: sexo, orden de nacimiento, logros, patito feo, pasado en el presente.

Para ayudaros a rellenar las lagunas, si seguís manteniendo una relación estrecha con algún miembro de vuestra familia, podéis mostrarle vuestras anotaciones una vez terminadas e incluso pedirle que él mismo redacte un perfil de vuestra persona usando los mismos encabezamientos. Si no seguís en contacto estrecho con vuestros familiares inmediatos, puede que haya personas de vuestro pasado a las que podáis recurrir, como un tío o una tía... de hecho, cualquier testigo de lo que sucedía por aquel entonces.

No hay necesidad de expresar ideas perfectamente definidas. Siempre podéis poner signos de interrogación junto a aquellas anotaciones de las que no estéis enteramente seguros. Utilizad este ejercicio como una oportunidad para especular sobre lo que por entonces sucedía en vuestro hogar, incluyendo los motivos que pudieron haber movido a vuestros padres o los rasgos fundamentales de vuestros hermanos. Vuestra auditoría puede ser tan concisa como la efectuada por esta mujer, que tenía un hermano mayor y otro menor:

> SEXO: Como única hija de la familia, papá siempre me prestaba mayor atención. Las expectativas de mamá para mí por ser una niña: ¿convertirme en una mujer de bandera como ella?
>
> ORDEN DE NACIMIENTO: Como yo era la segunda, mi hermano mayor me tenía cierta manía. Con mi hermano pequeño nunca competimos (¿porque no es muy listo ni guapo?).
>
> LOGROS: Mamá proyectaba todas sus inseguridades sobre mí; se habría sentido amenazada si hubiera destacado en los estudios. Mi hermano mayor cumplió las aspiraciones de mi padre. ¿Por qué no tengo confianza en mi inteligencia?
>
> PATITO FEO: Mi hermano pequeño era el «no querido» de la familia.
>
> PASADO EN EL PRESENTE: Problemas con mis superiores en el trabajo. Rabia contra mis jefes = ¿rabia contra mi madre por no haberme tomado nunca en serio?

No hay un modo «correcto» de realizar esta auditoría. Cada uno tiene que hacerla a su manera. Veamos cómo podría ser otro ejemplo, el de un hombre que es el mayor de dos hermanos varones:

SEXO: Ser un niño fue un problema: a mi madre no le gustaban mucho los varones. Cuando papá se marchó de casa mamá desaprobaba mi afición por los juegos violentos, ¿tal vez para que sólo mi hermano hiciera cosas de chicos? De hecho, soy muy masculino… ¿por qué, si mi madre sentía tanta antipatía hacia los hombres? ¿Ser muy macho es una especie de compensación? ¿De verdad me gustan las mujeres?

ORDEN DE NACIMIENTO: Tuve suerte de que llegara un hermano pequeño. Él es más femenino… ¿la frustración de mi madre porque siempre quiso tener una niña? Al ser el mayor tuve que convertirme en el hombre de la casa cuando papá se marchó.

LOGROS: No creo que a mamá le interesase demasiado cómo me iba en la escuela. Parecía que no le gustaba que sacase buenas notas. Papá se mostraba más satisfecho. Pero, si fui tan buen estudiante, ¿cómo no me ha ido mejor en mi carrera profesional?

PATITO FEO: Diría que mi madre no tenía trato de favor con ninguno de los hermanos. Pero tuve la suerte de ser el preferido de papá. ¿La obsesión de mi hermano por el trabajo es porque nunca terminó de sentirse querido?

PASADO EN EL PRESENTE: La actitud positiva de mamá ante las peores situaciones hace que a veces no sea muy realista: idealizo a las mujeres, soy demasiado optimista respecto al trabajo. Siempre busco a papá en mis jefes, tiendo a intentar complacer en exceso a la gente. Problemas con las mujeres: espero en mis parejas potenciales la apatía que mamá mostraba hacia mí. ¿Mi ira hacia las mujeres puede deberse a mi relación con mamá?

Una vez realizada la auditoría, dejadla a un lado para ir juntándolas con las demás auditorías que iréis encontrando al final de cada capítulo.

La mayoría de lo descrito en este capítulo nos resulta familiar. Todos podemos recordar con claridad cuánto nos afectó el hecho de ser el primogénito o el menor, el único varón o la única niña. Las experiencias que vamos a analizar en el capítulo 3, acaecidas entre los tres y los seis años de edad, nos resultan menos accesibles, aunque la mayoría de nosotros tenemos algunos recuerdos precisos de ese período. Es el momento de volver a esos años recordados sólo a medias, a fin de explorar los orígenes de nuestra conciencia.

Notas

1. Véase la p. 78, *Laing*, 1971.
2. Para una información más detallada sobre las diferencias de género, véase *Hoyenga et al.*, 1993.
3. Véase *Condry y Condry*, 1976.
4. Véase *Parsons et al.*, 1982.
5. Véanse los capítulos 1 y 7 en *Sigel*, 1985.
6. Para referencias sobre el orden de nacimiento y el desarrollo de nichos en la familia, cuestiones abordadas en esta y las siguientes páginas, cuando no se citen otros autores específicos, véase *Sulloway*, 1996. En esta obra el autor incluye su análisis del orden de nacimiento de políticos y científicos y evalúa la literatura existente al respecto.
7. Véase *Mackenzie y Wright*, 1996.
8. Véase *Jarvelin et al.*, 1999.
9. Véase la p. 425, *Belsky*, 1993; véase también *Widom*, 1999.
10. Véase la p. 115, *Bradford*, 1996.
11. Para los estudios sobre la belleza física que aquí se mencionan, véase *Etcoff*, 1999.

12. Véase *Baker y Oram*, 2000.

13. Véase *Jackson*, 1991.

14. Véase *Sloboda et al.*, 1994.

15. Véase *Connolly, R.*, 1990, «Football was the only thing that I ever wanted todo as a kid», Londres: *The Times*.

16. Véase el capítulo 6 de *Howe*, 1999.

17. Véase *Terman et al.*, 1983.

18. Véase *Gould*, 1991.

19. Véase *Herrnstein y Murray*, 1994.

20. Véase *Fraser*, 1995.

21. Véase *Capron y Duyme*, 1989. No menos reveladora resulta la circunstancia de que los niños de origen pobre adoptados por familias de clase media muestran un coeficiente de inteligencia superior en 14 puntos de promedio al de los hermanos que permanecieron con sus padres biológicos: véase *Schiff et al.*, 1982.

22. Véase *Albert*, 1983.

23. Véanse *Cox y Jennings*, 1988; *Jennings et al.*, 1994.

24. Véase *Brown*, 1968.

25. Véase *Roe*, 1952.

26. Véase *Eisenstadt et al.*, 1989.

27. Véase *Eisenstadt et al.*, 1989.

28. Véase *Storr*, 1972.

29. Véase *Jamison*, 1993.

30. Véase *Dardis*, 1989.

31. Véase *Storr*, 1972.

32. Véase *Albert*, 1983.

33. Véase *Storr*, 1972.

34. Véase *Eisenstadt et al.*, 1989.

35. Véase *Cox y Jennings*, 1988.

36. Para una minuciosa evaluación de los datos científicos referentes a las causas infantiles de la depresión, véase *Blatt y Holman*, 1992.

37. Véase *Gotlib et al.*, 1988.

38. Véase *Bifulco y Moran*, 1998.

39. Véase *Sadowski et al.*, 1999.

40. Véase *Koestner et al.*, 1991.

41. Para una descripción completa y referencias a los casos descritos en las páginas siguientes, véase *Arieti y Bemporad*, 1980.

42. Véanse *Kasser y Ryan*, 1993; *Kasser y Ryan*, 1996; *Carver y Baird*, 1998; *Srivastava et al.*, 2001.

43. Véase *Luthar*, 2002, 2003, 2005.

44. Para una evaluación de conjunto, véase *Blatt y Holman*, 1992. Véanse también las pp. 63-69 de mi libro, *James*, 1997.

45. Así lo indica un estudio realizado sobre 2.689 personas de entre 18 y 24 años: *NSPCC*, 2001.

46. Por ejemplo, véase *Frost et al.*, 1991. Los datos indican que la actitud exageradamente crítica de las madres, y no de los padres, es la que predice la patología. Para más datos sobre las presiones a que están sometidas las muchachas jóvenes, véase también el capítulo 3 de *James*, 1997.

47. Véanse las pp. 51-68, *James*, 1997.

48. Véase *Frey*, 1987.

49. Véase *Luthar*, 2002.

50. Véase *West et al.*, 2003.

51. *OMS*, 1999.

52. Véase *Walkerdine*, 1995.

53. Para una buena evaluación de la literatura al respecto, véase *Blatt*, 1995.

54. Véase *Frost et al.*, 1991.

55. Véase la p. 1012, *Blatt*, 1995.

56. Véanse las pp. 112-122, *James*, 1997.

57. Véase *Vohs et al.*, 1999.

58. Véase el interesante estudio de Humphrey, 1989.

59. Véanse las pp. 201-203, *James*, 1997.

60. Entrevistas con 901 muchachas de entre 18 y 24 años de edad, véase *Bread for Life*, 1988.

61. Informe de las Naciones Unidas mencionado por Shenon, 1995, en *The New York Times*, 15 de julio, p. 3, «New Zealand seeks causes of suicides by young».

62. Véase *Matthrjsen et al.*, 1998.

63. Véase *Daniels et al.*, 1985; véanse también las pp. 52-54, *Bifulco y Moran*, 1998.

64. Véase *Dunn y Plomin*, 1990.

65. Publicado en: *Matejcek et al.*, 1978; *Matejcek et al.*, 1980.

66. Véase *McConville*, 1985.

67. Véase el excelente estudio de *Gilbert y Gerlsma*, 1999.

68. Véase *Gilbert y Andrews*, 1998; véase también *Gilbert et al.*, 1996.

69. Véase *Schore*, 1998.

70. Véase *NSPCC*, 2001.

71. Para una breve aunque contundente refutación de la idea de la importante influencia de los compañeros, véanse las pp. 227-228, *Collins et al.*, 2000.

72. Véase el capítulo 5 de mi monografía, *James*, 1995.

73. Véase *Cole et al.*, 1992.

74. Para una evaluación de la influencia que ejercen el apoyo de los padres y el momento preciso en que tiene lugar la depresión materna, véase *Goodman y Gotlib*, 1999.

75. Véase *Rodgers y Pryor*, 1998.

76. Véase *Matthijssen et al.*, 1998.

77. Para un ejemplo de la hostilidad de la comunidad psiquiátrica, véase el número dedicado a la esquizofrenia de *J. of Mental Health*, vol. 2, n.º 3; véase también *Leff y Vaughn*, 1994; *Lam y Kuipers*, 1993.

78. Para un resumen, véase *Johnstone*, 1993.

79. Véase la p. 259, *Johnstone*, 1993.

80. Véase *Brown et al.*, 1972.

81. Véase *Kuipers et al.*, 1992.

82. Véase *Johnstone*, 1993.

83. Véase *Liem*, 1980.

84. Véanse *Lidz*, 1985; *Asarnow y Goldstein*, 1986; *Goldstein*, 1990.

85. Véase *Goldstein*, 1985.

86. Véase *Wahlberg et al.*, 1997.

87. Véase *Read et al.*, 2005.

88. Véase *Read et al.*, p. 227, 2004.

89. Véase *Read et al.*, 2005.

90. Véase *Bentall*, 2003.

91. Véase el capítulo 5.

92. Véase *Bentall*, 2003.

93. Véase *Read et al.*, 2005.

94. Véase *Jansen et al.*, 2004.

95. Véase *Read et al.*, 2005.

96. Para los datos de este párrafo, véase *Read et al.*, 2004b.

97. Para los datos de este párrafo, véanse *Kleinman et al.*, 1997, y *Ross et al.*, 2004.

98. Véase *Ross et al.*, 2004.

99. Véase *Mosher et al.*, 2004.

100. Véase *Read et al.*, 2006.

101. Enumerados en el capítulo de *Lidz*, en *Asarnow y Goldstein*, 1985.

102. Citado en la p. 261, *Read et al.*, 2004c.

103. Véase *Belmaker et al.*, 1974; *DiLalla y Gottesman*, 1995.

104. Véase *Mosher et al.*, 1971; *Stabenau et al.*, 1967; *Stabenau*, 1973.

105. Véase *Laing*, 1960; *Laing et al.*, 1964.

106. El episodio fue descrito por primera vez, junto con la teoría del doble vínculo, en *Bateson*, 1973.

107. Véanse las pp. 92-95, *Bifulco y Moran*, 1998.

108. Véase la p. 99, *Gottesman*, 1992.

109. Lo explicado en este párrafo viene avalado por un número de *The Psychologist* que analiza los datos en profundidad, 2000, vol. 13, así como en una evaluación detallada por *Westen*, 1998.

110. Véase *Chen y Andersen*, 1999.
111. Véase *Andersen et al.*, 1996.
112. Véase *Hinkley y Nadersen*, 1996.
113. Véase *Berk y Anderson*, 2001.

3

EL GUIÓN DE NUESTRA CONCIENCIA
ENTRE LOS TRES Y LOS SEIS AÑOS

... But they were fucked up in their turn
By fools in old-style hats and coats,
Who half the time were soppy-stern
And half at one another's throats...

[Pero a ellos los jodieron en su día
unos necios de rancios atavíos
que hablaban con solemne bobería
cuando no peleaban como críos.]

En la escuela os portabais mal? ¿O más bien erais unos santitos?
¿Tenéis un cajón lleno de multas de tráfico impagadas o sois de esas personas que detestan infringir hasta las más nimias normas de circulación?

¿Acostumbráis a tener problemas con vuestros jefes? ¿O sois unos empleados modelo contentos de someteros al jerárquico abrazo de las grandes compañías?

¿Encontráis que el sexo es más divertido cuanto más morboso resulta? ¿Sois proclives a la promiscuidad o la infidelidad? ¿La familiaridad con vuestras parejas no tarda en convertirse en abulia? ¿Os molestan la suciedad y el desorden, o más bien no les dais ninguna importancia?

¿Hay pensamientos no deseados que no podéis alejar de vuestra mente? ¿Sois más meticulosos y maniáticos que la mayoría? ¿Sois proclives a juzgar a los demás con severidad y a indignaros por lo reprobable de los comportamientos ajenos?

Vuestras respuestas a estas preguntas ofrecen una pista sobre cuál de los tres tipos de conciencia tenéis: punitiva, débil o benigna.

Las personas con conciencia punitiva tienden a ser conformistas y a ponerse del lado de la autoridad. Muchas veces son marcadamente parecidos a uno o ambos padres en muchos aspectos, hasta el punto de que incluso llegan a repetir sus opiniones palabra por palabra. Suelen mostrar inhibición sexual y son propensos a obsesionarse con la limpieza, la higiene y el orden. Muchas veces estallan en quejas e improperios contra lo perverso o depravado de los demás y se sienten furiosos al percibir un relajamiento de las costumbres. Son diligentes en la escuela, la universidad y el trabajo, si bien nunca destacan por su originalidad.

Por contraposición, si tenéis una conciencia débil sois más proclives a ser un tanto rebeldes, personas que han cuestionado la autoridad de los maestros y las normas y a las que ahora cuesta obedecer a sus jefes. Vuestra vida sexual es errática, os resulta difícil manteneros fieles a una pareja y la promiscuidad puede convertirse en un problema para vosotros. De niños no os deteníais ante el robo, y si os pillaban era raro que aprendieseis del castigo. No estáis particularmente unidos a vuestros padres y podéis ser muy agresivos. Por lo general no fuisteis muy buenos estudiantes en la escuela, del mismo modo que ahora tampoco destacáis en vuestro trabajo, y es posible que no seáis demasiado populares. Os gusta fumar y beber, y de jóvenes no les hacíais ascos a las sustancias ilegales.

A diferencia de los dos tipos precedentes, los individuos con conciencia benigna no tienen problemas con la autoridad y sus manifestaciones, aunque tampoco se someten a ellas como esclavos. Hacen bastante buen papel en la escuela y el trabajo, y los demás los consideran «buena gente». Si las cosas no salen como ellos querrían, se esfuerzan en comprender lo sucedido antes que en culpar a otros. Disfrutan del sexo, por lo general en el seno de una relación estable. La suciedad y el desorden no les molestan en particular, aunque todo tiene su límite en ese sentido. La persona con conciencia benigna puede beber y fumar, pero no le cuesta en exceso dejar de hacerlo, y tan sólo en la juventud probó las drogas alguna vez: saben cuándo parar y decir que no.

Muy pocas personas, si es que hay alguna, se ajustan de forma exclusiva a uno solo de estos tres tipos, aunque en general siempre predomina uno de ellos. Por ejemplo, vuestra conciencia puede ser benigna en la mayoría de los aspectos y presentar a la vez facetas punitivas y/o débiles. Este efecto de *patchwork* tiene su explicación en el hecho de que el padre y la madre reaccionan de forma diversa en relación con las cuestiones fundamentales asociadas a la conciencia del hijo: la sexualidad, la obediencia a las normas y la realización de los propios deseos. ¿En qué medida trataron vuestros padres de canalizar vuestros instintos, entre los tres y los seis años de edad en particular y en referencia a cada uno de estos tres ámbitos? Si lograron establecer un adecuado equilibrio entre refrenar y estimular vuestros impulsos de la niñez, seréis más proclives a contar con una conciencia benigna. Si más bien respondieron con prohibiciones estrictas, vuestra conciencia será punitiva con respecto a esos anhelos. Si eran demasiado permisivos o inconsistentes en el castigo, es probable que tengáis una conciencia débil. No creo que exista una sola persona cuyos padres se ajustaran de forma exclusiva y en todo momento a uno de estos tres patrones. Mientras que uno de los progenitores podía mostrarse indulgente a la hora de compraros caramelos, originando así una conciencia benigna en relación con la comida, es posible que el otro insistiera en la obligación de hacer los deberes, convirtiéndoos en punitivos en todo cuando tenga que ver con los estudios y el trabajo. Es frecuente que también se den diferencias en el trato dispensado a los hermanos, de forma que las conciencias de los hijos de unos mismos padres varía de modo considerable, tanto en aspectos concretos como en términos generales.

En mi caso, por ejemplo, como de niño me mareaba al viajar en automóvil, mi padre me permitía a veces manejar el volante cuando íbamos solos en el coche. Era una muestra de cariño por su parte, pero a la vez estaba favoreciendo en mí una actitud displicente hacia las normas de tráfico. Puede que eso esté relacionado con mi actual dificultad para obedecerlas, con mi debilidad de conciencia a ese respecto. Sin embargo, en otras facetas muestro una conciencia punitiva, como en mi actitud hacia la mentira. Y en otras tengo una conciencia benigna, por ejemplo, en todo lo relacionado con la comida. En términos generales, me considero benigno, con conciencia débil y punitiva en algunos aspectos. Esta multiplicidad es lo más habitual.

El guión parental de los distintos tipos de conciencia

El punto de partida para explicar los diferentes tipos de conciencia se halla en las teorías de Sigmund Freud.[1] De acuerdo con Freud, en nuestro interior se da un conflicto permanente cuya finalidad sería la de reconciliar los distintos anhelos antagónicos. Los instintos se ven frustrados constantemente porque la sociedad raras veces nos permite satisfacer sus exigencias de forma inmediata. Uno no puede abalanzarse sin más sobre la primera persona que encuentra deseable, ni tampoco puede atiborrarse de los bocados más deliciosos en cuanto se sienta a la mesa con otras personas. Aquí es donde entra en juego la conciencia, un sistema de creencias sobre lo que resulta correcto e incorrecto y que controla la psique a través de la culpa asociada a la moralidad y de la vergüenza provocada por la ruptura de las convenciones sociales. Su misión consiste en reprimir los instintos de codicia y obligarlos a posponer la gratificación. Pero si los instintos y la conciencia constituyesen la suma total de nuestro aparato mental, lo único que haríamos sería oscilar entre extremos de abstinencia y autosatisfacción. Aquí es donde interviene un tercer agente que se ha estado desarrollando de forma continuada desde nuestra primera infancia: el yo, un «mediador» diplomático menos moralista y más pragmático, cuya función es la de negociar pactos entre el instinto que nos impulsa, la conciencia que nos refrena y los condicionamientos prácticos de la realidad externa.

La labor de la conciencia se torna cada vez más compleja a medida que nos hacemos mayores, y cuanto más desarrollada es una sociedad, mayores son sus exigencias de que reprimamos nuestros instintos animales. El típico caso de la persona con formación universitaria nos ofrece un buen ejemplo de ello. Constantemente tiene que recordarse la necesidad de ser paciente: «Tengo que estudiar duro para aprobar la selectividad, y luego para sacar buenas notas en la universidad a fin de aspirar a un buen empleo; después tengo que aguantar como sea en mi primer trabajo embrutecedor y mal pagado, hasta conseguir otro empleo mejor...», y así sucesivamente, hasta la tumba. A fin de lograr esas metas, el universitario tiene que posponer en todo momento el placer inmediato en pro de la recompensa futura: redactar el trabajo universitario en lugar de ver la televisión, retirarse a una hora prudencial en vez de tomarse una copa más. Nuestra conciencia es la que se encarga de controlar este y otros procesos. La conciencia entra en acción en todas las situaciones que requieren de la represión de nuestros instintos, ya sea para impedirnos comer una nueva porción de pastel de chocolate o para poner freno a nuestro deseo sexual en una primera cita.

El instinto incita numerosas fantasías antes de encontrarnos con esa pareja sexual en potencia. En el bar o durante la cena, el yo expresa cierta sexualidad a través del flirteo, pero la conciencia ya empieza a plantear objeciones. Éstas pueden ser de tipo racional, como «La chica está bastante bien, pero en el fondo no me atrae demasiado» o «Cuando por la mañana se me haya pasado el efecto de todas estas copas, seguramente no me parecerá tan guapo». También pueden ser irracionales, del tipo: «El sexo es repugnante» o «En realidad soy un amante muy malo». Si al final nuestra cita nos invita a tomar un café en su apartamento, la cacofonía entre los distintos agentes psíquicos en conflicto, pugnando entre sí por salirse con la suya, puede resultar ensordecedora. La batalla puede continuar incluso en la cama, y es posible que el instinto tan sólo se imponga durante los escasos segundos que dure el orgasmo. A la más mínima oportunidad, la conciencia hará lo posible por echarnos un jarro de agua fría inmediatamente después del acto, susurrándonos al oído que hemos cometido un terrible error o hemos sido unos amantes pésimos.

El grado en que la conciencia actúa en casos como éste, o en otros más cotidianos pero que exigen igualmente que nos refrenemos —como encender un cigarrillo o comprarnos una prenda que no necesitamos—, está en función de lo punitiva, débil o benigna que sea su naturaleza. La conciencia punitiva viene a ser el equivalente psíquico de un estado policial: cuando uno es demasiado punitivo, también es demasiado inhibido. En el otro extremo, una conciencia débil puede llevarnos a la satisfacción promiscua e indiscriminada de unos placeres excesivos para ser disfrutados plenamente. En medio se encuentra la variante benigna, más capaz de mantener el delicado equilibrio entre las futuras consecuencias negativas de la gratificación inmediata, como un embarazo o una resaca de campeonato, y la necesidad de realizarnos en el presente.

Como es sabido, las teorías de Freud se basaban en la sexualidad para explicarlo casi todo. En el caso de la conciencia, situó el origen de sus diferencias de tipología en la primera infancia, partiendo de la incómoda afirmación de que los niños pequeños son seres sexuados cuya sexualidad tiene que ser reprimida. Según Freud, la boca es el primer recipiente del placer sensual, pues la vida del bebé gira en torno al acto de mamar del pezón materno. Tan pronto como es capaz de hacerlo, el bebé capta el sentido de cualquier nuevo objeto llevándoselo a la boca. Si sus anhelos de oralidad no se ven satisfechos a través del amamantamiento cada vez que lo desee y de una actitud tolerante hacia su costumbre de llevarse cosas a la boca, el niño puede desarrollar una fijación oral en años posteriores. Hay indicios que sustentan esta teoría. Los alcohólicos o los adictos al chocolate suelen haber sido destetados a edad temprana y de bebés seguramente se les prohibía llevarse cosas a la boca.[2] Numerosos estudios de fumadores demuestran que éstos tienen mayor fijación oral que los no fumadores, como indica que con frecuencia perciban bocas cuando se les pregunta qué les sugieren algunos dibujos sin formas definidas. (Haciendo un inciso, el tabaquismo es dos veces más común entre las personas depresivas y en casi todos los esquizofrénicos analizados al respecto.[3] Este hecho puede relacionarse con muchos estudios que han puesto de relieve los vínculos existentes entre el tabaquismo y la temprana privación forzosa del pecho materno, privación que parece ser la norma entre muchos esquizofrénicos.)

En la mayoría de los casos, la misión de los padres de civilizar «al pequeño monstruo» no se inicia en serio hasta el segundo año. A los diez meses, el 90 por ciento de las madres corrientes se muestran afectuosas, alegres y deseosas de satisfacer todas las necesidades del bebé; es raro ver a una madre que reprenda o no complazca a un niño tan pequeño. Pero muy pronto se produce una transformación radical. De incondicional procuradora de todas sus necesidades, la madre pasa a ser un agente de control, y a lo largo del segundo año emplea gran parte de su energía en la inhibición de muchas de las actividades que al pequeño más le gustan, como la exploración o la satisfacción de sus funciones excretoras. En ese período, la frustración provoca frecuentes berrinches en el pequeño, y la madre emite órdenes y muestras de desaprobación cada dos por tres.[4]

Freud describió esta fase como «anal», porque los niños pequeños se sienten particularmente excitados ante el proceso de excreción y disfrutan de los resultados de su actividad. El modo en que la madre reprime los malolientes placeres del niño influye en su posterior actitud hacia sus propios instintos. Si la respuesta de la madre es rígida, condenatoria y airada, el niño desarrolla una «personalidad anal» caracterizada por el orden obsesivo (provocado por el miedo a la suciedad instigado por la madre), la obstinación (todavía furioso porque en el pasado lo obligaran a excretar según unas pautas fijas) y la frugalidad, sobre todo respecto al dinero (éste se asimila a las heces y, en época posterior, la tacañería puede ser símbolo de retención de las heces). Varios experimentos demuestran que los adultos previamente catalogados como anales suelen mostrar conductas rígidas y convencionales.[5] Ejemplos de este comportamiento son arreglar cuidadosamente las revistas sobre una mesa o el coleccionismo compulsivo de sellos, mostrar una mayor e irritada obstinación tras pedírseles que jueguen con una sustancia de textura similar a la de las heces (masa de repostería), o preferir el dinero a los elogios como recompensa. La personalidad anal es más frecuente entre los hijos de madres anales: la analidad genera analidad.[6]

Durante el segundo o tercer año, la creciente represión del goce que el pequeño encuentra en la excreción culmina con el aprendizaje del uso del inodoro, momento en que el foco de atención sensual se desplaza de la región anal a la genital. No hace falta ser un experto en Freud para percatarse de que los juegos de carácter sexual son la norma entre los niños de tres a seis años. Jugar a médicos y enfermeras, a mamás y papás, a «Te enseño lo mío si tú me enseñas lo tuyo», casi todos podemos recordar este tipo de cosas. Incluso en la atmósfera sexualmente reprimida imperante en 1948, año en que Alfred Kinsey publicó su célebre estudio sobre los comportamientos sexuales, más de la mitad de los varones entrevistados recordaban haberse masturbado mutuamente con otros niños, mientras que una tercera parte se acordaba de haber tocado los genitales a niñas.[7] Estudios más recientes basados en lo que cuentan las madres acerca de sus hijos, así como en los recuerdos de los adultos, también confirman que es normal que los niños y las niñas se muestren sexualmente activos entre los dos y los seis años.[8] Mientras se encuentran en el útero, los varones experimentan todas las noches un promedio de tres erecciones de hasta dos horas de duración. Tras el parto, ambos sexos son perfectamente capaces de experimentar orgasmos. Aunque los bebés en principio son incapaces de eyacular, con cinco meses ya alcanzan unos orgasmos sorprendentemente similares a los de los adultos. Las niñas pueden tener orgasmos a partir de los tres años de edad, si no antes.

Según apuntan las madres, las dos terceras partes de los niños pequeños se tocan los órganos genitales y tienen una acusada tendencia al voyeurismo y el exhibicionismo, entregándose a veces a un flirteo descarado y adoptando unas maneras seductoras que suelen imitar de sus padres, hermanos mayores o personajes televisivos. Los niños son mucho más dados a la masturbación en público que las niñas, que tienden más al exhibicionismo. De acuerdo con sus madres, las tres cuartas partes de las niñas de entre dos y seis años acostumbran a andar por casa en ropa interior, y las dos terceras partes lo hacen desnudas (porcentaje que entre los varones se reduce a la mitad) o suelen mostrar la entrepierna cuando están sentadas (una tercera parte en el caso de los niños).

Pero esta época de caprichosa libertad no tarda en llegar a su fin y, a medida que se acerca el momento de acceder a la escuela primaria, esas abiertas muestras de sexualidad son cada vez más raras.[9] Como les sucedió a Adán y Eva, los pequeños empiezan a sentirse incómodos cuando otros ven sus cuerpos desnudos. Pronto exigen privacidad en el cuarto de baño y son muy conscientes de su desnudez cuando se cambian en los vestuarios de una piscina pública. De acuerdo con lo que cuentan las madres, los niños de ocho años se tocan los genitales o los muestran a otros niños o a adultos cuatro veces menos que los pequeños de cuatro años. El pudor femenino sustituye al exhibicionismo, y las niñas mayores son cinco veces menos propensas que las menores a pasearse desnudas o en ropa interior.

Freud explicó esta nueva represión de la propia personalidad como el resultado del llamado «complejo de Edipo». Tomando como referencia el mito de Edipo, figura masculina que mató a su padre y se acostó con su madre, Freud afirmó que esta pauta de comportamiento forma parte de un guión universal genéticamente heredado que supone el cimiento fundamental de la conciencia. Freud creía que, de pequeños, todos sentimos el anhelo de poseer a nuestro

progenitor del sexo opuesto y de matar al de nuestro mismo género. Con el tiempo nos vamos dando cuenta de que este último es
mucho más fuerte que nosotros y, a fin de no convertirnos en una
amenaza para él, reprimimos la atracción sexual que sentimos y nos
identificamos con su conciencia, haciendo nuestros sus mismos
preceptos morales. En otras palabras, nuestra conciencia es el resultado del miedo y se basa en la de nuestro progenitor del mismo sexo.

Si bien Freud tenía razón en lo referente a que los niños poseen
sexualidad propia, hoy se cree que exageró acerca de la importancia del complejo de Edipo en la formación de la conciencia. Lejos
de derivar del miedo a nuestros padres, las evidencias muestran que
resulta mucho más determinante el amor que éstos nos propor-
cionen.[10]

En mi caso, por ejemplo, tal como describí en el capítulo 2, hubo
dos ocasiones en las que mi padre puso especial hincapié en que
quería que espabilase de una vez y estudiara duro, como él mismo
había hecho. Después del segundo examen de acceso a la universidad, cuando me ofreció tres posibles alternativas para el futuro, mi
padre dejó clarísimo que para él era muy importante que me tomara
los estudios en serio. Son incontables los padres que han intentado
engatusar, sobornar y persuadir por todos los medios posibles a sus
hijos para que se aplicasen en el estudio, aunque sin éxito. Mi padre se salió con la suya porque ejercía verdadera influencia sobre mí,
ya que desde mi nacimiento estuvo muy involucrado en mi crianza y formación. Entusiasta y en todo momento dispuesto a ayudarme,
mi padre era una persona naturalmente afectuosa, pródiga en abrazos
y otras muestras físicas de cariño. Aunque en ocasiones perdía por
completo los estribos, pocas veces había sido una presencia aterradora en mi vida. Estoy convencido de que me amoldé a las aspiraciones que él tenía para mí no por miedo, sino por un sentido del

deber y del amor hacia un hombre bueno. Asimismo, también me
identificaba con sus inquietudes intelectuales. Médico y psicoanalista, mi padre era ávido lector de ensayos que ofrecían modelos de
cómo ser disciplinado. En última instancia, no quería herirlo.

Todo esto está constatado por la evidencia científica. Si nuestros
padres nos tratan con cariño y afecto, es más probable que nos iden-
tifiquemos con ellos que si nos inspiran miedo y temor: los niños
varones que reciben palizas de sus padres no suelen identificare con
éstos, al igual que las niñas maltratadas por sus madres. Paul, a quien
entrevisté para un documental televisivo, constituye un buen ejemplo. Junto con sus tres hermanos, su hermana y su madre, Paul fue
horriblemente maltratado por su padre, un hombre cruel y brutal con
el que no se identificaba en lo más mínimo.

Cuando pienso en todas las cosas desagradables que sucedieron cuando
éramos niños, podría escribir un libro entero. Mi padre era un hombre de lo más violento. El peor episodio que recuerdo sucedió un domingo en que volví a casa de la iglesia baptista.

Yo tendría unos diez años. Mi madre estaba llorando a moco ten-
dido en la cocina que había en la parte trasera de la casa, y me fijé en
que había una mancha de sangre en la pared. Me volví hacia ella y
pregunté:

—Por Dios, ¿qué demonios ha pasado aquí?

Mi madre respondió:

—Tu padre le ha pegado a Jane [la hermana de Paul] tan fuerte que
la pobre se ha estampado de cabeza contra la pared. Se ha oído un golpe
horroroso, como si se hubiera reventado una bolsa, y tu hermana se
ha abierto el cráneo por la mitad. ¡Han tenido que ponerle veintidós
puntos!

Como es lógico, mi madre estaba totalmente histérica. Mi padre había apretado fuerte con las manos a ambos lados de la cabeza de mi hermana para cerrar la herida, y le dijo a mi madre que estaba formando un escándalo por una tontería.

Al final la llevaron al hospital. Cuando volvió a casa, Jane le explicó a mi madre que los médicos no habían sabido determinar si tenía o no fractura de cráneo, pero le dijeron que si sufría problemas de visión o se sentía mal la llevaran de nuevo al hospital. No habrían pasado ni diez minutos cuando mi hermana se volvió de pronto hacia mi madre y gritó:

—¡Mamá, mamá! ¡No veo nada! ¡Nada!

Otra vez la llevaron corriendo al hospital, donde mi hermana estuvo una semana entera en estado lo que se dice crítico de veras… Mi madre rezó por ella como nunca antes había rezado, sin que mi padre se mostrara preocupado en lo más mínimo.

Mi padre no sólo se ensañaba con nosotros. Con mi madre también podía ser brutal. Me acuerdo de una ocasión en especial. Mi madre acababa de llegar del hospital, y el médico le había mandado guardar cama un tiempo hasta que se curase de la bronquitis que tenía. Ese día mi madre llamó a mi padre y le pidió que fuese a la oficina de correos para recoger el talón del subsidio familiar, pues ella no estaba en condiciones de hacerlo. Mi padre volvió al cabo de una media hora y le dijo que había perdido el talón. Cuando mi madre respondió que no se creía una palabra de todo aquello, mi padre la agarró con violencia y le soltó varios puñetazos. Como ya le he dicho, mi madre acababa de salir del hospital.

Paul era un muchacho sensible, que se oponía de forma implacable a todo lo que representaba su padre y se identificaba estrechamente con su madre. Paul compartía sus creencias religiosas, su personalidad cálida y su voluntad de anteponer las necesidades ajenas a las propias.

Sigo estando muy unido a ella. Había cosas que sólo compartía conmigo. Yo la quería mucho y sufría por ella, y solía pensar que sería hermoso verla hacerse mayor con dignidad. Y sin embargo, mi madre iba envejeciendo cada vez más deprisa. En casa no paraba quieta un momento, pasando la aspiradora, lavando y planchando, por pura inercia. A todo esto tomaba pastillas sin parar, pastillas para dormir, y cada vez me recordaba más a un zombi. No soportaba verla así. Y luego estaba mi padre… encerrado en su pequeño mundo. Un mundo en el que nada hacía mella.

El guión de la conciencia sexual

La identificación de Paul con la conciencia de su madre, y no con la de su padre, es algo típico: quería parecerse al progenitor que le amaba, y no al que temía. Resulta interesante señalar que Paul era homosexual, ya que nuestra conciencia sexual —lo que nos parece sexualmente adecuado para nosotros— está conformada en gran medida por nuestros guiones familiares. Por supuesto, la conciencia sexual también está influida en parte por las *mores* más amplias de la sociedad: por ejemplo, ha habido sociedades, como la del antiguo Egipto, en las que incluso el incesto resultaba permisible, mientras que en otras, como en la Inglaterra victoriana, el sexo estaba tan reprimido que era inaceptable que una mujer mostrase en público un simple tobillo desnudo. Pero, circunscrita dentro de esta genérica influencia social, es la combinación de las distintas actitudes hacia la sexualidad que imprimen en nosotros los demás miembros de nuestra familia la que genera nuestro específico «mapa del amor»: el conjunto de preferencias profundamente arraigadas, como imágenes, sonidos, olores y rasgos de personalidad, que buscamos en una pareja potencial. Se ha demostrado que la genética desempeña un papel escaso o nulo a este respecto.[11] Según John Money, el creador del concepto del mapa amoroso, su topografía se establece hacia el final de la niñez, y afirma que «una vez establecido, el mapa del amor es, como la lengua materna, extremadamente resistente al cambio».[12]

Nos basamos en las experiencias de la infancia para desarrollar la noción de nuestra pareja ideal, un amante con el que vivimos fantasías, mezcla de amor y de lujuria, que esperamos llegar a convertir en realidad. Si de niños se nos priva de los juegos de componente sexual, o si sufrimos abusos sexuales, nuestro mapa del amor resulta gravemente dañado. El impulso sexual puede verse totalmente inhibido, de forma que sólo nos resulte posible el amor, pero no el sexo. A la inversa, la apetencia sexual puede verse desconectada del amor, y podemos convertirnos en adictos al sexo, constantemente ávidos de trato genital pero sin establecer nunca una verdadera relación. Por último, la lujuria y el amor también pueden vincularse, aunque en forma de relaciones autodestructivas o gratificaciones sexuales solitarias, como el fetichismo.

Dado que la mayoría de las personas son heterosexuales, tienden a basar muchos de los rasgos preferenciales de su mapa amoroso en los miembros de la familia del sexo opuesto. Constituyen el prototipo para sus futuras relaciones. Aunque existe una amplia variedad de respuestas cuando se pregunta a personas emparejadas sobre la relación que de niños mantenían con sus padres, se observa que la mayoría han elegido como pareja a alguien que se asemeja a su progenitor del sexo opuesto.[13] Las características del progenitor del mismo sexo no resultan tan útiles para predecir los rasgos de la pareja. Cuando las adolescentes describen a sus padres y, en otro contexto, los rasgos que consideran sexualmente atractivos en un hombre, son numerosas las características que se solapan, lo cual no sucede en relación con los rasgos atribuidos a sus madres y a los hombres atractivos.[14] La investigación realizada con muchachos aporta resultados parecidos. Un estudio realmente ingenioso puso a prueba esta teoría en ambos sexos, pero de forma mucho más científica.

El grupo de estudio estaba formado por 980 hawaianos, todos ellos nacidos de un progenitor de una raza y otro de otra, y todos ellos casados dos veces.[15] Si fuese cierta la teoría de que nos sentimos más atraídos por los rasgos característicos del progenitor de sexo opuesto, los hawaianos tendrían que mostrar mayor propensión a casarse con personas pertenecientes al mismo grupo étnico que el progenitor del otro sexo. Y eso es precisamente lo que sucedió, no sólo en los primeros matrimonios, sino también en los segundos: la mujer de padre blanco y madre de color tiende más a comprometerse con un hombre blanco que con uno de color. En total, las dos terceras partes de los matrimonios se contrajeron con una pareja perteneciente al mismo grupo étnico que el progenitor de sexo opuesto.

La próxima vez que asistáis a una boda fijaos bien tanto en el novio como en el padre de la novia. El parecido físico resulta a veces sorprendente, y no lo son menos las semejanzas de personalidad. Del mismo modo, cuando estéis ante los cónyuges de un segundo o un tercer matrimonio, preguntaos si el nuevo no guarda un estrecho parecido con los anteriores. Por desgracia, en el terreno del amor somos muy poco dados a aprender de los errores. Con demasiada frecuencia, las personas que atraviesan por unas desastrosas relaciones de pareja vuelven a repetir más tarde la misma elección. Sin duda eso explica en parte por qué los divorciados que vuelven a casarse son todavía más propensos a divorciarse que los casados en primeras nupcias.[16]

Nuestros mapas del amor son así de inflexibles debido a la represión de nuestra sexualidad infantil. Por mucho que sean enterrados, nuestros sentimientos no desaparecen por completo: tan sólo desaparecen del plano consciente.[17] Los deseos reprimidos siguen buscando la manera de expresarse, lo que probablemente explica por qué la mayoría de las personas se sienten hasta cierto punto atraídas por la idea del sexo «con morbo», con parejas o prácticas sexuales prohibidas. Durante la más temprana infancia no sólo nos están sexualmente vedados los progenitores del sexo opuesto; también lo están los de nuestro mismo sexo, los hermanos, los amigos, los niños mayores, los adultos... de hecho, todo el mundo. Cuando la sexualidad infantil encuentra la forma de expresarse, suele venir acompañada por la culpa. El quince por ciento de nosotros recuerda haber realizado prácticas de cariz sexual con los hermanos o hermanas, y seguramente un porcentaje mucho mayor sintió en algún momento deseos en ese sentido, deseos que tuvieron que ser reprimidos.[18] Aunque no conozco ningún estudio que examine el alcance de la influencia de nuestros deseos fraternales en la infancia con respecto a nuestra elección de pareja en la edad adulta, estoy convencido de que dicha influencia es por lo menos tan acusada como la que ejercen los rasgos de nuestros padres. Por lo demás, la represión sexual no se limita sólo al interior del hogar familiar. En la escuela y en todas partes, las muestras abiertas de sexualidad por parte de los niños son siempre censuradas, normalmente con una ferocidad tal que a los niños les queda muy claro que son percibidas como erróneas por los adultos. Los deseos reprimidos hacia nuestros compañeros de clase y maestros también pueden ejercer una gran influencia en nuestros deseos de adultos.

Pero la represión no es el único topógrafo de nuestro mapa del amor. A la hora de escoger pareja también estamos influidos por el afecto sencillo y normal que sentimos hacia nuestros padres y hermanos. Si nos llevamos particularmente bien con uno de ellos, en el futuro es probable que mostremos una disposición favorable hacia las personas que nos recuerdan a él. La configuración del hogar familiar de Paul, el homosexual, sirve muy bien para ejemplificar este punto.

Pese a la enorme publicidad que se les ha dado, los estudios destinados a demostrar que la homosexualidad masculina tiene su causa en la genética o en anormalidades del cerebro han resultado carecer de base científica.[19] Las más recientes investigaciones describen una influencia genética insignificante o nula, y existe un amplio conjunto de datos —Paul constituye de nuevo un ejemplo paradigmático— que avalan que la homosexualidad encierra un significativo componente adquirido.

Los varones homosexuales son dos veces más propensos que los heterosexuales a proceder de una constelación familiar distintiva, y la mitad de ellos describen el siguiente cuadro de la niñez:[20] a la madre le gusta ser el centro de la atención del pequeño, y ambos están extraordinariamente unidos; la madre considera peligrosos los juegos y deportes violentos con que disfrutan los demás muchachos y exhibe una ansiedad excesiva en relación con la salud y seguridad de su pequeño; ello inhibe la agresividad del hijo, quien busca cobijo en las faldas de la madre y se siente extremadamente ansioso al verse separado de ella; durante la primera adolescencia, la madre puede hacer amagos de flirtear con el hijo y suele mostrarse como una mujer dominante y poderosa, incómoda ante la masculinidad, emasculadora incluso: toma las decisiones familiares en mayor medida que el padre y exhibe una personalidad más fuerte; el padre se muestra distante o retraído, débil o ausente —emocional o literalmente, o una combinación de ambas—, y la relación marital es poco armoniosa.

Los estudios en que se basa este retrato muestran que los gays, en comparación con los heterosexuales, tienen una mayor tendencia a describirse como «femeninos» en la infancia, a haber disfrutado de actividades como jugar con muñecas o con las niñas.[21] Unas dos terceras partes de los niños femeninos se convierten en homosexuales adultos, y cuanto más afeminado es el niño mayor es la probabilidad.[22] Si bien el carácter afeminado puede tener un origen en parte genético, muchas veces se encuentra su causa en el entorno, en la combinación de una madre dominante y un padre hostil o distante, como indican los casos de Elton John y John Gielgud descritos en el capítulo 2. Los gays acostumbran a haber tenido relaciones negativas con el padre; en la mitad de los casos (en comparación con la cuarta parte de los heterosexuales) sentían ira, resentimiento y miedo hacia padres que percibían como fríos, hostiles, distantes o sumisos.[23] Para ellos, el padre no es una figura a emular. Durante la etapa de crecimiento, más del 70 por ciento se sienten muy diferentes a sus padres (en comparación con la tercera parte de los heterosexuales) y más parecidos a sus madres. Cerca de la mitad consideran que sus madres no querían que fuesen como sus padres, y más de las dos terceras partes afirman que la madre dominaba al padre, quien tenía menos que decir a la hora de tomar decisiones de tipo familiar. Como sucedía en el caso de Paul, la intensa relación de afecto con la madre lleva a la identificación con ésta antes que con el padre distante u hostil. Aunque sigue existiendo la posibilidad de que futuros estudios indiquen que al menos una cuarta parte de los homosexuales varones tienen una marcada tendencia de tipo genético a desear a los miembros de su propio sexo, parece claro que el resto lo son por razones predominantemente adquiridas. (Es interesante señalar que la homosexualidad masculina ha resultado situarse en un porcentaje bastante inferior al 10 por ciento inicialmente apuntado por Kinsey en su estudio de 1948. Como mucho, tan sólo el 3 por ciento son exclusivamente homosexuales, y quizá un 2 por ciento más han mostrado una bisexualidad ocasional después de la pubertad.[24] Con todo, si es cierto que los hijos de padres ausentes y madres dominantes tienen más probabilidades de convertirse en homosexuales, el aumento en el índice de divorcios, combinado con la creciente asertividad de las mujeres y una mayor aceptación de la homosexualidad, podría llevar en teoría a un aumento de los casos de homosexualidad masculina en el futuro.)

A los gays suele hacérseles la pregunta: «¿Cuándo te diste cuenta por primera vez de que eras homosexual?», pero la misma cuestión podría ser perfectamente aplicable a los heterosexuales acerca de su deseo por las personas del sexo opuesto. Como demuestran las evidencias sobre la sexualidad en la niñez, muchas de nuestras primeras experiencias, a los cuatro o cinco años de edad, tienen lugar con personas de nuestro propio sexo. Al menos en parte, aprendemos a ser heterosexuales en razón de la subsiguiente configuración a la que nos somete la sociedad; y son las tempranas relaciones familiares las que originan nuestros particulares mapas del amor.

La sexualidad es sólo uno de los numerosos ámbitos regidos por la conciencia. Otros son las actitudes en relación con la autoridad, la criminalidad o el grado de dedicación al trabajo. En las páginas siguientes voy a describir las causas fundamentales de los tres tipos distintos de conciencia, pero sin olvidar nunca que no hay nadie que se corresponda de forma absoluta con los tipos que describo, ya que el patrón de atención y educación aportado por cada uno de los padres está sujeto siempre a variación en cada uno de sus aspectos.

El guión de la conciencia benigna

El tipo de atención paterna que genera la conciencia benigna es descrito como «completo».[25] Se trata de una atención que ofrece respuestas a nuestras necesidades y que a la vez nos plantea exigencias. Por un lado, nuestros padres nos exigen que participemos en la familia, supervisan nuestra conducta, nos disciplinan por medio de la razón y la persuasión y hacen frente a los comportamientos disruptivos antes de que se fijen. Por otro lado, al ofrecer respuestas a nuestras necesidades particulares, fomentan nuestra individualidad y asertividad. Plantean situaciones que nos llevan a sentirnos útiles y nos elogian por nuestros esfuerzos y logros (si bien, de forma interesante, no por nuestra inteligencia, pues el elogio de ésta puede llevarnos a pensar que nunca estamos alcanzando todo nuestro potencial o a conferirnos un automático convencimiento de nuestra superioridad sin tener en cuenta la realidad[26]). Tan sólo a veces recurren a métodos de aserción a través del poder, como los gritos y las amenazas, cuando quieren subrayar la importancia de una cuestión fundamental que nos negamos a aceptar. Durante nuestra primera infancia, nos explican las consecuencias directas de nuestros comportamientos («Si sigues empujando a tu hermanito, se caerá»). Más adelante, nos explican los motivos («No le grites. Sólo estaba intentando ayudarte») y, con el tiempo, estas explicaciones se van haciendo cada vez más sofisticadas («Está triste porque estaba muy orgulloso de su castillo de arena, y tú acabas de derribarlo»). Mediante estas técnicas, el control interno reemplaza al externo, ya sea por el remordimiento que sentimos al haber disgustado a nuestro querido progenitor, o por el orgullo de satisfacer los deseos de una persona a la que admiramos. Con el tiempo, somos nosotros mismos quienes nos recompensamos por nuestra conducta moral, por «ser buenos».[27]

La conciencia benigna resultante significa que de niños fuimos competentes para nuestra edad, gozábamos de motivación propia sin necesidad de supervisión constante, solíamos ser buenos alumnos en la escuela y nos llevábamos bien con nuestros compañeros, sin reprimir nuestros sentimientos ni descargarlos sobre los demás.[28] Más adelante, fuimos menos propensos a dejarnos tentar por hábitos autodestructivos como el consumo de drogas, o por conductas antisociales como el comportamiento disruptivo en clase, el robo y la violencia. Desde muy temprana edad supimos equilibrar las exigencias en conflicto permanente del hedonismo y la empatía hacia los demás. En otras palabras, nuestra conducta estaba regulada tanto por la consideración de las necesidades ajenas como por la gratificación de los propios instintos.

Totalmente dependientes de sus padres para sobrevivir, desde muy corta edad y de forma natural todos los niños desean complacerlos y se muestran preocupados por su bienestar.[29] Ya con dos años, su preocupación es mayor cuando observan un comportamiento angustiado en su madre que cuando lo perciben en un desconocido. Los hijos de padres completos y empáticos muestran asimismo mayor empatía, por lo que son más capaces de comprender un punto de vista ajeno, mientras que la falta de empatía paterna por lo general conduce al egocentrismo. El niño privado de atención está mucho más preocupado por salirse siempre con la suya que por interesarse por la suerte de los demás, si bien, bajo determinadas circunstancias, la falta de afecto puede llevar a mostrar una inquietud compulsiva, excesiva e inadecuada por el bienestar de los otros. Los niños pequeños de madres depresivas, y en consecuencia menos empáticas, pueden esforzarse en suprimir su frustración y ansiedad cuando algo va mal, a fin de no inquietar a sus madres.[30] Esto resulta particularmente cierto en el caso de las hijas que son utilizadas como objetos de consuelo, cuyas madres suelen combinar el afecto físico con la tristeza, generando inquietud y unos sentimientos indirectos de culpabilidad que se transmiten de madre a hija durante generaciones.[31] Más adelante, estas hijas son más propensas que las de madres no depresivas a experimentar sentimientos de culpabilidad, a asumir responsabilidades cuando las cosas marchan mal y a preocuparse en exceso por los demás.[32] En la edad adulta, este cuadro puede llevar a una completa incapacidad para valerse por sí mismas y a una búsqueda obsesiva de «pobres desvalidos» a los que cuidar.

Como es natural, nuestros padres no fueron completos en todo momento y en todos los aspectos.[33] Siempre existen áreas en las que uno u otro no estuvieron a la altura, de modo que un progenitor pudo mostrarse completo con nosotros en lo tocante a los deberes escolares pero no tanto en lo concerniente a las horas de acostarse, mientras que el otro pudo ser inconsistente en relación con el dinero y las pagas. Los padres tampoco se comportan de la misma forma en su trato con todos los hijos, a pesar de su natural insistencia en lo contrario. Por ejemplo, mi padre siempre se interesaba mucho por mis notas escolares y ponía gran dedicación en ayudarme con los deberes, mientras que una de mis hermanas recuerda que ni siquiera leía sus informes escolares y que una vez le dijo que, si quería dejar los estudios a los dieciséis años de edad, por él no había problema.

Estas diferencias entre uno y otro progenitor afectan asimismo al desarrollo de la conciencia y la conducta sexual benignas. Ya hemos visto que la relación entre madre e hijo puede influir en que el muchacho sea homosexual, y la relación entre padre e hija también resulta muchas veces decisiva. Por ejemplo, las hijas que de niñas estaban muy unidas a sus padres son menos proclives a mantener relaciones sexuales precoces,[34] y si conversaban de forma abierta

y distendida con el padre son más propensas a describir su vida
sexual adulta como satisfactoria: es decir, poseen una conciencia sexual benigna.[35] Pero es posible que un padre estuviera muy unido
y hablara mucho con una hija determinada, pero no tanto con la
hermana de ésta. El padre podía sentirse cómodo estando desnudo
en presencia de una de ellas, pero mostrar ansiedad en presencia de
la otra, tal vez por la particular belleza física de ésta. Quien obser-
ve desde fuera a estas dos hermanas ya en la adolescencia, se que-
dará muy sorprendido por sus distintas actitudes ante la sexualidad.
Una puede mostrarse relajada respecto al sexo, mientras que la sola
mención del tema provoca incomodidad o rechazo en la otra. Dado
que ambas son hijas de los mismos padres, han recibido la misma
educación y hasta han asistido a las mismas escuelas, el observador
externo posiblemente se diga que tan visibles diferencias hayan sido
causadas por la genética, y no por el entorno. Pero, de hecho, ambas muchachas no han tenido el mismo padre. Lo que explica la
diferencia de caracteres es la muy distinta relación del padre con las
hijas, y no los genes.

Estas distinciones que hacen ambos progenitores, manifestadas
una y otra vez a lo largo de muchos años, resultan fundamentales
en el establecimiento de las diferencias no sólo entre nuestra sexualidad y la de nuestros hermanos, sino también entre nuestras respectivas personalidades, capacidades y salud mental. También afectan
a los aspectos de cada progenitor con los que más nos identificamos.
Pero, si bien la identificación con los padres y la conciencia benigna son en gran medida el resultado de haber sido amados de forma
consistente, el amor por sí solo no basta para explicarlo todo.

Huelga decir que los padres completos necesitan enseñar las
normas correctas: no tiene nada de sorprendente que los hijos cuyos padres les enseñan que robar está bien sean más propensos a

robar.[36] En pocas palabras, han recibido las normas inadecuadas. En contraposición, resulta muy útil ofrecer buenos modelos paternos: por ejemplo, nos será más fácil disfrutar de nuestros estudios si hemos visto a uno de nuestros progenitores hacer lo mismo.

Asimismo, tendemos a esperar que los demás nos traten de la misma forma en que lo hicieron nuestros padres. Nos acostumbramos a que las cosas sean de una manera determinada y, una vez aprendida, se convierte en el rasero para medir cuanto sucede fuera de nuestra familia y más adelante en la vida. Por ejemplo, si nuestro padre era de carácter agrio, es más probable que contemplemos de forma parecida a nuestros jefes en el trabajo. Un estudio realizado con médicos en prácticas demostró que la imagen que tenían de sus superiores reflejaba de forma directa si sus progenitores masculinos habían sido distantes, estrictos y dominantes.[37] Cuando los padres habían sido así, era más probable que los médicos percibieran del mismo modo a sus superiores.

Pero la conciencia benigna no es mera cuestión de enseñanza. Hacia el final de su vida, Paul Feyerabend, el pensador alemán contemporáneo, lo resumió bastante bien: «Estoy convencido de que el carácter moral no puede ser creado por la discusión, la "educación" o el ejercicio de la voluntad [...] Al igual que el amor verdadero, se trata de un don, más que de un logro adquirido. El carácter moral depende de accidentes tales como el afecto de los padres, cierto grado de estabilidad, la amistad y —a partir de ahí— el delicado equilibrio entre la confianza en uno mismo y la preocupación por los demás».[38]

Es a través de las relaciones y a partir de la emoción, y no por la simple transmisión del conocimiento, como se desarrolla la moral benigna. Si todo cuanto fuese necesario para crear buenos ciudadanos consistiera en enseñarles en la escuela qué está bien y qué está mal, del mismo modo que enseñar el alfabeto o biología, la labor de los gobiernos sería sin duda muchísimo más fácil. Pero si bien la analogía entre los seres humanos y los ordenadores resulta útil en relación con ciertas ideas, en lo tocante a la moralidad no basta con pensar que el niño es una especie de disco duro necesitado de la adecuada programación de software. Cuando una niña de cuatro años le arrebata a su hermanita su regalo el día del cumpleaños de ésta, no basta con decirle que esas cosas están mal y no se hacen. Es preciso que el progenitor que se lo dice esté tan imbuido de amor que la niña sienta remordimientos o angustia por haberle decepcionado. Es necesario que la niña sienta cierto grado de vergüenza por haber obrado de una forma que el progenitor desaprueba. El amor genera esas emociones tan cruciales de forma mucho más efectiva que el miedo.

El guión de la conciencia punitiva

En contraste con la benigna, la conciencia punitiva, en el caso de que sea la nuestra, anula la individualidad y deja poco margen de acción a los instintos.[39] Tenemos miedo a la autoridad. Tendemos a ser meticulosos y puntillosos, y a mostrarnos excesivamente preocupados por la limpieza y el orden. A veces nos resulta difícil poner en orden nuestras ideas, pues somos proclives a ser obsesivos y a sufrir otros síntomas de neurosis como la histeria (más frecuente entre las mujeres), las fobias y los ataques de pánico. Con frecuencia somos presas fáciles de unos sentimientos de culpabilidad que pueden conducirnos a la depresión. Nuestra mente se ve asaltada por juicios culpabilizadores, ya sean otros o nosotros mismos a quienes censuramos. Solemos pensar «Estoy gorda», «Soy estúpido» o «Soy un vago», cuando en realidad no es así, o condenar a otros que desde

nuestro punto de vista tienen esos mismos problemas. Nuestra fa-
risaica indignación puede estar ligada a una ideología sentida con
vehemencia, generalmente política o religiosa, que nos lleva a coac-
cionar o manipular a los demás para que se comporten «como tiene que ser».

Es posible que hayamos conseguido convertir estos aspectos
de nuestra personalidad en la base de importantes logros. El perfeccionismo puede ser una virtud en algunas ciencias o en trabajos de tipo administrativo; la convicción absoluta de lo que está
bien y lo que está mal puede estar detrás del celo militante propio
de algunos líderes de masas. Pero, en la mayoría de los casos, la
conciencia punitiva impide que desarrollemos todo nuestro potencial. Nuestro rendimiento en los estudios puede ser riguroso pero
falto de imaginación, el producto de la solvencia intelectual debilitada
por un carácter obsesivo. En la vida adulta, nuestra tendencia a impartir lecciones de orden moral puede aislarnos de nuestros compañeros de trabajo, y es frecuente que nos atraigan los empleos que
ofrezcan seguridad y tengan un carácter predecible, sobre todo en
profesiones regimentadas como las fuerzas del orden o el ejército.
Observantes de la ley y muy críticos con los individuos que son más
libres a la hora de expresar la propia personalidad, envidiamos a éstos
en secreto y sentimos gran placer al obrar como agentes de su represión. Sería interesante comprobar si entre los guardias de tráfico y
los empleados de la grúa municipal particularmente celosos de su
trabajo se dan conciencias punitivas en porcentaje mayor al habitual.

No obstante, todas esas generalizaciones pueden verse derroca-
das, ya que el «estado policial psíquico» de la conciencia punitiva
es tan vulnerable a la revolución como cualquier otra dictadura,
aunque pueda llevar su tiempo. El político que en el colegio fue un
alumno modélico, nunca hizo tonterías durante sus años universi-

tarios y se casó joven con una mujer encantadora y sensata, clavada a su madre, a fin de ofrecer una imagen impecable a votantes y dirigentes de partido durante su ascenso político, muy bien puede darse a la vida disipada al llegar a la mediana edad. Quizá entonces se atreva a salir de la crisálida de su agradable pero tediosa personalidad, diseñada para complacer a los demás. La esposa de pronto se ve reemplazada por una joven secretaria, y el nombre del político aparece en los titulares de la prensa amarilla: está viviendo la adolescencia de la que nunca disfrutó. Las personas con conciencia punitiva no osan rebelarse abiertamente contra sus padres durante los años adolescentes.

Si somos punitivos, tendemos a asociar el sexo con el fruto prohibido, a considerarlo desagradable y, como consecuencia, a inhibirnos. Es muy probable que nuestras parejas se parezcan mucho, ya sea desde un punto de vista físico o de personalidad, a nuestro progenitor o hermanos del sexo opuesto, puesto que nuestra sexualidad infantil fue reprimida sin contemplaciones. Escogemos a la pareja de forma inconsciente, pero la familiaridad acaba generando desprecio, en parte porque la gran similitud de nuestra pareja con figuras prohibidas del pasado se torna más evidente e innegable cuando llegamos a conocerla mejor, lo que reactiva el tabú contra el incesto que nos fue impuesto con tanta vehemencia. De pronto nos sentimos extrañamente distanciados, incluso asqueados, en relación con el mismo cuerpo y la misma persona que, no mucho tiempo atrás, deseábamos con tanta pasión. Es posible que nos sintamos especialmente atraídos por el sexo ilícito, «con morbo», mientras que el amor nos resulta inhibidor porque nos retrotrae a lo que antaño sentíamos en el hogar familiar. Los objetivos sexuales prohibidos pueden convertirse en irresistibles: por ejemplo, escolares o enfermeras uniformadas para los hombres, o vividores y seductores compulsivos para las mujeres.

Por supuesto, si bien todo esto se da de forma especial entre las personas con conciencia punitiva, la familiaridad reduce en gran medida la actividad sexual entre las parejas. El estudio británico definitivo sobre la sexualidad, realizado entre veinte mil encuestados y publicado en los años noventa, puso de manifiesto que ni de lejos disfrutamos con tanta frecuencia del sexo como se suponía.[40] Sólo el 52 por ciento de las mujeres y el 38 de los hombres habían mantenido relaciones con dos o menos personas a lo largo de su vida. Con el tiempo, se da entre las parejas un descenso sostenido en la frecuencia de las relaciones sexuales: en comparación con el primer año, la gráfica de la frecuencia sexual muestra una notable disminución durante el tercer año. Con el paso de los años, esa tendencia se incrementa por causas naturales, de modo que el promedio de relaciones sexuales en los individuos de entre 16 y 44 años es de cinco al mes, mientras que desciende a tan sólo dos al mes en los de entre 45 y 59 años. Dicha tendencia se acentúa todavía más entre las personas con conciencia punitiva.

Una paciente a quien traté durante dos años resulta ilustrativa de las causas que están detrás de la conciencia punitiva. La señora B. fue enviada a mi consulta para recibir sesiones semanales de psicoterapia, debido a los frecuentes ataques de pánico que sufría. Ama de casa de treinta y dos años y madre de tres niños pequeños, se había trasladado a vivir a Londres seis meses antes, procedente de Glasgow, a causa del nuevo empleo de su marido. Vestida con sencillez y pulcritud, con los cabellos rubios cortados en una sobria media melena, era una mujer esbelta y de estatura normal. Su trato era cortés y agradable, y parecía tan ansiosa por ayudar como por ser ayudada.

Durante nuestras primeras sesiones me refirió varias experiencias aterradoras. En una ocasión reciente había tenido que desplazarse

en coche por Londres, para ella una ciudad enorme y desconocida.
A medida que se iba alejando de su casa, estaba cada vez más convencida de que nunca sería capaz de encontrar el camino de regreso. De forma literal y figurada, empezó a conducir en círculos, de
una rotonda a otra. Sentada al volante del automóvil, el salón de su
hogar se le antojaba un refugio seguro, pero, cuando por fin se las
arregló para volver a casa, la agorafobia que acababa de sufrir se
transformó de pronto en claustrofobia. Todo le resultaba insoporta-
blemente opresivo. Las paredes se le caían encima y sentía la necesidad desesperada de respirar aire fresco, por mucho que la perspectiva de salir de casa no le resultara menos espantosa. Hiciera lo que
hiciera, seguía sintiéndose en peligro, presa de unos miedos innom-
brables.

La señora B. tenía una conciencia extremadamente punitiva en
lo tocante a sus instintos, y sus accesos de pánico se debían en parte
a ello. Era pasiva y temerosa de expresar agresividad, estricta cum-
plidora de la ley y sumisa hasta el servilismo con las figuras de autoridad como jefes o maestros. A pesar de que los estudios y la vida
en general le habían ido bien, carecía de seguridad en sí misma y
tendía a denigrar todo cuanto había conseguido. Tenía miedo de
incomodar o disgustar a los demás en situaciones de carácter social,
y jamás se mostraba desinhibida.

A medida que fue tomando conciencia de la forma en que se
reprimía, la señora B. se dio cuenta de que su mente estaba regida
por una «vocecilla» censora que era la de su madre, no la suya. No
bebía cuando iniciamos el tratamiento, pero empezó a hacerlo después de un momento catártico en que su marido, Jim, le ofreció una
noche tomar una copa, y cuando ya iba a responder «No, gracias»,
de repente pensó: «¿Y por qué no?». Tras comprender que era su
madre abstemia y no ella la que hasta entonces había estado recha-

zando el alcohol de plano, desde esa noche no tuvo problema en empezar a beber de forma moderada.

La «vocecilla» descrita por la señora B. la convertía en alguien muy parecido a su madre en muchos aspectos, y ambas compartían las mismas fobias y ataques de pánico, así como los sentimientos personales y la forma de mostrarse ante los demás. Al principio del tratamiento, su mayor temor era el de no lograr diferenciarse nunca de su madre, pero a medida que las sesiones avanzaban fue aprendiendo progresivamente a identificar y hacer caso omiso de esa «vocecilla». Según explicaba, no le gustaba en absoluto que su hijo se le sentara en el regazo y la besara, pero con el tiempo se dio cuenta de que ésa habría sido la reacción típica de su madre, con su manifiesto disgusto contra los abrazos y otras muestras físicas de afecto. El hijo de la señora B. desarrolló una ligera fobia a la escuela, la cual desapareció después de que su madre comprendiese que ella era quien se la estaba induciendo, como su madre había hecho con ella.

La señora B., como ejemplo típico de persona con conciencia punitiva, afirmaba que disfrutaba menos del sexo desde que se había casado, pues la familiaridad había generado desinterés, por no decir rechazo. Su marido mostraba mayor entusiasmo, y a veces se quejaba de que tan sólo lo hicieran una o dos veces por semana. De forma también típica, ella encontraba «sucio» el sexo, lo cual le generaba también cierta fobia: antes de la práctica sexual, acostumbraba a ducharse porque o él o ella «olía mal».

La historia de la señora B. ilustra el papel que el mecanismo psicológico conocido como «proyección» desempeña en la formación de la conciencia punitiva. Las proyecciones que los padres ejercen sobre nosotros, forzándonos a sentir y pensar del mismo modo que ellos, pueden inspirar en nosotros un intenso miedo a ser y actuar como malas personas. En el caso de la señora B., sus ataques de pánico estaban en parte originados por la profunda convicción de que era una persona malvada e iba a ser castigada por sus pensamientos y sentimientos prohibidos.

Los padres nos atribuyen de forma constante sus propios sentimientos y pensamientos, confundiendo lo suyo con lo nuestro. Si nos apartamos de tales guiones, puede que hagan todo lo posible para que se cumpla la profecía. Algunas de esas proyecciones en realidad nos benefician. Por ejemplo, a mi madre le encantaba verme correr agresivamente con el balón esquivando a los contrarios en los partidos de fútbol americano, lo cual proyectó en mí una imagen que en años posteriores me inspiró confianza en otros terrenos de juego (mis compañeros de equipo, quienes me acusaban de «chupón», seguramente no estarían tan contentos). Al hacer estas proyecciones, mi madre esperaba que yo me comportara del modo en que a ella le habría gustado comportarse, con unos resultados que en este caso eran satisfactorios para ambos. Con todo, muchas proyecciones de los padres se refieren a sentimientos negativos: los que ellos no pueden soportar por sí mismos.

De forma habitual y rutinaria, los padres utilizan a los hijos como depositarios de sus sentimientos intolerables, y también como vehículos de sus aspiraciones y anhelos. Si nuestra madre se enfurecía y nos gritaba por estar sucios a causa de su propio horror a la suciedad, eso también acababa por enfurecernos. Al establecerse la conexión entre esas emociones y el tema en cuestión, nos volvemos como nuestra madre en ese aspecto. Con el tiempo es muy posible que les gritemos a nuestros hijos del mismo modo y por la misma razón, con lo que el problema sigue transmitiéndose durante generaciones. En pocas palabras, y como muchos estudios han demostrado, cuando uno se siente mal, hacer que otra persona también se sienta mal constituye una efectiva válvula de escape a corto plazo.[41]

El problema ahora ya no es nuestro, sino de otro. Entonces puede abordarse igualmente, pero proyectado sobre los hermanos y los compañeros de juegos y, en la edad adulta, sobre los subordinados en el trabajo o la pareja y los hijos en el hogar.

Aunque todos actuamos así hasta cierto punto, los padres varían mucho sobre qué y cuánto proyectan sobre sus hijos. Las conciencias punitivas tienen su origen en un aluvión de proyecciones negativas, generadoras de culpabilidad patológica y miedo a obrar mal. En el caso de la señora B., esto quedó ilustrado por una serie de pensamientos que se desencadenó a raíz de un sueño. Ella tenía cinco años, y su madre estaba hablando con una vecina por encima de la valla del jardín. La señora B. empezaba a orinar hasta que el chorro la inundaba hasta cubrirle la cabeza y sentía que se ahogaba. Tras narrar este sueño, la señora B. recordó cómo su madre, de forma muy abrupta y agresiva, empezó a instruirla en el uso de la taza del váter con sólo catorce meses. Durante la niñez continuó orinándose encima de vez en cuando y, a los diez años, se orinó en un aparcamiento, ante la vergüenza y la ira de su madre. Este simple incidente provocó que ésta la sometiera a varias pruebas médicas para averiguar cuál era su enfermedad, aunque al final se diagnosticó un trastorno de orden psicológico. El verdadero problema residía en la madre, no en la hija. Después de convertir a la señora B. en una neurótica sobre el control de la vejiga por medio de un inadecuado aprendizaje para usar el retrete, la personalidad anal de la madre, con sus miedos a perder el control, acabó siendo transferida a la hija.

La señora B. percibía las recriminaciones de su madre como una voz *en off*, separada del resto de su experiencia. Una vez identificada la verdadera dueña de aquella voz, por fin fue capaz de distanciarse de ella. La voz había sido insertada por la fuerza en su interior, antes que incorporada como parte integral de su personalidad.

En realidad, la señora B. se identificaba más con su padre, quien era afectuoso y siempre le brindó apoyo. Con ayuda de la terapia, consiguió ignorar los dictados de la vocecilla con rapidez y gran efectividad. De hecho, ha decidido emplear una educación «autoritativa» con sus propios hijos, en vez de reproducir de forma mecánica el ciclo punitivo instituido por su madre.

En el centro de la educación paterna generadora de conciencias punitivas se halla la convicción de que el niño tiene que ser «doblegado», como tan gráficamente describe la psicoanalista Alice Miller, quien califica la idea de que los padres tienen que ser crueles en beneficio de sus hijos como «pedagogía venenosa».[42] Estos padres llegan a considerar al recién nacido como dispuesto y capaz de desafiar de forma deliberada la autoridad paterna, lo que es percibido como un insulto al progenitor y un peligro para la formación de su carácter si no se le reprime despiadadamente. Al niño hay que enseñarle a obedecer sin rechistar tan pronto como sea posible, preferiblemente cuando todavía es demasiado pequeño para comprender qué se está haciendo con él. Para ello hay que utilizar los métodos de manipulación más enérgicos, que llegan incluso hasta el maltrato físico.

Un ejemplo de lo extendidas que están estas ideas lo encontramos en una discusión entre un grupo de mujeres jóvenes sobre la validez de los castigos corporales. Una defensora de éstos apuntaba: «¿Y entonces qué hay que hacer con los bebés? No tiene hambre, ni está mojado ni enfermo, pero el bebé sigue llorando». Tras ofrecerle varias alternativas no violentas para abordar esos problemas, replicó: «Todo lo que quieren es llamar la atención. Si dejas que se salgan con la suya, antes de darte cuenta te dominan por completo». Razonamientos similares se suelen usar para justificar que los pequeños sean dejados al cuidado de desconocidos o con grupos de niños: «Tienen que aprender a ser independientes, así que es mejor que aprendan cuanto antes. Puede que se sientan mal durante los primeros minutos, pero es por su propio bien».

El tipo más extremo de conciencia punitiva recibe la denominación técnica de «personalidad autoritaria».[43] Fue identificado después de la Segunda Guerra Mundial, en una investigación sobre las causas del fascismo. Si tenemos esta personalidad, somos hostiles a determinados blancos sociales «legítimos»: minorías como los judíos, los negros o los homosexuales. Nos mostramos sumisos ante los líderes fuertes y los glorificamos. Evitamos la introspección, preferimos mostrarnos cínicos y duros, y contemplamos a los demás con recelo, atribuyendo motivaciones subrepticias a los comportamientos más inocentes. Somos supersticiosos y proclives a la conducta repetitiva y ritual. Nos preocupamos en exceso por las supuestas desviaciones sexuales ajenas, y una escena atrevida de una película o un transeúnte vestido provocativamente pueden desencadenar una retahíla de imprecaciones que nos liberan de sentimientos no permitidos durante nuestra niñez y que descargamos sobre otros, especialmente sobre grupos que despreciamos. Una vez proyectados todos nuestros rasgos «indeseados» sobre las mujeres, los judíos o los negros, adquiere pleno sentido castigar a esas gentes «despreciables» por su conducta «lasciva», «usurera» o «agresiva»: rasgos de comportamiento que no deben ser reconocidos como nuestros propios deseos secretos.

La personalidad autoritaria deriva de una educación rígida y punitiva por parte de los padres, totalmente intolerante respecto a los impulsos sexuales y agresivos de la niñez. Si crecimos en un entorno de este tipo, no tuvimos más alternativa que desterrar esos deseos de nuestra conciencia, aprender a ignorar su existencia y sentirnos angustiados cuando amenazaban con aflorar a la superficie, lo que exigía levantar fuertes defensas. Como nuestros padres nos inspiraban tanto terror y se valían de las palizas o el ridículo para anular el más mínimo indicio de agresividad o sexualidad, nunca nos atrevimos a reconocer la ira y el miedo provocados por esos maltratos. En vez de eso, pusimos a nuestros padres en un pedestal, los idealizamos como maravillosos, y toda nuestra rabia se vio dirigida hacia los grupos sociales considerados como despreciables. La animadversión hacia las víctimas de los prejuicios de nuestros padres nos ayuda a ocultar eficazmente el auténtico objeto de nuestra furia: los mismos padres cuya causa ahora hemos hecho nuestra.

Las personalidades autoritarias se sienten atraídas por los políticos y las ideologías que constriñen la libertad. Un grupo que ha sido estudiado a fondo es el formado por los fundamentalistas cristianos estadounidenses, que suponen nada menos que el 9 por ciento de la población del país.[44] Los fundamentalistas creen que la Biblia constituye la verdad literal y viven sometidos a un Dios jerárquico al que perciben como activamente implicado en sus existencias. Están convencidos de que en la actualidad nos encontramos en la «era final» de guerras y hambrunas que precede al Armagedón, el fin del mundo. Se muestran agresivamente hostiles hacia varios subgrupos sociales como los homosexuales, las mujeres que abortan y los abortistas, contra cuyas vidas han llegado incluso a atentar. En comparación con los cristianos al uso, los hijos de los fundamentalistas estrictos experimentan una mayor inhibición sexual. Sus padres defienden el empleo del castigo corporal. Cuanto más creen los padres fundamentalistas en la verdad literal de la Biblia, mayor es la probabilidad de que recurran a los castigos corporales severos y que crean que los hijos tienen el deber de cuidar y apoyar a los padres, y no lo a la inversa; asimismo, menor es la empatía que muestran en la educación de los hijos. De hecho, los padres fundamentalistas los educan del mismo modo que los padres condenados por malos tratos a sus hijos.

Hay aspectos del fundamentalismo que están muy extendidos en Estados Unidos. La mitad de los estadounidenses están de acuerdo con la aseveración de que «la Biblia es la palabra auténtica de Dios y, por tanto, tiene que ser entendida de forma literal, palabra por palabra», mientras que cerca de una tercera parte se describen como «renacidos». Teniendo en cuenta la importancia que atribuyen a los castigos corporales, no debería sorprender a nadie que el 84 por ciento de los padres los apliquen de forma regular. Es evidente que la adhesión a estas creencias no está causada únicamente por una educación estricta, sino que también está influida por tendencias sociales y políticas. El fundamentalismo ha conseguido ocupar un lugar preeminente en la vida política estadounidense a través de la Coalición Cristiana, un grupo militante que se ha infiltrado con fuerza en las filas del partido republicano en muchos estados sureños, entre ellos Texas, donde el actual presidente George W. Bush fue gobernador durante años. La Coalición fue un importante factor en su elección, como lo fue en la de su padre en 1988.

Bush hijo constituye un ejemplo de lo más esclarecedor en relación con la personalidad autoritaria.[45] En 1986, cuando todavía era alcohólico y estaba a punto de cumplir cuarenta años, no había llegado a nada en la vida. Era perfectamente consciente de que sus modestos logros como estudiante y profesional se debían por entero a las influencias de su padre. Bush se sentía tan deprimido que lo mismo le daba vivir que morir. En una ocasión invitó a un amigo a volar en una avioneta Cessna, y enseguida resultó evidente que nunca había pilotado uno de aquellos aparatos porque a punto estuvieron de estrellarse ya durante el despegue. Tras varias pérdidas de velocidad y descensos bruscos, finalmente se salvaron gracias a un ate-

rrizaje forzoso, y el amigo lanzó un suspiro de alivio... Entonces
Bush encendió de nuevo el motor y despegó.

No mucho después, contemplando en el espejo su rostro salpi-
cado de vómito, este hombre peligrosamente autodestructivo cayó
de rodillas e imploró a Dios que lo ayudara. Bush se convirtió en un
cristiano fundamentalista y abstemio. David Frum, antiguo redac-
tor de sus discursos, expresó así la transformación: «Sigmund Freud
empleó el pronombre latino *id* para describir los elementos impulsivos, carnales y levantiscos de la personalidad humana. [En su ju-
ventud] el *id* de Bush parece haber sido exactamente tan poderoso
y destructivo como el *id* de Clinton. Pero, en un momento dado de
su mediana edad, el *id* de Bush fue capturado, preso con grilletes y
encerrado en una mazmorra para siempre».

Uno de los carceleros fue su padre. Su abuelo, sus tíos y muchos
de sus primos fueron al mismo colegio que él, Andover, y también
a la misma universidad, Yale, pero la sombra más alargada de todas
la proyectaba el excepcional papel realizado por su padre en ambas
instituciones. En una de las paredes de la residencia estudiantil de
Bush en Andover había una enorme fotografía en blanco y negro
de su padre vestido con sus mejores galas deportivas. Bush padre había sido uno de los atletas más brillantes en la centenaria historia del
centro docente, y también había marcado época en Yale, donde su
abuelo fue uno de los miembros del consejo rector de la universidad.
Su hermano menor, Jeb, gobernador del estado de Florida, describió
el problema de forma sucinta: «Muchas personas con padres así tienen la sensación de haber fracasado en la vida». Una figura tan co-
losal generaba sentimientos ambivalentes.

Por un lado, Bush reverenciaba a su padre y aspiraba a emular-
le. Peter Neumann, compañero de habitación en Andover, recuerda: «Bush idolatraba a su padre y estaba empeñado en llegar a ser

como él». Un amigo de Yale habla del «profundo respeto» que su padre por entonces le inspiraba, y cuando más adelante Bush empezó a trabajar en el sector petrolero, otro amigo de la época afirmó: «Bush estaba decidido a mostrarle a su padre lo que valía». Por otro lado, en lo más hondo, Bush sentía un profundo odio hacia la modélica figura de aquel perfecto ciudadano estadounidense, cuyos éxitos lo llevaban a hacerle sentirse un fracasado. Su rebeldía suponía una inconsciente agresión contra el padre, así como el intento desesperado de crearse un espacio verdaderamente propio en la vida. Lejos de la emulación paterna, Bush decía que su objetivo en el colegio era el de «imprimir cierta frivolidad al lugar». Quienes estudiaron con él en Yale lo describen como al personaje interpretado por John Belushi en la película *Desmadre a la americana*: un gamberro juerguista cuyo combustible era el alcohol. Era un antiintelectual de manera agresiva y se mostraba hostil hacia los alumnos modélicos y pijos de las buenas familias de la costa Este, tan parecidos a su propio padre, llegando incluso a la crueldad. En cierta ocasión, durante un cóctel elegante, se acercó a una mujer de edad madura y le preguntó a bocajarro: «¿Y qué? ¿Cómo se lleva el sexo pasados los cincuenta?». A los veinticinco años, tras estrellarse con un automóvil que había estado conduciendo ebrio, se encaró en actitud chulesca con su padre y desafió su refinada sensibilidad: «He oído que andas buscándome —se mofó—. ¿Quieres que lo arreglamos aquí mismo, *mano a mano*?».* Con los años, convertido en bebedor depresivo, la furia contra su padre fue volviéndose contra sí mismo. Pero la culpa no era toda del padre. Mujer de natural insensible y dominante, la madre también tuvo mucho que ver en todo aquello.

---

* En castellano en el original. (*N. del T.*)

Quienes la conocen bien describen a Barbara Bush como proclive
«a lanzar miradas fulminantes» y a «cortar con sarcasmos gélidos»
a los demás. La hermana pequeña de Bush, Robin, murió de leuce-
mia a los siete años, y son varios los testigos independientes que
aseguran que Bush se sintió desolado por la pérdida. Barbara, por
su parte, sostiene que se ha exagerado la importancia que para su
hijo tuvo la muerte de la pequeña, pero nadie podrá acusarla a ella
de sobreactuar en su desgarro: un día después del funeral, Barbara
y su marido fueron a jugar al golf. Barbara era la principal figura de
autoridad en el hogar. Jeb describe a la familia como «una especie
de matriarcado [...] Cuando éramos pequeños, papá nunca estaba
en casa. Mamá era quien se ocupaba tanto de recompensarnos como
de disciplinarnos». Un amigo de la niñez recuerda que «Ella era la
que les inspiraba más miedo», mientras que el propio Bush lo describe así: «Cada madre tiene su propio estilo. La mía hacía pensar
un poco en un sargento de instrucción del ejército [...] Mi madre
nunca se ha cortado a la hora de decir las cosas, y siempre ha sol-
tado lo que le pasaba por la mente». Según uno de sus tíos, el «soltar»
también solía incluir golpes y bofetadas.

Los niños con madres así corren mucho mayor riesgo de convertirse en indisciplinados, alcohólicos o antisociales. Por si todo esto
fuera poco, Barbara añadió aún más presión a la ejercida por el padre a fin de convertir a sus hijos en unos triunfadores, establecien-
do una cultura familiar en extremo competitiva. Los juegos de los
niños, ya fuera el de voltear fichas o el baloncesto, estaban marcados por la rivalidad más extrema: incluso existía una «clasificación
liguera familiar» que registraba el rendimiento de los pequeños en
cada actividad. Al menos, esto sirvió de preparación a Bush para la
vida en Andover, colegio donde lo de menos era la sensibilidad intelectual. Poco después de su ingreso le pidieron que escribiese una

redacción sobre una experiencia que hubiera marcado su vida, y Bush escogió como tema la muerte de su hermanita. Su madre le había repetido una y otra vez que, a la hora de escribir, es conveniente evitar la repetición de palabras. Tras haber utilizado la palabra «lágrimas» una vez en la redacción, Bush buscó un sinónimo en un diccionario de ideas afines que le había regalado su madre y escribió: «Las laceraciones corrían por mis mejillas». La redacción recibió una nota de suspenso, con comentarios como «vergonzoso». Este episodio ofrece un apunte sobre la extraña tendencia de Bush a pronunciar las palabras erróneas cuando habla en público. «¿Nuestros hijos están lo suficiente aprendidos?», inquirió en cierta célebre ocasión. Y en otra, en respuesta a quienes criticaban su nivel intelectual, afirmó que éstos «me infravalorizan». No es de descartar que estas meteduras de pata verbales sean un modo casi inconsciente de irritar a su dominante madre y hacerle un corte de mangas a la cultivada sensibilidad de su padre.

El resultado de esta niñez fue una personalidad autoritaria. Los autoritarios se imponen la disciplina más estricta posible, tanto a sí mismos como a los demás. Éste es precisamente el tipo de régimen que impera en la actualidad en la Casa Blanca, donde la oración precede a los asuntos del día, las visitas tienen una duración máxima de cinco minutos, las mujeres tienen que llevar faldas por debajo de la rodilla y Bush se levanta todas las mañanas a las 05.45 y, de forma invariable, corre cinco kilómetros durante veintiún minutos exactos antes de sentarse a desayunar.

Como se ha indicado más arriba, los autoritarios suelen organizarse en torno a una feroz hostilidad contra blancos «legítimos», con frecuencia los determinados por los prejuicios de los padres. Profundamente moralistas, dirigen dicha hostilidad contra los grupos sociales a los que desprecian. En la vida personal evitan la introspección y las muestras de afecto, y prefieren optar por la inflexibilidad y el cinismo. Contemplan a los demás con recelo y atribuyen motivaciones subrepticias incluso a los comportamientos más inocentes. Son proclives a la superstición. Todos estos rasgos han sido repetidamente atribuidos a Bush, por amigos o colegas de trabajo.

Su moralismo lo abarca todo, con una vehemencia apasionada y extrema. Bush planea eliminar los fondos estatales en materia de bienestar social para que se encarguen de ello organizaciones religiosas benéficas, a fin de imponer los valores familiares cristianos a la sociedad. Los objetivos históricos más comunes de los autoritarios han sido los judíos, los negros y los homosexuales. Bush está en contra del aborto, y su interpretación fundamentalista de la Biblia le lleva a considerar las prácticas homosexuales como malignas. Pero tal vez el grupo al que más desprecia sea el formado por quienes han adoptado los valores de los años sesenta. Bush ha dicho que detesta «a quienes se sienten culpables de su suerte en la vida sólo porque haya otros que lo pasan mal». George W. Bush siempre ha rechazado la introspección de cualquier clase. Todos quienes le han tratado coinciden en lo difícil que resulta llegar a conocerlo, en que vive escondido tras lo que un amigo describe como una fachada de «cercanía y humanidad». David Frum explica que «es inflexiblemente disciplinado y necesita mucho tiempo para confiar en alguien. En sus labios puede haber una sonrisa, pero sus ojos nunca dejan de escrutarte». Sus creencias más profundas rayan en la superstición. «La vida toma giros inesperados —declaró una vez—, escribe su propia historia, y con el tiempo llegas a comprender que uno en realidad no es el autor de esa historia». La voluntad de Dios, que no la suya, es la que explica su existencia.

De acuerdo con Frum, cuando Bush habla del «eje del mal» está describiendo a sus enemigos como literalmente satánicos, como poseídos por el Diablo. Si considera la guerra contra Irak y otras naciones «malignas» como parte del final de los tiempos, del Apocalipsis que precede al juicio final, es algo que no podemos saber a ciencia cierta (como tampoco si Tony Blair comparte tan particulares ideas religiosas). Pero lo que es seguro que, por mucho que a veces presente una actitud bufonesca, George W. Bush se alimenta de una inmensa ira reprimida, que se dirige contra todos los que están en contra de sus convicciones extremas y fanáticas, compartidas también por un porcentaje significativo de sus conciudadanos. El profundo odio, al tiempo que amor, que siente hacia sus padres explica que de joven se convirtiera en un rebelde irresponsable y con tendencias autodestructivas. Odiaba a su padre por haber estado toda la vida a su sombra y por el chantaje emocional a que lo sometía. Odiaba a su madre porque lo intimidaba física y mentalmente y le impedía satisfacer sus anhelos.

Pero ese odio también explica su radical transformación en fundamentalista autoritario. Al identificarse totalmente con una versión extremista de las estrictas convicciones de inspiración religiosa que regían la vida de sus padres, Bush consiguió encarcelar a su yo. Desde ese momento, el odio inconsciente hacia los padres se canalizó a través de una fanática cruzada moral destinada a librar al mundo del mal. En palabras de David Frum: «El control del *id* es la base de la presidencia de Bush, pero también es un hombre de feroces estallidos de furia». Una furia que hoy domina el mundo.

Pero los derechistas y los fundamentalistas no son los únicos proclives al carácter punitivo de tipo fascistoide.[46] También es habitual entre personas con vehementes creencias que les llevan a enjuiciar con virulencia la forma en que los demás deben vivir sus vidas. Pueden ser socialistas, ecologistas, activistas en defensa de los derechos de los animales y otras personas contrarias al *establishment*, decididas a obligar a los demás a comprender lo «equivocado» de su comportamiento. En lugar de convertirse en autoritarios de tendencias derechistas que atacan indirectamente a sus padres mediante la persecución de las minorías oprimidas, estas personas escogen objetivos que representan a los padres de manera mucho más obvia, como el ejército o el capitalismo, y se muestran igual de totalitarios en la consecución de sus fines.

A pesar del ascenso del fundamentalismo y de la continuada persistencia de la pedagogía venenosa, los estudios muestran que el «fascismo de los padres» está en decadencia, ya que, aunque el castigo corporal siga siendo la norma, es menos severo y frecuente, y, en general, las premisas educativas se han vuelto más permisivas. Alemania ofrece un sorprendente ejemplo a este respecto.[47] En 1945, los alemanes eran más autoritarios y estaban menos comprometidos con los valores democráticos que los estadounidenses, pero hacia 1978 la situación ya se había invertido. Buena parte de dicha transmutación se explica por los cambios en la educación familiar. En 1950, el 80 por ciento de los jóvenes alemanes declaraban haber recibido fuertes palizas de sus padres en alguna ocasión; en 1985, el porcentaje apenas alcanzaba el 9 por ciento. Si bien las dos terceras partes de los alemanes de las generaciones mayores recuerdan haber tenido padres estrictos o muy estrictos, tan sólo una tercera parte de sus conciudadanos de entre 15 y 24 afirman lo mismo. Tanto en Estados Unidos como en la Alemania actual, los padres juegan con los hijos seis veces más que antes, al tiempo que hay una proclividad similar a preguntar y escuchar las opiniones de los hijos. La situación es parecida en Gran Bretaña y en la mayoría de los países desarrollados en relación con lo que sucedía en 1950, fenómeno que es parte de la tendencia general a la educación centrada en el niño sostenida por Benjamin Spock.

Este cambio generacional queda ilustrado perfectamente por la diferencia en la manera en que la señora B. empezó a tratar a sus hijos a raíz de la terapia, y el modo en que ella misma había sido educada. Su madre rechazaba el contacto físico hasta tal punto que, cuando la señora B. y sus hermanas se metían en la cama de los padres por las mañanas, la mujer abandonaba el lecho de inmediato. En contraposición, la señora B. no experimentaba ansiedad alguna cuando sus propios hijos se metían en la cama conyugal. También se enfurecía con su marido si éste se mostraba excesivamente estricto o aplicaba castigos corporales a su hijo varón, por ejemplo, cuando se presentaba en su habitación porque tenía miedo y no quería dormir solo (una experiencia con la que la señora B. estaba personalmente familiarizada). El cambio en las actitudes con respecto al sexo se hizo patente cuando su hijo le preguntó de dónde venían los niños. Ella al principio eludió la cuestión y se ruborizaba al contarme lo sucedido, pero al final de la terapia fue capaz de hablar con el pequeño sin sentir el menor embarazo, lo cual suponía un marcado contraste con la educación sexual recibida durante su propia niñez. En cierta ocasión el padre de la señora B., que era relativamente progresista, empezó a explicarles a los hijos varones las cosas de la vida, en presencia de las hijas, la madre y el abuelo materno. Éste salió de la casa dando un portazo, indignado porque se hablara de estas cosas delante de las mujeres.

Estas transformaciones seguramente han dado como resultado una sustancial reducción en el número de adultos con conciencia punitiva. Los patrones familiares que eran normales en tiempos de Freud han desaparecido en gran medida. La indiscutible autoridad de los patriarcas severos en particular, y de los hombres en general, hace tiempo que llegó a su fin. La vertiginosa proliferación de los divorcios implica que hoy día muchos niños ni siquiera compartan hogar con su padre biológico. En la época victoriana, los padres, los maestros, la policía y los jefes gozaban de un poder totalitario absoluto, en comparación con el que tienen en la actualidad; algunos columnistas de la prensa y comentaristas de otros medios relacionan con frecuencia este cambio con el aumento de la criminalidad, del consumo de drogas, del vandalismo y de la promiscuidad sexual, así como con el declive general de la religiosidad. Pero si bien es cierto que hoy día hay bastantes menos personas con conciencias punitivas y más con conciencias débiles en mayor o menor grado, la causa no radica en la progresiva desaparición de los padres severos y represores a la antigua usanza. Más bien tiene que ver con los cada vez más frecuentes casos de educación caótica o errática.

El guión de la conciencia débil

Si contamos con una conciencia débil, somos propensos a la promiscuidad sexual y a las relaciones de pareja inestables. Una sinfonía de comportamientos antisociales, en la que los instintos siempre llevan la voz cantante, provoca que constantemente nos veamos metidos en problemas, ya desde la escuela primaria. Acabemos o no en prisión, nos pasamos la vida enzarzados en una lucha contra la autoridad. Es probable que nuestra carrera profesional sea errática y mediocre, si bien en algunos casos la liberación de los constreñimientos se traduce en una capacidad excepcional, sobre todo en aquellos campos que sólo exigen disciplina ocasional y en los que la espontaneidad se ve ampliamente recompensada: la música rock, por ejemplo, o algunos deportes.

Las conciencias débiles pueden tener su origen en la falta de identificación con uno de los padres, o con la identificación con unos

padres amantes pero que asimismo poseen conciencias débiles o
insuficientes. Pero, al menos tan importante como la identificación,
es el método con que el niño es disciplinado. Una de las relaciones
más detalladas acerca de esto es la que ofrece el psicólogo estadounidense Jerry Patterson.[48] Sostiene que en todas las familias se dan
«procesos coercitivos», comportamientos tales como quejas, burlas,
muestras de desaprobación, gritos, humillaciones, órdenes negativas, respuesta al incumplimiento a base de castigos y golpes. «Tomados de forma individual —escribe—, la mayoría de estos episodios de rechazo son triviales, simples minucias psicológicas. En vez
de ser episodios cataclísmicos […] los procesos familiares coercitivos
van cambiando con lentitud glacial, un proceso conformado por
acontecimientos inherentemente banales.» En las familias generadoras de conciencia débil, dicha coacción resulta mucho más frecuente. Los padres constituyen unos modelos negativos de comportamiento, lo que redunda en unos hijos agresivos y dominados por
los instintos. Se produce una escalada gradual de la agresividad, hasta
que la familia parece estar en permanente estado de guerra. Mientras que los niños normales de cinco años cometen acciones que sus
padres consideran reprobables cada tres minutos, los hijos de estas
familias las cometen cada minuto y medio, y son dos veces más
proclives a seguir comportándose igual después de haber sido rega-
ñados.

En las familias de tipo coercitivo, ambos padres declaran sentirse
deprimidos e irritables, especialmente la madre. Los padres recurren
al castigo para expresar su ira más que para modificar el comportamiento del hijo de acuerdo con unos principios aplicados de manera
consistente, lo cual resulta muy errático. También son propensos a
la paranoia y atribuyen malas intenciones a los hijos sin fundamento
real para ello. Las dos terceras partes de las agresiones en estas fa-

milias no son el resultado de una provocación discernible por parte de la víctima, lo que demuestra que frecuentemente son reacciones debidas al estado de ánimo de los padres más que a un intento de inculcar disciplina. No debe sorprendernos, pues, que el niño se convierta en un adulto violento y paranoico, que ataca a desconocidos. Habiendo crecido en un hogar caótico, está acostumbrado a esperar la agresión física y la humillación por parte de los demás. Esto explica que la frase más habitual que suele preceder a las agresiones en los centros urbanos sea: «¿Y tú qué miras?». En la mayoría de los casos, la persona interpelada no está «mirando» nada. La agresión es obra de un paranoico y se produce sin provocación alguna, al igual que los malos tratos encubiertos como castigos que él mismo sufrió de pequeño.

Las peleas en los hogares de estos niños tienen lugar en un entorno que Patterson describe como «de bronca constante», y en el que se les recrimina en cuanto surge el menor problema. La constante ira y negatividad amplifican lo que en otros entornos serían acciones inocentes, y sitúan a los pequeños en el centro de discusiones mayores. Las amenazas y demás métodos no violentos dejan de funcionar, y los padres se ven obligados a llegar a los extremos de la coacción física para dejar clara su postura. La violencia se incrementa a medida que la moneda de la disciplina de los padres está cada vez más devaluada, y se hace preciso recurrir a las reservas punitivas de emergencia para que siga existiendo un mínimo poder adquisitivo.

Los hijos de las familias coercitivas sufren un desarrollo social retardado, y a los once años dan muestras del comportamiento relativamente descontrolado propio de los pequeños de cuatro. En razón de la naturaleza arbitraria de su formación familiar, pueden convertirse en adultos pragmáticos y manipuladores, dominados por el pensamiento a corto plazo, impulsivos y oportunistas. La prueba de la importancia crítica de los patrones específicos de coacción nos la ofrece el hecho de que, si se modifican, se logra que cambie el comportamiento del niño. Patterson es sólo uno de los numerosos especialistas que ha demostrado que, con una terapia destinada a convertir a los padres en educadores «autoritativos», se consigue que la conducta del niño sea menos antisocial.[49] Este psicólogo está convencido de que «la transformación del niño problemático requiere la previa transformación de los padres».

Existen muchos indicios de que actualmente hay un mayor número de jóvenes que han recibido este tipo de educación coercitiva, o versiones menos extremas, caracterizada por la inconsistencia y la falta de supervisión. Como resultado, hay más casos de conciencias débiles o incompletas, lo que conlleva un aumento de la criminalidad, del embarazo adolescente, del abuso de la bebida y las drogas, así como del vandalismo.[50] Todo esto demuestra de forma directa que el comportamiento de un mayor número de jóvenes actuales está regido por la prevalencia de los instintos. Por descontado, existen muchos otros factores relacionados con el aumento de estos problemas, como la mayor disponibilidad de dinero y la presión de la publicidad y otros mecanismos fomentadores del consumismo rampante tan propio de nuestra cultura de indulgencia materialista.[51] Sin embargo, todos estamos sujetos a estas presiones, y sólo unos cuantos pierden el control de sí mismos. La causa fundamental es la caótica permisividad de algunos padres, y lo digo con conocimiento de causa.

Mis padres estaban a la vanguardia de la nueva permisividad en el cuidado de los hijos durante mi niñez en los años cincuenta. En un momento dado se encontraron al cargo de cuatro niños menores de cinco años, lo cual supuso una gran presión, especialmente para mi madre. Por tanto, en nuestro hogar imperaba cierto caos que llevaba a la arbitrariedad en los castigos, la cual, combinada con los valores de permisividad de nuestros padres, hacía que en casa existiera una gran confusión sobre lo que estaba bien y lo que estaba mal. Ésta es la razón por la que, años más tarde, yo tenía una conciencia débil en muchos aspectos y fui bastante antisocial hasta bien entrada la adolescencia.

Sin embargo, en mi familia no reinaba un descontrol tan grave como el que describe Patterson. Los niños de estas familias no han asimilado un código moral regido por normas y, a diferencia de mi caso, puede que no recibieran mucho amor de alguno de sus padres. Este clima familiar origina cierta amoralidad y una pobre capacidad para sentir empatía hacia los demás, lo que en casos extremos puede llevar a la psicopatía. He entrevistado a más de 150 presos violentos y la mayoría se ajustaba a este diagnóstico; aunque dudo de que haya una sola persona en el mundo que carezca por completo de conciencia y sentimientos hacia los demás. El caso más cercano a esto que me he encontrado fue el de Joseph, un estadounidense que afirmaba haber asesinado a 161 personas. De hecho, Joseph fue el único entrevistado con el que sentí que estaba corriendo un peligro real, por mucho que en la sala hubiera un guardia armado. Había sufrido abusos sexuales y físicos por parte de su madre, una prostituta a la que se refería simplemente como «la puta». La mayoría de sus víctimas habían sido vagabundos, aunque la primera fue un muchacho de dieciséis años.

La víspera de Navidad, la puta me echó de casa. Yo por entonces tenía poco más de veinte años. Encontré a este chaval y nos pusimos a hablar.

—Vamos. Te llevo a casa —ofreció él.

—Olvídalo, colega —respondí—. No puedo ir a casa, no tengo donde ir.

Pero él en realidad se estaba refiriendo a su propia casa.

—Bueno —le dije—, pero antes quiero pillar otra botella de licor.

—No, de eso nada —contestó él.

—Un momento —repuse—. Tú a mí no me dices lo que tengo que hacer…

Empezamos a discutir, y al final cogí una piedra y le machaqué la cabeza.

P.: ¿Usted quería matarlo?

R.: Pues sí, claro, porque pensaba que estaba contra mí.

P.: ¿Cómo se sintió después de matarlo?

R.: No sentí nada. Estaba muerto, y punto.

P.: ¿No pensó algo así como: «Mierda, lo he matado»?

R.: No.

P.: ¿No le preocupaba que lo pudieran pillar?

R.: No.

P.: ¿No sintió ninguna lástima? El muchacho sólo intentaba ayudarlo…

R.: No. No me gustó que me dijera que no hiciera algo que yo quería hacer.

P.: Al pensar ahora en lo sucedido, ¿diría que reaccionó de forma excesiva?

R.: De eso nada. Creo que hice lo que debía.

P.: Pero un poco más tarde le explicaron que lo que hizo no estaba bien…

R.: Sí, y la verdad es que a veces me hace pensar y me pregunto: «¿Actué bien? ¿O actué mal?». Pues actué bien: hice lo que tenía que hacer. Y tengo muy buenos argumentos para explicarlo.

P.: Pero una cosa es hacer lo que uno cree que está bien, y otra muy distinta matar a alguien porque no estamos de acuerdo con él, más todavía si esa persona en ningún momento lo amenazó.

R.: He matado a mucha gente y nunca he sentido remordimientos después. Y nunca los voy a sentir, no lo creo.

P.: ¿Diría usted que hay alguna diferencia entre, digamos, robar a la gente o matarla?

R.: No. Tenían algo que quería, y yo lo cogía.

P.: ¿Se considera usted una persona sin moral?

R.: No, aunque es verdad que por entonces no tenía moral de ninguna clase.

P.: ¿Qué quiere decir?

R.: Que nada me importaba, ni la vida humana ni nada. Yo me decía que si me pillaban, pues me pillaban. ¿Qué podían hacerme? Tan sólo podían matarme una vez.

Por más que lo intenté, no conseguí hallar indicios de que sintiera lástima por sus víctimas.

P.: Imagino que habría situaciones en que sus víctimas le suplicarían que no los matase…

R.: Entonces les clavaba otra puñalada o les disparaba otra vez.

P.: ¿Para que sus súplicas no le hicieran sentir algo?

R.: Porque era lo que había que hacer.

Ese «era lo que había que hacer» constituía el resultado directo del tipo de educación a que su madre lo había sometido. La madre lo menospreciaba y era cruel y violenta con él, pero lo que más enfurecía a Joseph era el modo en que había traicionado a su padre al prostituirse. La conexión entre sus asesinatos y el odio hacia ella no podía estar más clara, ya que en algunas ocasiones había llegado a tener alucinaciones en las que veía el rostro de su madre en los de las víctimas.

P.: ¿De veras veía la cara de su madre?

R.: Totalmente.

P.: Usted sentía un enorme resentimiento hacia su madre. ¿Por qué no la mató a ella en lugar de matar a desconocidos?

R.: Por mi padre. Si lo hubiera hecho, eso habría matado a mi padre, y yo quería a mi padre más que a nada en el mundo. Si mi padre hubiera estado muerto, yo la habría matado. La habría descuartizado. Pero lo más que pude hacer fue mearme en su tumba, y si pudiera haberme cagado, lo habría hecho.

P.: ¿Cree que, si hubiese podido matarla, no habría asesinado a nadie más?

R.: Es una buena pregunta, pero no lo sé. La verdad es que no lo sé.

Aunque no había rastro de compasión hacia sus víctimas, sí encontré indicios de que había desarrollado un sentido vestigial de remordimiento. Contrariamente a lo que se considera habitual en el perfil psiquiátrico de un psicópata, Joseph se sentía deprimido en ocasiones. Estaba convencido de que deberían haberle aplicado la pena de muerte después del primer asesinato, porque ello habría salvado la vida de sus siguientes víctimas. Como la depresión casi siempre tiene su origen, al menos en parte, en un sentimiento de culpa, esto sugiere que no carecía por completo de conciencia.[52] A veces estaba tan deprimido que costaba entender que no hubiera intentado suicidarse.

P.: ¿Por qué cree que no se ha suicidado?

R.: Bueno, lo intenté. De hecho, hasta llegaron a publicar mi necrológica en el *Trenton Times*. Puede usted comprobarlo. Pensaban que estaba muerto. Oh, sí, lo intenté. Y casi me salió bien. Conseguí un montón de pastillas y me tomé más de cien. También me rajé con una cuchilla. Tuvieron que abrirme y todo… la cosa no iba en broma, para nada. Tuvieron que abrirme y coserme después.

P.: ¿En ese momento quería morir?

R.: Oh, sí, y tanto.

P.: ¿Ha sufrido usted depresiones?

R.: Un montón de veces.

P.: ¿Alguna vez se sintió deprimido de niño?

R.: En realidad, un montón de veces… muchas, muchas veces durante mi infancia. Cuando me licencié de la infantería de marina, intenté suicidarme.

P.: ¿Se alegra de que en este estado no se aplique la pena capital?

R.: Ya le he dicho que pedí que me aplicaran la pena de muerte. Si lo hubieran hecho la primera vez, hoy habría… ¿cuántas? Unas dos mil personas más en el mundo, si incluimos a las que hubieran tenido hijos y todo eso. No habría tenido oportunidad de salir a matar más gente, ¿no cree?

Aunque estas últimas respuestas podían tener como objeto conseguir algún favor de condonación, si contenían aunque fuera un ápice de sinceridad no podían ser consideradas en absoluto las palabras de un hombre sin conciencia.

Dado que los castigos físicos severos suelen ser la causa de una conciencia punitiva, seguramente os preguntaréis por qué Joseph tenía una conciencia débil. ¿Acaso los graves abusos que Joseph sufrió de niño no fueron tan traumáticos como los recibidos por individuos que desarrollan personalidades fascistoides, personas con conciencias punitivas, no débiles, y que también fueron objeto constante de golpes y palizas?

La diferencia fundamental radica en la consistencia con que se aplica la violencia. Mientras que la madre de Joseph tan sólo era predecible en su impredecibilidad, los padres cristianos fundamentalistas, por ejemplo, se muestran estrictos de acuerdo con unos preceptos claros. Aunque nunca dejan de ser malos tratos, los castigos que imparten siempre vienen acompañados de una explicación, de forma que el hijo puede evitar las palizas si evita los comportamientos no cristianos. En el caso de Joseph, no existía ningún asidero seguro al que pudiera aferrarse. Además, a diferencia de la madre de Joseph, los padres fundamentalistas están genuinamente convencidos de que actúan de modo correcto al tratar de doblegar la voluntad de su hijo, y pueden llegar a alternar los castigos con sinceras muestras de afecto. Por último, la persona dotada de conciencia punitiva ha estado sometida a supervisión constante desde el momento de nacer, mientras que en el historial de los individuos con conciencia débil lo que impera es una caótica falta de supervisión.

Durante la infancia, aquellos de nosotros que tenemos conciencia débil seguramente tuvimos que valernos por nosotros mismos durante largos períodos, mientras que en la adolescencia tuvimos libertad para actuar a nuestro antojo. Si por lo general nuestros padres no estaban en casa cuando volvíamos de la escuela ni tampoco se molestaban en dejarnos al cuidado de otros, nuestras probabilidades de desarrollar una conciencia débil eran mucho mayores.[53] Si fuimos de esos «niños con llave de casa», seguramente éramos peores estudiantes y más proclives a hacer novillos, nos aplicábamos menos a la hora de hacer los deberes y teníamos mayor tendencia a meternos en problemas de delincuencia menor. En comparación con los niños cuyos padres estaban siempre en casa por las tardes, éramos dos veces más propensos a fumar cigarrillos, beber alcohol y consumir drogas con precocidad.[54] Estos comportamientos se debían en parte a que nuestros padres no se ajustaban modelo «autoritativo» ni siquiera cuando estaban físicamente en el hogar. Pero también era el resultado de la simple ausencia física de un progenitor que supervisara nuestras actividades, lo que nos convertía en mucho más vulnerables a la presión de los compañeros. Corríamos mayor riesgo de «juntarnos con malas compañías» o, de hecho, de ser nosotros mismos una mala compañía para los demás niños.

Este descuido persistente genera asimismo una débil conciencia sexual. Los niños desatendidos en extremo, como por ejemplo los criados en un orfanato o reformatorio, son proclives a elegir indiscriminadamente sus compañías sexuales, a mantener relaciones con mayor número de parejas y a iniciarse a edades más tempranas.[55] Pero la falta de atención también afecta a los niños crecidos en un entorno familiar. La ausencia del padre, por ejemplo, tiene gran influencia sobre la conciencia sexual de la hija.[56] Como promedio, la niña cuyo padre se divorcia o separa de la madre y abandona el hogar antes de que ella tenga diez años, llega a la pubertad seis meses antes que la hija de una familia que no se ha roto: su cuerpo se ve físicamente alterado por la ausencia del padre. La pubertad precoz no resulta muy conveniente, pues aumenta el riesgo de generar a posteriori problemas como la promiscuidad sexual y el embarazo adolescente.[57] Las muchachas sin padre también son más propensas a tener una imagen negativa de los hombres y a declararse menos interesadas en las relaciones estables y duraderas.[58] Por otra parte, el impacto ejercido por el progenitor varón no se limita sólo a la cuestión de su ausencia o presencia física. En las familias que se mantienen unidas, las hijas que disfrutan de una relación positiva con el padre llegan más tarde a la pubertad, y cuanto más involucrado esté en el cuidado de la hija, más tarde se produce el cambio.[59] Cuando la ausencia del padre se debe a una enfermedad o al trabajo en lugar de a un divorcio o separación, la edad de entrada en la pubertad no resulta afectada. Aún más, la calidad de la relación de la niña con su madre no sirve para predecir la edad en que llegará a la pubertad.

Como es natural, la falta de atención no constituye el único determinante de una conciencia sexual débil. Los abusos sexuales o el inadecuado interés sexual que un progenitor pueda mostrar hacia el hijo o la hija desempeñan asimismo un papel clave. En términos generales, los estudios demuestran que el daño provocado por los abusos sexuales es mayor cuanto antes se producen; cuanto más tiempo se prolongan; cuanto más implican actos de penetración; y cuanto mayor es la fuerza, o las amenazas, empleadas.[60] También son más dañinos cuando el perpetrador es nuestro padre biológico, y no un padrastro o padre adoptivo.

Si bien los abusos sexuales propiamente dichos son relativamente raros, el interés sexual inadecuado por parte de los padres es más común de lo que cabría pensar. El flirteo encubierto entre el niño y el progenitor tiene lugar en muchas familias, así como el interés voyeurístico en los cuerpos de los adolescentes, perceptible en los padres incapaces de esconder el deseo que sienten por las hijas y sus amigas en biquini, o en las madres que muestran un excesivo interés por los pormenores de la vida sexual de sus hijos. No conozco estudios al respecto, pero intuyo que un ligero flirteo natural y sin segundas, o la simple admiración que los padres puedan expresar ante el atractivo de sus hijos adolescentes, resultan beneficiosos para la autoestima de éstos. El problema surge cuando los padres expresan deseos lascivos. No cabe duda de que las distintas maneras de enfrentarse a estas cuestiones generan diferencias en el desarrollo de nuestra sexualidad.

Una de las peculiaridades más extraordinarias a este respecto es la tendencia de los abusados a convertirse en abusadores.[61] El sentido común tendría que llevarnos a suponer que, si hemos sido víctimas de abusos horribles, no querríamos infligirle algo así a nadie, y mucho menos a nuestros propios hijos. Sin embargo, la gran mayoría de los maltratadores físicos sufrieron también maltratos, y lo mismo puede decirse de al menos la mitad de los abusadores sexuales. Por lo visto, la víctima de abusos, incapaz de superar lo sucedido, revive la experiencia en su mente, en una repetición que alberga una débil esperanza de que en esta ocasión las cosas resultarán diferentes. La reproducción del pasado puede adoptar la forma de situarnos de nuevo en la posición de víctimas, lo que explica que las mujeres que antes sufrieron abusos sean muy propensas a emparejarse con hombres que las maltratan, o incluso a convertirse en prostitutas, con la secreta esperanza de que esta vez serán capaces de hacer que el abusador cambie, de que llegarán a un «final feliz».[62] En el caso de los hombres, quienes sufrieron abusos o malos tratos son más proclives a infligirlos ellos mismos.[63] Esto les sirve para expresar la profunda ira que sienten, pero también supone un resultado diferente respecto a su experiencia en el pasado, ya que ahora no son ellos los que sienten rabia, desesperación y humillación. Ahora son capaces de proyectar su negatividad hacia el exterior y de descargarla sobre otros.

El ejemplo mas paradigmático de este patrón lo encontré en el caso de un violador que sufría delirios y era incapaz de distinguir entre los símbolos y lo que éstos simbolizaban. De niño había sido repetidamente sodomizado por un abusador, y años más tarde estaba convencido de que el esperma de su agresor seguía en el interior de su cuerpo. El hombre visualizaba el esperma como veneno y creía que las violaciones que él mismo cometía servían para ir limpiándose poco a poco de las toxinas a través de la eyaculación, transfiriéndolas a sus víctimas. No puede haber metáfora más gráfica sobre la proyección de los sentimientos no deseados. Esto también ayuda a explicar por qué una única violación suele ser suficiente para destrozar la salud mental de una mujer hasta ese momento equilibrada y sexualmente activa. Por muy difícil que resulte de creer, la gratificación sexual desempeña un papel muy pequeño en las motivaciones del violador. Mucho más importante es aterrorizar a su víctima o hacer que sienta la mayor rabia e impotencia posibles, además de una manera que resulta casi imposible de olvidar. El placer que el violador siente después no es sexual, sino más bien el de haber exorcizado sus demonios.

Neil, un violador al que entrevisté, ofrece un ejemplo ilustrativo del modo en que se produce la repetición de los abusos. Para aportar mayor claridad y comprender por qué actuó como lo hizo con sus víctimas, será necesario que aporte algunos detalles escabrosos. Durante la preadolescencia, Neil fue sometido a repetidos abusos sexuales por un hombre con quien se encontró en un bosque cercano a su hogar, lo cual llevó al desarrollo de un muy particular mapa del amor.

El tipo se acercó y empezó a hablarme de pesca, de pájaros y cosas así, hasta que me dijo: «Oye, te doy diez libras si te atreves a entrar en el bosque conmigo». Yo en ese momento no pensé nada malo. El tipo me iba a dar diez libras, y todo lo demás me daba más o menos igual. Nos adentramos en el bosque, donde nadie podía vernos, y allí me bajó los pantalones y se puso a chupármela.

Al principio estaba un poco asustado y pensé en escapar. Pero pronto se me pasó y le dejé seguir haciendo. Cuando terminó, me dio las diez libras y me dijo que le gustaría que nos volviéramos a ver, que me daría otras diez libras. ¿Y por qué no…?

Seguimos viéndonos y haciendo más o menos lo mismo. Él me

daba diez libras cada vez, y así continuamos durante muchos meses. Luego empezó a venir con su camión.

Me recogía en la puerta del colegio y me llevaba al bosque cercano a mi casa. Allí nos metíamos en la parte trasera del camión. Ahora me pedía que me desnudara. Un día me obligó a mamársela. Yo no quería, pero me dijo que no me daría el dinero si no lo hacía. Cuando se corrió por primera vez en mi boca estaba tan asustado que a punto estuve de vomitar, pero con el paso de las semanas me fui acostumbrando y al final me daba lo mismo. Un día insistió en metérmela por detrás, y aquello me dolió mucho. Pero aun así seguimos viéndonos.

P.: Entonces, ¿no encontraba ningún placer?

R.: No era eso... Era como si... Yo con él podía hablar, y me daba dinero.

P.: Entonces, ¿diría que era un tipo bastante majo?

R.: Sí. Porque mi madre me daba veinte o treinta peniques a la semana, nada más. No veía dinero por ninguna otra parte. Al final el tipo empezó a pegarme y a hacerme daño, a meterme cosas por detrás: botellas de vidrio, palos, trozos de ladrillos, barro... Pero yo seguía viéndome con él para que me diera el dinero.

P.: ¿Aunque le hiciera esas cosas horribles?

R.: Y que dolían cada vez más.

P.: Cuando no le hacía esas cosas, ¿seguía mostrándose amistoso con usted?

R.: Sí. Con él podía hablar. Sin problemas. Cosa que no sucedía con mi madre y mi padrastro.

P.: ¿Diría que en aquella época era la persona a la que estaba más unido en el mundo?

R.: Era el único a quien estaba unido, la verdad... El único amigo con quien podía hablar.

Neil mantenía una relación tan desastrosa con su madre que se sentía feliz de establecer un vínculo emocional prácticamente con cualquiera, a cualquier precio. Pero aquello tendría consecuencias. Al cabo de unos años empezó a cometer violentas agresiones en el mismo bosque donde había sufrido abusos. Primero trató de robarle el bolso a una anciana, más tarde intentó violar a una enfermera, y después a una colegiala. El relato que hacía de estos incidentes presentaba un tono de vaguedad e indeterminación. Neil sentía la necesidad imperiosa de cometer un acto destructivo, pero para empezar no sabía muy bien el qué. Según él, por ejemplo, fue la anciana la que le había entregado el bolso, asustada, pero hasta ese momento no había pensado en robárselo. La agresión a la enfermera tampoco había tenido ningún objetivo sexual o económico. «Tenía el cuchillo en la mano y le dije que entrara conmigo en los arbustos, aunque yo no sabía muy bien qué era lo que iba a hacer. Entonces, de repente, me di cuenta de que iba a violarla, así que la agarré por el brazo y empecé a tirar de ella, pero se resistía. Cuando empezó a chillar, me asusté y le pegué un tajo en la cara.»

Cuando fue a por la colegiala, ya tenía claro desde el principio que lo que quería era sexo. Neil ya se había fijado en ella en ocasiones anteriores, y utilizaba la imagen de la muchacha en el mapa amoroso de sus fantasías masturbatorias.

Por la noche, antes de dormirme, me masturbaba pensando en aquella chica a la que veía al salir del colegio. [En la fantasía] la agarraba, le arrancaba la ropa, empezaba a abofetearla y golpearla, y luego me la tiraba.

P.: ¿Cómo?

R.: De todas las maneras que pueda imaginar, la obligaba a hacer de todo.

P.: ¿Como qué?

R.: Chupármela, tocarme…

P.: ¿Y había penetración anal?

R.: También.

P.: ¿Y no le metía cosas?

R.: No.

Era como si en esa fantasía estuviera sometiendo a la joven a la misma experiencia que había sufrido a manos del hombre que abusaba de él, pero ahora era él quien tenía el control. Al mismo tiempo, al agredirla estaba expresando la rabia que seguía sintiendo hacia aquel hombre.

P.: Y en su fantasía, ¿ella cómo reaccionaba?

R.: Gritando y chillando, y diciéndome que no lo hiciera, suplicándome que no lo hiciera. Pero yo no le hacía caso y seguía.

P.: ¿Ella cómo se sentía?

R.: Yo diría que estaba asustada, aterrada.

P.: ¿Es así como se sentía cuando el hombre del camión le pegaba y le hacía todo tipo de cosas?

R.: Bueno, al principio sí, pero luego me acostumbré a que me hiciera daño.

P.: A simple vista, parece como si quisiera hacerle a la chica lo mismo que aquel hombre le había hecho a usted. ¿No es así?

R.: Sí.

P.: ¿Cómo se explica que, si a usted le hicieron todas esas cosas horribles, también quisiera hacerle lo mismo a otra persona?

R.: Es… es un sentimiento que no sé cómo explicar: una sensación de que tengo que hacerlo yo mismo, y de que tengo que hacérselo a otros, para que sepan lo que se siente.

P.: ¿Alguna vez se había masturbado pensando que les hacía lo mismo a chicos?

R.: Nunca.

Un muchacho fue sometido a abusos en un bosque. Años más tarde, fantaseaba con hacerle lo mismo a una colegiala, porque quería que ella sintiera lo mismo que él. Con el tiempo, y por medio de una enfermiza necesidad de proyectar su rabia al exterior, pasó de las fantasías a un deseo concreto de infligir violencia sexual. Hasta qué punto era específico su mapa amoroso se hizo evidente el día en que vio a dos chicos en el bosque. En sus ataques a la enfermera y a la colegiala, Neil se había comportado de forma poco decidida y fácil de ahuyentar, pero, tras haberse mostrado hasta entonces como un violador indeciso e incompetente, cuando vio a aquellos chavales se transformó de súbito en uno muy eficiente.

Estaban en el mismo bosque donde el tío aquel y yo habíamos hecho todas aquellas cosas. Su rostro no se apartaba de mi mente. Uno de los chicos tenía diez años, el otro doce. Por entonces yo siempre llevaba encima un cuchillo, y lo saqué. Me hice pasar por alguien del ejército y les dije a los chavales que eran mis prisioneros y que tenían que venirse conmigo. Los llevé más adentro del bosque y, entre los arbustos, les dije que se bajaran los pantalones y los calzoncillos. Uno de los chavales me dijo que no sabía que en el ejército hubiera que hacer esas cosas, y le ordené: «Bájate los pantalones o te mato». Hice que se tumbaran boca arriba, me acerqué y empecé a tocarles, a chupársela. Después les ordené tumbarse boca abajo, me bajé los pantalones, me toqué un poco para que se me pusiera dura, me subí encima de uno de ellos y se la metí por el culo. El chaval empezó a llorar, y el otro también, al ver que le estaba haciendo daño a su amigo. Pero yo seguí, hasta que me corrí dentro de él.

Sentí placer cuando me corrí, pero no se trataba de eso. Lo que yo quería era sacar la rabia del cuerpo y metérsela a ellos, que hicieran lo que yo ordenase, y sin rechistar.

P.: Entonces, ¿no se trató de algo puramente sexual? ¿Tenía más que ver con la ira y la sensación de poder?

R.: Era la rabia y el poder, mezclados, el poder que sentía al dominarlos… Después de correrme me subí los pantalones y les dije que ya podían levantarse y vestirse. Entonces me di cuenta de que había perdido el cuchillo y les ordené que me ayudaran a buscarlo si no querían que los matara. Lo encontraron, y les dije que ya se podían marchar.

P.: ¿El rostro del hombre que había abusado de usted…?

R.: Cuando ellos se fueron ya había desaparecido.

P.: ¿Pero antes seguía viéndolo?

R.: Antes seguía viéndolo.

P.: ¿En qué momento se le apareció su rostro?

R.: Cuando estaba en el bosque.

P.: Al hombre que abusó de usted… ¿lo mataría?

R.: Los sentimientos siguen estando ahí, pero soy yo quien tiene que cargar con ello. Si cuando salga de aquí [de la cárcel] me lo encontrara, lo más probable es que lo matara, aunque me pillasen. Me daría igual, con tal de haberme tomado la revancha. Entonces sí que sentiría un enorme alivio en todos los aspectos sobre todo lo sucedido entre él y yo.

Como es típico en los casos de conciencia débil, de niño Neil había pasado mucho tiempo solo y sin supervisión, y también había sido tratado de forma errática y violenta por su madre cuando estaba presente. Pero, por encima de todo, Neil era incapaz de expresar la rabia que sentía hacia ella.

Yo siempre estaba solo. No tenía amigos y siempre andaba por mi cuenta. Con mi madre nunca podía hablar. Mis padres se divorciaron cuando yo tenía dos años y nos fuimos a vivir a Londres, y desde los cinco años no tuve amigos y siempre estaba solo. Hacía lo que me daba la gana y me metía en toda clase de discusiones y peleas. Mamá siempre me pegaba, hasta el punto de que tuvo problemas por ello. Yo tenía las piernas, por delante y por detrás, cubiertas de moratones, y en la escuela… bueno, casi no podía sentarme, así que un día se lo conté todo a un maestro. Los de la escuela hablaron con los del departamento de bienestar social, y a mi me madre le cayó una bronca de cuidado.

Si se enteraba de que había hecho algo malo, mi madre me molía a golpes sin molestarse en preguntarme qué era lo que había pasado de verdad. Si mi hermana y yo discutíamos, enseguida se ponía del lado de mi hermana y me pegaba. Mi madre pasaba mucho de nosotros. Nos había traído al mundo y había empezado a educarnos, pero luego todo empezó a darle igual y ya no se preocupó más de nosotros. Así es como yo lo veía.

P.: ¿Y eso no le produce rabia?

R.: Sí que me da rabia, pero…

P.: Antes de sufrir abusos sexuales, fantaseaba con matar a personas. ¿Cree que una de esas personas a las que le hubiera gustado matar era su madre?

R.: No, eso seguro que no. Ni en sueños, vaya. Nunca se me habría ocurrido levantarle la mano a mi madre.

P.: ¿Tenía alguna forma de expresarle la ira que le hacía sentir?

R.: No, a ella no podía decírselo. Eso sí que no podía hacerlo.

P.: ¿No cree que ésa podría ser la razón de la rabia que sentía hacia los demás?

R.: Tiene que serlo, porque yo a mi madre no podía decirle nada, ya que no sabía cómo se lo tomaría. Igual estallaba y me montaba una buena, así que me lo guardaba todo para mí.

P.: Se lo guardaba todo y fantaseaba con agredir a otras personas, pero ¿no cree que todo el odio que sentía en realidad estaba dirigido contra su madre?

R.: Es verdad que a veces me ponía tan furioso que me entraban ganas de emprenderla a golpes con ella. Siempre estaba chillándome... Aunque más tarde comprendí que en realidad la culpa no era suya. Pero nunca me sentí capaz de pegarle. Como tampoco era capaz de decirle lo que de veras sentía. En cambio sí que podía hacérselo pagar a otros, pero a mi madre nunca.

P.: ¿Sigue asustándole que su madre un día le castigue por lo que ha hecho, o que le diga que se calle?

R.: Que me diga que me calle, sí. Aunque lo de castigarme lo veo difícil. Y si me dijera que me callase, yo entonces pasaría a la defensiva contra otros.

P.: Querrá decir «a la ofensiva».

R.: Sí, eso, contra otros.

La inhibición de la agresividad de Neil, causada por su madre, retrasó su comprensión del propósito central que estaba detrás de sus asaltos en el bosque. Neil se acostumbró a negar sus ansias de agresividad, incapaz de reconocerlas en sí mismo. En su caso, ésa fue la barrera temporal que le impedía cruzar el puente que va de la fantasía a la realidad, y que resulta esencial en toda violación; era un obstáculo que fue demoliendo de forma gradual desde su asalto inicial a la anciana del bolso.

El lapsus al decir «pasar a la defensiva» en vez de «a la ofensiva» ilustra a la perfección su dilema fundamental en la niñez, un dilema que se da en muchas conciencias débiles. Durante largo tiempo se sintió deprimido y dirigió su rabia contra sí mismo, pero otras veces fantaseó con volverla contra su madre o liberarla a través de sus peleas con otros niños. Neil podía elegir entre agredir a una madre severa, violenta y carente de afecto, o decir y hacer lo opuesto. En su relación con ella se sentía ofendido y a la ofensiva, pero siempre se comportó (y habló) a la defensiva.

De forma casi invariable, cuando a los presos violentos se les pregunta por su niñez suelen relatar un asombroso catálogo de malos tratos.[64] Si al preso violento después se le pide que describa los delitos cometidos contra desconocidos, se percibe cómo la rabia que sentía hacia sus padres se ha desplazado hacia las víctimas, ya que en los detalles de sus agresiones abundan las recreaciones precisas de aquello que les hicieron a ellos. Existe una estrecha relación entre la depresión y la agresión, entre el homicidio y el suicidio.[65] Tras varios y serios intentos de suicidio desde que ingresó en la cárcel, Neil me aseguró que muy pronto lograría por fin quitarse la vida. En sus muñecas eran visibles unas cicatrices espantosas que daban fe de la seriedad de sus intenciones. No sin cierta razón, sentía que no podía esperar nada de la vida cuando lo pusieran en libertad, siendo como era una persona socialmente inadaptada, con poco carisma y atractivo y sin ninguna cualificación profesional. No tenía esperanza alguna de que su estado depresivo constante fuera a remitir. Los presos violentos son propensos a la depresión, y es seis veces más probable que tengan cicatrices autoinfligidas que los presos convictos por delitos no violentos.[66] Un estudio realizado sobre asesinos británicos puso de relieve que nada menos que una tercera parte de ellos acabó suicidándose.[67] No sé si Neil se habrá suicidado desde que lo entrevisté, pero no me sorprendería lo más mínimo.

Al igual que Joseph, el asesino en serie, Neil veía el rostro de su agresor cuando actuaba con violencia. La señora B. describía los dictados de su madre en el interior de su mente como «esa vocecilla». Como si fueran espectros, los sonidos y las imágenes de la niñez continuaban acosando a esas personas en su realidad adulta. Pero sería un craso error limitarnos a tacharlas de personas mentalmente enfermas porque algo funcionaba mal en su cerebro, como si nada de eso tuviera que ver con nosotros.

Nosotros también oímos vocecillas y vemos el pasado en nuestro presente. Los fantasmas de Joseph, Neil y la señora B. eran esencialmente dañinos, pero no todos son así. También pueden conformar la base de un buen sentido del humor, de una destreza personal o de una tendencia a llevarse bien con la gente. La identificación con los padres y sus proyecciones sobre nosotros nos convierten en muchos sentidos en alguien único, pero a la vez, y a menudo en contra de nuestra propia voluntad, en alguien muy parecido a ellos. Los padres son la razón principal de que, al llegar a una fiesta, nos sintamos atraídos por el aspecto de unos invitados y no por el de otros, de que cuando empecemos a hablar con ellos tengamos unos determinados temas favoritos y un estilo personal de conversación. A medida que avanza la noche, los fantasmas paternales estarán ahí para ayudarnos a decidir si debemos beber o no una copa más, probar una calada de marihuana o esnifar una raya de cocaína. Los padres influyen en la forma en que juzgamos a las personas que acabamos de conocer, proyectando sobre ellas nuestros prototipos de la niñez. La construcción de nuestra particular burbuja de ilusiones positivas, la que nos lleva a oír lo que queremos escuchar y a ver lo que queremos percibir, está gobernada por estas proyecciones e internalizaciones. Aunque nos marchemos a vivir a otra ciudad o a otro continente, esos fantasmas seguirán acompañándonos toda la vida.

Los genes y la conciencia

Por supuesto, los genes siempre pueden explicar, en teoría, la conciencia débil de Neil o la punitiva de la señora B. Freud escribe a este respecto: «La experiencia demuestra que la severidad del superego [su término para la conciencia] que el niño desarrolla no se corresponde en absoluto con la severidad del trato recibido hasta entonces [...] El niño que ha sido educado con gran permisividad puede asimismo adquirir una conciencia muy estricta».[68] Freud también admite la importancia de lo adquirido (en una clásica muestra de «un poco de cada», para cubrirse mejor las espaldas), pero presenta una firme convicción de que la fuerza de la conciencia es reflejo de tendencias heredadas, tales como una poderosa libido sexual. Algunos estudios realizados con gemelos idénticos apuntan a la existencia de un alto grado de componente hereditario en relación con los trastornos antisociales de la personalidad, la impulsividad y la hiperactividad estrechamente vinculada al comportamiento antisocial.[69] Es posible, que con independencia de la atención y educación recibida en el hogar, Neil, o incluso la misma señora B., hubiesen tenido igualmente conciencias débiles.

No obstante, los estudios hechos con gemelos se ven ampliamente refutados por los estudios, más fiables, realizados con niños adoptados. Estos últimos indican que los rasgos arriba mencionados tienen un componente hereditario en menos de la mitad del porcentaje sugerido por la investigación con gemelos. Si Neil hubiera sido adoptado al nacer, probablemente habría llegado a parecerse más a sus padres adoptivos y menos a los biológicos. Los niños adoptados cuyos padres biológicos han sido condenados por algún delito tienen la mitad de probabilidades de acabar en prisión.[70] A pesar de proceder de hogares pobres y con padres proclives a comportamientos delictivos, los índices de criminalidad de los adoptados se modifican y pasan a ser reflejo de los hogares de clase media en los que suelen haber crecido. Cuando estos niños son educados en un entorno marcado por el afecto y la conciencia completa, en el que la madre tiene cinco menos probabilidades de mostrar comportamiento psicópata que la progenitora biológica, cualquier tendencia genética a cometer delitos se ve enormemente reducida.[71] Aparte de todo esto, los estudios realizados con gemelos, indicadores de un elevado componente hereditario en los comportamientos antisociales, no son nada fiables.[72] Un reciente reanálisis ha demostrado que la influencia genética es mucho menor de lo que sus autores afirman.

Las estadísticas globales tampoco indican que los genes desempeñen un papel preeminente en los comportamientos antisociales. Se dan enormes fluctuaciones en la cantidad de crímenes en períodos temporales relativamente cortos. Tales fluctuaciones no pueden ser explicadas por cambios en el acervo genético, lo cual llevaría milenios. El número de asesinatos en Estados Unidos se triplicó entre 1964 y 1993 (de 7.890 a 23.271), y sin embargo casi se redujo a la mitad entre 1993 y 2001.[73] Esto nada tiene que ver con los genes. En 1950, la policía registró 6.000 delitos con violencia en Inglaterra y Gales;[74] en 1998, la cifra ascendía a 258.000. También se produjo un incremento similar en la mayoría de los demás tipos de delitos. Esta diferencia, 45 veces superior, demuestra el papel fundamental de lo adquirido y de los cambios sociales como causa de la criminalidad. De forma todavía más específica, desde 1987 se ha producido en Inglaterra y Gales un enorme incremento en el número de delitos.

Así pues, en el momento de escribir estás líneas (2002), el promedio del índice de aumento de la criminalidad se ha triplicado a lo largo de los últimos quince años. En una monografía científica he explicado que esto es consecuencia directa del aumento de la proporción de niños crecidos en el seno de familias con pocos recursos económicos, fruto de las políticas gubernamentales de principios de los ochenta. Como es mucho más probable que los padres con pocos recursos eduquen a sus hijos del modo coercitivo descrito por Jerry Patterson, no es extraño que aumente la proporción de muchachos que se convierten en adultos violentos, con el consiguiente reflejo en las estadísticas sobre criminalidad. Cuando mis teorías fueron publicadas en un periódico, uno de los lectores escribió una carta con un argumento simple pero contundente: si la influencia genética estuviese detrás de las tasas de delincuencia, no podría haber ningún país desarrollado con mayor índice de criminalidad que Australia, ya que por las venas de la mayoría de sus ciudadanos corre la sangre de antiguos convictos británicos.

Asimismo existe una contradicción fundamental dentro de los estudios realizados con gemelos sobre el comportamiento antisocial en general y la violencia en particular.[75] Dichas investigaciones indican que las tendencias antisociales en general son hereditarias en gran parte, mientras que la violencia se revela como muy poco o nada hereditaria; lo mismo se aplica en los estudios con niños adoptados. Jerry Patterson ha demostrado que la educación paterna es muchísimo más importante que la herencia genética para establecer la distinción entre sujetos exclusivamente violentos y otros tipos de individuos antisociales, como por ejemplo los que roban.[76] En la muestra de muchachos antisociales analizada por Patterson, la mitad robaban y eran violentos a la vez, una cuarta parte sólo robaban, y la otra cuarta parte eran únicamente violentos.

En comparación con los chicos exclusivamente violentos, los que sólo robaban tenían unos padres que se mostraban mucho más distantes y fríos, y prestaban bastante menos atención a los hijos. Estos padres no tenían una concepción correcta de los comportamientos deshonestos, y por lo general no comprendían que, al robar, sus hijos habían hecho algo malo, y por tanto no los castigaban. Sus ideas sobre la propiedad de los bienes y el hecho de robar no estaban bien definidas. Cuando reconocían una infracción, tendían a «dar la bronca» sin parar en vez de imponer un castigo adecuado. Por el contrario, los padres de los muchachos violentos estaban siempre «enredados» con sus hijos, castigándoles constantemente y mostrándose muy irritables. Estos padres eran mucho más propensos a agredir al niño físicamente, así como a imponerle una serie de normas tan inflexible como inconsistente. Si los padres de los niños que robaban habían establecido unas normas muy vagas, los de los muchachos violentos hacían lo opuesto, hasta extremos patológicos. Pero quienes marcaban realmente la diferencia eran, sobre todo, las madres de los chicos violentos.

Estas madres eran extraordinariamente irritables, siempre regañando y amenazando a sus hijos por cualquier nimiedad; y sin embargo, cuando el hijo se mostraba agresivo, evitaban la confrontación. El comportamiento de las madres resultó ser la clave de las diferencias entre ambos grupos. La depresión materna lleva a la hostilidad paranoide. Los días en que las madres reconocen sentirse más deprimidas, se muestran más coercitivas y, en correspondencia, los hijos también se vuelven más agresivos.

Los intentos de localizar los orígenes de la delincuencia en los niños desde su nacimiento también se basan en los estudios de seguimiento de grandes muestras de muchachos a lo largo de varios años. Existe escasa o nula vinculación entre cómo es el bebé en sí[77] y su posible futuro como delincuente, pero son incontables los indicios que apuntan a que la educación ofrecida por los padres resulta fundamental.[78] En teoría, el hecho de que las madres de los niños agresivos sean más coercitivas podría ser una causa probable de algunos rasgos genéticos en sus hijos, como la hiperactividad o la irritabilidad. Pero cuando a estas madres se les pide que cuiden de niños no agresivos a los que nunca antes habían conocido, siguen siendo mucho más propensas a mostrarse coercitivas.[79] Todos estos problemas (agresividad infantil, depresión materna, cuidados coercitivos) son mucho más comunes entre las familias cuyos padres cuentan con pocos recursos económicos. La influencia de las diferencias de clase sobre la criminalidad tiene mucho más que ver con las desigualdades económicas que con factores genéticos. Cuanto más desigual es una sociedad, más violenta resulta, y lo mismo se aplica a las regiones dentro de un mismo país.[80] En Norteamérica, los estados más violentos son precisamente aquellos en los que los gobiernos locales prestan menos ayuda de tipo social a los ciudadanos más necesitados.[81]

Si los genes desempeñan un papel en la formación de la conciencia, éste se refiere por lo general a la «calidad del encaje» entre el patrón disciplinario de los padres y el carácter del niño, el cual sí tiene que ver bastante con la herencia genética. Hay progenitores que se llevan mejor con los niños extrovertidos e inquietos; otros se relacionan mejor con los tranquilos y retraídos. Un mal encaje puede incrementar las probabilidades de generar una conciencia punitiva o débil.

Algunos niños pequeños se muestran inconscientes y temerarios ante situaciones desconocidas o de peligro, mientras que otros reaccionan con mayor ansiedad.[82] Estas diferencias pueden ser causadas por factores genéticos, y afectar al desarrollo de la conciencia en razón de las aprensiones que el niño pueda tener en relación con hacer algo malo y ser castigado. En general, los niños pequeños temerosos sienten mayor ansiedad al ser castigados por haber hecho algo malo, y por ello se esfuerzan más en portarse bien. Y, habitualmente, a la edad de cinco años tienen conciencias más fuertes y asimilan mejor los dictados paternos. Por el contrario, los gritos y los castigos hacen menor mella en los niños temerarios, ya que se sienten menos amedrentados por ellos. Si tenemos en cuenta estas diferencias, resulta lógico pensar que el mal encaje entre el patrón disciplinario de los padres y el carácter temerario o temeroso del pequeño puede afectar, y de hecho afecta, a la conciencia.

En ninguno de los dos grupos hay una evolución favorable si el progenitor es coercitivo, pero resulta evidente que el niño de carácter temerario necesita en mayor medida contar con un padre que esté más por él. Como los niños temerarios son difíciles, los padres pueden sentir la tentación de volverse cada vez más coercitivos, hasta llegar a la violencia incluso, pero recurrir a una dinámica participativa consigue ponerle freno a la temeridad del pequeño, quien pronto se adapta mejor a las normas. Los hijos temerarios precisan de más estrecha supervisión; en ausencia de ésta, corren el riesgo de convertirse, en la etapa intermedia de la infancia, en niños agresivos con conciencia débil. Los hijos pequeños de carácter más temeroso y sumiso precisan de menor supervisión para el desarrollo de una conciencia benigna. La amabilidad y la ternura es lo que mejor funciona con ellos, ya que la coacción sólo sirve para transformarlos en punitivos.

Así pues, el ajuste entre el patrón disciplinario de los padres y el carácter del hijo afecta al desarrollo de la conciencia, pero ni siquiera este hecho indica que la herencia genética desempeñe un papel preponderante. Esto depende de hasta qué punto el carácter es genético y, como veremos en los capítulos 4 y 5, la atención y la educación recibidas durante los tres primeros años tiene mucha más importancia que los genes en la formación del carácter.

La auditoría de vuestra conciencia

¿Cuál es el *patchwork* que conforma vuestras conciencias, que a menudo varía su nivel punitivo en función del entorno? A diferencia de la auditoría realizada al final del capítulo 2, aquí tendréis más dificultad a la hora de recordar detalles precisos del período de formación de la conciencia (cuando teníais entre tres y seis años). Así pues, lamentablemente, en esta ocasión habrá que esforzarse un poco más, y hacerlo en tres fases.

FASE 1

Como recordaréis, existen tres tipos de conciencia, benigna, punitiva y débil, y que seguramente poseeréis más de uno de esos tipos, dependiendo de los aspectos específicos de vuestra psicología personal. Los tres aspectos principales se refieren a las actitudes individuales en relación con la autoridad, el sexo y el sentido del deber.

En relación con cada uno de estos tres aspectos, tendréis que responder si estáis o no de acuerdo con una serie de afirmaciones para determinar si vuestra conciencia es punitiva o débil. Si estáis de acuerdo con dos de ellas, es probable que vuestra conciencia sea de ese tipo en ese aspecto concreto. Si lo estáis tres veces o más, está claro que vuestra conciencia es de dicho tipo. Si el resultado no es ni punitivo ni débil, es muy probable que seáis benignos en ese aspecto.

Actitud en relación con la autoridad

PUNITIVA

¿Estás de acuerdo con dos o más de estas afirmaciones?

— Nunca, o casi nunca, incumplo las normas de tráfico, y me molesta mucho que otros lo hagan.
— Las jerarquías en el trabajo son fundamentales, y siempre me esfuerzo al máximo para cumplir lo que dice mi jefe.
— Debería obedecer las normas y las leyes aun cuando a veces me parezcan bastante estúpidas.
— A veces resulta esencial someter a los niños a castigos estrictos, incluso de tipo físico.
— Soy muy parecido a uno de mis padres, o a ambos, en muchos de mis puntos de vista e intereses.

DÉBIL

¿Estás de acuerdo con dos o más de estas afirmaciones?

— Me han multado por tres o más infracciones de tráfico. No tengo reparos en superar los límites de velocidad o en aparcar de forma indebida, si creo que no me van a pillar.
— En la escuela siempre tenía problemas con los maestros, y no me gusta tener que obedecer a los jefes.
— Todos los políticos son unos hipócritas que sólo van a la suya.
— Uno de mis padres, o los dos, reprimían mi individualidad.
— No pienso dejarme someter por el Sistema.

Actitud en relación con el sexo

PUNITIVA

¿Estás de acuerdo con dos o más de estas afirmaciones?

— En la adolescencia era bastante más inhibido que el resto de mis compañeros de clase, y me inicié en el sexo más tarde que la mayoría.
— Me resulta difícil no emitir juicios condenatorios contra amigos o conocidos que tienen aventuras sexuales.
— Suelo emplear adjetivos como «sucio», «malo» o «asqueroso» cuando hablo de sexo.
— Me incomodan o irritan bastante las muestras públicas de sexualidad, por ejemplo si unos amigos bebidos se sobrepasan en mi presencia, o si estando con gente aparecen en la televisión o en películas escenas sexuales muy explícitas.
— A veces me gustaría ser más abierto en mi vida sexual: experimentar un poco más. O, al menos, una o más parejas me han sugerido que debería serlo.

DÉBIL

¿Estás de acuerdo con dos o más de estas afirmaciones?

— Empecé a mantener relaciones sexuales completas poco después de la pubertad, y a los diecisiete años ya había tenido una activa vida sexual con diferentes parejas.
— En el instituto, era una de las personas con mayor actividad sexual de mi clase.

— Mis parejas, al menos hasta los treinta años, solían durarme menos que a la gente de mi misma edad.

— Me resultaba más difícil que a la mayoría de mis amigos mantenerme fiel a mi pareja, pues siempre estoy abierto a todas las posibilidades y no suelo tener remordimientos si caigo en la tentación.

— Para mí el sexo es, o solía serlo de joven, un juego placentero con el que intento llevarme a otros a la cama, valiéndome del engaño si hace falta. A menudo, el punto de partida —el juego de la seducción— es más divertido que el resultado final.

Actitud en relación con el sentido del deber

PUNITIVA

¿Estás de acuerdo con dos o más de estas afirmaciones?

— Detesto dejar algo a medias, como abandonar la lectura de un libro sin haberlo terminado.

— Me exijo mucho a mí mismo y a los demás, y pienso que en la vida muchas veces no basta con esforzarse al máximo.

— En ocasiones me cuesta mucho tratar de explicarme a los demás, o me doy cuenta de que me comporto de una manera muy repetitiva.

— Me enoja muchísimo la laxitud profesional o moral de los demás.

— Me parece importante que las personas sepan controlar sus emociones, y que el sentimiento de culpa sea la reacción natural cuando no lo hacen.

FALTA DE SENTIDO DEL DEBER (DÉBIL)

¿Estás de acuerdo con dos o más de estas afirmaciones?

— Uno tiene que vivir el momento y disfrutar de la vida.
— No me gusta la gente que anda todo el día juzgando a los demás, y nunca lo hago.
— Las convenciones artificiales, como la etiqueta en el vestir o las «buenas maneras», tan sólo sirven para reprimir nuestra naturaleza y hacernos infelices.
— La vida es demasiado corta para perder el tiempo con sentimientos de culpabilidad, y casi nunca los tengo.
— Tengo mis propios valores, que yo mismo me he forjado.

Una vez realizada esta tarea, deberías tener una idea de cuál es vuestro tipo de conciencia en esos tres aspectos. Si habéis obtenido el mismo resultado en dos o tres de esos aspectos —por ejemplo, ser punitivo en relación con el sexo y la autoridad pero benigno respecto al sentido del deber—, entonces ése será vuestro tipo general.

Ahora podemos pasar a la cuestión de las causas que os llevaron a ser de ese tipo en particular.

FASE 2

Pese a que sin duda tendréis muy pocos recuerdos precisos de la época en que se establecieron los cimientos de vuestra conciencia, es probable que aun así recordéis alguna cosa. Para ayudaros a centraros en los aspectos más relevantes en la formación de la conciencia, anotad todo lo que podáis recordar sobre estos cinco encabezamientos abreviados:

— Juegos sexuales en la niñez.
— Instintos reprimidos por padres/cuidadores.
— Castigos impartidos por los padres.
— Alumno en la escuela.
— Más unido al padre o a la madre.

Éstas son las cosas que tenéis que rastrear en vuestra memoria:

— *Juegos sexuales en la niñez, en otras palabras, todo cuanto recordéis sobre el sexo en vuestra primera infancia*: las reacciones de vuestros padres o hermanos cuando se os veían las braguitas u os tocabais la pilila, los juegos con vuestros amigos, la envidia que pudierais sentir por los «noviazgos» de otros niños, cualquier acercamiento de naturaleza dudosa por parte de desconocidos o familiares adultos. ¿Vuestros padres se comportaban con naturalidad cuando los veíais desnudos de pequeños? ¿Os dejaban andar desnudos por la playa o por la casa cuando había visitas? Si no podéis recordar nada en absoluto, tratad de aventurar cuál debió de ser la actitud de vuestros padres hacia cualquier posible muestra de sexualidad infantil.

— *De qué forma vuestros padres/cuidadores reprimieron vuestros otros instintos cuando erais pequeños*: su actitud en relación con la higiene, el orden, la puntualidad, la agresividad o el ruido, vuestros juegos de fantasía (¿jugaban con vosotros, disfrutaban de vuestra exuberante imaginación?), ponerlos en evidencia en público. ¿Uno o ambos de vuestros progenitores se preocupaban en exceso de que fueseis unos niños excepcionalmente buenos?

— *Cómo os castigaban vuestros padres*: ¿recordáis alguna ocasión concreta en la que uno o ambos os castigaron físicamente, por ejemplo con un bofetón? ¿Sucedía con frecuencia? Si es así, ¿qué sensación asociabais a esos castigos: tenían como objetivo satisfacer una necesidad de vuestros padres, como la de expresar su ira o desfogarse de un estado depresivo? ¿Diríais que muchas veces se mostraban arbitrarios, que un día os castigaban por una travesura determinada como la de pelearse, y al día siguiente no lo hacían? ¿Vuestros padres se contradecían mutuamente, de forma directa o indirecta, en relación con lo que era o no merecedor de castigo? ¿En ocasiones os inspiraban mucho miedo, proferían amenazas alarmantes y ofrecían una imagen aterradora? ¿Os miraban con desdén, os humillaban y se burlaban de vosotros?

— *Qué clase de alumnos erais en el parvulario y en la escuela primaria, con especial énfasis en el modo en que reaccionabais ante las normas de la escuela y la autoridad de los maestros*: ¿erais aplicados y os esmerabais en aprender a leer, escribir, sumar y restar, o no poníais demasiado interés? ¿Hacíais lo que los maestros os decían? ¿Os disgustaba tener que ir a la escuela?

— *Si estabais más unidos al padre o a la madre*: probablemente habéis sacado rasgos de ambos, pero ¿a cuál os parecéis más de carácter? ¿Recordáis alguna actividad en común, alguna broma en particular, alguna ocasión en la que compartierais miradas de estrecha complicidad con uno de vuestros progenitores?

FASE 3

Es posible que no tengáis tiempo o no estéis muy predispuestos a realizar este ejercicio, pero intentadlo si podéis. Repasad los epígrafes de la fase 2 en compañía de una persona lo bastante mayor para acordarse de esa época, como un progenitor, un hermano mayor, el padre o la madre de un amigo de vuestra niñez o un pariente que era mayor cuando vosotros erais pequeños. Añadid lo que os digan a las observaciones que anotasteis previamente en la fase 2.

APLICACIÓN DE LO QUE HABÉIS APRENDIDO

Si habéis terminado de hacer la auditoría, ahora ya sabéis el tipo de actitud que tenéis en relación con la autoridad, la conciencia sexual y el sentido del deber. Asimismo, habéis registrado los recuerdos de vuestra niñez que resultan relevantes en este sentido y, si habéis podido, contáis también con los recuerdos de otras personas. El paso final consiste en vincular lo que habéis aprendido sobre las causas con los tres diferentes aspectos de vuestra conciencia adulta.

Bajo los tres encabezamientos:

— Actitud en relación con la autoridad.
— Conciencia sexual.
— Sentido del deber.

Aplicad lo que habéis descubierto sobre vuestro pasado a cada uno de esos tres aspectos en vuestro presente. La información del pasado sobre vuestros juegos sexuales de la niñez está vinculada de forma obvia y directa a vuestra conciencia sexual adulta. Los demás factores formativos (la represión y los castigos que sufristeis, vuestro comportamiento en la guardería y la escuela, así como lo más o menos unidos que estabais a vuestros progenitores) pueden explicar vuestra actitud con respecto a la autoridad y el sentido del deber. Al hacer vuestro análisis, prestad especial atención a las posibles diferencias de trato que recibisteis de pequeños en comparación con vuestros hermanos. Al considerar estas conexiones entre pasado y presente, debéis recordar siempre que tenderéis a identificaros con los rasgos de los padres que os trataban con afecto, y que otras semejanzas con ellos pueden ser el resultado de su proyección de determinados sentimientos sobre vosotros.

Antes de establecer los posibles nexos, releed lo resumido en las primeras páginas de la sección del capítulo referido a vuestro tipo general.

Aquí tenemos un ejemplo referente a un hombre de poco más de treinta años y con dos hermanos.

Actitud en relación con la autoridad

Punitiva (estoy de acuerdo con tres de las afirmaciones: opino que las jerarquías son necesarias, estoy a favor de los castigos corporales, comparto los puntos de vista de mi padre). Estaba más unido a mi padre, que era más estricto conmigo que con mis hermanos. Si algo salía mal, tendía a culparme de lo sucedido, como ocurrió cuando yo tenía cuatro o cinco años y alguien sin darse cuenta metió unos juguetes con la ropa en la lavadora, y ésta se averió. La culpa no era mía, pero papá ese día me zurró con el cinturón después de volver del trabajo. Si estaba de mal humor, quien se las cargaba era yo (¿proyección de sentimientos negativos hacia mi persona?). Pero mi padre también era afectuoso conmigo (¿razón por la que tenemos las mismas ideas políticas y seguí su misma carrera profesional?). Mamá era bastante estricta en lo tocante a la limpieza del hogar y a los deberes escolares. Yo tenía la impresión de que con mis hermanos era menos dura (¿razón por la que ellos son menos punitivos?).

Conciencia sexual

Benigna en general, pero con un rasgo punitivo (estoy de acuerdo con: me inicié tarde en el sexo). A mis padres no les molestaba que anduviera desnudo por la casa. Me acuerdo de un excitante juego sexual a los cinco o seis años, en casa de unos vecinos, con dos niñas y un niño de mi misma edad. No recuerdo que nadie lo considerase «sucio», pero lo hicimos en secreto porque supongo que teníamos miedo de que nos descubrieran. No recuerdo que mamá fuese excesivamente pródiga en caricias o flirteara de algún modo conmigo. Una especulación: a mis padres no les habría gustado que me hubiese mostrado como un niño demasiado sexual. Es curioso que ninguno de los dos me explicase jamás de dónde venían los niños. Una posible razón por la que me inicié tarde en el sexo: porque ambos daban la impresión de ignorar por completo mi llegada a la pubertad. Con mis hermanos no sucedió así, y sospecho que por alguna razón yo era, sexualmente hablando, *persona non grata*. Nunca he sido muy ducho en el arte de trabar conversación con las mujeres, y es posible que mi desempeño en la cama no sea muy imaginativo… ¿Acaso porque en la adolescencia no practiqué lo suficiente?

Sentido del deber

Punitivo (estoy de acuerdo con: no me gusta dejar un trabajo a medias, me exijo mucho tanto a mí mismo como a los demás, la falta de control sobre mis emociones me provoca sentimientos de culpa). Papá y yo muchas veces nos mirábamos de forma cómplice cuando mamá nos sermoneaba por enésima vez sobre la conveniencia de que aprendiéramos a disfrutar del arte y «lo creativo». Recuerdo que, de pequeño, mamá trató de iniciarme en la pintura y se mostró muy frustrada porque mis obras no se parecían a nada. Papá se sentía muy descontento si yo hacía algo mal, y lo mismo le sucedía consigo mismo. No soporto dejar una labor a medio hacer. El lema de papá: «Si un trabajo merece la pena, merece la pena hacerlo bien». Papá = la causa de mi perfeccionismo. Perfeccionismo = ¿por qué soy tan duro conmigo mismo y tiendo a desanimarme?

Añadid esta auditoría a la que hicisteis sobre la escritura de vuestro guión familiar.

A los seis años de edad, todos tenemos una conciencia más o menos benigna, punitiva o débil en lo referente a nuestros instintos. El tipo de conciencia que tengáis afectará al papel que se os haya asignado en el drama familiar, interactuando con las demás influencias descritas en el capítulo 2. Si, por ejemplo, tenéis una conciencia punitiva, ésta puede verse acentuada por el hecho de que seáis los primogénitos. Si contáis con una conciencia débil y vuestros padres os trataron con menos afecto que a vuestros hermanos, esto puede agudizar vuestra condición de oveja negra de la familia. Las combinaciones son innumerables. Pero ha llegado el momento de que volváis todavía más atrás en el tiempo y os centréis en una época que suele dejar muy pocos rastros en la mente consciente: el período que llega hasta los tres años de edad. A medida que uno se remonta más y más atrás en el pasado, nuestra experiencia se torna cada vez más inaprensible para el recuerdo de primera mano; y, sin embargo, la forma en que nuestros padres nos trataron en ese período ejerció una enorme influencia sobre la formación de nuestra personalidad actual. De forma muy específica, el modo en que fuimos tratados durante los tres primeros años de vida sigue influyendo profundamente en el tipo de relaciones que hoy establecemos.

Notas

1. Para quienes nunca hayan leído a Freud, recomiendo los muy amenos *Introducing Freud* e *Introducing Psychoanalysis* (Icon Books). Para una explicación más detallada de sus teorías, vale la pena leer la biografía de Freud escrita por Anthony Storr.

2. Para una evaluación de los datos y su relación con el tabaquismo, véanse las pp. 127-130, *Fisher y Greenberg*, 1985.

3. Véanse las pp. 149-161, *Gilbert*, 1995.

4. Véase *Forehand et al.*, 1975.

5. Véase *Fisher y Greenberg*, 1985.

6. Véanse las pp. 137-162, *Fisher y Greenberg*, 1985.

7. Véase *Kinsey et al.*, 1948; *Kinsey et al.*, 1953.

8. Véase *Friedrich et al.*, 1991; véase también *Wyatt et al.*, 1988.

9. Descrito a la perfección en *Friedrich et al.*, 1991.

10. Éste es uno de los principales descubrimientos de *Fisher y Greenberg*, véanse las pp. 207-212.

11. Por ejemplo, véanse: *Waller y Shaver*, 1994; *Lykken y Tellegen*, 1993; *Hershberger et al.*, 1997; y, de forma muy particular, en lo tocante al supuesto carácter genético de la homosexualidad, *Bailey et al.*, 2000.

12. Véase *Money, J.*, 1986, *Lovemaps*, Nueva York: Irvington.

13. Véase *Collins y Read*, 1990.

14. Véase *Wilson y Barret*, 1987; véase también el estudio sin publicar realizado por los alumnos de Davis, Laing y Dick, 10 Pembridge Square, Londres, W2.

15. Véase *Jedlicka*, 1980.

16. Véase *Marriage and Divorce Statistics*, 2000.

17. Numerosos estudios muestran que los padres represores de la sexualidad, en frecuente combinación con las convicciones religiosas, generan inhibición sexual y sentimientos de inseguridad, y que los hijos que se llevan bien con los padres suelen compartir parecidas actitudes respecto al sexo. Véase *Lewis*, 1963; *Thornton y Camburn*, 1987; *Moore et al.*, 1986; *Weinstein y Thornton*, 1989; *Cado y Leitenberg*, 1990.

18. Véase *Finkelhor*, 1980.

19. Véase *Bailey y Hershberger*, 1998.

20. Como se trata de una cuestión muy controvertida, voy a aportar referen-

cias detalladas sobre mis observaciones en lo tocante al origen de la homosexualidad. En la página www.bloomsbury.com encontraréis mi propio análisis en detalle
de la literatura al respecto. El panorama descrito en este párrafo tiene su origen en
24 estudios realizados sobre un total de 1.944 varones homosexuales: Véanse *Bieber
et al.*, 1962; *Saghir y Robins*, 1973; *Bell et al.*, 1981; *Whitam y Zent*, 1984; *Terman y
Miles*, 1936; *Jonas*, 1944; *Miller*, 1958; *West*, 1959; *Brown*, 1963; *O'Connor*, 1964;
Van Den Aardweg, 1984; *Roberston*, 1972; *Westwood*, 1960; *Symonds*, 1969; *Schofield*,
1965; *Evans*, 1969; *Apperson y McAdoo*, 1969; *Snortum et al.*, 1969; *Braatan y Darling*,
1965; *Bene*, 1965; *Thompson et al.*, 1973; *Stephans*, 1973; *Siegelman*, 1981; *Buhrich
y McConaghy*, 1973.

21. Al evaluar los resultados de los cuatro estudios principales, entre el 65 y
el 70 por ciento de los 954 homosexuales masculinos —en comparación con el 5-
10 por ciento de los heterosexuales de la muestra comparativa— afirmaban haber
sido tildados de «mariquitas» en la escuela. Los chicos homosexuales eran mucho
menos proclives que los heterosexuales a disfrutar de los deportes tradicionalmente asociados a la masculinidad, sobre todo los de equipo. De pequeños más bien
solían jugar con muñecas y con las chicas. En los casos más extremos, la tercera
parte de ellos gustaban de vestir ropas femeninas y se mostraban descaradamente
afeminados, en comparación con el 0-5 por ciento de los heterosexuales. Los cuatro estudios fueron realizados por *Bieber et al.* (1962), *Saghir y Robins* (1973), *Bell
et al.* (1981) y *Whitam y Zent* (1984).

22. Véanse *Bell et al.*, 1981, y *Green*, 1987, estudio que realizó el seguimiento
de 44 chicos afeminados, de los cuales el 75 por ciento se convirtieron con el tiempo
en homosexuales. Green asimismo hace referencia a otros estudios con resultados
similares, sobre todo el realizado por *Zuger* (1970). Este estudio efectuó el seguimiento de 48 chicos afeminados, el 73 por ciento de los cuales se convirtieron en
homosexuales.

23. Por lo menos 2.750 varones homosexuales han sido preguntados por la
relación con el padre en 24 estudios publicados. En 20 de éstos, el 60-70 por ciento
de los gays afirman haber tenido una relación negativa, en comparación con el 20-
30 por ciento de los heterosexuales. El listado de los 20 estudios aparece en una
nota anterior. Los cuatro estudios en los que no se hallaron diferencias en las relaciones con el padre son: *Robertson*, 1972; *Zuger*, 1970; *Siegelman*, 1974; y *Buhrich y
McConaghy*, 1975.

24. Para una somera evaluación de los estudios transversales sobre la cuestión y un resumen de los resultados del que es de lejos el principal estudio británico, véanse las pp. 188-190, *Wellings et al.*, 1994.

25. Véanse *Baumrind*, 1966; *Baumrind*, 1967; *Baumrind*, 1971; y los capítulos
de Power y de Jannsen en *Jannsen y Gerris*, 1992.

26. Véase *Mueller y Dweck*, 1998.

27. Para acceder de forma gratuita a la numerosa documentación que así lo

indica, podéis visitar la página www.selfdeterminationtheory.org, ir a la opción «publications» y consultar los apartados «internalization and self-regulation» y «development and parenting».

28. Véase *Kochanska y Aksan*, 1995.

29. Véase *Zahn-Wexler et al.*, 1992.

30. Véase *Cole et al.*, 1992.

31. Véanse *Duggal et al.*, 2001; *Zahn-Wexler*, 2002; *Klimes-Dougan y Bolger*, 1998.

32. Véase *Steinberg et al.*, 1989; véase también *Baumrind*, 1991.

33. Véase *Watson y Getz*, 1990; véase también *McGuire et al.*, 1995.

34. Véase *Lewis y Janda*, 1988.

35. Véase *Ellis et al.*, 1999.

36. Véase *Patterson*, 1990.

37. Véase *Firth-Cozens*, 1992.

38. Véase *Feyerabend*, 1995.

39. Véase *Baumrind*, 1967 y 1971.

40. Véase *Wellings et al.*, 1994.

41. Véase *Bushman et al.*, 2001.

42. Véase *Miller*, 1980.

43. Para una descripción pormenorizada de la personalidad autoritaria, véase *Stone et al.*, 1992.

44. Véase *Milburn*, 1996. Este excelente libro ofrece un análisis detallado del fundamentalismo en Estados Unidos.

45. La principal fuente de este perfil de Bush se halla en *Minutaglio*, 1999, biografía escrita con la colaboración de muchos de los familiares y amigos del presidente estadounidense. Las citas de David Frum han sido extraídas de *Frum*, 2003.

46. Véase *Stone*, 1993.

47. Véase *Milburn*, 1996.

48. Véase *Patterson*, 1982.

49. Para una evaluación de los estudios que muestran la importancia de unos cuidados completos por parte de los padres, véase *Mcmahon y Wells*, 1998.

50. Véase *Rutter y Smith*, 1995.

51. Éste es el tema de mi último libro, *James*, 1997.

52. Véase *Tangney et al.*, 1992.

53. Véanse *Steinberg*, 1986; *Vandell y Corasaniti*, 1988; *Vandell y Ramanan*, 1991; *Greenberger y Goldberg*, 1989; y *Moorehouse*, 1991.

54. Véase *Richardson et al.*, 1989.

55. Véase *Quinton y Rutter*, 1988.

56. Véanse las pp. 71-97, *Surbey*, 1990; *Bereczkei y Csanaky*, 1996; *Moffit et al.*, 1992; *Wierson et al.*, 1993; *Graber et al.*, 1995.

57. Véanse *Graber et al.*, 1997; Barber, 1998.

58. Véase *Bereczkei y Csanaky*, 1995.

59. Véase *Ellis et al.*, 1999.

60. Para una evaluación de los estudios anteriores a 1992, véase *Beitchman et al.*, 1992; véanse también *Bushnell et al.*, 1992; *Rowan et al.*, 1994; *Peters et al.*, 1995; *Mullen et al.*, 1994; *Mullen et al.*, 1996; *Fergusson et al.*, 1996; y *McCauley et al.*, 1997.

61. Véase *Widom*, 1989; véase también *Coid, J.*, 2001 en la página web del Institute of Psychiatry: www.mds.gmw.ac.uk/psychiatry/forensic.html.

62. Véase *Coid*, nota anterior.

63. Véase el capítulo 5, *James*, 1995.

64. Véase el capítulo 1, *James*, 1995.

65. Véase el capítulo 5, *James*, 1995.

66. Véase *Bach-Y-Rita y Veno*, 1974.

67. Véase *West*, 1965.

68. Véase la p. 130, *Freud*, 1930.

69. Para una introducción, véanse las pp. 188-190 en *Plomin et al.*, 1997.

70. Véanse *Cloninger et al.*, 1982; *Mednick et al.*, 1984.

71. Véase *Horn et al.*, 1975.

72. Aparte de todo esto, véase *Hyun Rhee S. et al.*, 2002.

73. Aparte de todo esto véase *US Department of Justice, Federal Bureau of Investigation*, 2004.

74. Véase el capítulo 7, *James*, 1995.

75. Véase el capítulo 6, *James*, 1995.

76. Véase *Patterson*, 1982, 1990.

77. Véase *Vaughan y Bost*, 1999.

78. Véase *James*, 1995; véase también *Wakschlag y Hans*, 1999.

79. Véase *Halverson y Waldrop*, 1970.

80. Véanse *Braithwaite y Braithwaite*, 1980; *Messner*, 1982.

81. Véase *Currie*, 1985.

82. Los siguientes dos párrafos están basados en el estudio de *Kochanska*, 1997.

4

EL GUIÓN DE NUESTRAS RELACIONES
DURANTE LOS TRES PRIMEROS AÑOS

... They fill you with the faults they had
And add some extra just for you...

[Te cargan con su saldo negativo,
luego añaden una carga adicional.]

En los años sesenta y setenta, John Bowlby, un médico y psicoanalista inglés, desarrolló lo que denominó la «teoría del apego» para explicar las inseguridades en nuestras relaciones.[1] Las trataremos en detalle más adelante en este capítulo. Pero, antes, ¿cuál de estos «patrones de apego», como los llaman los psicólogos, está más próximo a vuestra forma de relacionaros con los demás?

PATRÓN 1

«Me siento cómodo sin tener relaciones emocionales muy estrechas. Es muy importante para mí sentirme independiente y autosuficiente, y prefiero no depender de otros ni que otros dependan de mí.»

PATRÓN 2

«Aspiro a disfrutar de una intimidad emocional absoluta con otras personas, pero muchas veces me encuentro con que los demás son reacios a establecer esa clase de relaciones. Me siento incómodo no teniendo relaciones estrechas con alguien, y a veces me preocupa que los demás no me valoren tanto como yo los valoro a ellos.»

PATRÓN 3

«Me siento más bien incómodo al profundizar en las relaciones con otras personas. Quiero tener relaciones personales estrechas, pero me cuesta confiar plenamente en los demás o depender de ellos. A veces tengo miedo de salir dañado emocionalmente si establezco relaciones demasiado estrechas.»

PATRÓN 4

«Me resulta relativamente fácil establecer relaciones emocionales profundas con otras personas. No tengo problema en depender de otros ni en que otros dependan de mí. No me preocupa estar solo ni que otros no me acepten.»

Si habéis escogido el cuarto patrón, os encontráis entre el 50 por ciento de los adultos que confían en que serán amados, no corren riesgos innecesarios cuando les va bien en el trabajo o en el amor, y se sienten seguros en sus relaciones. Tenéis lo que se denomina un patrón de apego seguro. Con todo, la mitad de nosotros no somos así. Si escogéis uno de los tres primeros patrones o tenéis la impresión de que ninguno de ellos se adecua al vuestro (lo que seguramente os sitúa como pertenecientes al patrón 3), vuestro patrón de apego es de tipo inseguro. Evitáis la intimidad por completo, u os sentís dependientes y asustados si una relación se convierte en algo muy íntimo, o simplemente nunca termináis de tener claras vuestras relaciones de pareja. Estos tres primeros patrones son conocidos respectivamente como de evitación, de dependencia y de indecisión, y los examinaremos con detalle más adelante en este capítulo.

Nuestro patrón de apego está profundamente influido por el tipo de atención que recibimos entre los seis meses y los tres años de edad, período que resulta clave a la hora de desarrollar nuestras expectativas fundamentales en relación con los demás. En gran medida incapaces de tener control sobre vuestro destino, apenas dotados de lenguaje y estatus social, os sentís a merced de quienes cuidan de vosotros. Vuestra experiencia con ellos se generaliza y se convierte en un sustrato de asunciones que extrapoláis a todas vuestras relaciones con los demás: ¿se puede confiar en los otros? ¿Voy a caerles en gracia o voy a toparme con su rechazo o indiferencia? ¿Puedo confiar en los demás para satisfacer mis necesidades emocionales, sexuales y de otro tipo? Si durante la primera infancia sufrís constantes decepciones, ya sea porque las personas de quienes dependéis se ausentan físicamente con frecuencia, ya sea por la indiferencia emocional que muestran cuando están presentes, eso es lo que tenderéis a esperar de las personas de las que dependáis más adelante en la vida, en el trabajo y en el amor.

Aunque no se trata de una enfermedad mental propiamente dicha, el patrón de apego inseguro incrementa las probabilidades de sufrir serios trastornos psicológicos. Las diferencias entre las personas seguras e inseguras son profundas, tienen largo alcance y resultan patentes desde muy temprana edad. Los niños pequeños con trastornos alimentarios, como los que se niegan a comer o vomitan por sistema, son mucho más proclives a sentirse inseguros en la relación con su madre que los niños que comen con normalidad o son un poco caprichosos en la mesa.[2] El niño inseguro tiene dificultad para hacer amigos y tendencia a intimidar o dejarse intimidar por otros.[3] Tiene mayores riesgos de ser agresivo, depresivo y antisocial.[4] Los cerebros y los cuerpos de éstos muestran algunas diferencias respecto a los de los niños seguros, como por ejemplo los patrones eléctricos en el hemisferio derecho del cerebro, el ritmo de pulsación cardíaca y los niveles de cortisol, la hormona del estrés.[5]

En la edad adulta, los inseguros tienen muchas más probabilidades de sufrir enfermedades mentales.[6] Cuando se les pregunta en detalle sobre sus relaciones como niños y adultos, la práctica totalidad de los esquizofrénicos se retratan a sí mismo como inseguros. Los deprimidos, los neuróticos, quienes abusan de las drogas y el alcohol y los anoréxicos también son más propensos a ser inseguros, al igual que los individuos violentos y, algo que da que pensar, las tres cuartas partes de los fascistas. Los inseguros son más proclives a separarse o a divorciarse y, como padres, a intimidar, rechazar o ignorar a sus hijos.

La idea de que todos estos problemas puedan estar vinculados al modo en que fuimos tratados durante la primera infancia puede parecer extraña. Pero hay un sinfín de datos que demuestran que el pasado lejano influye enormemente en nuestro presente. A continuación vamos a examinar en detalle aquellas experiencias tempranas que conformaron nuestros patrones específicos de relación.

El pasado lejano y nuestro presente

En nuestro cerebro se producen constantemente movimientos de ondas eléctricas e interacciones de elementos químicos que, en su conjunto, conforman nuestros pensamientos y sentimientos. La particular configuración electroquímica de nuestro cerebro responde en gran medida a cuanto sucede a nuestro alrededor en todo momento. Si un peatón irrumpe de improviso en la calzada, nuestro cerebro registra el hecho y ordena a nuestro cuerpo que modifiquemos la trayectoria de nuestro vehículo. Si estamos viendo una película triste, ésta produce unos efectos en nuestro cerebro que nos llevan a sentir el impulso de llorar. Pero al menos tan importantes como lo que ocurre en el presente resultan las experiencias vividas durante los primeros años de nuestras vidas. Éstas establecen los patrones electroquímicos con los que más tarde interpretamos la existencia. Los avances efectuados durante las dos últimas décadas del siglo XX en la medición de las ondas y los elementos químicos del cerebro han demostrado que contamos con una red de conexiones neuronales preexistentes por las que damos sentido al aquí y ahora. Dicha red viene establecida por el tipo de atención que recibimos durante la niñez: cuanto más temprana es la experiencia, más persistente en el tiempo resulta el patrón.

Tanto en los animales como en los seres humanos, si durante los primeros años de vida se estimula una parte determinada del cerebro, ésta aumenta de tamaño y desarrolla un mayor número de conexiones entre las neuronas (las células que conforman el cerebro).[7] Cuanto mayor es la frecuencia e intensidad de la estimulación, más compleja se vuelve esa área del cerebro.[8] Si se realiza repetidamente, la estimulación da lugar a un patrón que se torna estable y poco susceptible de transformación. El conjunto de estos patrones de la infancia se convierte en la base física de nuestra personalidad, nuestra salud mental y nuestro intelecto en la edad adulta.

Una de las razones principales del decisivo impacto de la experiencia temprana radica en que el cerebro crece con mayor rapidez durante ese período.[9] Se ha observado que, durante el primer mes de vida, las ratas desarrollan cerca de un cuarto de millón de conexiones neuronales por segundo. A lo largo de los tres primeros años, el cerebro humano crece con similar vigor explosivo —algo que nunca volverá a repetirse—, de modo que el cerebro de un niño de dos años tiene de hecho el doble de sinapsis (conexiones entre las neuronas) que el de la madre. El impresionante volumen de nuestro temprano «cableado» mental explica que sus efectos sean más importantes y duraderos.

Las ratas privadas de cuidados maternos después del nacimiento siguen mostrando elevados niveles de cortisol, la hormona del estrés, meses más tarde.[10] Por el contrario, las ratas cuyo crecimiento temprano se ha desarrollado en entornos enriquecidos mediante estímulos adicionales presentan un rendimiento y una química cerebral superiores.[11] Cuando son introducidas en una gran jaula, donde tienen ocasión de explorar un laberinto y un compartimento con juguetes diversos, estas ratas se desempeñan mucho mejor y desarrollan más neuronas y conexiones en áreas cruciales del cerebro que las ratas crecidas en parejas o en solitario, sin más estímulos que los aportados por la comida y el agua. El enriquecimiento del entorno social de la rata tiene mucho menor efecto si se produce en la edad adulta. Cuando a las ratas adultas se les asignan los tres tipos de entornos descritos antes, los cerebros de los animales ubicados en entornos enriquecidos no muestran ni de lejos los espectaculares progresos que se observaron cuando esto se hizo durante los primeros meses de vida.

Los experimentos con monos ofrecen resultados parecidos. El tipo de atención y cuidados que el mono recibe durante los primeros años predice con precisión tanto su química mental como la clase de adulto en que se convertirá.[12] Los monos Rhesus separados de sus

madres en el momento de nacer y criados en grupos hasta los seis
meses de edad muestran mayor temor a los desconocidos y a las
circunstancias inusuales que los criados por sus madres, y con el
tiempo pasan a engrosar la base de la pirámide jerárquica que se
desarrolla en el seno de todo grupo de primates. Los individuos
criados por sus madres, más seguros y con mayores dotes para interactuar en sociedad, se sitúan en la cúspide de la pirámide. Cuando,
en fases posteriores de su vida, el mono separado de su madre al
nacer se ve amenazado por situaciones de ostracismo o marginación
social, su cuerpo y su cerebro presentan una actividad química diferente. Cuando se convierte en madre, la hembra de este grupo trata
a sus pequeños con bastante más negligencia o violencia que la que
en su momento disfrutó de cuidados maternos, lo cual perpetúa el
ciclo de la carencia afectiva.

Se ha observado que las variaciones menos extremas de desatención en los monos también tienen efectos importantes y duraderos.
Si un grupo de recién nacidos es separado de sus madres de forma
breve y ocasional durante las primeras catorce semanas de vida, los
monitos se muestran más tarde igual de inseguros que los individuos
criados lejos de sus madres; y, cuando son analizados a los cuatro
años de edad, muestran similar deficiencia de actividad química
cerebral.

El patrón de los cuidados maternos se transmite de madre a hija
por medio de la cantidad de cuidado y atención que dispensa la
primera. Cuando la hija se convierte en madre, la cantidad de contacto que mantuvo con su madre predice con precisión la que ahora
ofrecerá a su propia hija.

Por supuesto, la similitud de los cuidados maternos a través de
las generaciones podría responder en principio a la simple herencia
genética, pero esta posibilidad ha sido científicamente descartada.

Se ha comparado la cantidad de contacto mantenido con una hija en concreto y el promedio que la madre ha mantenido con el resto de sus hijas. El cuidado que esa hija imparte más adelante como madre refleja su propia experiencia, y nada tiene que ver con el promedio de las hermanas. Es la atención individual recibida la que determina el subsiguiente patrón de cuidados maternos, y no una posible tendencia genética heredada de la madre.

Otra teoría apunta a que las diferencias genéticas heredadas por un hijo pueden ser la causa del patrón materno de cuidados y atención: por ejemplo, un hijo difícil puede hacer que una madre pierda el interés por éste. Tal posibilidad ha sido descartada por un estudio realizado con monos recién nacidos pertenecientes a un grupo denominado «susceptibles en extremo», muy complicados de criar debido a su reacción exagerada ante el más mínimo ruido o movimiento. Estas crías de monos fueron puestas en manos de madres corrientes y de otras especialmente afectuosas y dedicadas. Los monos criados por estas últimas mostraron con el tiempo una mayor adaptación social incluso que los monos normales criados por madres normales. En otras palabras, lo adquirido resultó lo bastante decisivo para convertir a una cría difícil en un adulto superior. No sólo eso, sino que cuando los monos de este estudio crecieron y tuvieron hijos, el tipo de cuidados que dispensaron a sus crías —o bien normal, o bien afectuoso al máximo— resultó ser el reflejo exacto del tipo de cuidados recibidos durante sus primeros meses de vida. Y ello con independencia de que su personalidad infantil fuera extremadamente reactiva o no.

Lo que es cierto para los monos no tiene que serlo necesariamente para los seres humanos, pero entre ambas especies parecen darse muchos paralelismos. Por lo general, cuanto más temprano en nuestra infancia nos vemos sometidos a un patrón negativo de ex-

periencia —abusos sexuales, malos tratos físicos, carencia de afecto, falta de una adecuada nutrición durante la primera mitad del
primer año de vida (en comparación con la segunda mitad), divorcio
o separación de los padres, enfermedad mental de un progenitor o
graves problemas económicos de la familia—, mayores son las probabilidades de que dicho patrón siga afectándonos durante la edad
adulta.[13] Los efectos de la experiencia vivida durante la etapa intermedia de la niñez (entre los cinco y los diez años) son menos duraderos y acusados que los de la primera infancia, pero más que los
del período adolescente y posteriores. En los casos de abusos sexuales, por ejemplo, cuanto antes se producen más profundos resultan
los traumas durante la edad adulta y mayores son los daños sobre
la región hipocampal del cerebro.[14] En el caso de los malos tratos físicos, un estudio realizado con 578 niños, sometidos a seguimiento desde el parvulario hasta la adolescencia, puso de manifiesto que
quienes habían sufrido abusos físicos antes de cumplir los cinco años
se convirtieron en adolescentes bastante más inadaptados que los que
fueron maltratados después de los cinco años o no sufrieron maltrato.[15] En el caso del divorcio, éste sigue teniendo efectos psicológicos incluso cuando los hijos han superado la veintena, pero está
claro que el impacto negativo es mucho mayor cuando los pequeños tienen cinco años o menos.[16] El estrés infantil genera un patrón
de niveles de cortisol anormalmente altos o bajos, mientras que el
estrés en épocas posteriores no influye de forma tan decisiva en la
alteración de dichos niveles.[17]

El patrón electroquímico establecido en la infancia es el que nos
condiciona de adultos a la hora de escoger y relacionarnos con otras
personas, así como el modo en que dirigimos nuestra vida.[18] Si de
niños constantemente segregábamos grandes cantidades de cortisol
como respuesta a la actitud de «lucha o huida» ante los malos tra-

tos de nuestros padres, con el tiempo podemos sufrir daños cerebrales permanentes que nos llevan a reaccionar de manera excesiva a acontecimientos en principio inocuos: el pánico, la ansiedad o el derrumbe de nuestra autoestima pueden activarse por nimiedades.[19] Los hijos pequeños de madres deprimidas, así como los que han sufrido abusos o carencias afectivas, exhiben niveles exageradamente altos de hormonas del estrés como el cortisol.[20] Las ecografías del cerebro revelan patrones anormales de ondas en los lóbulos frontales y el hemisferio derecho, que suelen asociarse a la depresión en los adultos. Como veremos, su causa principal tiene poco que ver con la herencia genética, y mucho con la atención y educación recibidas en la infancia. El tipo preciso de trastorno del comportamiento manifestado a los tres años de edad predice la enfermedad mental concreta que el individuo sufrirá de adulto.[21] Estos adultos presentan una anormal actividad química en el cerebro, como niveles bajos de serotonina (el neurotransmisor que el Prozac y otros antidepresivos se encargan de aumentar) o ciertos patrones de ondas cerebrales.[22] En resumen, las pautas educativas de abuso, frustración o rechazo durante la niñez se fijan en el cerebro como un conjunto de expectativas que nos resulta difícil cambiar más tarde en la vida.

Nuestras primeras experiencias tienen un mayor impacto no sólo por el rápido desarrollo de nuestro cerebro, sino también por el hecho de que la evolución nos ha programado para que respondamos en mayor medida a determinados estímulos en las diversas fases de nuestro crecimiento. Estos períodos de formación son conocidos como «críticos» y «sensibles». Los seres humanos no somos los únicos en este sentido. En el caso de ciertas aves, los machos necesitan oír el canto de apareamiento propio de su especie, cantado de forma muy precisa, antes del octogésimo día de su existencia, ya que más adelante serán incapaces de aprenderlo: esos ochenta días son su período crítico.[23]

En comparación con otras especies, los seres humanos contamos con períodos de aprendizaje más sensibles que críticos. Los períodos sensibles implican la capacidad de seguir aprendiendo después de una edad determinada, aunque con éxito limitado. Un buen ejemplo de ambos tipos de aprendizaje en los seres humanos nos lo ofrece la adquisición de nuestro primer y segundo idioma. Si hasta los seis años de edad no hemos tenido ningún contacto con el habla humana, su aprendizaje nos resultará totalmente imposible, con lo que los seis primeros años conforman el período crítico para la adquisición del lenguaje. Una vez aprendido un primer idioma, el período sensible para la adquisición de una segunda lengua se prolonga hasta la pubertad. Un estudio realizado con un grupo de inmigrantes llegados a Estados Unidos diez años atrás puso de relieve que quienes habían empezado a estudiar el nuevo idioma después de la pubertad lo hablaban bastante peor que quienes se habían iniciado en él durante la infancia.[24]

Los períodos sensibles también están presentes en nuestras relaciones y patrones emocionales. Las ratas que han sufrido ansiedad al ser separadas de sus madres a edad temprana cuentan con niveles elevados de la hormona del estrés cortisol, y cuanto más larga es la separación, más altos son los niveles.[25] En las ratas de mayor edad, la separación de la madre no tiene este mismo efecto: sólo se da cuando la rata ha sido separada de su madre durante las dos primeras semanas de vida. Las ratas separadas de sus madres al nacer muestran unos niveles de estrés que en la edad adulta siguen siendo marcadamente mayores que los observados en las ratas nunca separadas de la madre. Se ha demostrado que en los seres humanos sucede algo muy parecido. Los niños que de pequeños eran inseguros en sus relaciones continúan presentando altos niveles de cortisol y patrones cerebrales anómalos durante la fase intermedia de la infancia.[26]

El papel fundamental de la experiencia temprana ha sido subrayado por varios estudios recientes efectuados sobre niños crecidos en instituciones de acogida y más tarde adoptados. Los niños rumanos criados en orfanatos donde sufrieron grandes privaciones y que más tarde fueron adoptados por padres de clase media de Europa occidental seguían mostrando las huellas electroquímicas en el cerebro seis años después de las adopciones.[27] Los que habían estado más de ocho meses en un orfanato mostraban niveles de cortisol mucho más elevados que quienes sólo habían estado internados cuatro meses. Como veremos, la etapa entre los seis meses y los tres años de edad en los seres humanos constituye un período sensible a la hora de establecer vínculos afectivos de tipo seguro, y el patrón que el niño mostrará a los dieciocho meses de edad puede predecirse con bastante exactitud evaluando el patrón de la madre antes del nacimiento.[28] Al igual que los monos, los seres humanos transmitimos estos patrones de generación en generación, fijándolos físicamente en el cerebro según la forma en que cuidamos del niño durante sus primeros años de vida.

Ser criado por muchas personas distintas y, en consecuencia, recibir un cuidado menos personal, tiene efectos terribles sobre el crecimiento físico del pequeño. Cada tres meses transcurridos en una institución suponen la pérdida de un mes de crecimiento físico, pues la falta de atención y cuidados reduce la producción de las hormonas del crecimiento.[29] Lo mismo sucede con las aptitudes mentales y el desarrollo del lenguaje. En ocasiones, estas carencias pueden ser corregidas si el bebé es adoptado y cuidado por unos padres afectuosos, pero no resulta tan sencillo en lo que respecta al desarrollo emocional del niño.[30] Muchos de estos niños presentan problemas a largo plazo —agresividad, delincuencia, hiperactividad, inseguridad emocional, indicios de autismo, afectividad indiscriminada—, incluso después de haber sido adoptados por padres muy dedicados. La envergadura de estos problemas depende casi por entero de la atención y los cuidados precisos recibidos a determinadas edades.[31]

Los niños que, poco después de nacer o tras haber pasado un tiempo en una institución de acogida durante la primera infancia, son adoptados por padres responsables, afectuosos y con aceptable situación económica, responden de hecho igual de bien que los pequeños cuyos padres biológicos responden a ese mismo perfil. Los problemas sólo aparecen cuando se han dado situaciones adversas muy determinadas, que pueden actuar en conjunto o por separado. En primer lugar, si el niño ha sido maltratado por sus padres biológicos antes de ingresar en el centro de acogida, los riesgos son muy altos.[32] Si la madre era depresiva o violenta, el niño habrá sufrido privaciones y abusos durante este período sensible para la formación de un patrón electroquímico «feliz», y los daños suelen ser evidentes incluso años más tarde.

En segundo lugar, y por lo general, cuanto mayor haya sido el tiempo transcurrido en una institución o centro de acogida, mayores son los riesgos para el pequeño.[33] Como indicábamos más arriba, los niños que han estado internados ocho meses tienen mayores problemas que los que han permanecido sólo cuatro. No obstante, y en tercer lugar, la calidad de los cuidados recibidos en el centro, y la continuidad de los mismos, pueden servirle como escudo protector.[34] Los niños recluidos en instituciones masificadas con mínima estimulación y escasa relación individual con los cuidadores, así como los pequeños que son constantemente trasladados de centros o de hogares de acogida, siguen estando marcados en mayor medida años después de haber sido adoptados que los niños procedentes de centros con una atención más personalizada. Lo que es más, si el pequeño tiene la suerte de convertirse en el preferido de uno de los cuidadores, los daños suelen ser menores. En cuarto lugar, cuanto más tarde se produce la adopción, mayor es la probabilidad de que surjan problemas.[35] Los niños que son adoptados después de los dos años corren mayores riesgos que los adoptados antes de esa edad. Esto demuestra claramente que las adversidades tempranas ejercen mayor influencia que las posteriores. Por último, la calidad de los cuidados impartidos por los padres adoptivos también desempeña un papel muy importante.[36] Los niños adoptados en hogares en los que hay poco afecto y una inconsistente arbitrariedad se encuentran con mayores problemas. Cuando se adopta a dos o más niños, como en el caso de la amplia familia de Mia Farrow mencionado en la introducción, es frecuente que surjan problemas.

Tomados en su conjunto, los datos demuestran con contundencia que cuanto más tempranamente sufrimos la adversidad, más duraderos y graves son los daños sobre nuestro desarrollo emocional, y que la herencia genética desempeña un papel muy inferior a la atención y la educación impartidas a los pequeños. A idéntica conclusión llegan los estudios centrados en la depresión materna en distintas etapas de la niñez.

Por lo general, las madres ejercen mayor influencia que los padres en la formación de la personalidad del niño, lo cual no resulta sorprendente, ya que en la gran mayoría de los casos es la made la que pasa más tiempo con el pequeño.[37] Los bebés con madres depresivas tienden a ser retraídos, pasivos y menos alegres.[38] Su capacidad de atención es menor y parecen tener menos confianza en su capacidad para controlar el entorno.[39] El desarrollo del lenguaje y las aptitudes mentales se produce con retraso.[40] Como consecuencia, durante su segundo año de vida son menos comunicativos y muestran menor coordinación, tendiendo a mostrarse más hostiles y agresivos que afables, y en etapas posteriores tienen mayor probabilidad de sufrir de depresión y agresividad. La razón está clara y nada tiene de sorprendente.[41] La madre no respondía del modo adecuado a los intentos del niño por comunicarse, no le ofrecían muchos estímulos y era propensa a ver las cosas desde un prisma negativo.[42] También su voz presentaba un tono negativo,[43] y sus observaciones acostumbraban a estar marcadas por el pesimismo de «la botella medio vacía». La influencia directa de la madre en los problemas del hijo resulta aún más evidente si realizamos una simple comparación. El ocho por ciento de los niños cuyas madres no eran depresivas, pero sufrían de alguna enfermedad física durante los años siguientes al parto, presentan trastornos emocionales.[44] En el caso de los hijos de madres depresivas, el porcentaje es cuatro veces superior. La depresión provoca que las madres traten a los pequeños de una forma problemática.

¿La depresión materna cuando el niño es muy pequeño tiene un mayor impacto que si la madre está deprimida en épocas posteriores? Los estudios así lo indican. Cuanto más larga y profunda es la depresión de la madre, menos sensible se muestra en sus cuidados y mayores son las probabilidades de que el niño sufra más adelante de inseguridad y depresión.[45] Aunque nuestras madres estuvieran deprimidas cuando éramos pequeños y luego se recuperaran, nuestras probabilidades de sufrir problemas años más tarde siguen siendo mayores, ya que se ha demostrado que la depresión de la madre afecta a nuestra electroquímica no sólo mientras dura el trastorno, sino también a largo plazo.[46] Los bebés e hijos pequeños con madres deprimidas muestran patrones de ondas cerebrales atípicos, y el grado de anormalidad está en relación directa con la gravedad de la

depresión materna.[47] Estudios más detallados reflejan con precisión
el impacto que los comportamientos de la madre ejerce sobre las
ondas cerebrales del pequeño.[48] Si la madre se muestra negativa o
distante, el cerebro del niño responde en consecuencia, de modo que
las ondas mentales cambian en los momentos precisos en que la
madre responde de forma insensible a los intentos del hijo por establecer comunicación con ella. Esa anomalía cerebral acompaña-
rá al niño allá donde esté: cuando se efectúan mediciones sin que
la madre esté físicamente presente, los patrones anormales siguen
siendo perceptibles, lo cual demuestra que se han generalizado con
el objetivo de responder a situaciones de todo tipo. El niño ahora
tiene como referencia la experiencia negativa con la madre, a la cual
recurrirá siempre que esté con otros. Y, sobre todo, parece claro que
cuanto más pequeños somos cuando se produce la depresión materna, mayor es el impacto sobre nuestro cerebro.[49]

El guión de nuestras relaciones

Los recientes datos sobre el mayor impacto de la experiencia temprana no sorprenderían a John Bowlby, creador de la teoría del apego
mencionada al principio de este capítulo. Según Bowlby, nuestra
especie desarrolló el instinto de establecer apegos intensos y específicos desde los seis meses de edad aproximadamente porque resultaba de gran utilidad en los tiempos primigenios. Por entonces vi-
víamos rodeados de depredadores y, como siguen haciendo los
monos en libertad, procurábamos mantenernos lo más cerca posible de nuestras madres desde que éramos capaces de movernos a
rastras por el suelo. Cuando nos alejábamos mucho de ellas, hacía-
mos lo posible por llamar su atención con gritos y tratábamos de

aferrarnos físicamente a ellas. Con todo, asumiendo que en los niños pequeños sigue existiendo ese instinto, ¿cómo se explica entonces que el 40 por ciento de los niños se muestren inseguros y que dicho porcentaje llegue al 50 por ciento en los adultos? ¿Dónde radica la diferencia entre seguridad e inseguridad?

De acuerdo con Bowlby, la clave está en el tipo de atención y cuidados que recibimos entre los seis meses y los tres años de edad. La indiferencia emocional o la ausencia física de la cuidadora en esa época, o la combinación de ambos factores, generan un estado de temor a que la cuidadora resulte inaccesible desde el aspecto emocional (a lo largo de este capítulo voy a utilizar las palabras «madre» y «cuidadora» de forma indistinta, pues en la gran mayoría de los casos es la madre la que cuida de los hijos). Esta ansiedad se prolonga durante la edad adulta y se activa cuando establecemos relaciones profundas con otros. Como en los primeros años de nuestra vida no vimos satisfechas nuestras demandas de afecto, en la actualidad nos encontramos permanentemente necesitados de ello, y somos incapaces de relajarnos y de confiar en que todo marchará bien en nuestras nuevas relaciones. Los adultos inseguros tienen miedo a ser abandonados o rechazados por sus seres queridos, pues eso fue lo que les sucedió en la infancia. Tras haber aprendido a esperar de sus seres queridos un determinado comportamiento, asumen que las cosas siempre serán así en el futuro.

De las dos grandes explicaciones que ofrece Bowlby sobre la inseguridad, la de la ausencia de la madre es la más controvertida. La idea de los efectos perjudiciales de dejar a los niños pequeños en manos de cuidadoras sustitutas no pudo elegir peor momento para salir a la luz que los años sesenta, década en que muchísimas madres empezaron a abandonar el hogar para ponerse a trabajar. La cuestión continúa siendo objeto de encendidas discusiones, usándose ejemplos e indicios muchas veces cogidos por los pelos, pero paulatinamente se está llegando a un consenso generalizado. Hoy día, pocos son los expertos que nieguen que dejar a un bebé al cuidado de completos desconocidos de forma habitual genera inseguridad. La cuestión fundamental debe centrarse en cómo organizar unos cuidados sustitutivos que no tengan ese efecto, algo que se ha demostrado factible.

La inseguridad entre los niños pequeños con madres trabajadoras

La teoría de Bowlby predice que si la cuidadora principal está físicamente ausente de forma regular cuando el niño es menor de tres años y la sustituta no resulta adecuada, el niño se torna ansioso porque su necesidad de afecto no se ve satisfecha. Para evitar la inseguridad, la cuidadora sustituta debe actuar en la medida de lo posible como una madre responsable.[50] Es preciso que el número de niños por cuidadora sea bajo, e incluso más bajo aun cuando los niños son de corta edad. Lo ideal es que a cada niño le sea asignada una cuidadora específica, y que ésta sea la misma todos los días. Los cambios de turno del personal deben ser mínimos, y hay que ser especialmente cuidadosos los días en que la cuidadora no esté presente. Ésta tiene que estar muy preparada, ser afectuosa y tener buena disposición. La transición del cuidado maternal al sustitutivo no debe ser brusca, y se recomienda que el niño conozca personalmente a la cuidadora antes de ser puesto en sus manos durante largos períodos de tiempo.

Si se cumplen estas condiciones, el niño se sentirá seguro, por mucho que su madre trabaje a tiempo completo. Pero si no se cum-

plen, pueden surgir diversos problemas. Una serie de películas realizadas en los años cincuenta y sesenta por el psicoanalista británico
Jimmy Robertson y su mujer Joyce documentaron de forma muy
vívida lo que sucede cuando un niño pequeño es separado de sus
padres bruscamente y dejado en manos de desconocidos a tiempo
completo durante días o semanas. Es el caso de John, un niño de
diecisiete meses al que su padre deja en un hogar infantil durante
nueve días seguidos porque la madre debe someterse a una intervención quirúrgica.[51] Al principio, el pequeño protesta al verse así abandonado. A lo largo de las siguientes jornadas se retrae por completo y sufre lo que tiene todas las trazas de ser una crisis nerviosa,
sumiéndose en la rabia, la tristeza y la desesperación absolutas. La
película resulta de veras impresionante y termina con la inolvida-
ble mirada de reproche que John le dirige a su madre cuando ésta
por fin hace acto de presencia.

Pocas personas cuestionarán que hacerle algo así a un niño
pequeño resulta perjudicial; y, cuando se realiza de manera repetitiva, existe el riesgo de causar daños permanentes. Pero no es en este
tipo de cuidados sustitutivos extremos, durante veinticuatro horas
a lo largo de varios días, en el que se centran los psicólogos. Cuando las madres vuelven al trabajo después de haber dado a luz, existen
otras formas más sutiles de cuidados sustitutivos para sus pequeños.

Los estudios realizados en los años setenta se limitaban a comparar la seguridad de los niños criados en casa por sus madres a tiempo completo, y la de aquellos dejados en manos de cuidadoras sustitutas.[52] Eso hacía que los investigadores obviaran factores tan
importantes como la calidad y la duración de los cuidados sustitutivos. No obstante, en los ochenta se realizaron una serie de estudios más exhaustivos en los que se concluía que, en general, los niños
que habían estado sometidos a veinte o más horas semanales de cui-

dados sustitutivos durante el primer año de vida corrían un riesgo mucho mayor de sentirse inseguros.[53] Tan sólo el 26 por ciento de los pequeños criados en casa terminaron mostrando inseguridad, proporción que ascendía al 43 por ciento entre los niños criados en guarderías. Los efectos adversos se prolongaban durante los años posteriores de la niñez. Ya fueran examinados a los cuatro o a los diez años, los niños criados en guarderías eran mucho más propensos a sentirse insatisfechos emocionalmente, a tener malos hábitos de trabajo, a llevarse mal con los compañeros, a ser agresivos y a mostrar comportamientos antisociales.[54] No obstante, un importante estudio realizado con posterioridad en Estados Unidos determinó que el problema no radicaba exclusivamente en el paso por la guardería, sino que más bien se debía a la combinación de una actitud distante o indiferente por parte de la madre con la estancia prolongada en guarderías.[55] En conclusión, los abundantes datos con que contamos en la actualidad demuestran que los cuidados sustitutivos pueden promover la inseguridad. Sin embargo, como sucede con todas las investigaciones, existen muchos condicionantes y matizaciones.

En uno u otro caso, 26 de cada 100 niños se sienten inseguros, pero hay algo en los cuidados de guardería que incrementa el porcentaje en un 17 por ciento. La explicación más simple radicaría en el hecho de que muchos de los cuidados sustitutivos disponibles no están a la altura de lo que una madre normal puede ofrecer a sus hijos;[56] asimismo, el número de cuidadoras sustitutivas es escaso, y lo normal es que vayan cambiando, con la consiguiente falta de continuidad. Sin embargo, el problema de las madres trabajadoras es mucho más complejo. No se reduce al simple hecho de que los cuidados sustitutivos generen inseguridad: en muchos casos, éstos pueden influir también en la relación de la madre con el pequeño. Por ejemplo, cuanto más largo y temprano sea su paso por la guardería, más probable es que la madre se muestre insensible y poco ligada al niño.[57] A la madre puede resultarle difícil establecer un vínculo profundo con el pequeño si no lo ha visto mucho durante sus primeros meses y años de vida. Al mismo tiempo, frustrado por la larga estancia en guarderías donde los cuidados tal vez no fueran demasiado buenos, el niño puede ser difícil de manejar. El resultado final es un círculo vicioso marcado por la indiferencia materna y el comportamiento cada vez más problemático del pequeño.

Otro factor de importancia se refiere al tipo de mujer que sea la madre trabajadora y a la percepción que tenga acerca de la importancia de la atención al niño durante los primeros años. Las mujeres que dejan a sus hijos en guarderías durante largos períodos de tiempo y a muy temprana edad tienen mayor tendencia a considerar que los niños en general son bastante capaces de arreglárselas por su cuenta y que para desarrollar su potencial no necesitan una atención estrecha y personalizada.[58] Estas mujeres no se sienten preocupadas o angustiadas por dejar a sus niños con otros e irse a trabajar y, de forma indirecta, consideran que, siempre que el hijo reciba unos cuidados mínimos, los genes acabarán por imponerse y determinar las capacidades y el carácter del pequeño. Las madres trabajadoras convencidas de que, de hecho, es bueno para los hijos recibir cuidados sustitutivos durante los primeros años suelen mostrar mayor indiferencia hacia sus pequeños y relacionarse menos con ellos en los ratos de ocio. También son más proclives a dejar a sus niños en manos de cuidadoras o guarderías que no son las óptimas, a más temprana edad y durante más horas a la semana que el resto de las madres. De hecho, su distanciamiento y su despreocupación ante unos cuidados sustitutivos de baja calidad tienen sentido, ya que opinan que la atención y los cuidados dispensados al niño no ejercen mucha influencia sobre su bienestar. No es sorprendente, pues, que los hijos de estas madres sean más propensos a sentirse inseguros.

Cabe añadir que la seguridad del apego no es el único factor influido por los cuidados sustitutivos. Hoy se considera que, en general, una estancia de más de diez horas semanales en guarderías durante la primera infancia incrementa en mucho las probabilidades de que el niño se muestre agresivo a los cuatro años de edad, como ponen de manifiesto tanto madres como maestros.[59] Y no se trata sólo de que el niño se muestre más asertivo: se enzarza en más peleas, suele intimidar a sus compañeros y se irrita en mayor medida cuando se siente frustrado. Pueden darse otras consecuencias más sutiles, algunas positivas, otras no tanto, y sólo algunas de ellas han sido analizadas hasta la fecha. Una de éstas es la elección indiscriminada de amistades para afrontar su realidad, observada entre niños que desde muy pequeños estuvieron al cargo de una múltiple sucesión de cuidadoras.[60] Aunque hay quien trata de presentar este rasgo bajo una luz positiva, como indicadora de una mayor sociabilidad en general, estos niños corren más adelante el riesgo de ser incapaces de desarrollar relaciones amistosas o amorosas estables y profundas, y de caer precozmente en la promiscuidad sexual, el embarazo adolescente y la delincuencia juvenil. En la edad adulta pueden ser más proclives a mostrarse sociables de forma superficial, a decirles a los demás lo que éstos quieren escuchar y a mostrarse manipuladores.

Los datos sobre el efecto que el cuidado en guardería tiene sobre el desarrollo intelectual son más equívocos. Algunos estudios sugieren que en realidad puede fomentar un desarrollo más rápido,[61] mientras que otros apuntan a que a largo plazo perjudica el rendimiento escolar.[62] Es posible que buena parte del desarrollo acelerado se deba a que el niño tiene que crecer más deprisa, aprender a manejarse y a hablar para poder sobrevivir entre los demás, y, en las familias en las que «ser listo» constituye la única forma de atraer el cariño, el pequeño no tarda en hacer uso de sus nuevas capacidades como medio de complacer a los padres. El tipo de mujer que se pone a trabajar cuando el hijo es todavía muy pequeño suele ser también de la clase de madres a la que no les hacen gracia los comportamientos infantiles y que valoran más las capacidades y la competitividad propias de los adultos (aunque, por supuesto, hay muchas madres con dedicación a tiempo completo que también son así).[63] A estas madres en ocasiones les resulta difícil disfrutar de los muchos aspectos de la infancia que no tienen objetivos evidentes, como las fantasías lúdicas o los juegos absurdos de palabras, que en principio no guardan relación con el futuro brillante del niño.

La tercera parte de la minoría de madres británicas con hijos pequeños que trabajan a tiempo completo suelen ocupar puestos de mucha responsabilidad. Lo mismo sucede en Estados Unidos.[64] Al igual que los varones ambiciosos y empeñados en triunfar en la vida, las mujeres de este tipo tienden a ser muy organizadas y a querer tener un control total sobre su vida. Sin embargo, esto es sencillamente imposible cuando hay que cuidar de un bebé, cuyos ritmos vitales y vida mental difieren por completo de los de los adultos. El bebé come y duerme a horas variables, y habita un espacio mental muy distinto. Después de trabajar todo el día en un cargo de gran responsabilidad, a la madre le cuesta mucho ajustarse a ese modo tan diferente de existencia. No es de extrañar que muchas de estas madres recurran a libros que abogan por establecer unos horarios rígidos para comer y dormir, y que someten al bebé al patrón que resulta más conveniente para la madre.

Por extraño que parezca, se han realizado escasos estudios científicos sobre los efectos resultantes de ajustar al bebé al ciclo vital de la madre desde el momento mismo del nacimiento. Por desgracia, los psicólogos académicos suelen mostrar poco interés por las cuestiones que realmente importan a los padres con hijos pequeños. Hay un estudio que revela que los bebés duermen y comen mejor cuando los cuidados maternos tratan de ajustarse a las necesidades precisas del pequeño, pero no conozco ninguno que haya examinado las consecuencias a largo plazo de ambos tipos de cuidados.[65] El manual más utilizado, titulado *The Contented Little Baby Book*, debería rebautizarse como *The Contented Little Parent Book*.* Con todo, también podría resultar que, en última instancia, lo mejor para el niño sea que sus padres duerman como es debido, pues así estarán en condiciones de satisfacer sus necesidades con más calma y empatía.

Un problema específico de las madres con puestos de responsabilidad es el de impedir que las cuidadoras que las sustituyen hagan bien su trabajo. Por ejemplo, una directiva empresarial de éxito está acostumbrada a ordenar a sus subordinados que cumplan exactamente sus mandatos y, si no lo hacen, despacharlos. Conozco a bastantes ejecutivas que han despedido a sus niñeras o canguros por no haber hecho exactamente lo que habían ordenado, como si se tratara de simples empleadas. Estas madres no se daban cuenta de que, al actuar así, estaban desequilibrando seriamente a sus hijos pequeños, creándoles ansiedad e inseguridad ante las frecuentes separaciones. En algunos casos, la ejecutiva estaba realmente celosa de la relación que la cuidadora había establecido con el pequeño, una vinculación que consideraba «demasiado estrecha», sin tener en cuenta que ése era precisamente el tipo de relación que el niño necesitaba para sentirse seguro.

---

* *El libro del bebé satisfecho* y *El libro del progenitor satisfecho*, respectivamente. (*N. del T.*)

En términos generales, hay pocas dudas de que unos cuidados sustitutivos inadecuados aumentan el riesgo de generar inseguridad en los niños pequeños. Sin embargo, la situación es bastante menos problemática de lo que cabría esperar en Estados Unidos y Gran Bretaña. El porcentaje de madres estadounidenses con un hijo menor de un año que trabajan asalariadas es sorprendentemente bajo, un 55 por ciento.[66] En el Reino Unido, y al contrario de lo que la prensa nacional viene a sugerir, son muy pocos los niños menores de tres años cuyas madres trabajan fuera de casa. Tan sólo el 11 por ciento de éstas tienen un empleo a tiempo completo, mientras que un 27 por ciento lo ejercen a tiempo parcial: si se contempla desde la otra perspectiva, el 62 por ciento de los niños pequeños tienen madres que no trabajan fuera del hogar.[67] E, incluso cuando la madre trabaja, lo habitual es que deje a los hijos al cuidado de parientes o amigos, quienes suelen ofrecer unos excelentes cuidados sustitutivos. El problema principal lo tiene la reducida minoría de niños británicos pequeños que a diario están en manos de cuidadores profesionales, en guarderías, pero también en orfanatos. La calidad de al menos la mitad de estos centros deja mucho que desear, y una gran mayoría de estos niños acaban por sentirse inseguros. Pero ésta es sólo una cara de la moneda.[68]

Para muchas mujeres, quedarse en casa al cuidado de un niño pequeño resulta terriblemente deprimente. Esto genera similares riesgos de inseguridad, cuando no mayores. Si en el fondo queremos lo mejor para el niño, lo mejor es ofrecerle cuidados sustitutivos de calidad antes que estar con una madre que se ve forzada a quedarse en casa y termina por deprimirse.

En el capítulo 2 describía cómo el guión familiar del príncipe Carlos lo convirtió en el destinatario de emociones no deseadas, especialmente por parte de su padre. La infancia de Carlos ofrece también un ejemplo muy ilustrativo de las ventajas que pueden derivarse de no recibir los cuidados directos de la madre. Hay razones para suponer que la por entonces princesa Isabel no habría sido una madre muy receptiva a las necesidades de su hijo. Por fortuna, Carlos pudo contar con unas cuidadoras sustitutas más que eficientes. La experiencia de verse separado durante la mayor parte de la niñez de su madre, ocupada en un trabajo de la máxima responsabilidad durante el día entero, seguramente no le causó ningún daño. De hecho, es muy probable que su situación hubiera sido mucho peor si Isabel hubiese ejercido de madre a tiempo completo.

En una carta dirigida a una amiga el 14 de noviembre de 1948, poco después del nacimiento de Carlos, Isabel comentaba: «Me sigue costando creer que haya tenido mi primer hijo». Su conducta posterior indica que dicha incredulidad se prolongó durante muchos años, ya que Isabel dedicó muy poco tiempo a cuidar de su hijo, sin duda alentada por el ejemplo de un marido que no estuvo presente en seis de los ocho primeros cumpleaños de Carlos. Isabel tan sólo veía a su hijo media hora a las diez de la mañana, y luego durante el momento del baño y de acostarse por las noches. No es de sorprender que la primera palabra que Carlos aprendió a pronunciar fuera «Nana», el nombre que daba a su niñera, Helen Lightbody.

Estos breves encuentros diarios se veían interrumpidos por las frecuentes ausencias. En noviembre de 1950, una semana después del segundo cumpleaños de Carlos, Isabel viajó a Malta para visitar a su marido, donde estaba destinado como oficial de la marina. Isabel permaneció en la isla hasta finales de diciembre, mientras Carlos estaba en casa de sus abuelos. La percepción que Isabel tenía de la importancia de Carlos en su vida queda reflejada contundentemente en lo ocurrido tras su regreso a Inglaterra. Su biógrafa, Sarah Bradford, señala que la separación de su hijo «no le había causado especial problema» y que «no le pareció necesario ir corriendo a buscarlo». En vez de ello, Isabel se quedó en su residencia londinense revisando la correspondencia y atendiendo otras obligaciones. También asistió con su madre a una carrera de caballos en la que competía un ejemplar de las cuadras reales. Por fin, cuatro días después de su llegada, se decidió a visitar a su hijo de dos años. Aunque por entonces era habitual que las mujeres de clase alta británica desempeñaran un exiguo papel en la crianza y educación de los hijos, pocas madres se mostrarían tan indiferentes ante el reencuentro con un hijo pequeño tras dos meses de separación, lo que sugiere que Isabel estaba muy poco unida emocionalmente a Carlos, no mostraba un especial interés en su desarrollo y no disfrutaba del amor que un niño pequeño brinda a su madre.

Aunque ambos padres se encontraban en Gran Bretaña durante el quinto cumpleaños de Carlos, ninguno se trasladó para celebrarlo con él en Windsor, donde el pequeño estaba con sus abuelos. Este episodio sugiere la falta de compromiso de ambos padres respecto a lo que necesita realmente un hijo pequeño, y así parece confirmarlo el hecho de que poco después del cumpleaños emprendieran una gira de seis meses por los países de la Commonwealth. Al final de la gira, Carlos viajó en avión hasta el norte de África para reunirse con ellos en la cubierta del yate real. En lugar de correr a abrazar a su madre, tuvo que colocarse al final de una fila de dignatarios que esperaban para estrechar la mano de la reina.

Si seguimos al pie de la letra los postulados de la teoría del apego de Bowlby, todo esto constituye un combinado perfecto para generar inseguridad. Pero hay muchos motivos para pensar que Isabel nunca habría sido una madre muy atenta a las necesidades de su hijo, incluso si hubiera estado más tiempo a su lado. De niña, la reina mostró síntomas de sufrir un trastorno obsesivo compulsivo (TOC).

Marion Crawford, «Crawfie», su gobernanta desde los cinco años de edad, ha descrito un ritual que practicaba todas las noches: colocaba meticulosamente treinta caballos de juguete, de unos treinta centímetros de altura y montados sobre ruedas, al pie de su cama. Crawfie explica que «la pequeña seguía una rutina estricta: a cada caballo le quitaba la silla y le daba de comer y de beber». Este ritual iba mucho más allá de una simple manía infantil y se prolongó durante toda la niñez. Isabel presentaba muchos otros síntomas de TOC. Por las noches disponía los zapatos bajo una silla de forma precisa y en un ángulo determinado, con su ropa cuidadosamente doblada, y cada dos por tres se levantaba de la cama para comprobar que la disposición era la idónea. También tenía la obsesiva costumbre de alinear con precisión los terrones de azúcar moreno que solían darle después de las comidas.

Isabel tan sólo veía a sus padres de forma breve en momentos puntuales del día, y estas obsesiones fueron probablemente resultado del régimen impuesto por su niñera, Alah Knight (quien también lo había sido de la Reina Madre). Así llamada en honor al dios de los musulmanes, Alah era una mujer muy severa. Crawfie afirma que, para ella, «la crianza era un estado dentro del estado, y la niñera era la jefa de estado». Alah consideraba que su misión era la de reprimir y canalizar los díscolos instintos de la pequeña. No había que mostrar indulgencia con los bebés que lloraban, y si tenían hambre a deshoras debían ajustarse a unos horarios de comidas regulares y fijados por los adultos. Los pequeños tenían que acostumbrarse a hacer uso del orinal lo antes posible, y siempre después del desayuno. Sometida a tan obsesivo régimen, no es de extrañar que la princesa sufriera de obsesiones.

Sus relaciones más estrechas las tenía con los animales. Una vez le dijo a Crawfie: «Si un día llego a ser reina, haré una ley que prohíba montar a caballo los domingos. Los caballos también tienen derecho a descansar». Seguramente buscaba la compañía de los animales porque se sentía sola. Crawfie recuerda que era «una niña muy pulcra y seria, quizá una niña excesivamente buena. Hasta mi llegada, nunca le habían permitido ensuciarse lo más mínimo [...] Los demás niños les resultaban fascinantes, como si fueran seres legendarios de otro mundo, y las pequeñas [Isabel y Margarita] solían sonreír con timidez a aquellos cuyo aspecto les gustaba. Les habría encantado hablar con ellos y trabar amistad, pero eso era algo que no les estaba permitido. Aquello me daba mucha pena». La represión de las emociones era la norma en la familia. Lord Harewood, tío de Isabel, recuerda: «Era una tradición eludir cualquier tema incómodo», y la Reina Madre «siempre barría bajo la alfombra las cuestiones incómodas».

Carlos sufrió las repetidas ausencias de su madre del mismo modo que ésta las había sufrido de pequeña. Cuando Isabel tenía nueve meses, sus padres se marcharon en viaje oficial a Oceanía. Cuando regresaron, seis meses más tarde, la pequeña fue incapaz de reconocerlos. La cosa no habría tenido mayor importancia si su cuidadora sustituta hubiera sido una segunda madre para Isabel, pero la niña estaba sometida a la tiranía de Alah. El hecho de que Carlos viviera una experiencia completamente distinta cuando ella a su vez se ausentaba de forma repetida se explica por el afecto y la dedicación de las cuidadoras sustitutas del pequeño.

Su niñera, Helen Lightbody, tenía poco más de treinta años cuando empezó a cuidar de Carlos. Sentía un gran cariño por el pequeño, mostrándole los sentimientos maternales que la madre biológica se esforzaba en reprimir. A pesar de los episodios negativos descritos en el capítulo 2, Carlos disfrutó probablemente de una buena niñez. Un indicio significativo de que Lightbody era una cuidado-

ra cariñosa y eficiente es que el príncipe Felipe estaba en su contra.
En cuestión de crianza de los hijos, todo aquello a lo que se opusiera
Felipe sería seguramente lo mejor para la salud mental de un niño.
Jonathan Dimbleby, biógrafo oficial de Carlos, describe así la actitud de Felipe hacia Lightbody: «A su modo de ver, bienintencionado
pero no demasiado lúcido, el duque consideraba que Helen Lightbody, la niñera del príncipe, constituía un impedimento para el
adecuado desarrollo del pequeño, pues ésta tenía inclinación a favorecer al hijo por encima de la hija, y a tolerar el carácter "blan-
do" del pequeño». Por suerte para Carlos, Felipe no ordenó el despido de Lightbody hasta que el hijo era ya lo bastante mayor para
sobrellevar la pérdida, después de los tres años. Por entonces había
desarrollado ya una relación con una sustituta adecuada, Mabel Anderson, niñera asistente de Lightbody desde el nacimiento de Carlos. Tras la marcha de Helen, Anderson se convirtió «en un refugio
de seguridad para él, el gran refugio [...] una segunda madre», según refiere Dimbleby. Carlos siguió estando muy unido a Anderson
durante la edad adulta.

Así pues, si una madre físicamente ausente puede ser una causa potencial de inseguridad, una sustituta que brinde una educación
afectuosa y coherente no sólo puede compensar esa ausencia, sino
que de hecho puede ser mejor para el niño que su propia madre. De
hecho, un estudio demuestra que los niños que desarrollaron inseguridad por culpa de unas madres inapropiadas tenían más probabilidades de mejorar si más adelante recibían los cuidados de una
sustituta durante el día.[69] Otro estudio ha puesto de manifiesto que
los niños pequeños de madres depresivas tenían menos probabilidades de ser inseguros si éstas trabajaban fuera que si se quedaban
en casa cuidándolos a tiempo completo.[70] Esto se halla en consonancia
con la segunda premisa de Bowlby respecto a las causas de la insegu-

ridad: la indiferencia ante las necesidades del niño. Ser criado en casa por una madre depresiva o desapegada puede ser tan malo para el niño como ser cuidado por una sustituta, e incluso peor.

La inseguridad en los niños pequeños con madres a tiempo completo

Hay muchas razones por las que una madre puede tener dificultad en sintonizar con el mundo de los niños pequeños. Tal vez le cueste comunicarse sin palabras, o quizá se aburra por la falta de competitividad o actividad intelectual. Puede que su propia niñez la dejara con una capacidad limitada para sentir empatía hacia los demás, incluyendo a los niños pequeños. Las drogas, el alcohol, la neurosis, la depresión o los trastornos de personalidad pueden haber generado en ella un egocentrismo que le impida contemplar la existencia desde la perspectiva de otro, cualquiera que sea su edad, y no digamos ya sintonizar con un mundo infantil dominado por las sensaciones en vez de por el pensamiento.

La madre insensible a las necesidades del hijo tiende a ser intrusiva, esto es, imponerle al niño unas premisas que el pequeño no comprende, decirle cuándo tiene hambre, sueño o necesita un abrazo, en lugar de ofrecerle alimento, descanso o afecto en respuesta a sus señales; en otras ocasiones, la madre puede limitarse a obviar toda comunicación con el niño, o no reconocer lo que el pequeño quiere expresarle. Este tipo de madres tienden a considerar que responder a las demandas del niño equivale a «ceder», y que tal «debilidad» por su parte únicamente sirve para que el hijo se vuelva cada vez más exigente (la doctrina de la pedagogía venenosa, descrita en el capítulo 3), lo cual es rechazado de plano por Bowlby. Según éste, el niño

menos exigente es precisamente aquel cuyas necesidades son satisfechas. El niño irritable y pesadito que todo lo quiere no es así porque
se le hayan consentido todos los caprichos, sino porque sus demandas no han sido atendidas, con lo que siempre se siente insatisfecho.
Bowlby sostiene que en realidad no se puede malcriar a un bebé, y
que es sólo cuando ha crecido un poco, después de los primeros
meses, cuando hay que emprender el largo y duro trabajo de disci-
plinar y refrenar los instintos del hijo: aplicar la clase de educación
exigente, sensible y completa desarrolladora de una conciencia benigna.

Entre las madres sensibles y sus hijos existe una sintonía especial. Sus respectivas emociones se entrelazan con la armonía propia
de una experimentada pareja de baile que evoluciona al son de la
música. Las madres poco sensibles no son capaces de desenvolver-
se en esa situación de reciprocidad, ni tampoco en el consiguiente
juego de dar y recibir de final abierto. En el caso de una pareja de
baile no resulta demasiado grave que uno de los bailarines se muestre
poco atento a lo que el otro hace, pero las cosas son muy distintas
entre una madre insensible y su hijo pequeño.

Los bebés cuyas madres a tiempo completo no responden a sus
necesidades son más proclives a sentirse inseguros a los doce o dieciocho meses de edad. Unos sesenta estudios sobre la cuestión indican que, como promedio, el 62 por ciento de los niños pequeños
con este tipo de madres se vuelven inseguros.[71] Y, lo que resulta aún
más significativo, la influencia de la desatención materna en la inseguridad del pequeño sigue estando presente décadas más tarde. Un
estudio evaluó el nivel de la atención materna en niños de uno, ocho
y veinticuatro meses, de los que luego se realizaron seguimientos
hasta llegar a la edad adulta.[72] El grado de receptividad e implicación
maternas permitía predecir si el niño se convertiría en un adulto

inseguro incluso dieciocho años después, pese a la enorme cantidad de sucesos acaecidos en el proceso.

Otros estudios de este tipo apuntan a que unos dos tercios de los patrones individuales se mantienen constantes entre la primera infancia y el inicio de la edad adulta, y si se produce un cambio de patrón normalmente se debe a una razón de peso. En una muestra de individuos seguidos desde la primera infancia hasta los veinte años, el 78 por ciento de quienes no habían tenido problemas de importancia en la vida, como el divorcio o el alcoholismo de los padres, no habían modificado sus patrones personales.[73] Los que sí habían experimentado cambios habían sufrido adversidades graves, como la pérdida de un progenitor o los abusos durante la niñez. En otra muestra de individuos muy estable, con un índice mínimo de divorcios o muertes en la familia, el 77 por ciento mantenían el mismo patrón de apego.[74] En ausencia de acontecimientos excepcionales en la vida, el patrón se mantenía inmutable.

Los tipos de experiencias capaces de modificar el patrón de apego son los mismos que sostiene la teoría de Bowlby. Por ejemplo, en el caso de los primogénitos, el nacimiento de un hermano puede causar la transformación de seguro en inseguro si los padres responden en menor medida a sus requerimientos.[75] En la edad adulta, un abandono o fracaso amoroso incrementa el riesgo de inseguridad.[76] A la inversa, la psicoterapia puede reducirlo. En un estudio realizado sobre pacientes adultos inseguros que habían estado sometidos a psicoterapia, el 40 por ciento habían adoptado un patrón seguro al final del tratamiento.[77] Pero, en términos generales, los patrones de apego de las personas tienden a permanecer fijos. Las tres cuartas partes de los niños de dieciocho meses siguen mostrando el mismo patrón a los tres años,[78] y la misma proporción de adultos se mantiene estable en intervalos de cinco años.[79]

Las vicisitudes de los hijos con madres depresivas, la mitad de los cuales son inseguros, ponen de relieve lo muy temprano y sólido que es el establecimiento de un patrón de apego.[80] Si la madre supera la depresión, por lo general el hijo sigue sintiéndose inseguro pese a que su madre se muestre más receptiva.[81] Esto indica que el niño ha desarrollado una concepción prototípica de que las personas de su entorno no van a responder como debieran, concepción que resulta difícil de modificar. Del mismo modo, los niños que han sufrido terribles maltratos durante la primera infancia tienden a seguir siendo inseguros incluso si más adelante disfrutan de una atención y unos cuidados acordes con sus necesidades. Por ejemplo, entre el 60 y el 70 por ciento de los huérfanos rumanos que en la infancia sufrieron graves carencias de todo tipo siguen sintiéndose inseguros muchos años después, a pesar de haber sido adoptados por parejas canadienses que en general les han brindado una atención adecuada y responsable.[82]

Los datos más relevantes sobre el efecto persistente de la atención y los cuidados tempranos en la seguridad del individuo nos los ofrece un estudio de seguimiento realizado con niños desde su nacimiento hasta los diecinueve años.[83] Algunos de ellos mostraban a los dieciocho meses patrones de afecto seguros, que durante la etapa intermedia de la niñez (entre los cinco y los diez años) se vieron alterados por diversas adversidades. Sin embargo, en comparación con los niños que de pequeños ya eran inseguros, tenían mayores probabilidades de estabilizarse de nuevo en la adolescencia, pues la seguridad temprana había ejercido en ellos un efecto de inoculación contra la adversidad posterior. En consecuencia, los niños seguros a los dieciocho meses que después habían tenido una adolescencia difícil eran más proclives a recuperarse durante la primera edad adulta que los niños inseguros ya desde pequeños. Por lo general, ya sea en relación con el rendimiento escolar o profesional y las relaciones personales, ya sea con los índices de delincuencia o de enfermedades mentales como la depresión, el hecho de contar con un patrón de apego seguro a los dieciocho meses permite vaticinar una mejor situación personal a los diecinueve años. Puesto que el grado de seguridad en el pequeño a los dieciocho meses se debe en gran medida a la atención y los cuidados recibidos durante la primera infancia, este estudio parece demostrar que ejercen una influencia decisiva en el modo en que se desarrollarán nuestras vidas en la mayoría de los aspectos fundamentales.

Asimismo, esto viene a demostrar la invalidez de la simplista consideración de que las madres trabajadoras cuidan peor de sus hijos pequeños que las que se quedan en el hogar. Hay muchas mujeres que no disfrutan especialmente con los bebés y corren el riesgo de caer en una depresión si se dedican a cuidarlos a tiempo completo. Mucho mejor para el niño resulta que la madre vuelva al trabajo, si eso la ayuda a mantener su equilibrio y si los cuidados sustitutivos son de calidad. Por otra parte, una madre también puede caer en una depresión si debe trabajar a tiempo completo pero preferiría quedarse en casa cuidando de su bebé. Por lo general, las madres que trabajan a tiempo parcial corren menos riesgo de deprimirse que las que lo hacen a tiempo completo,[84] y la primera opción parece ser la idónea para cerca de la mitad de las madres.[85] La clave radica en que la madre, y su pareja, estén satisfechos con el acuerdo adoptado. Cuando la madre se encuentra en el espacio social inadecuado para ella —trabajando cuando querría estar en casa, o a la inversa—, mayor es el riesgo de que se deprima y no responda a las necesidades del niño.[86] Si su pareja también está descontenta con la situación, se incrementa esa probabilidad.

La labor más habitual de los psicoterapeutas consiste en luchar contra los efectos ocasionados por los cuidados inadecuados que sus pacientes recibieron durante la primera infancia. Dichos efectos son evidentes en todas sus relaciones personales, incluyendo el modo en que responden al psicoterapeuta, y cuando al paciente se le hace saber el origen del problema es frecuente que los síntomas desaparezcan. Un buen ejemplo nos lo ofrece la señora B., la paciente descrita en el capítulo 3, que acudió a mi consulta porque sufría frecuentes accesos de pánico.

Durante el tratamiento quedó claro que existían grandes inseguridades en las relaciones con sus seres queridos. Los temores al abandono y el rechazo dominaban las emociones que sentía hacia su madre, su marido y sus hijos, así como las de éstos hacia ella. Estos miedos estaban en el origen de sus ataques de ansiedad en igual medida que los factores antes descritos, la culpa y el terror a mostrarse como una mala persona que su madre había proyectado sobre ella hasta el punto de dar origen a aquella vocecilla censora.

La señora B. no recordaba haber compartido una sola experiencia positiva con su madre, quien también sufría de ansiedad extrema y era propensa a la depresión. La señora B. era la segunda de ocho hermanos de una familia de clase trabajadora, y su madre se había visto superada claramente por las demandas de tan extensa prole. Sus cuidados tenían muy poco de personales y afectuosos, y la paciente no recordaba que nunca la hubiera elogiado por algo. La concepción que su madre tenía del cuidado infantil se resumía en un recuerdo de la señora B. En una ocasión estaba en el zoológico con su madre, y su hermanito de tres años se perdió entre el gentío. Cuando por fin lo vieron a cierta distancia, buscándolas y llorando desesperadamente, su madre dijo: «Déjalo solo un rato. Le servirá de lección».

La señora B. tenía un miedo enorme a verse separada de su

madre. En parte quería que su madre la necesitara, pero a medida que la terapia avanzaba se fue dando cuenta de que su deseo más profundo era el de que su madre fuera cariñosa y solícita. Durante la niñez, su madre había amenazado frecuentemente con abandonarla. Junto con el miedo a que esto se hiciera realidad —para una niña pequeña, tan poderoso como el miedo a la muerte—, la señora B. sentía una formidable ira homicida contra su madre por haberla amenazado de ese modo. Tan intensa era esa fantasía que, en la edad adulta, le impedía mostrarse asertiva o irritada cuando su madre le planteaba exigencias. En vez de eso, se retraía o incluso se mostraba protectora hacia su madre, pues, a su modo de ver, si empezaba a expresar su ira hacia ella corría el riesgo de volverse violenta, como había sido su madre con ella. En sus propias palabras, la señora B. estaba aterrada ante la posibilidad de «cargarse» o «matar de miedo» a su madre si un día le plantaba cara.

El vínculo entre esta ira contra la madre y sus ataques de pánico se hizo patente un día en que sufrió uno al llevar a su hijo al hospital con un dedo fracturado. La señora B. se acordó de que, de pequeña, en una ocasión ella misma se había hecho daño en un dedo, y que su madre había respondido de forma indiferente y hostil. La visita al hospital con su hijo desencadenó su ira homicida, pero en lugar de sentir dicha emoción, la señora B. tuvo un acceso de pánico. En su mente iba a matar a su madre, pero, si mataba a su madre, ¿quién cuidaría entonces de ella? Estaba clara la relación entre la fantasía de matar a su madre por haber sido tan fría y negativa con ella y el pánico porque se sentía sola, sin el apoyo de nadie. Los ataques de pánico cesaron hacia el final del tratamiento, en parte porque la paciente era mucho más capaz de expresar la ira que pudiera sentir, sin pensar que acabaría matando al objeto de su ira y quedándose sin seres queridos en quienes confiar.

El vínculo entre sus ataques de pánico y la inseguridad de la niñez se extendía también a sus otras relaciones. Varios de los accesos habían sido desencadenados por la ausencia de su marido, Jim. En una ocasión en que ella tenía la gripe, Jim volvió a casa para cuidar de los niños, le sugirió que se acostara y le dijo que saldría con ellos a dar una vuelta. Sintiéndose abandonada por su esposo, ella se sumió alternativamente en el pánico y la rabia. La señora B. recordó cómo su madre se mofaba de sus sentimientos de tristeza y «debilidad», y añadió que Jim a veces también lo hacía; de hecho, había muchas similitudes entre ambos. A medida que el tratamiento avanzaba, le resultó más fácil expresar su ira hacia él y también hacia su madre, sin imaginar que ello pudiera matarlos. Al ser capaz de manifestar sus sentimientos, su susceptibilidad al pánico se redujo en gran medida.

Sus inseguridades eran patentes también en la relación con sus hijos. Durante las primeras sesiones entraba en la consulta con su hija de tres años, porque la pequeña mostraba signos de alarma y ansiedad cuando la dejaban sola. La señora B. recordaba haberse sentido exactamente igual después del nacimiento de su hermano menor. El miedo se veía exacerbado por la insistencia de su madre en lo catastrófico que resultaría para la niña si ella acababa abandonándolos. Un día en que la señora B. llegó tarde a recoger a su hijo mayor a la escuela, éste se mostró furioso con ella. La señora B. entendió muy bien cómo se sentía. Para ella había sido una experiencia habitual verse descuidada de esa manera por su madre, causándole alternativamente sentimientos de ira y terror.

La señora B. aprendió a contenerse y no repetir con sus hijos las mismas escenas que su madre le había montado a ella. Al principio de la terapia confesó que, cuando se enfurecía con ellos, amenazaba con abandonarlos, justo como hiciera su madre, sumiendo a los pequeños en el terror más absoluto. Pero más tarde empezó a tomar conciencia de muchas de sus conductas negativas. A veces sentía una aprensión irracional a dejar a sus hijos en manos de sustitutos, ya fuesen maestros o canguros, aparentemente porque le inquietaba su bienestar. Pero luego comprendió que era ella, y no los niños, la que tenía miedo de la separación. En lugar de alarmar a los pequeños mostrándose angustiada, ahora era capaz de dejarlos en manos ajenas con serenidad.

Los modos específicos en que su madre se había relacionado con ella afectaban profundamente a la forma en que la señora B. se relacionaba conmigo y con los demás. El tipo de cuidados recibidos durante la primera infancia no sólo determina de manera significativa nuestro grado de inseguridad, sino también la forma específica que ésta adopta. En el caso de la señora B., si hubiera leído sobre los cuatro patrones de apego (evitación, dependencia, indecisión, seguridad) presentados al principio de este capítulo, muy probablemente se habría definido a sí misma como representativa del segundo patrón. Cientos de estudios científicos han demostrado que cada uno de ellos tiene su origen en una forma específica de cuidados paternos durante la infancia.

El guión de la evitación

El primer patrón es el de evitación.[87] Una quinta parte de nosotros presenta esa especie de alergia a relacionarse profundamente con los demás y aspiramos a una independencia absoluta, sin depender de nadie y sin que nadie dependa de nosotros. El evasivo asume que los otros mostrarán hostilidad o rechazo. Anticipándonos a ello, nos vengamos de antemano comportándonos de manera dura e inflexible, y si finalmente no podemos evitar vernos implicados en una relación personal, mostramos un talante dominante e intrusivo.

De forma nada sorprendente, dada nuestra misantropía, éramos el tipo de personas que a los veintitantos años no queríamos emparejarnos ni ser padres, y es posible que aún no lo hayamos hecho a los treinta. Esta escasa inclinación a establecernos con una pareja se prolonga en el tiempo, y, por término medio, a los cuarenta y tres años nuestra relación más duradera habrá sido de doce años, en comparación con los dieciocho años de promedio entre los individuos seguros. Si superamos nuestra aprensión al compromiso y nos casamos, la mitad de nosotros estaremos divorciados a mediados de los cuarenta, en comparación con la cuarta parte de las personas seguras. El divorcio parece no afectarnos, y de hecho muchas veces expresamos alivio y no nos detenemos a pensar en lo que hemos perdido ni en lo que podríamos haber llegado a conseguir; lo mismo sucede cuando sufrimos una pérdida familiar. Pero esta despreocupación es pura fachada. Las mediciones físicas, como por ejemplo del ritmo cardíaco o de la cantidad de sudor en las palmas de las manos, demuestran que en el fondo sufrimos mucho; simplemente no lo demostramos.

En el terreno sexual, la mujer evasiva no suele tener muchas parejas, mientras que el hombre puede mostrarse más activo. El evasivo tiene tendencia a las aventuras de una noche, así como al sexo sin amor y con las parejas de otros (de forma similar a los individuos con conciencia punitiva). Tanto hombres como mujeres coinciden en su desdén por la vertiente cariñosa del sexo: caricias, abrazos, besos o mirarse a los ojos. Se sienten más a gusto con las prácticas orales o masturbatorias, ya que implican menor contacto emocional.

Si somos evasivos, tendemos a anteponer el trabajo al amor, pues pensamos que el éxito profesional da la felicidad en el terreno amoroso. Aun así, el trabajo es para nosotros una fuente de constantes disgustos, ya que consideramos que nuestros colegas son poco formales e incompetentes. Muy críticos con ellos (otro rasgo compartido con quienes tienen conciencia punitiva), preferimos trabajar solos y concentrarnos en actividades solitarias, como la informática, que nos evitan el estrés de tener que tratar con unos compañeros que nos sacan de quicio. Trabajamos muchas horas, lo que nos deja poco tiempo para la vida social, y nos tomamos las menos vacaciones posibles, de las cuales no disfrutamos.

Los evasivos tienen mayor propensión que otros tipos a ser agnósticos, pero si nos presionan para que describamos la imagen de un Dios, lo presentamos como una figura distante, inaccesible y dominante al máximo. Es un ser frío y antipático, y no creemos que le importemos demasiado. Esto constituye una pista clara sobre nuestro patrón evasivo de apego. Al igual que la imagen que tenemos de la suprema deidad, la de nuestra madre es la de una persona fría, negativa y controladora: una imagen que hemos desarrollado porque, en general, así es como era ella en realidad.

Al observar cómo se relacionan con sus bebés de entre tres y nueve meses, las madres de hijos que se convertirán en evasivos hablan mucho más con ellos que las demás madres, pero sus palabras comunican muy poco. Lo que nos decían tenía menos de respuesta a nuestras acciones o sonidos que de expresión de sus propias emociones y antojos. Era una mujer controladora e intrusiva, sin ningún miramiento a la hora de interrumpir nuestro flujo y redirigirlo en la dirección que a ella más le interesaba. Cuando nos adormilábamos, podía despertarnos y obligarnos a prestarle atención. Si algo en el entorno nos fascinaba de forma repentina, en lugar de compartir la experiencia, seguramente insistía en que la mirásemos a ella, incluso recurriendo a la fuerza física para hacer que volviéramos la cabeza o dirigir nuestro cuerpo hacia donde estaba ella (aunque generalmente este tipo de madres suelen ser reticentes al contacto físico estrecho, como las caricias). Nuestras interacciones tenían que ser dominadas por ella, y pronto abandonamos todo intento de entablar contacto porque encontrábamos un continuo torrente de negatividad. Su expresión facial era muchas veces de irritación o condena, ya que atribuía motivos perversos o destructivos a nuestros comportamientos. Teniendo en cuenta que estaban convencidas de la existencia de dichos motivos, no es de sorprender que muchas veces se mostraran hostiles hacia sus malignas criaturas.

Este patrón de rechazo no concluye en la primera infancia. Los evasivos suelen sufrir similares muestras de insensibilidad durante el resto de la niñez, y es frecuente que durante las tribulaciones de la adolescencia se enfrenten con reacciones de intolerancia e inflexibilidad. El resultado es que los adultos evasivos esperan el rechazo en sus relaciones y por ello son los primeros en atacar: rechazan antes de ser rechazados.

El guión de la dependencia

El segundo patrón es el de dependencia, que compartimos cerca de la décima parte de las personas.[88] Aspiramos a la intimidad emocional absoluta, pero nadie está nunca tan próximo a nosotros como nos gustaría. Nos sentimos incómodos y solos si no estamos profundamente involucrados con alguien. A pesar de que siempre nos estamos entregando al máximo, los destinatarios de nuestra generosidad emocional no parecen valorarnos tanto como nosotros a ellos.

Nuestras relaciones son ricas en altibajos, celos, conflictos e insatisfacciones. Tendemos a ejercer de madres con nuestras parejas, a las que protegemos, alimentamos, apoyamos y mimamos hasta la asfixia. Buscamos la comunión total y estamos más que dispuestos a mudarnos a vivir con nuestras nuevas parejas y a compartir sus vidas lo antes posible. Aspiramos al compromiso absoluto y al afecto constante. Somos propensos a idealizar a la pareja, con lo que la decepción es aún mayor cuando nuestros amantes no resultan ser tan perfectos. Tenemos una tendencia muy marcada a enamorarnos, de forma que, cuando una relación se termina, nos lo tomamos muy mal y somos incapaces de aceptar que se ha acabado; del mismo modo, cuando se muere un ser querido, no dejamos de pensar que aún sigue con vida, e incluso creemos haberlo visto por la calle. En general tenemos una imagen negativa de nosotros mismos y olvidamos con facilidad nuestras cualidades positivas. Tenemos mayor probabilidad de divorciarnos que los individuos del tipo seguro.

De niños es posible que ejerciéramos el papel de víctimas, sobre todo de los evasivos, con los que sin embargo terminamos haciendo amistad y a los que más tarde escogimos como parejas. Aunque resulte extraño a simple vista, este matrimonio de los opuestos tiene cierta lógica. La vulnerabilidad y la insistencia en mostrar las emociones del dependiente obligan al evasivo a salir de su caparazón y a comprometerse en una relación con otra persona. Una persona evasiva debería tener una piel muy dura para poder resistirse a la intensidad de las atenciones del dependiente; una persona más segura tardaría muy poco en no poder soportar tal presión. Tal vez la relación no sea la más alegre y satisfactoria, pero las mutuas dificultades de ambos patrones pueden llevar a construir algo que funcione.

Los dependientes son asimismo el opuesto a los evasivos en la cama, y prefieren con mucho los abrazos, las caricias y las muestras de afecto al sexo de tipo más genital. Las mujeres dependientes se sienten a veces atraídas por el exhibicionismo, el voyeurismo o las prácticas masoquistas, mientras que los hombres tienden a ser sexualmente reticentes. Tanto ellos como ellas son proclives a no tener demasiadas parejas ni tampoco una libido exacerbada.

Como padres, los dependientes somos sobreprotectores, represores de la autonomía y la exploración, fomentamos la dependencia en los demás y, muchas veces, hacemos que los hijos se preocupen de forma exagerada por nuestro bienestar. Respondemos en gran media a las expresiones de miedo de nuestros hijos, pero ignoramos su capacidad de iniciativa y de utilizar su fantasía. Cuando nuestro bebé se convierte en un niño pequeño, nos sentimos muy angustiados al dejarlo al cuidado de otros, hasta el punto de que el hijo se contagia de dicho temor, lo que reduce su capacidad de independencia. Incluso cuando el hijo ha crecido y está a punto de abandonar el hogar, seguimos imaginando que pueden ocurrirle todo tipo de desgracias.

La vida laboral del dependiente está llena de preocupaciones. Nos aterroriza la posibilidad de perder el empleo y sentimos una gran inquietud ante los contratos a corto plazo tan habituales en el actual mercado laboral. Preferimos trabajar con otros en lugar de solos, si bien no nos sentimos valorados por los superiores ni apreciados por los colegas, y, con razón o sin ella, siempre andamos pensando que nos van a criticar por incompetentes. Somos propensos a pensar y rumiar sobre nuestra vida amorosa mientras estamos trabajando, y nos sentimos tan emocionalmente frustrados que nuestra labor termina por resentirse. Muy dispersos, nos cuesta terminar nuestros proyectos y acostumbramos a dormirnos en los laureles después de recibir elogios. Como promedio, nuestro salario es una tercera parte inferior al de las personas con otros patrones de apego.

Solemos creer en la existencia de Dios, que presenta para nosotros una imagen muy positiva, ya que no nos decepciona ni nos hace sentir como unos fracasados insignificantes. Su amor es incondicional y predecible, y es posible hacernos merecedor de él a través de determinados medios: la oración, el ritual, las buenas obras.

Si los evasivos sufrieron el rechazo de los padres, los dependientes recibimos un cuidado inconsistente y arbitrario. Las madres de los bebés que acaban convirtiéndose en dependientes se caracterizan por proyectar confusión. Nuestra madre hacía el esfuerzo de interactuar con nosotros por medio de la mirada o el tacto, pero no respondía cuando tratábamos de establecer comunicación, limitándose a volver el rostro hacia nosotros y mirarnos, pero sin mostrar mayor reacción. Durante mucho tiempo tuvimos la intensa sensación de que no estaba muy entregada, de que no nos quería con auténtica pasión. Mostraba poca iniciativa y era una presencia pasiva, emocionalmente ausente. Puede que la depresión la hubiera sumido en un estado de ánimo distante y abatido, del que ni siquiera nuestras radiantes sonrisas infantiles lograban sacarla.

La madre del dependiente no era tan reticente como la del evasivo a tomar a su niño en brazos, pero lo hacía con poca calidez, sin acompañarlo de besos o palabras de cariño. Su manera de hacerlo era poco coordinada, y sus manos y sus dedos con frecuencia nos provocaban incomodidad y hasta cierta inquietud. Si nos veíamos separados de ella durante largos períodos, seguidamente nos mostrábamos en exceso dependientes. El alto patrón de dependencia observado actualmente entre los israelíes puede servir de ejemplo: en dicha sociedad, mucha gente fue separada de su familia a corta edad y criados en grupos donde los cuidados eran erráticos y poco receptivos a sus necesidades.

En el corazón del dependiente late el miedo al abandono. Este temor causa la dependencia, pero al mismo tiempo nos hacía resistirnos y ser reticentes a aceptar el abrazo ajeno, porque, como la señora B., también nos sentíamos furiosos por haber sido abandonados y queríamos castigar a nuestra madre. Ese patrón se ve aún más exacerbado si nuestros padres se separaron o divorciaron. De entre los niños inseguros sometidos a seguimiento hasta los dieciocho años y que pasaron por una situación de ruptura familiar, el 73 por ciento son adultos dependientes, mientras que sólo un 20 por ciento son evasivos. Así pues, si durante la primera infancia se han creado las bases para la inseguridad, el divorcio suele conducir directamente hacia la dependencia en lugar de otros patrones.

El adulto dependiente es más nervioso que los encuadrados en otros patrones, y tiene dos veces más probabilidades de sufrir ansiedad. La inconsistencia de los cuidados en nuestra primera infancia puede llevarnos a la histeria, el tipo de emoción exagerada y marcada por el pánico que con tanta frecuencia abruma a los nerviosos. También corremos mayor riesgo de sufrir fobias u obsesiones, que pueden ser métodos para tratar de imponer cierto orden en un universo que de otra forma nos resulta tan aterradoramente impredecible.

El guión de la indecisión

El tercer patrón es el de indecisión, al que estamos adscritos cerca de la quinta parte de las personas.[89] Los indecisos comparten rasgos de los dos patrones anteriores de inseguridad. Son dependientes en el sentido de que aspiran a disfrutar de relaciones emocionales estrechas, pero, como a los evasivos, les resulta difícil confiar en otros o depender de ellos. Así, los indecisos pueden convertirse en una desconcertante mezcla de ambos patrones. Por ejemplo, nos preocupamos mucho de que acaben haciéndonos daño si nos permitimos mantener una relación demasiado estrecha, y luego empezamos a mostrarnos indecisos cuando las cosas van en serio. Nuestro patrón de relación es impredecible de un modo desconcertante, y en ocasiones directamente incomprensible, ya desde una edad tan temprana como los doce meses. A esa edad no parecemos contar con una estrategia coherente y organizada para afrontar el estrés. Podemos llorar muy fuerte para que nuestra madre nos coja en su regazo, y, una vez alcanzado nuestro objetivo, quedarnos abruptamente callados e inmóviles. Tal vez nos abracemos a nuestra madre, pero con el rostro vuelto hacia un lado. Aunque podamos parecer tranquilos y relajados, una observación más atenta indica que estamos en un estado mental parecido al trance. La tendencia a sumirnos en nuestro propio mundo se mezcla con la necesidad de una profunda implicación emocional. También nuestra química corporal difiere de la de los niños más seguros, por ejemplo en la presencia de niveles más altos de cortisol, la hormona del estrés.

A los seis años podemos habernos convertido en unos pequeños tiranos para nuestra madre, a la que decimos lo que tiene que hacer, hacia dónde mirar y qué pensar: es como si nosotros fuéramos el progenitor y ella la hija, y no al revés. Cuando jugamos con otros niños, con frecuencia parecemos tener dificultades para pensar con claridad y nos comportamos de forma extraña y agresiva. Podemos pasarnos un buen rato intentando molestar a un niño enfocándole el rostro con una linterna o cogiéndole de la nariz con una marioneta. Pero en cuestión de minutos, con otro niño distinto, nos mostramos distantes y retraídos, y nos tumbamos en la cama con la cara hundida en la almohada.

En la adolescencia somos propensos a la disociación y nos sentimos muy ajenos a cuanto nos rodea. Es probable que lleguemos a decir que en ocasiones salimos de nuestro cuerpo y que, hablando de nosotros mismos, sentimos que estamos en presencia de alguien que no se encuentra físicamente allí. Para nuestros amigos somos una especie de misterio. Nada de cuanto hacemos les sorprende... salvo que nos comportásemos de forma normal durante un período largo de tiempo.

En la edad adulta somos más proclives a sufrir enfermedades mentales o a cometer delitos. También somos más propensos a vernos envueltos en relaciones violentas con nuestra pareja o hijos, a quienes acabamos inspirando temor.

La causa de la indecisión está clara: el 85 por ciento de los afectados por este patrón sufrieron en su infancia malos tratos o desatención. Se trata de su respuesta a unos cuidados inadecuados en extremo, impartidos por unos padres con mayores probabilidades de ser alcohólicos o consumidores habituales de drogas (2,3 millones de estadounidenses consumen cocaína[90] o crack, y 110.000 son adictos a la heroína; nada menos que 200.000 niños británicos viven con un progenitor adicto a la heroína u otras drogas duras), violentos o sufrir alguna enfermedad mental. Es también más probable que nuestra madre hubiera sufrido por entonces una pérdida familiar o un trauma importante, como un grave accidente, y que la relación entre nuestros padres fuera difícil. Esas adversidades generan unos progenitores que inspiran temor. Nos vemos desgarrados entre el deseo de buscar refugio en las faldas de la madre y el miedo a los malos tratos que por experiencia sabemos que nos puede reportar el contacto con ella. Este tipo de cuidado materno resulta paradójico: nuestra madre es la fuente vital que nos reconforta en nuestra angustia, pero su comportamiento negligente y abusivo es la causa principal de dicha angustia.

Dependiendo del tipo de adversidad sufrido por la madre, en los casos más extremos podía adoptar maneras inusuales de hablar con nosotros durante la infancia. También podía pasarse minutos enteros sumida en una especie de trance mientras nos daba de comer. Es posible que nos tratara como si fuéramos objetos inanimados o que se mostrara extrañamente temerosa de nuestra presencia.

El indeciso puede en ocasiones mostrar indicios tanto del dependiente como del evasivo, y en otras puede incluso parecer seguro. Al no saber cuál es la mejor manera de enfrentarse a una madre tan desconcertante y desequilibrada, podemos llegar a sentirnos en todas partes y en ninguna, ser muchas personas y ninguna.

El guión de la seguridad

El cuarto y último patrón es el de seguridad, al que la mitad de nosotros nos ajustamos.[91] Si somos personas de este tipo, nos resulta relativamente fácil establecer intimidad emocional con otros. Nos sentimos a gusto cuando dependemos de otras personas y cuando otros dependen de nosotros, y no nos inquieta en demasía el hecho de estar solos o la posibilidad de que los demás no nos acepten.

En la infancia nuestros mejores amigos solían ser también niños seguros y nos manteníamos alejados de aquellos de tipo inseguro, mientras que nuestras parejas en la edad adulta también tienden a encajar en el patrón seguro. Cuando tienen que resolver un problema con su pareja, los varones seguros se muestran positivos y cooperativos, intentando ayudar en lugar de actuar como un competidor o mostrarse enojados. Las mujeres seguras son más propensas a buscar apoyo emocional en su pareja y a disfrutar de los abrazos u otras muestras físicas de afecto o estímulo. Las parejas de tipo seguro tienen las relaciones menos negativas de cualquier otra combinación de patrones: menos críticas y conflictivas, más cálidas y amistosas. Las causas más frecuentes de disensión, como que el hombre no pase suficiente tiempo con la mujer o las disputas sobre la repartición del trabajo doméstico, tienen menor probabilidad de convertirse en un problema. Si estalla el conflicto, tienen mejores estrategias para hacer frente a la situación. En lugar de insistir en los defectos del otro («Nunca friegas los platos») o en las virtudes propias («Soy yo quien hace la cena todas las noches»), ambos están dispuestos a evaluar cómo el comportamiento de cada uno afecta al otro. No suelen empeorar las cosas atribuyendo motivaciones como la malicia, la envidia o la hostilidad a lo que son simples comportamientos neutros. No es de sorprender que estas personas se confiesen satisfechas con su relación de pareja o su vida conyugal. Se implican más en las relaciones de pareja y albergan sentimientos amorosos más profundos. Sus relaciones son más duraderas y, si se llega al matrimonio, es menos probable que acaben por divorciarse.

La seguridad tiene su origen en la imagen de una madre atenta y receptiva que estaba allí siempre que la necesitábamos. Aunque ninguna madre se comporta así en todo momento, es la imagen básica que nos formamos a partir de multitud de experiencias en las que actuó de ese modo con nosotros. Si durante la primera infancia nuestra madre estaba ausente con frecuencia, era sustituida por una cuidadora de confianza y atenta a nuestras necesidades. Cuando estaba presente, nuestra madre mostraba interés por comunicarse con nosotros y permitió que a muy corta edad tomáramos la iniciativa en ese sentido. Disfrutaba del contacto visual y táctil con nosotros, estaba muy involucrada en nuestros problemas y expresaba emociones de afecto. Si las cosas le iban mal, era menos probable que la adversidad afectase a su relación con nosotros. En general, las madres de niños seguros son menos proclives que las demás a sufrir depresiones u otras enfermedades mentales, o a ser alcohólicas o consumidoras habituales de drogas.

El cambio de patrón de relación

Sea cual sea el tipo de patrón al que pertenecemos, influye enormemente en nuestra elección de amigos y allegados, así como en la forma en que los demás se relacionan con nosotros. Por ejemplo, hay diferencias significativas en el modo en que los maestros responden a los alumnos de tipo evasivo y dependiente, moldeados por el específico patrón de apego adquirido de pequeños.[92] Convencidos de que los demás los desdeñarán y rechazarán, los evasivos se comportan con los maestros como si éstos también fueran a tratarlos de ese modo. En consecuencia, los maestros tienden a considerar que los evasivos les son hostiles y no necesitan de su ayuda. Esto, a su vez, confirma la presuposición del niño sobre el rechazo que sufrirá por parte de los demás. Por el contrario, los alumnos del segundo tipo son muy dependientes y vulnerables con respecto a los maestros, que en consecuencia les dedican una atención especial. Sin embargo, como el niño dependiente también suele mostrar un comportamiento desagradable, es frecuente que no le caiga demasiado bien al maestro. El niño se da cuenta de esto, lo cual confirma su expectativa de sentirse infravalorado. En contraste con estos dos tipos, el carácter positivo de la interacción de los niños seguros con los compañeros y maestros los convierte en alumnos populares, lo cual refuerza su premisa de que el mundo está formado por personas buenas y honradas, a menos que se demuestre lo contrario.

Más adelante, los adultos inseguros se sienten atraídos por quienes son como ellos, y son especialmente comunes los emparejamientos entre evasivos y dependientes.[93] Los inseguros no suelen sentirse cómodos con una pareja o amigo seguro, pues su fiabilidad, apoyo constante y calidez les resultan antinaturales y confusos. En lugar de eso, acaban por relacionarse con personas cuyo rechazo y abandono a largo plazo parecen cantados. Unido a su muy escasa confianza en las relaciones, esto los lleva a vivir amores y amistades tempestuosas. El hecho de que los inseguros se busquen mutuamente explica en parte por qué son dos veces más proclives a divorciarse y por qué sus relaciones son más efímeras que las de los individuos seguros.[94] El ciclo de mutua desconfianza y rechazo confirma las sospechas de sentirse abandonados y decepcionados, creándoles un vacío emocional que para ellos es la consecuencia inevitable del contacto emocional con los demás. Para más inri, tampoco encuentran consuelo en su vida profesional. Su actitud negativa y perjudicial respecto a las relaciones personales provoca que los compañeros de trabajo les paguen con la misma moneda de la negatividad, justo lo que los inseguros «supieron siempre» que iba a suceder.

Sin embargo, nuestro patrón de apego no es inmutable. Presenta cierta flexibilidad, de manera que con el tiempo nuestro guión de relación personal puede ser modificado. Bowlby habla de un desarrollo «ramificado», análogo al de las ramas de un árbol.[95] Crecemos en una u otra dirección en función del grado de respuesta a nuestras necesidades durante nuestra primera infancia. Cuanto más tiempo recibamos un determinado tipo de cuidado, más prolongado será nuestro crecimiento en esa dirección precisa y más complicado resultará desandar lo andado. En consecuencia, si durante los tres primeros años recibimos un cuidado insensible, con el tiempo nos encontraremos en el extremo de la rama en la que se asume que tal desatención es la norma, de manera que necesitaremos mucho tiempo para volver al tronco que simboliza el cuidado sensible y responsable. El niño se vale de la experiencia previa como rasero de las nuevas experiencias. Si en la infancia tan sólo conoció malos tratos o unos cuidados marcados por la depresión o la indiferencia, en la edad adulta tendrá que esforzarse mucho para modificar su patrón de apego, incluso si tiene la suerte de contar con una pareja o un psicoterapeuta que sí respondan de forma efectiva a sus necesidades.

Aun así, los niños pueden cambiar su patrón, a mejor o a peor, por razones que tienen que ver claramente con su entorno. Un niño de tipo seguro puede convertirse en inseguro por distintos motivos, como los malos tratos o la mala relación entre los padres. A la inversa, si un niño inseguro se transforma en seguro, el cambio suele tener origen en la presencia en su vida de un maestro comprensivo o un abuelo afectuoso. Un ejemplo de este tipo de cambios nos lo ofrecen las madres que consiguen poner fin al ciclo de abusos y malos tratos. Se realizó un estudio con treinta madres maltratadas en su niñez para identificar las diferencias entre las que repetían el ciclo de abuso y maltrataban a sus hijos y las que conseguían romper el ciclo.[96] Todas habían sufrido terribles malos tratos durante la infancia: por ejemplo, habían sido quemadas con una plancha, arrojadas a golpes contra una pared o azotadas repetidamente con un cinturón. Una vez convertidas en madres, todas juraban y perjuraban que no repetirían semejantes comportamientos con sus propios hijos; sin embargo, nada menos que dieciocho de las treinta mujeres acabaron por maltratar a sus pequeños. Estas madres eran mucho más propensas a la ansiedad y la depresión, con unas vidas más

caóticas y marcadas por el estrés y los apuros económicos, que las
doce madres que rompieron el ciclo de los abusos. Pero la diferencia fundamental radicaba en que estas últimas o bien habían contado de niñas con la presencia de algún adulto que les sirvió de apoyo
emocional, o bien habían recibido tratamiento psicoterapéutico más
adelante. Esto les permitió en mayor medida implicarse en una relación estable de pareja, con lo que disfrutaban de mayor apoyo, tanto
emocional como económico, para cuidar a sus hijos y romper el ciclo
del maltrato. En términos del modelo de desarrollo ramificado,
cuando en la infancia existía una alternativa responsable y afectuosa
a la de los padres, o si varios años de psicoterapia ofrecieron una,
el patrón pudo ser corregido de forma significativa. Respaldadas por
esas buenas experiencias, las mujeres fueron capaces de integrarse
en entornos más positivos y relacionarse con los demás de formas
que no se limitaban a confirmar una visión negativa sobre las relaciones personales.

Los genes y los patrones de relación

No obstante, estos cambios de rumbo en el curso de la vida son la
excepción. Lo más frecuente es que tracemos nuestro itinerario vital
basándonos en lo que sucedió en nuestra infancia. Por ejemplo, los
niños de diez años con trastornos emocionales o de comportamiento
son dos veces más propensos que el resto a sufrir adversidades futuras, como un divorcio o la pérdida del empleo, según confirman
las entrevistas realizadas veinte años más tarde.[97] Lo que estas personas
eran a los diez años de edad los llevó a hacer unas elecciones o a
exhibir unos comportamientos que tuvieron un triste desenlace. En
este mismo sentido, el seguimiento de los niños antisociales hasta

la edad adulta indica que son más dados a escoger parejas también antisociales, consumidoras de drogas o proclives a mantener relaciones conflictivas.[98] Esto, a su vez, termina por llevar a pique el de por sí inestable navío de lo personal. Por lo general, los patrones de apego se mantienen intactos y se transmiten a lo largo de las generaciones. En tres de cada cuatro casos, la madre y el hijo comparten el mismo patrón de apego, y lo normal es que el patrón de la abuela materna sea el mismo que el de la nieta.[99] Tan elevada incidencia del factor hereditario plantea por lógica la cuestión del papel desempeñado por la genética. En teoría, la semejanza de patrones podría reflejar una simple transmisión de «genes de apego» de padres a hijos. Quienes apoyan esta posibilidad argumentan también que el 75 por ciento de estas similitudes pueden estar causadas por el impacto que el carácter heredado del hijo ejerce sobre el padre.

Supongamos que ya desde el nacimiento somos irritables en extremo, lo cual hace que nuestros padres se muestren airados e insensibles hacia nuestras necesidades. Como resultado, podemos convertirnos en inseguros, y nuestra irritabilidad también puede modificar el patrón de apego de la relación de nuestros progenitores con nosotros. De hecho, podríamos hacer que nuestros padres seguros se convirtieran en inseguros o, por ejemplo, que cambiaran de su tipo dependiente a nuestro tipo evasivo, creando semejanzas entre ellos y nosotros. Lejos del estereotipo de que los padres conforman la personalidad de los hijos, dicha conformación podría discurrir en sentido contrario.

Por atrayentes y sofisticadas que resulten, estas teorías atribuyen a los niños pequeños mucho mayor poder del que efectivamente tienen y, de hecho, los estudios científicos las desmienten como erróneas. Si se evalúa el patrón de apego del progenitor antes del nacimiento y luego se correlaciona con el del niño cuando ya tiene

un año, estos patrones son los mismos tanto para el padre como el
hijo cuando éste acaba de nacer; en otras palabras, ya se evalúe antes
o después del nacimiento, las tres cuartas partes de hijos y padres
comparten el mismo patrón.[100] De hecho, el patrón prenatal de apego
de la madre permite predecir la visión del mundo que el pequeño
tendrá a la edad de cinco años. Esto demuestra que el comportamiento del niño no es el que causa las similitudes, porque en el caso de
los padres cuyos patrones fueron evaluados antes del nacimiento el
hijo no estaba allí para ejercer influencia alguna. Pero si el patrón
no se transmite por la influencia del hijo sobre el padre, se podría
seguir arguyendo la existencia de un patrón de apego genéticamente
hereditario. De nuevo, los datos científicos apuntan a lo contrario.

En primer lugar, si la madre no tiene demasiado contacto con
el hijo, resulta mucho menos probable que el pequeño comparta su
mismo patrón de apego; así pues, el entorno y lo adquirido se revelan
fundamentales. El grado de similitud entre madres e hijos fue estudiado en una investigación realizada con dos grupos de madres cuyos
niños pequeños eran atendidos por cuidadoras sustitutas durante la
jornada laboral.[101] Los niños de un grupo volvían por las noches con
sus madres; los del otro apenas veían a sus madres, ya que también
eran cuidados por las noches en centros comunitarios. Tan sólo el
40 por ciento de estos últimos compartían el mismo patrón con la
madre, o, lo que es lo mismo, el índice normal del 75 por ciento de
semejanzas no se da cuando el hijo apenas tiene relación con la
madre. En consecuencia, es la relación estrecha con la madre la que
origina las similitudes en el patrón de apego.

Una investigadora holandesa, Dymphna van den Boom, realizó
un estudio todavía más significativo en ese sentido.[102] De forma curiosa, esta investigadora emprendió el estudio porque, como maestra
de niños con problemas, estaba convencida de que los rasgos nega-

tivos heredados se encontraban detrás de gran parte de las dificultades de los pequeños. Con intención de comprobar esta hipótesis, Van den Boom seleccionó a cien niños pequeños cuyas personalidades posnatales los caracterizaban como propensos a ser inseguros. Las mediciones hechas inmediatamente después del parto indicaban que estos niños eran muy irritables y más difíciles de manejar que los bebés más plácidos y afables. Si la irritabilidad era de origen genético, tendría que traducirse en inseguridad al cabo de un año, independientemente del tipo de cuidado recibido.

Cuando los bebés tenían entre seis y nueve meses, cincuenta de las madres recibieron asesoramiento psicológico para incrementar su sensibilidad y capacidad de respuesta a la difícil labor que tenían por delante. Hasta entonces, esas madres eran propensas a desanimarse en razón del malhumor de sus hijos, a quienes pagaban con la moneda de la indiferencia. Por medio del asesoramiento personalizado y centrado en los problemas particulares que cada madre tenía con su hijo, Van den Boom les enseñó técnicas para apaciguar al niño, para animarlo a jugar y para que, en general, hubiera un mayor vínculo emocional entre la madre y el pequeño.

Las otras cincuenta madres y sus bebés irritables no recibieron ayuda psicológica. Los patrones de apego de ambos grupos fueron comparados cuando los niños tenían un año, y el contraste resultó sorprendente. En el grupo no sometido a asesoramiento psicológico, el 72 por ciento de los niños eran inseguros, porcentaje que en el otro grupo se reducía al 32 por ciento. La única diferencia eran las sesiones de ayuda psicológica. El estudio dejaba muy claro que, con la ayuda adecuada, la mayoría de los niños pequeños con carácter difícil pueden ser corregidos por la madre, lo que demuestra que el problema no es un rasgo genético imposible de modificar. La irritabilidad perceptible desde el nacimiento seguramente está provocada por dificultades durante el embarazo o el mismo parto, y es susceptible de transformación.

El estudio de Van den Boom demuestra de forma contundente la importancia secundaria de los genes en comparación con la atención y los cuidados paternos, lo cual ha sido corroborado por muchas otras investigaciones. Los estudios realizados sobre los patrones de apego de los gemelos idénticos indican que la genética desempeña un papel nulo o muy escaso: a pesar de compartir un número mucho mayor de genes, los gemelos idénticos muestran patrones de seguridad tan parecidos o distintos entre sí como los observados en los gemelos no idénticos.[103] Todo esto apunta a que los patrones de apego pueden cambiar y, de hecho, cambian, lo cual no sería posible si tuvieran origen genético; y, como hemos visto, se modifican siguiendo unas normas determinadas que reflejan las variaciones en el entorno, cuya importancia queda de nuevo demostrada. Los patrones de apego no nos llegan prefijados, como el color de los ojos. Si tuvieran una causa genética, mostraríamos siempre el mismo patrón en nuestra relación con todas las personas. Pero la cuarta parte de los niños muestran distintos patrones en su trato con uno u otro progenitor, sintiéndose seguros en su relación con uno pero no con el otro, o haciendo gala de diferentes patrones de inseguridad con cada progenitor; todo depende del modo en que éste se relaciona con ellos.[104]

Particularmente reveladores resultan los numerosos estudios que evalúan el carácter del niño cuando nace y cuando tiene dieciocho meses, a fin de determinar si existe relación entre su irritabilidad como recién nacido y el grado de inseguridad mostrado con año y medio. Si el recién nacido es de temperamento difícil y con el tiempo se convierte en inseguro, la causa podría ser genética; a este respecto, una comparativa de dichos estudios efectuada en 1987 encontró una

débil conexión entre la inseguridad de tipo dependiente a los dieciocho meses y el temperamento irritable al nacer.[105] Sin embargo,
investigaciones más recientes descartan esta posibilidad.[106] El carácter
difícil al nacer no anticipa la inseguridad; ésta viene dictada por la
disposición mental y las circunstancias personales de los padres, así
como por la forma en que se comportan con el hijo. Los datos fe-
hacientes sobre quién es o no inseguro así lo demuestran.

El 26 por ciento de los niños pequeños inseguros proceden de
familias estables de clase media que reciben cuidados sustitutivos
menos de veinte horas a la semana.[107] El porcentaje se eleva al 43 por
ciento cuando estos cuidados superan las veinte horas semanales.
El riesgo se incrementa cuando la madre no responde adecuadamente
a las necesidades del hijo, de forma que la mitad de los niños con
madres depresivas son inseguros. La proporción llega al 85 por ciento
entre los pequeños cuyas madres son violentas, maltratadoras o
consumidoras de drogas. La tendencia se ajusta a la perfección a la
hipótesis de lo adquirido formulada por Bowlby: cuanto menor es
la implicación emocional en el cuidado del niño, mayores son las
probabilidades de inseguridad. Estos datos presentan unas interesantes implicaciones y justifican un breve recorrido por la historia
de la infancia.

Breve historia de las relaciones personales en la infancia

Como sabe cualquiera que haya leído a Charles Dickens, lo que hoy
consideramos malos tratos infantiles fueron normales hasta el final de
la época victoriana. Entre amplísimas capas de la población, era corriente el maltrato que causa hasta un 85 por ciento de inseguros de tipo
indeciso.[108] ¿Quiere esto decir que a lo largo de la historia la población

ha estado formada mayoritariamente por indecisos? La respuesta parece ser que no sólo era el patrón de apego más común durante gran parte de los últimos diez mil años, sino que, sorprendentemente, también era el más saludable y adecuado: lo mejor era ser indeciso.

A mi modo de ver, en la historia de los patrones de apego ha habido tres fases bien definidas. En la primera, iniciada con la misma aparición de nuestra especie hace unos tres millones de años, las madres solían mostrarse accesibles y sensibles a las necesidades de los hijos porque disponían de tiempo y recursos. Las sociedades estaban formadas por pequeños grupos de entre treinta y cien nómadas cazadores y recolectores.[109] Los hombres cazaban cuando era necesario y posible, mientras que las mujeres se dedicaban a la recolección de hojas, frutos y bayas para complementar la dieta. Cuando la caza y los vegetales comestibles se agotaban en una zona, el grupo se limitaba a trasladarse a una nueva área, ya que la densidad de población era muy baja.

En tales condiciones, hay buenas razones para suponer que el cuidado de los hijos respondía a los requerimientos individuales y estaba primordialmente al cargo de la madre, por lo que la población en general disfrutaba de patrones de apego seguros.[110] Así parece confirmarlo la observación de nuestros parientes más cercanos en el reino animal, los monos y los primates, cuya existencia nómada guarda muchos puntos de contacto con la de nuestros antepasados. Los monos tienen una relación muy estrecha con sus crías, y el cuidado específico durante los primeros años de vida determina el patrón de apego, que se transmite de generación en generación. En libertad, el patrón de apego seguro suele ser la norma.

Las sociedades humanas más semejantes a las primitivas, estudiadas por los antropólogos en Sudamérica, África y Asia a lo largo del siglo XX, apuntan también a que el patrón seguro debió de ser el más extendido. Una descripción muy amena de este fenómeno aparece en *The Continuum Concept*, el best-seller escrito por Jean Liedloff, en el que se explica cómo el niño pequeño está con la madre a todas horas, ya sea en el lecho por la noche o amarrado a su cuerpo durante el día. Y nunca faltan hermanos mayores o parientes dispuestos a echar una mano con los demás niños.

No existe un método científico que permita saber con certeza absoluta si esta imagen refleja fielmente nuestro pasado remoto, pero sí hay muchas evidencias de que hacia el 10000 a.C., fecha aproximada de lo que considero el inicio de la segunda era de apego, la vida de los bebés y los pequeños dio un giro negativo. Los seres humanos comenzaron a asentarse de forma permanente en aldeas, a cultivar la tierra y a criar ganado.[111] Los excedentes alimentarios de las cosechas dieron origen al trueque, a los oficios especializados (pescador, canastero, herrero) y a la aparición del dinero. Las aldeas se convirtieron en pueblos, y los pueblos en ciudades, y al crecer la población los recursos empezaron a escasear. Surgieron las castas y clases sociales: ricos y pobres, superiores e inferiores, poderosos y desposeídos. Eran muchas las madres que ya no disponían de tiempo, salud o energía para ofrecer a sus hijos los cuidados pertinentes que se dan en el mundo desarrollado actual, o como los que se dieron entre los cazadores-recolectores de la era precedente. La nueva situación era propicia al maltrato.

Los intereses de los hijos no siempre coinciden con los de los padres, y en las familias más pobres la escasez es fuente de conflictos.[112] Al niño le interesa provocar que su madre se sienta lo más culpable posible para poder salirse con la suya, pero si lo que pide no conviene a los intereses generales de la madre, ésta puede simplemente ignorarlo o responder con un cachete; y si el niño consigue hacer que se sienta realmente culpable, la madre acabará perdiendo los estribos todavía más. Ésta es la razón por la que la desaten-

ción y los malos tratos son más frecuentes en familias con pocos recursos y sometidas a constante estrés, en las que los padres están en
el paro o tienen una educación deficiente. Al maltratar físicamente al hijo, el progenitor evita dedicar recursos tan exigentes y com-
prometedores como el tiempo, la energía o el bienestar emocional.
Así pues, los abusos físicos y sexuales, la desatención y la indiferencia
emocionales eran habituales hasta hace muy poco.

De forma casi fascinante, el resultado de todos estos malos tratos
podía ser de hecho un niño que estaba bien adaptado a su entorno.
Los niños maltratados tienden a convertirse en adultos amorales,
egoístas y oportunistas. Estos rasgos podían ser muy beneficiosos
para una persona que vivía en un mundo lleno de adversidades y
riesgos contra la integridad física. La condición de inseguro con
tendencias amorales tal vez fuese lo más idóneo para sobrevivir en
una sociedad en la que la violencia y el asesinato eran cosas cotidianas, incluso en tiempo de paz. Los registros parroquiales de Londres
indican que en el siglo XIII una persona tenía entre diez y veinte veces
más probabilidades de morir asesinado que en la actualidad. La indecisión quizá sea aún hoy la mejor estrategia de adaptación para
la mayoría de la gente que vive en países del Tercer Mundo, donde
el riesgo de ser agredido o asesinado es dos veces mayor que en las
naciones desarrolladas. Durante la mayor parte de la historia reciente,
los patrones indecisos de inseguridad seguramente fueron mayori-
tarios por su adecuación al entorno.

Mientras tanto, de vuelta al siglo XXI, el patrón de apego del niño
ha sido establecido como flujos electroquímicos en el cerebro. Este
patrón es el que emplea cuando tiene que enfrentarse a un sinfín de
nuevos retos. El grado y el tipo de inseguridad influirán en la clase
de conciencia que desarrolle.

Los adultos autoritarios con conciencias punitivas son muy

proclives a mostrarse como evasivos en las relaciones personales, porque el tipo de progenitor que trata a sus hijos pequeños con rechazo —el rechazo que lleva al patrón de evitación— también es más propenso a educar a los niños de entre tres y seis meses de maneras que alimentan las tendencias autoritarias. Los criminales convictos tienden tanto a ser inseguros en sus apegos como a tener conciencias débiles. Los criminales violentos tienen especial tendencia a poseer un patrón indeciso, porque los padres aterradores, que causan la indecisión, suelen educar al hijo de unos modos coercitivos que favorecen la creación de una conciencia débil. Lo que es más, a medida que se escribe nuestro guión familiar, la conformación de nuestros patrones de apego y nuestra conciencia influirá en el papel que se nos asigne en el drama familiar que se está desarrollando. Un hijo primogénito con patrón evasivo y conciencia débil desempeñará un papel muy distinto al de un primogénito seguro y benigno.

Sea cual sea la combinación específica en vuestro caso, todavía hay un paso que debéis dar hacia atrás para completar la comprensión de cómo vuestros padres han determinado lo que sois. En el capítulo 5 deberéis volver a revivir los cuidados recibidos durante los seis primeros meses de vida y examinar su impacto sobre el aspecto más fundamental de vuestro ser: la conciencia del yo. Pero antes (si es el orden que habéis decidido seguir) necesitáis llevar a cabo una auditoría sobre vuestro patrón de apego personal.

La auditoría de vuestro patrón de apego

Las cuatro cuestiones planteadas al comienzo de este capítulo tendrían que haberos servido para definir vuestro patrón personal, teniendo en cuenta que, si ninguno de ellos parece ajustarse a vuestro caso de manera precisa, lo más probable es que vuestro patrón sea el tercero, el de indecisión.

Hay dos métodos útiles para establecer con exactitud el origen de vuestro patrón individual. El objetivo de ambos métodos es determinar en qué grado fuisteis criados coherentemente por unos cuidadores sensibles a vuestros estados de ánimo y necesidades particulares.

MÉTODO 1: LA LABOR DETECTIVESCA

Imaginad que sois unos detectives, periodistas o biógrafos que intentan descubrir el historial de apego de otra persona. Entrevistad a vuestra madre o padre, a un hermano o a un adulto que estuviera estrechamente ligado a la familia cuando erais pequeños. Lo primero que tenéis que saber es:

— *¿Quién cuidaba de mí durante el día entre los seis meses y los tres años de edad?*

Si fue vuestra madre quien lo hizo, tendréis que plantearle la siguiente serie de preguntas más detalladas sobre su estado de ánimo y su relación con vosotros por entonces. Después de cada pregunta, ofrezco un breve resumen de lo que cada respuesta puede revelar:

— *¿Cómo era yo de pequeño? Por ejemplo, ¿era un niño divertido, irritante, decidido, terco, feliz, malhumorado, encantador, introvertido, sociable, aprendía rápido o era de desarrollo un poco lento? ¿Cuándo nací también era así? Por favor, dame algunos ejemplos.*

Por lo general, las madres se muestran encantadas de responder a estas cuestiones. Las respuestas de vuestra madre os dirán mucho sobre ella y sobre el concepto que tenía de vosotros, y también sobre cómo erais en realidad. Si os tenía por «un diablillo» o «una niñita buena», es muy posible que efectivamente fuerais así. De lo que tal vez no sea muy consciente es de hasta qué punto erais así por la forma en que ella se relacionaba con vosotros.

Si afirma que algunos de vuestros rasgos de carácter eran heredados e inmutables, ello será un indicio claro de que no era muy receptiva a vuestras necesidades particulares. Los estudios demuestran que las madres que creen que el comportamiento del niño nada tiene que ver con el cuidado materno se implican menos en la crianza, y son menos receptivas y coherentes en la educación del pequeño.[113]

Si vuestra madre parece centrarse excesivamente en lo deprisa o en lo lento que aprendisteis algunos procesos del desarrollo, como hablar o andar, también es un claro indicio de que no respondía demasiado a vuestras necesidades emocionales: algunas madres se implican fácilmente en el desarrollo de las aptitudes del pequeño, pero no tanto en su vulnerabilidad infantil o en su mundo de fantasía.

— *En comparación con mis hermanos, ¿qué era lo que más te gustaba de mí? ¿Y lo que menos?*

Ésta es otra manera de enfocar la pregunta anterior.

— *¿En aquella época se produjo algún acontecimiento preocupante o traumático para ti, como la muerte de uno de tus padres, que papá perdiera el trabajo o tuviéramos graves problemas económicos, que os mudarais a un lugar en el que no te gustaba vivir, o que tal vez quisieras volver al trabajo?*

Con un poco de suerte, vuestra madre se prestará a hablaros de esas cosas. Aunque es posible que siga sintiéndose triste o enojada por lo sucedido y tal vez no tenga muchas ganas de recordar lo ocurrido, la ventaja que ofrece esta pregunta es que no la verá como un intento por vuestra parte de culpabilizarla. Hablar sobre adversidades externas e inevitables resulta más fácil que hacerla sentir culpable por la forma en que os trató.

— *Si se produjeron acontecimientos negativos o frustrantes, ¿crees que afectaron a tu modo de relacionarte conmigo?*

Seguramente le resulte mucho más difícil reflexionar acerca de esta cuestión.

— *En comparación con mis hermanos a mi misma edad, ¿te sentías más unida a mí o no te llevabas tan bien conmigo?*

Es probable que vuestra madre no responda a esta pregunta, pero su reacción puede ser muy reveladora. Si se indigna o parece incomodarse ante la pregunta, puede indicar que es consciente de que nunca logró estar muy unida a vosotros.

— *¿Cómo era tu relación con papá por entonces, en comparación con la que teníais cuando mis hermanos tenían la misma edad?*

Vuestra madre estará dispuesta a responder a esta pregunta si en la actualidad mantenéis una buena relación con ella. Es posible que nunca haya meditado sobre la influencia que las distintas circunstancias de su relación de pareja ejerció sobre su relación con sus hijos cuando eran pequeños. Si formuláis la pregunta con sensibilidad, sin parecer intrusivos ni mostrar una curiosidad malsana, su respuesta puede daros muchas pistas acerca de lo sucedido en aquella época.

> — *Durante esos años, ¿dirías que hubo períodos en los que te sentías deprimida, muy negativa respecto a lo que te rodeaba, sin esperanzas de futuro, impotente o desesperada?*

Ésta es una pregunta clave, ya que la depresión materna es una de las principales causas de los patrones de apego caracterizados por la ansiedad. Algunas madres que estuvieron deprimidas posiblemente lo nieguen, debido a que han suprimido sus recuerdos. Otras tal vez estuvieron deprimidas, pero no se dieron cuenta entonces y siguen sin ser conscientes de ello. La depresión leve en las madres a tiempo completo con hijos pequeños está muy extendida: la tercera parte de ellas la sufren. El estado mental de estas madres ha sido descrito como disfórico, lo contrario de eufórico. La obligación de responder a las necesidades y exigencias de un niño pequeño durante veinticuatro horas al día —con frecuente falta de sueño y descanso, con tendencia a sentirse aislada, poco valorada socialmente y desorientada por no disponer de la estructuración vital que ofrece un empleo remunerado— podría hundir el ánimo a cualquiera. Al evaluar sus respuestas, tened en cuenta lo que sepáis de ella desde que os convertisteis en adultos: es posible que no sea consciente de que en esa época pasó por una fase depresiva.

> — *¿Crees que tenías un carácter sereno y estable, o con frecuencia te sentías irritable, malhumorada o furiosa?*

A algunas madres les resulta más fácil recordar esto que el hecho de haber estado deprimidas. Si reconocen su comportamiento negativo, se trata de un indicio claro de que estaban pasando por una depresión leve o aguda, pues la depresión provoca que las personas se muestren agresivas con sus allegados. Mi madre reconocía abiertamente que se irritaba muy fácilmente conmigo y con mis hermanas cuando éramos pequeños, pero tuvo que pasar mucho tiempo antes de que hablase de «una pequeña depresión» para describir su estado en aquel entonces.

— *¿Dirías que tu estado mental en aquella época era distinto al de cuando cuidabas a mis hermanos con la misma edad?*

Está claro que se trata de una pregunta con truco. La mayoría de las madres buscan ansiosamente convencerse de que siempre trataron a sus hijos por igual.

— *¿Qué hacías cuando me portaba mal?*

Lo más seguro es que vuestra madre no tenga reparo en contestar a esta pregunta. Por lo general, las madres consideran que su patrón de castigos estaba justificado y era el adecuado.

De forma inevitable, a vuestra madre le costará responder a algunas de estas preguntas, por lo que se recomienda efectuarlas con espíritu de indagación, no de acusación. Tened en cuenta que las ilusiones respecto a su pasado pueden verse amenazadas por vuestras preguntas. También es probable que existan verdades incómodas que prefiera no tener que recordar o contaros, por lo que tendréis que preguntarles a otros por la forma en que vuestra madre os cuidó. Un hermano mayor, vuestro padre u otros adultos de vuestro entorno pueden ayudaros a rellenar esas lagunas.

Si alguien distinto de vuestros progenitores os cuidó durante un tiempo significativo, tendréis que identificar a esa persona y averiguar cuánto duraron sus cuidados. Es de nuevo posible que vuestra madre no pueda (o quiera) recordarlo y que debáis recurrir a otros testigos.

Tras obtener la información más detallada posible sobre el cuidador (o cuidadores) y habiendo interrogado a vuestra madre sobre su manera de atenderos, tendréis que formular las preguntas de arriba con respecto al cuidador. Lo ideal sería localizarlo para conversar con él directamente, pero esto puede resultar difícil o imposible.

MÉTODO 2: LA PSICOARQUEOLOGÍA

Resulta sorprendente lo que, de forma retrospectiva, se puede inferir sobre los cuidados recibidos durante la infancia a partir de vuestras relaciones posteriores y actuales. A continuación voy a describir algunos casos que pueden ajustarse a personas evasivas o dependientes. Los indecisos reconocerán elementos de ambos rasgos.

Las relaciones personales en la escuela

> — *¿Existían algunos patrones específicos en vuestras relaciones con los amigos y otros niños en la escuela primaria o secundaria? ¿Y en vuestra relación con los maestros y en las de ellos con vosotros?*

Recordad que los patrones de inseguridad con frecuencia implican ser impopular o tener pocos amigos en la escuela. Los evasivos tienden a agruparse entre sí o a relacionarse con los dependientes.

Retroceded en el tiempo e intentad establecer vínculos entre los cuidados infantiles recibidos que hayáis identificado y la manera en que os desenvolvíais en la escuela. Es probable que no recordéis los cuidados recibidos a muy temprana edad, pero podéis especular en retrospectiva.

Un evasivo típico podría responder: «Mi madre se irritaba con facilidad y muchas veces me mostraba rechazo. Como consecuencia, yo me mostraba airado y agresivo, de forma muy parecida a la suya. Por ejemplo, a menudo me comportaba de modo egoísta e intimidaba a los demás, como ella misma hacía. Solía decirle a mi amigo Jimmy que era tonto de remate, y siempre hubo otros como él a lo largo de mi vida escolar. Mamá muchas veces me llamaba eso, tonto de remate».

Una mujer dependiente podría recordar: «Mi madre se mostraba muy distante emocionalmente. Me aterrorizaba ser impopular, y de hecho lo era. En la escuela primaria siempre estaba pegada a las faldas de una maestra, que acabó por hartarse de mí. En el instituto tuve una amiga, Jill, pero no podía confiar mucho en ella porque siempre me dejaba colgada: no se presentaba cuando habíamos quedado o llegaba siempre tarde. ¿Así es como me trataba emocionalmente mamá cuando yo era pequeña? ¿Será ésa la razón de que eligiera precisamente a Jill como amiga?».

La vida sexual

— *¿Habéis observado algún patrón específico a la hora de escoger a vuestras parejas, o en la duración y el tipo de relación?*

Los dependientes tienden a temer el abandono de sus parejas, y los evasivos, el rechazo, ya que ésas fueron sus experiencias durante su niñez. Si reflexionáis sobre vuestro comportamiento en las relaciones de pareja, seguramente conseguiréis identificar algunas tendencias. Para ello, haced un listado con los nombres de todas las parejas que hayáis tenido y luego responded a las siguientes preguntas en relación con cada uno de ellos.

— *¿Quién puso fin a la relación?*

Si por lo general fuisteis vosotros, es posible que estuvierais haciéndoles a vuestras parejas el equivalente de lo que vuestra madre o padre os hizo a vosotros: responderos con silencios, mostrarse fríos y distantes, hostiles, paranoicos. Si en la mayoría de los casos fueron los otros los que terminaron la relación, es posible que escogierais como parejas a personas que os iban a rechazar, o tal vez os comportabais de formas que les llevaban a tomar esa decisión. Esto podía deberse a vuestro deseo inconsciente de revivir la sensación de abandono que teníais de pequeños: cuando os dejaban con desconocidos en una guardería, cuando vuestra madre estaba deprimida y no estaba por vosotros, o cuando aparentemente os cuidaba pero tenía la mente puesta en otras cosas.

— *¿Llegasteis a estar realmente unidos a esa persona?*

Supongamos que habéis identificado un patrón de ausencia de verdadera intimidad. Si sois evasivos, puede tener su origen en que no estáis dispuestos a permitir que el otro comparta vuestra vida interior. Si sois dependientes, es posible que vuestras continuas exigencias hicieran que la relación fuera en un único sentido: o que no llegarais a conocer bien al otro por vuestra desesperada insistencia en hablar de vosotros mismos o, por el contrario, que adoptarais el papel de sumiso, sin voz ni voto en la relación.

El patrón específico de la falta de intimidad puede revelaros con cuál de vuestros progenitores, y de qué manera, no llegasteis a un entendimiento profundo. Si meditáis sobre la forma en que evitáis establecer intimidad con vuestra pareja, tal vez descubráis que se trata del mismo método que empleaba uno o ambos de vuestros progenitores.

Por ejemplo, una mujer dependiente podría escribir: «Nunca estuve muy unida a mi padre. Siempre decía que nos iba a llevar a algún sitio, por ejemplo a una función navideña, pero luego no lo hacía porque tenía mucho trabajo. Cuando yo le cogía de la mano, al principio no se oponía, pero a la primera de cambio se soltaba. Cuando le contaba cómo me había ido en la escuela, él sólo fingía escucharme. Todo eso serviría también para describir a mis parejas».

— *¿Cuál era su principal defecto? ¿Y el vuestro?*

Cuando anotéis los principales defectos, un patrón empezará a cobrar forma con rapidez. ¿Quién no ha cometido una y otra vez los mismos errores, tanto al escoger parejas como en su relación con éstas? Al analizar los defectos de vuestras parejas, seguramente descubráis que siempre habéis acabado por relacionaros con personas que presentaban los mismos defectos de uno o ambos progenitores, o que los vierais en ellas incluso cuando no los tenían. O tal vez un poco de las dos cosas. Por ejemplo, influidos por la personalidad de un progenitor, podéis tener tendencia a emparejaros con hombres crueles o con mujeres apocadas; pero también podría ser que esperaseis que se comportaran de esa manera, aunque en el fondo no fueran así.

Los amigos y los compañeros de trabajo

Anotad los nombres de vuestros tres mejores amigos y de los tres colegas principales en vuestro trabajo. Preguntaos en cada caso si existen unos patrones determinados en vuestra relación con ellos.

— *¿Acostumbro a discutir con uno de ellos en particular, con varios o con todos?*
— *¿Tengo miedo de disgustarles o no caerles bien?*
— *¿A veces soy mandón o intimidante con ellos?*
— *¿Estoy realmente unido a uno o varios de ellos?*
— *¿Nuestra relación es por lo general estable y equitativa, en términos de quién se apoya en quién?*

A estas alturas tendríais que ser expertos en comprender el origen de vuestros patrones de relación y establecer la conexión con lo sucedido en vuestra primera infancia. Una vez identificado el patrón, pensad en si os recuerda aspectos concretos de vuestra relación con los padres, o, en un ejercicio de especulación, meditad si tal patrón puede ser el reflejo del que mostrabais cuando erais niños pequeños.

Una vez terminada esta auditoría, guardadla junto con las demás y pasad al siguiente capítulo.

Notas

1. Su teoría del apego aparece desarrollada por primera vez en *Attachment and Loss*, vols. 1, 2 y 3, Londres: Penguin; véase *Karen*, 1998, para una muy amena descripción de su desarrollo subsiguiente.

2. Véase *Chatoor et al.*, 1998; para una breve reseña, véanse las pp. 508-509, *Cassidy y Shaver*, 1999.

3. Véanse las pp. 76-82, en *Cassidy y Shaver*, 1999.

4. Véanse *Greenberg et al.*, 1993; *Speltz et al.*, 1999.

5. Para una reseña, véanse las pp. 230-237 en *Cassidy y Shaver*, 1999; véase también la reseña de *Dawson et al.*, 2000.

6. Para un resumen de las correlaciones entre inseguridad y patologías en la edad adulta, véanse las pp. 411-416 en *Cassidy y Shaver*, 1999.

7. Para una evaluación de los datos correspondientes a los seres humanos, véase *Kolb et al.*, 1998; para una evaluación más amplia, véase *Schore*, 1996; en relación con el aumento del número de sinapsis en los seres humanos como resultado de la educación, véase *Jacobs et al.*, 1993; para una descripción sencilla, véase *Kotulak*, 1996. En lo referente a los estudios sobre animales, véase *Greenough*, 1976; *Greenough et al.*, 1987.

8. Véase *Turner y Greenough*, 1985.

9. Véase *Reiner*, 1997.

10. Las ratas privadas de cuidados maternos después del nacimiento... Véase *Ladd et al.*, 1996.

11. Véase *Greenough*, 1976.

12. Los estudios con monos mencionados en los párrafos siguientes aparecen descritos en las pp. 182-197 en *Cassidy y Shaver*, 1999; véase también *Suomi*, 1997.

13. Para ejemplos de las consecuencias que los abusos sexuales tienen a unas u otras edades, véanse *Gibb et al.*, 2001; *Fossati et al.*, 1999; *Meiselman*, 1978; *Cortois*, 1979; *Bagley*, 1986; *Kirby et al.*, 1993; *McLellan et al.*, 1996; *Nash et al.*, 1993; y la p. 874, *Ogawa et al.*, 1997.

Acerca de la edad en que se producen los abusos sexuales, véanse *Manly*, 2001; *Keiley et al.*, 2001; *Famularo et al.*, 1994; *Bolger et al.*, 1998; *Keiley y Martin*, en preparación.

Acerca de la edad en que se produce la desatención, véanse *Verhulst et al.*, 1992; *Sroufe et al.*, 1999; *Appleyard et al.*, 2005; véase también *Sroufe et al.*, 1990.

Acerca de las privaciones alimentarias durante los primeros meses de vida, véanse *Skuse et al.*, 1994: este estudio muestra que los bebés que fueron malnutridos durante los primeros seis meses sufrieron daños tres veces superiores a los experimentados por los bebés que fueron alimentados de forma insuficiente entre los seis meses y el primer año de vida.

Acerca de la edad en que se produce el divorcio o la separación de los padres, véanse *Rodgers y Pryor*, 1998; *Wallerstein y Kelly*, 1979; *Kalter y Rembar*, 1981; *Allison y Furstenberg*, 1989.

Acerca de la edad en que tiene lugar la depresión materna, véase la p. 473, *Goodman y Gotlib*, 1999; véanse también *Alpern y Lyons-Ruth*, 1993; *Coghill et al.*, 1986; *Wolkind et al.*, 1980.

Acerca de la edad en que se presentan las dificultades económicas de los padres, véase *Elder*, 1974.

14. Véanse *Bremner et al.*, 1999; De Bellis, 2001; Teicher, 2002.

15. Véase *Keiley et al.*, 2001.

16. Véase *Rodgers y Pryor*, 1998.

17. Véanse *Lyons et al.*, 2000; *Dettling et al.*, 2002.

18. Para una descripción rigurosa pero amena de los datos científicos sobre el impacto que los cuidados de los padres tienen en el cerebro del bebé y el niño pequeño, véase *Gerbner*, 2004.

19. Véase *Johnson et al.*, 1992; para los datos relativos al daño a largo plazo que los niveles de cortisol ejercen en las ratas, véase *Ladd et al.*, 1996.

20. Para una descripción de todos los efectos neurológicos, véase *Dawson et al.*, 2000; *Graham et al.*, 1999.

21. Véase *Caspi et al.*, 1996.

22. Véanse *Koob et al.*, 1993; *Kendler et al.*, 1993; *Gabbard*, 1994; *Schore*, 1997; las pp. 346-358, *James*, 1997.

23. Véase *Konishi*, 1995.

24. Véase *Johnson y Newport*, 1989.

25. Véase *Greenough*, 1987.

26. Véase la p. 701, *Dawson et al.*, 2000.

27. Véanse las pp. 701-702, *Dawson et al.*, 2000.

28. Véanse las pp. 655-656, *Cassidy y Shaver*, 1999.

29. Véase *Martorell et al.*, 1997.

30. Véanse *Rutter et al.*, 1988; *Castle et al.*, 1999; *O'Connor et al.*, 2000; *Verhulst*, 1992.

31. En relación con la agresividad y la delincuencia, véanse *Quinton y Rutter*, 1988; *Vorria et al.*, 1998.

Para la hiperactividad, véanse *Roy et al.*, 2000; *O'Connor et al.*, 1999.

Para la inseguridad emocional, véanse *Chisholm et al.*, 1995; *Chisholm*, 1998; *O'Connor*, 1999.

Para el autismo, véase *Rutter et al.*, 1999.

Para la amistosidad indiscriminada, véanse *Wolf y Fesseha*, 1999; *Chisholm*, 1995 y 1998.

32. Véanse *Dumaret et al.*, 1997; *Vorria et al.*, 1998; *Verhulst et al.*, 1992.

33. Véanse *Marvin y Britner*, 1999; *Chisholm*, 1995 y 1998, para las diferencias entre más de ocho meses y menos de cuatro meses; *O'Connor*, 1999 y 2003b; *Verhulst et al.*, 1992; *Roy et al.*, 2000.

34. Véanse *Wolf y Fesseha*, 1999; *Hodges y Tizard*, 1989; *Triseliotis*, 1989.

35. Véanse *Verhulst*, 1990; *O'Connor*, 1999; *Chisholm*, 1998.

36. Véanse *Hodges y Tizard*, 1989; *Verhulst et al.*, 1992.

37. Véase *Matthijssen et al.*, 1998.

38. Véase *Field*, 1992.

39. Véanse *Radke-Yarrow et al.*, 1985; *Zahn-Wexler et al.*, 1984.

40. Véase nota anterior.

41. Véanse las pp. 38-42, *James*, 1995.

42. Véanse *Cohn et al.*, 1986; *Cohn et al.*, 1989.

43. Véase *Murray et al.*, 1993.

44. Véase *Hammen et al.*, 1990.

45. Véanse *NICHD*, 1999(b); *Teti et al.*, 1995; *Campbell et al.*, 1995.

46. Véanse *Wolkind et al.*, 1980; *Stein et al.*, 1991; *Lee y Gotlib*, 1991; *Alpern y Lyons-Ruth*, 1993.

47. Véase *Dawson et al.*, 1997.

48. Véanse *Dawson et al.*, 1999; *Dawson et al.*, en preparación.

49. Para un resumen, véanse las pp. 472-473, *Goodman y Gotlib*, 1999.

50. Para más datos en relación con el listado que sigue en este párrafo, véase *Sroufe et al.*, 1992.

51. Véase *Robertson y Robertson*, 1989.

52. Véase *Belsky y Steinberg*, 1978.

53. Véanse *Belsky*, 1986; *Belsky*, 1988.

54. Véanse *Bates et al.*, 1994; *Vandell et al.*, 1990; *Belsky y Eggebean*, 1991; *Belsky*, 2001.

55. Véase *NICHD*, 1998.

56. Véase *Galinsky*, 1994.

57. Véase *NICHD*, 1999(a).

58. Véase *Hock et al.*, 1988.

59. Véase *Belsky*, 2002.

60. Véanse *Wolf*, 1999; *Quinton y Rutter*, 1988.

61. Véase *Andersson*, 1992.

62. Véase *Baydar y Brooks-Gunn*, 1991.

63. Véase *Hewlett*, 1993. En las pp. 9-10, Hewlett declara: «Las investigaciones de Pittman y Brooks muestran que la arisca personalidad cultivada por tantas mujeres profesionales con éxito —decididas, agresivas, eficientes, dominantes— suele encajar mal con el componente pasivo, paciente y desinteresado imprescindible para cuidar bien de un niño. Lo último que un niño —de 3 o de 13 años— necesita es que a las ocho de la tarde a la casa llegue una madre —o un padre, ya puestos— vestida con impecable uniforme de oficina, gritando órdenes sin parar y de aspecto y comportamiento propios de un sargento del ejército.

»Vale la pena comparar los ingredientes precisos para triunfar profesionalmente con los necesarios para cuidar debidamente a un pequeño, empezando por el que tal vez sea el más importante: el tiempo. El éxito profesional exige muchas horas de dedicación al trabajo, con la consiguiente merma de energías y entusiasmo necesarios para cuidar de una familia. La movilidad y el compromiso primordial con uno mismo son virtudes en el terreno profesional, mientras que la vida familiar requiere estabilidad, generosidad y compromiso con los demás. Otras cualidades necesarias para triunfar en el trabajo son la eficiencia, los comportamientos dominantes, la orientación hacia el futuro y la inclinación al perfeccionismo, mientras que el éxito a la hora de cuidar y educar a un hijo requiere de unas cualidades prácticamente opuestas: tolerancia hacia el desorden, espontaneidad, capacidad para disfrutar del momento y aceptación de las diferencias y los posibles fracasos».

64. Véase *Hewlett*, 1998.

65. Véase la p. 150, *Ainsworth et al.*, 1978.

66. Véase *Halpern*, 2004.

67. Véanse la tabla 4.8 de la p. 121, *Hakim*, 2000.

68. Véase *Moss* y *Melhuish*, 1991.

69. Véase *Egeland y Hiester*, 1995.

70. Véase *Cohn et al.*, 1991.

71. Véase la p. 584, *De Wolff y Van Ijzendoorn*, 1997.

72. Véase *Beckwith et al.*, 1999.

73. Véase *Waters et al.*, 1995.

74. Véase *Hamilton*, 1994.

75. Véase *Teti et al.*, 1996.

76. Véase *Dozier et al.*, 1999.

77. Véase *Fonagy et al.*, 1995.

78. Véase la p. 293, *Solomon y George*, 1999.

79. Véanse las pp. 55-59, *Feeney y Noller*, 1996.

80. Véase *Belsky y Cassidy*, 2000.

81. Véanse las pp. 256-257, *Belsky*, 1999.

82. Para un estudio que describía al 60 por ciento de ellos como inseguros, véase *Chisholm*, 1998; el índice era del 70 por ciento en *Marcovitch et al.*, 1997.

83. Proceden de un estudio realizado en Minneápolis y dirigido por Alan Sroufe. Para una muy amena descripción no académica de este innovador estudio, véanse las pp. 177-190, *Karen*, 1998. Para una descripción de tipo más científico, véanse *Sroufe et al.*, 1990; *Sroufe et al.*, 1999; *Egeland et al.*, 1993.

84. Véase *Owen et al.*, 1988.

85. Véase *Hakim*, 2000.

86. Véanse las pp. 85-90, *Mirowsky y Ross*, 1989.

87. Para una descripción de los vínculos existentes entre los comportamientos paternos de rechazo y el patrón de evitación, véanse las pp. 38-41, *James*, 1995. Es recomendable el revelador estudio de mujeres evasivas, con un seguimiento a lo largo de treinta y un años, realizado por *Klohnen y Bera*, 1998. Para unas descripciones someras del adulto evasivo, véase *Feeney*, 1990, y *Dozier et al.*, 1999.

88. Para un análisis de la niñez del dependiente, véase *Cassidy y Berlin*, 1994. Para una descripción del dependiente adulto, véanse los capítulos de *Feeney* y de *Dozier et al.* en Cassidy y Shaver, 1999.

89. Para la niñez del indeciso, véase *Van Ijzendoorn*, 1999. Véanse también las pp. 36-42 en *Fonagy*, 2001.

90. *Office of Applied Statistics*, 2004.

91. Para la niñez del seguro, véase *Marvin y Britner*, 1999. Véase también *Dozier et al.*, 1999.

92. Véase *Elicker et al.*, 1992.

93. Véanse *Kirkpatrick y Davis*, 1994; *Belsky y Cassidy*, 1994.

94. Véanse las pp. 368-374, *Feeney*, 1999.

95. Véase *Sroufe et al.*, 1999, en referencia a la inmutabilidad y el cambio.

96. Véanse *Egeland et al.*, 1996; *Egeland et al.*, 1988.

97. Véase *Rutter et al.*, 1995.

98. Véase *Rutter et al.*, 1995.

99. Véase *Van Ijzendoorn*, 1995.

100. Véase *Fonagy y Target*, 1997.

101. Véase *Sagi et al.*, 1994.

102. Véase *Van den Boom*, 1994.

103. Véanse *Ricciuti*, 1993; *O'Connor et al.*, 2001; *Bokhorst*, 2003.

104. Véanse *Van Ijzendoorn y De Wolff*, 1997.

105. Véase *Goldsmith y Alansky*, 1987.

106. Para el estudio más reciente y completo, véase *Vaughan y Bost*, 1999.

107. Las estadísticas mencionadas en este párrafo proceden de *Belsky y Cassidy*, 2000.

108. El libro definitivo sobre esta cuestión se inicia, de forma memorable, con estas palabras: «La historia de la niñez es una pesadilla de la que apenas empezamos a despertarnos»: véase *De Mause, L.*, 1971, *The Histyory of Childhood*, Londres: Souvenir Press.

109. Véase *Sahlins*, 1974.

110. Véase *Whiting y Edwards*, 1988; véase también *Levine et al.*, 1988.

111. *Véase Durkheim*, 1933.

112. Para una explicación detallada de la teoría mencionada en este párrafo y el siguiente, véase *Belsky et al.*, 1991.

113. Véase *Bugenthal et al.*, 1989.

5

EL GUIÓN DE NUESTRA CONCIENCIA DEL YO DURANTE LOS PRIMEROS SEIS MESES

… Man hands on misery to man…

[El hombre lega al hombre su flagelo]

Sois personas ansiosas, a veces con una necesidad imperiosa de satisfacer vuestras adicciones, propensas a excederos en el trabajo, el sexo, las drogas o la comida? ¿Sois buenos imitadores, seductores por vocación, amantes del artificio? ¿Sois desconfiados, incluso de vuestros más allegados? ¿Sois unos obsesos del control? ¿Tendéis al maniqueísmo extremo, a dividir el mundo entre unos pocos buenos y el resto? ¿Necesitáis ser el centro de atención? ¿Osciláis entre tener una imagen grandiosa de vosotros mismos y sumiros en la más terrible depresión? ¿Sois propensos a los comportamientos antisociales, hostiles, impulsivos, egoístas? ¿Os gusta correr riesgos yendo siempre a la última?

Si vuestras respuestas son afirmativas en alguno de estos casos, seguramente tenéis una conciencia débil del yo y sufrís lo que se conoce como un trastorno de personalidad. Y no estáis solos, pues aunque el 80 por ciento de los delincuentes[1] y un 13 por ciento de la población general[2] también lo sufren, lo mismo sucede con la mayoría de las personas de éxito, ya sea en el ámbito de la política, los negocios, las artes o el mundo del espectáculo. Vuestro yo dé-

bil puede conduciros a asombrosas proezas de imaginación y muestras de autoridad, aunque a menudo acompañadas por una angustia terrible. Aun así, los síntomas de esta conciencia débil no son
conocidos por todos. Un porcentaje mucho mayor que el 13 por
ciento de la población presentan algunos de ellos: en determinadas
situaciones, todos los mostramos en cierto grado.

El guión del yo débil

Aunque nadie se acuerda con exactitud de sus primeras experiencias de la infancia, es en este período olvidado donde tienen su origen
el trastorno de personalidad y el yo débil. El psicoanalista Donald
Winnicott sostiene que su causa está en el tipo de atención y cuidados que recibimos durante los primeros meses de vida.[3] Los cuidados tempranos carentes de empatía producen un adulto inmaduro
de desarrollo tardío, propenso a los actos imprudentes y amorales
propios de un adolescente, así como al egocentrismo inflamado y
absoluto (el «yo, yo y yo») que caracteriza el mundo de fantasía de
un niño pequeño. Pero el origen del trastorno de personalidad no
se limita a la atención recibida durante la primera niñez. Las experiencias posteriores, en especial los abusos sexuales y los malos tratos
físicos, también pueden desempeñar un papel crucial. En la mayoría de los casos, la genética influye poco o nada.

Winnicott escribe: «El bebé en realidad no existe», en el sentido de que los bebés carecen de entidad propia sin los pensamientos y sentimientos que sus cuidadoras les atribuyen miles de veces
al día. De hecho, los estudios en orfanatos demuestran que, si el bebé
tan sólo recibe respuesta a sus necesidades físicas, sin que sean atendidos sus requerimientos emocionales y sociales, mayor es el ries-

go de muerte y prácticamente imposible que prospere en la vida. Del mismo modo que dotamos de cualidades antropomórficas al comportamiento de nuestros gatos y perros, hacemos otro tanto con los bebés; pero con la importante diferencia de que, si nuestra madre insiste en atribuir significados humanos a nuestros gestos de bebé, con el tiempo llegamos a asimilar esos significados. Durante los primeros seis meses, nuestra experiencia tiene en gran parte un carácter físico y primitivo: sensaciones de hambre y saciedad, de frío y calor, de miedo y seguridad. Nuestro sentido del tiempo se limita a cambios meramente físicos, como ser alimentado o no ser alimentado. Somos incapaces de describir estas sensaciones con palabras, por lo que no podemos representarlas como pensamientos conscientes que nos sirvan para predecir y, en último término, controlar nuestro mundo. Tenemos una concepción imprecisa de lo que es el Yo (lo que está dentro de nuestro cuerpo y mente) y lo que es el No Yo (el exterior), y es frecuente la confusión entre ambos. Cuando mamamos del pecho o del biberón, éste muy bien podría formar parte de nosotros. Cuando la leche entra en nuestra boca, no sabemos lo que es o de dónde procede. Estos límites borrosos entre el yo y todo lo demás siguen manifestándose en nuestro vívido mundo de fantasía propio de los tres o cuatro años de edad, un mundo que está plagado de tales confusiones. Tan sólo medio en broma le decimos a un progenitor al que admiramos: «Yo soy tú», o, si nos portamos mal, imaginamos que la maldad puede leerse en nuestra mente mucho antes de que la travesura se haya descubierto. Al ver satisfechas nuestras necesidades de forma regular y confiable, almacenamos un banco de datos de sensaciones corporales que son la base para distinguir dónde empieza el Yo y dónde acaba el No Yo: la conciencia de la propia personalidad.

Si nuestra madre era una cuidadora empática, pronto aprendió

a moldear su comportamiento en función de nuestros ritmos naturales de mirar fijamente y apartar la mirada.[4] Ambos nos convertimos en pareja de un baile que podía ser ora tranquilo ora frenético,
con constantes cambios de tipos de comportamiento. Si soltábamos
tres gritos de longitud creciente: «¡I, ii, iia!», nuestra madre tal vez
respondiera empleando un lenguaje diferente, moviendo un brazo
al ritmo preciso de cada grito para imitar sus cadencias: movimiento
breve, luego más amplio y después todavía más, con un pequeño
cambio de dirección para expresar el sonido «a» de nuestro último
chillido. Un movimiento respondido por el bebé con un sonido
equivalente; una mirada suya, con una palmadita o una caricia: este
tipo de intercambios, denominados por los psicólogos como «respuesta de correlación modal», se producían de forma constante.[5]

En la inmensa mayoría de las parejas madre-bebé, es la madre
y no el bebé quien determina si ese baile va a tener lugar o no; y, si
es así, cómo se llevará a cabo. La empatía emocional que Winnicott
describe como propia de una «madre normal, cariñosa y buena»
resulta tan crítica para el bienestar del pequeño como lo es el alimento para su salud física. Si nuestro cuidado no empieza desde este
punto de partida emocional, una madre carente de empatía puede
malinterpretar el simple gesto de desviar la mirada como muestra
de rechazo o amago de control. Entonces nos hablará o nos coge-
rá, actuando de forma intrusiva y sin tener en cuenta nuestros deseos. Si tan sólo nos da de comer o nos abraza cuando a ella le conviene, estará apropiándose de nuestra capacidad para experimentar
nuestras propias necesidades, lo cual nos llevará a buscar nuestra
definición personal en el exterior. Winnicott indica que en estas
circunstancias desarrollamos un «falso yo», y nos sentimos minus-
valorados e impotentes. En la edad adulta, el yo débil está detrás de
los síntomas de un trastorno de personalidad o, incluso, si es débil

en extremo, de una enfermedad mental como la esquizofrenia. De formas innumerables y por medio de un sinfín de minúsculas interacciones, todos los días durante los primeros meses de existencia, la falta de empatía se comunica inexorablemente. Como resultado sufrimos la pérdida permanente de la capacidad para el placer, pérdida que compensamos a través de dos estrategias principales.[6]

La primera consiste en comportarnos de manera frenética. Como bebés actuamos de forma acelerada y nos hallamos en un constante estado de vigilia, consciente y alerta, por muy fatigados que podamos estar. Nuestras actividades pueden desarrollarse a gran velocidad, dando muestras de una sensibilidad exagerada a los sonidos y otros estímulos. Podemos abandonarnos fácilmente a comportamientos repetitivos y rítmicos, como mamar o mecernos. Quizá mostremos tensión muscular, rigidez de la espalda y el cuerpo, así como una excesiva intensidad y fuerza muscular al efectuar nuestros movimientos. La respiración puede ser rápida, al igual que las pulsaciones, y engullimos el alimento con ansiedad. Estos indicios revelan la desesperación que sentimos por nuestra incapacidad para disfrutar del placer, y pueden prefigurar una serie de problemas graves en épocas posteriores de la infancia y en la edad adulta, desde comportamientos adictivos a trastornos de la alimentación.

Por ejemplo, estos síntomas pueden ser indicativos de hiperactividad. Aunque la enfermedad oficialmente conocida como trastorno por déficit de atención con hiperactividad (TDAH) suele atribuirse a causas principalmente genéticas, y a pesar de que unos tres millones de niños estadounidenses reciben en algún momento tratamiento farmacológico contra esta supuesta dolencia cerebral de origen físico, existen razones científicas de peso para cuestionar este enfoque.[7] Incluso durante el embarazo, el estado mental de la madre influye de forma significativa en que el niño pueda convertirse en hiperactivo.[8] Según un estudio basado en unas siete mil encuestas, cuando la madre ha sufrido ansiedad durante la fase final del embarazo los casos de hiperactividad se duplican. Durante la gestación, el estrés con elevados niveles de cortisol en la madre ha resultado indicativo de problemas emocionales y de comportamiento en los niños de cuatro, siete y nueve años.[9] Tras el nacimiento, varios estudios demuestran que cuando los cuidados carentes de empatía se convierten en intrusivos, el niño tiende a la hiperactividad. Los cuidados intrusivos y la sobreestimulación a los seis meses están fuertemente vinculados con la hiperactividad en épocas muy posteriores, tanto a los tres como a los once años.[10] El temperamento del bebé, evaluado pocos días después del nacimiento, no predecía en absoluto dichos problemas de hiperactividad, lo cual indica que la genética tiene muy poco que ver en este asunto. Otro estudio con niños que habían sido maltratados por sus padres comparaba a los que fueron recogidos en instituciones con cuidados genéricos y los acogidos en hogares con una atención mucho más personalizada.[11] Los niños del primer grupo eran mucho más proclives a la hiperactividad, lo que de nuevo apunta a que la genética no es un factor primordial. La importancia de los cuidados también viene subrayada por el hecho de que los pequeños con madres sometidas a mucho estrés, carentes de tiempo y energías (como en el caso de las madres solteras), son tres veces más propensos a sufrir hiperactividad que los niños cuyos padres tienen mayor disponibilidad. Y aunque los estudios realizados con gemelos sugieren que la genética puede ejercer alguna influencia en cerca de la mitad de los casos, lo más probable es que el trastorno esté originado por unos cuidados intrusivos y faltos de empatía que alimentan el hábito de la hiperactividad como remedio contra la ausencia de placer. (El subsiguiente progreso de la enfermedad probablemente sea el resultado de los castigos coercitivos o arbitrarios recibidos en la última fase de la niñez, que alimentan todavía más el potencial hiperactivo del niño y, en consecuencia, pueden llevar al desarrollo de una conciencia débil y a mostrar comportamientos delictivos.)[12]

La imposibilidad de disfrutar del placer que sufre el niño privado de empatía también puede encontrar compensación en lo opuesto a la hiperactividad: el encierro depresivo en uno mismo, la desesperanza pasiva.[13] Enfrentados a unos cuidados totalmente carentes de empatía, los niños pequeños pueden recurrir al propio cuerpo como último recurso de gratificación: meciéndose, girando la cabeza a uno y otro lado, o, para generar sensaciones, rascándose con fuerza o masturbándose. Finalmente, todavía frustrados en su empeño de hallar placer, los niños pueden optar por volverle la espalda al mundo por completo y convertirse en somnolientos, letárgicos, indiferentes a los estímulos, débiles y lánguidos. Su respiración se torna lenta y poco profunda, y el niño empieza a comer con desgana y sin entusiasmo. En su rostro rígido, inexpresivo y huidizo, son visibles las huellas de lágrimas resecas. El niño se evade del repetido dolor que le producen los cuidados insensibles y carentes de empatía por medio de la absoluta falta de respuesta al entorno.

Estas formas hiperactivas y depresivas de lidiar con la falta de placer se fijan como patrones electroquímicos en el cerebro del pequeño: los niveles hormonales y los patrones de ondas mentales y pulsaciones cardíacas son muy distintos entre los bebés que disfrutan de cuidados empáticos y los que no. Esto incrementa el potencial de sufrir trastornos en épocas posteriores de la vida, al igual que un programa informático, aunque, del mismo modo que un programa puede ser modificado mediante la reescritura de su código, también la neurología del pequeño es susceptible de corrección. Unas circunstancias adecuadas y unas experiencias positivas pueden cambiar para bien las premisas de lo que cabe esperar de nuestra existencia, ya que el cerebro es un órgano extremadamente sensible al entorno durante toda la vida.

No obstante, esta clase de compensación es la excepción y no la norma, y en la mayoría de los casos los efectos de unos cuidados carentes de empatía durante la infancia siguen siendo perceptibles décadas más tarde. El resultado suele ser un adulto con una débil conciencia del yo y con algún tipo de trastorno de personalidad. Nuestra capacidad de resistencia es frágil, y a fin de no desplomarnos recurrimos a mecanismos mentales «primitivos», así denominados porque se manifiestan entre los niños muy pequeños. Al afrontar la realidad adulta, nos retrotraemos a comportamientos infantiles. Aunque en muchos aspectos parezcamos adultos normales, en otros, mejor o peor encubiertos, nunca hemos llegado a crecer.

El trastorno de personalidad

Una estrategia central de los individuos con trastorno de personalidad consiste en la omnipotencia, la convicción infantil de que podemos conseguir todo cuanto ambicionemos porque disfrutamos de un poder mágico que nos hace todopoderosos.[14] Tras habernos sentido impotentes para influir sobre nuestras cuidadoras cuando éramos bebés, ahora nos limitamos a invertir la realidad y a decirnos que podemos cambiar el mundo imaginándolo de forma completamente distinta. Tal convencimiento es el que muestran los niños normales de tres años cuando cierran los ojos y formulan un deseo en voz alta con la intención de que se cumpla. Pero, en los adultos, este tipo de pensamiento «mágico» puede ser síntoma de una enfermedad mental. En su forma más extrema adopta la forma de delirios, fantasías cuyas imágenes y sonidos son alucinaciones. Los numerosos lunáticos convencidos de que son Jesucristo sufren delirios de grandeza en su máxima expresión: no sólo era el hijo de Dios, sino que su omnipotencia era tal que logró engañar a la misma muerte. De niños todos hemos tenido fantasías de tipo megalómano, y pocos son los adultos que las han relegado por completo, sobre todo en momentos de fuerte estrés. No obstante, las personas con trastornos de personalidad siguen teniéndolas con mucha mayor frecuencia en la edad adulta: unas fantasías que pueden llegar a ser muy originales y creativas, pero imposibles de aplicar al mundo real.

La misma dinámica exacta de inversión de la realidad es la que alimenta el narcisismo. Sin embargo, en lugar de la impotencia personal, lo que se invierte mediante el narcisismo es el sentimiento de insignificancia individual, que se compensa mediante una fantasía grandilocuente de nuestra imagen o posición a ojos de los demás. Siempre estamos intentando atraer la atención ajena, y nos complace sobremanera que las conversaciones se centren en nosotros o en aquellos aspectos que dominamos. La herida permanente que sufrimos en la infancia al sentirnos insignificantes porque nuestras necesidades estaban subordinadas a las de nuestra cuidadora, cicatriza de forma temporal cuando intentamos convencer a un interlocutor (o secretamente a nosotros mismos) de que somos las personas más maravillosas, hermosas, inteligentes, especiales y demás: justo lo contrario de lo que sentimos en realidad. Tenemos serios problemas para relacionarnos con otras personas de manera realista y honesta a menos que las incorporemos como parte de nosotros, algo que nos resulta fácil por los imprecisos límites establecidos entre el Yo y el No Yo. Nos encanta organizar camarillas de tipo social o profesional, élites basadas en el axioma inconsciente de «Yo soy perfecto. Tú también lo eres, pero porque formas parte de mí».[15]

El narcisismo y la omnipotencia suelen ser sintomáticos de uno de los trastornos más comunes de la personalidad: el denominado *borderline* o fronterizo. Mostramos una constante inestabilidad y ambivalencia en nuestra vida cotidiana. Emocionalmente erráticos, caprichosos, impulsivos y con arranques explosivos, somos imprevisibles y tendemos a manipular a los que nos rodean. Nuestros familiares y amigos se ven puestos a prueba por nuestros accesos de malhumor, silencios obstinados o comportamientos deliberadamente desagradables, que alimentan el rechazo en vez del cariño y la atención que tan desesperadamente ansiamos. Desde que en nuestra primera infancia aprendimos a comportarnos de forma depresiva o hiperactiva, nuestro estado de ánimo oscila entre largos períodos de abatimiento y apatía y frenéticos arrebatos de ira, ansiedad o excitación. Nuestra desesperación es genuina, pero también es una expresión de hostilidad, una manera encubierta de frustrar a los demás y vengarnos de ellos. Furiosos ante el fracaso de los demás para proporcionarnos afecto, recurrimos al malhumor, la queja y la amenaza del «donde las dan las toman» y el «así aprenderán». Mediante la exageración de nuestro infortunio y los comportamientos ruines eludimos responsabilidades y descargamos nuestros problemas en los demás. Los silencios fríos y obstinados vienen a ser un chantaje punitivo, la amenaza de la tormenta que está por venir. Fácilmente irritables por nimiedades, mostramos una excesiva contrariedad cuando las cosas no marchan como queremos.

Es frecuente que cambiemos rápidamente de pensamientos, y de forma contradictoria, sobre nuestra persona y sobre los detalles de acontecimientos pasados. Manifestamos nuestro desánimo por lo dura que resulta nuestra vida y expresamos nuestra tristeza y resentimiento: nos sentimos descontentos, engañados, menospreciados, incomprendidos y desilusionados; estamos convencidos de que todos nuestros esfuerzos no han servido de nada. La negatividad, el pesi-

mismo y la inmadurez que los demás nos atribuyen son contrarres-
tados por nuestra creencia de que son el reflejo de nuestra mayor
sensibilidad o de cualquier otra cualidad positiva: es lo que se lla-
ma una distorsión narcisista. Sin embargo, y de forma más bien
confusa, en otras ocasiones dejamos de creer en nuestra superioridad y proclamamos que nuestra insignificancia, nuestros fracasos y
nuestro malhumor son los que nos hacen sufrir a nosotros y también a quienes nos rodean. En estado de flujo permanente, nuestros
pensamientos y emociones son de lo más inestable.

No es de extrañar que nos cueste mantener relaciones personales
estables. Un estudio comparativo efectuado en un centro de terapia
matrimonial puso de relieve que las casadas con trastorno de tipo
fronterizo son mucho más propensas al autoengaño que las que no
lo sufren.[16] Estaban más insatisfechas y deprimidas en relación con
su vida sexual, aunque se consideraban muy deseadas. Pese a hacer
mención a un mayor número de problemas en sus relaciones, a una
actividad sexual más aburrida, a dificultades para alcanzar el orgasmo
y a ser propensas al adulterio, de forma invariable afirmaban que era
su pareja la que tenía un problema sexual. Las fronterizas tenían más
tendencia a hablar de inclinaciones lésbicas, y la mitad de ellas habían sufrido malos tratos físicos o abusos sexuales en la niñez. Los
fronterizos en particular y las personas con trastorno de personalidad
en general son más propensos a tener lo que se conoce como un
patrón amoroso lúdico, por el que el amor es visto como un juego:
algo que se hace a, y no con, otra persona.[17] Acostumbramos a creer
que lo que nuestra pareja ignora no puede hacerle daño, y tenemos
tendencia a ser infieles. Al engañar a nuestra pareja de este modo,
obtenemos mayor placer en la representación de nuestro nuevo papel
que en la intimidad o en la misma relación sexual.

El contacto íntimo con otros nos deja muy maltrechos, pues

nuestras narcisistas fantasías de omnipotencia constantemente se dan de bruces contra la realidad. También hace que nos sintamos exhaustos y vacíos, incrementando nuestra soledad, dependencia de los demás y necesidad de compañía. Ansiosos de contacto humano, emprendemos de nuevo el ciclo. Corremos el grave riesgo de llenar nuestro vacío interior con la adicción a las drogas, el alcohol, el sexo, el juego o el trabajo, del mismo modo que respondimos con la hiperactividad a la ausencia de placer causada por los cuidados sin empatía que recibimos en la infancia.

Un triste ejemplo de personalidad fronteriza lo ofrecía la presentadora de la televisión británica Paula Yates, con la que trabajé en un programa durante seis meses en 1986 y que murió de una sobredosis de heroína en 2000. En su autobiografía, Paula se describía como «un mar de contradicciones», y era alguien que cada dos por tres podía cambiar radicalmente de opinión, aparentemente sin ver nada extraño en ello. Mujer ambiciosa y obsesionada por su carrera profesional, Yates siguió trabajando cuando tuvo a sus hijos, circunstancia que más adelante no le impidió criticar a las madres trabajadoras, sin que pareciera reparar en que ella misma lo había sido también: «Las madres tienen que quedarse en casa con sus hijos pequeños. Si no lo hacen, el bienestar emocional de la próxima generación corre verdadero peligro [...] La mujer que cree que puede dar a luz y volver al trabajo en unas pocas semanas es irresponsable en el mejor de los casos, y egoísta en el peor». En otras ocasiones, Yates se contradecía flagrantemente, por ejemplo cuando escribía: «Nunca he dicho que las madres no deberían trabajar».

En lo tocante a su imagen pública, afirmó que «la imagen de Mata Hari que difunden los medios de comunicación no tiene nada que ver con la realidad», y se quejaba de que se trataba de una tergiversación interesada. Sin embargo, quienes la conocían bien sabían que era promiscua al máximo y proclive a teñir de erotismo su trato con los hombres. «Paula coquetea con todos», declaró su amiga Sue Godley, y en la práctica mostraba una excentricidad sexual en su relación con los demás, sobre todo si eran completos desconocidos. La primera vez que hablamos, de pronto se levantó de la silla y se sentó en mi regazo. Más tarde la vería hacer lo mismo con otros hombres. Parte de su propósito era causar embarazo y llamar la atención. En mi caso, se comportó de esa forma porque yo era íntimo amigo de alguien que profesionalmente estaba por encima de ella. Paula quería gustarme porque podría ayudarla a medrar en su carrera.

Como compañera de trabajo, podía mostrarse tan egocéntrica como una niña pequeña. De hecho, Paula no había crecido en muchos aspectos, y seguramente el motivo tenía que ver en parte con una infancia que ella misma definía como traumática. Yates se describía a sí misma como «una niña dependiente, quejica y llorica» en un hogar que «todas las mañanas despertaba impregnado del olor del melodrama». El hombre a quien consideraba su padre, Jess Yates, era un presentador de televisión maníaco-depresivo al que odiaba. Poco antes de la muerte de Paula, se supo que su padre biológico era en realidad otro presentador, Hughie Green. Pese a que su madre, una actriz caprichosa y extremadamente egoísta, apenas estaba a su lado, la pequeña Paula la echaba muchísimo de menos. Sus padres se separaron cuando ella tenía nueve años. Cuando, al cabo de un tiempo, su madre hizo amago de acordarse de su existencia y le envió unos regalos a casa, su trastornado padre los arrojó al fuego. Paula recordaba que «esta clase de episodios hacían que detestara ser una niña. No veía el momento de convertirme en adulta. No le desearía a nadie sentirse tan impotente como yo me sentía de niña». De acuerdo con su autobiografía, se refugió en un mundo de fantasía para escapar a una realidad tan intolerable: «Tenía mi propio mundo paralelo en el que el futuro lo era todo y el presente carecía de significado. Me refugié en mi propio mundo interior». La Paula adulta seguía teniendo tendencia a convertir la realidad en fantasía, propensión que a veces llegaba a tales extremos que debía recibir tratamiento en hospitales psiquiátricos.

Durante su matrimonio con Bob Geldof, Yates no dejaba de subrayar en las entrevistas que concedía lo muy enamorados que estaban el uno del otro. No obstante, sus íntimos sabían que ella tenía aventuras extramatrimoniales. Es posible que en este caso simplemente estuviera mintiendo, y no fantaseando. Paula contaba con un asesor de relaciones públicas cuya función consistía en maquillar la verdad para los medios de comunicación.

Su falta de coherencia era típica de una personalidad fronteriza. Paula estaba embarcada en una lucha constante para otorgar sentido a su existencia, ya que en lugar de contar con un yo estable y seguro, vivía en un vacío inseguro y cambiante. Intentaba encontrar un sentido melodramatizando su vida, y solía pensar que no era nadie si no se hallaba en el centro de algún escándalo que, pese a sus protestas en sentido contrario, disfrutaba viendo reflejado en la prensa amarilla porque hacía que se sintiera importante. También se esforzaba en mejorar su escasa autoestima relacionándose con famosos.

Aunque daba la impresión de ser consciente de algunas de las formas en que su niñez la había afectado, Paula era incapaz de evitar repetir el pasado. Encontraba paralelismos entre los acontecimientos que acabaron con la carrera de su padre en la televisión y la suya propia. En ambos casos, la prensa sensacionalista británica hizo públicas sus infidelidades, lo cual puso fin a su trabajo como presentadores de programas destinados al público familiar. Paula veía otras semejanzas con su padre, pero dicho conocimiento no le impedía repetir sus mismos errores.

Ello se explicaba en parte por su costumbre de referirse a su infancia en términos más bien frívolos. Al convertir la niñez en materia «hilarante», se distanciaba de su pasado. En ocasiones, los pacientes que reciben terapia hablan de los acontecimientos de su infancia sin recordar los sentimientos que los acompañaban. La locuacidad superficial de Yates, perceptible en su autobiografía, le servía para mantenerse alejada de sus propias emociones. Como resultado, pese a su predisposición y promesas en sentido opuesto, hizo pasar a sus hijas por mucho de lo que ella había sufrido en la niñez. «Siempre he pensado que los matrimonios tienen que permanecer unidos hasta el final, sin importar lo que ocurra entre ellos», escribió. Aun así, no le costó convencerse de que sería bueno para ella separarse de su marido para unirse a otra estrella del rock, Michael Hutchence. Probablemente estaba culpando a sus circunstancias externas de lo que era un problema interno.

Mantener un mínimo de coherencia siempre resulta complicado para los individuos con trastornos de personalidad, y una de sus estrategias fundamentales para mantener la realidad a raya consiste en «dividirla». El mundo se divide en buenos y malos, en blanco y negro, manifestando una cruda psicología en la que sólo estamos nosotros y ellos, se está a favor o en contra. El conocimiento de los diferentes aspectos de nuestra experiencia tiende a compartimentarse para evitar la incoherencia y obtener certezas. Por ejemplo, un marido que pega a su mujer en casa puede ser visto por sus colegas de trabajo como alguien simpático, amable y generoso. Mediante la división, el individuo del lugar de trabajo puede ser totalmente inconsciente del individuo que maltrata a su mujer.

En muchas personas con trastornos se da una profunda convicción paranoica de que los demás son hostiles y malvados. Pero dicha creencia puede verse invertida en cualquier momento por la «idealización», el convencimiento de que los demás son buenos y maravillosos pese a las evidencias que lo desmienten. Estos procesos mentales son normales entre los niños de tres años, ya que viven en un apasionado mundo de extremos, pero resultan difíciles de entender en los adultos.

A estos procesos mentales se une también la «negación», que permite ajustar el mundo a la realidad interior. Dicho mecanismo aparece muy bien ilustrado en la secuencia inicial de la película *El destino también juega*. Una mujer está sentada en la cama haciendo un rompecabezas cuando aparece su marido y advierte que ella tiene unas tijeras en la mano. Cuando le pregunta qué está haciendo con ellas, la mujer responde que está recortando las piezas del rompecabezas para que encajen. Quienes sufren un trastorno de personalidad están constantemente conformando a su capricho el complejo, difícil e implacablemente irreductible rompecabezas de la realidad. Pueden adaptarla a las necesidades del momento, pero, como la mujer que usa las tijeras para dar una solución pueril a su problema, al final se ven enfrentados al rompecabezas incompleto de sus vidas.

Otra forma de liberarse de la experiencia no deseada es la denominada «proyección», la atribución de nuestros propios sentimientos a los demás. La proyección resulta corriente entre las personas para quienes los límites entre el Yo y el No Yo resultan imprecisos. En lugar de experimentar nuestra propia ira o depresión, nos limitamos a atribuírsela a otro y comentarle «Te veo un poco triste» o «¿Por qué estás de tan mal humor?».

De modo similar, podemos abstraernos a una situación particular a través de la llamada «disociación». En su forma más extrema, la disociación consiste en la extraña sensación de encontrarnos fuera de nuestro envoltorio físico, observándonos a nosotros mismos como si fuéramos otra persona. La disociación suele darse entre los indecisos, cuyo patrón de inseguridad es muy propio de los individuos con trastorno de personalidad.

Para una mente o psique tan voluble, la adopción de múltiples personalidades resulta fácil.[18] Cuando la realidad es insoportable, la transformación en otro constituye un eficaz medio de evasión. Con frecuencia nos sentimos irreales, «incapaces de ser uno mismo», porque no terminamos de saber con certeza quiénes somos. De forma paradójica, es posible que nos sintamos más reales al fingir ser otros, y aunque no acabemos dirigiendo nuestros pasos hacia la carrera interpretativa, no cabe duda de que somos unos actores natos. Vivimos nuestras vidas como si estuviéramos interpretando nuestro papel, en lugar de sentir realmente quiénes somos. Reconocemos nuestra fotografía en un carnet o nuestro rostro en un espejo como pertenecientes a la persona cuyo nombre aparece en nuestro certificado de nacimiento o pasaporte, pero, durante la mayor parte del tiempo, esa persona no es sino el personaje que fingimos ser. Ello acaso nos convierte en muy buenos imitadores, capaces de cambiar de identidad con gran fluidez, del mismo modo que un niño pequeño no tiene problema en pasar de un juego de fantasía a otro. A menudo ingeniosos y encantadores cuando conocemos a alguien por primera vez, al marcharnos dejamos a nuestras espaldas cierta indefinible sensación de que algo no termina de cuadrar. Somos unos impostores que nos hacemos pasar por nosotros mismos y siempre estamos esperando que alguien nos de un golpecito en el hombro y nos desenmascare como el fraude que creemos ser.

He tenido ocasión de hablar con decenas de políticos, presentadores de televisión y hombres de negocios dotados de este tipo de personalidad ilusoria. Por ejemplo, el locutor radiofónico Tony Blackburn me dijo en una entrevista televisiva: «Sólo me siento yo mismo cuando soy Tony Blackburn, el locutor de radio. Vivo sólo para las dos horas diarias de programa; lo demás no me interesa nada. Ojalá mi vida entera fuese un constante programa radiofónico». Un ejemplo más reciente nos lo ofrece el presentador de televisión Michael Barrymore, quien en el momento de escribir estas líneas está tratando de volver a trabajar en la pequeña pantalla después del escándalo suscitado por la muerte de un hombre en su casa. En referencia a sus dificultades para vivir sin aparecer de forma regular en televisión y sin abusar de las drogas, Barrymore ha dicho: «Tan sólo me sentía feliz o realizado cuando estaba delante del público. Salir del plató y volver a ser yo mismo era algo que no podía soportar».

El novelista y antiguo político Jeffrey Archer, a quien entrevisté en 1987, constituye otro ejemplo ilustrativo. Nuestra entrevista televisiva tuvo lugar poco después de que Archer hubiera ganado un juicio por difamación que, aunque le exoneraba de haber mantenido relaciones con una prostituta, le había obligado a dimitir como vicepresidente del partido conservador británico. Era la segunda vez que Archer se estrellaba estando en la cima del éxito: en la primera ocasión había tenido que declararse insolvente y dimitir de su cargo como parlamentario. Cuando le pregunté cómo se explicaba que su trayectoria vital estuviera marcada por altibajos tan extremos, Archer no dio muestras de tenerlo muy claro, aunque luego hizo algunos comentarios que me parecieron muy reveladores. Habló de una obra de teatro en la que los personajes habían perdido todo cuanto les importaba. «La duquesa se desmaya, la prostituta maldice, el soldado se dispara a sí mismo, y el que ha perdido más que cualquier otro se sienta en una silla, mira directamente al público y dice: "Estupendo. Ahora puedo empezar otra vez de cero". Y creo que yo mismo soy un poco así. Cuando alcanzo alguna meta, necesito un aliciente… un nuevo desafío».

Tal vez necesitara realmente desafíos, pero esto también puede sugerir que tiene la necesidad de ser descubierto: su sentimiento de fraudulencia es tan abrumador que ansía que alguien lo desenmascare. Porque vivir una existencia fingida es algo solitario e insatisfactorio. Entre él y los demás no existe contacto real (Archer utilizó este adjetivo numerosas veces a lo largo de la entrevista), porque todo cuanto tiene que ofrecer es un falso yo, un caparazón. Ansía desesperadamente que en su vida suceda algo real, por ejemplo su propio desenmascaramiento. Eso tal vez explique el inmenso placer con que Archer se refería al hombre acaudalado que lo había perdido todo y exclamaba: «Estupendo. Ahora puedo empezar otra vez de cero». Una posible traducción sería: «Por fin puedo dejar de fingir y ser alguien auténtico, aunque sólo sea por un breve momento».

Al mismo tiempo, en el individuo con tendencias mitómanas existe un enorme deseo de seguir jugando y mantener el engaño hasta el final: para salirse con la suya, como muchos de los personajes de las novelas de Jeffrey Archer. Esta táctica, conocida como «impostura», puede tener por objeto vengarse de aquellos individuos que viven en primera persona y disfrutar mofándose de ellos. Bajo su apariencia jovial y animosa, Archer esconde una ira de tipo infantil. Dicha ira terminó por estallar durante nuestra entrevista, cuando, molesto por mis repetidos intentos de averiguar por qué era tan autodestructivo, de pronto empezó a despotricar: «Yo soy una persona entusiasta por naturaleza, soy alguien que quiere cambiar las cosas y hacer algo con mi vida, y cuando los mezquinos y los fracasados tratan de empañar mis modestos logros, porque muchos de mis logros son modestos, lo reconozco, a mí en el fondo me dan lástima, porque son incapaces de hacer algo con sus propias vidas.

Y no pienso convertirme en un cínico o un envidioso como ellos, ni criticar a otros para darme importancia. Reconozco que me equivoqué (en su relación con la prostituta Monica Coghlan), sé que cometí un error y ahora estoy empeñado en trabajar duro para volver a ser el mismo de antes, y ninguno de sus debates y argumentos psicológicos van a cambiar eso: yo soy como soy». En un documental televisivo emitido hace poco, su ira todavía se hizo más evidente. Cuando el entrevistador le hizo una pregunta difícil, Archer perdió los estribos por completo.

Jeffrey Archer puede estar fingiendo ser el gran novelista, el político o el autor teatral, en lugar de sentirse realmente como tales personajes. Para las personalidades de este tipo, lograr convencer al mundo de que su fantástica versión de la realidad es cierta, incluso cuando saben que no lo es, resulta fundamental para su salud mental. Junto con su deseo de ser desenmascarados, esas personas necesitan que los demás aceptemos su fraudulencia como real, porque de otro modo serían conscientes de lo falsos que se sienten.

Al demandar por difamación al periódico sensacionalista que hizo pública su relación con la prostituta Monica Coghlan, Archer asumió un riesgo extraordinario, pues hoy sabemos que mentía al declararse inocente de tal relación. Tal vez su intención fuera la de demostrar que nuestro mundo es una falacia y que el suyo es real. Los cronistas coinciden en que en el juicio reinaba una sorprendente atmósfera de irrealidad. En la célebre sentencia se retrató a una esposa «fragrante» (a todas luces fascinado por Mary Archer, el juez la describió en esos términos) y a un marido amantísimo y leal, por mucho que la mayoría de los periodistas supieran perfectamente que el escritor tenía como mínimo una amante y encontrasen más que probable que hubiera contratado los servicios de una prostituta. A Archer tuvo que resultarle más que satisfactorio un veredicto que le daba la vuelta a la realidad y respaldaba sus fantasías a lo Walter Mitty.

Por supuesto, a todos nos gusta de vez en cuando pretender que somos otros: se trata de una muestra vital de riqueza emocional. A los niños les encanta fingir que son otros, y en la edad adulta muchas veces nos sentimos más vivos que nunca cuando contamos historias y ponemos voces divertidas. Al identificarnos con los personajes ficticios del cine y las novelas, podemos experimentar nuestras emociones de forma más intensa que en la realidad. Hace tiempo me separé de una novia, y no derramé una sola lágrima hasta que meses más tarde rompí a llorar viendo el final de la película *Casablanca*, cuando se separan los personajes interpretados por Humphrey Bogart e Ingrid Bergman: una obra de ficción me resultaba más real que un episodio de mi propia vida. Refugiarse en la ficción y reconquistar el poder sobre una realidad por lo demás inaprensible son motivaciones primordiales para los artistas. En todas las artes existe un elemento de intentar controlar a otros seres humanos apelando a sus emociones y forzándoles a sentir las que resultan más difíciles o conmovedoras: por lo general, las mismas que el artista no puede sobrellevar.

En el caso de Archer, sus novelas y obras de teatro, siempre llenas de mentirosos, estafadores y embaucadores, son intentos transparentes de vivir en la ficción lo que a él le hubiera gustado disfrutar (de hecho disfrutó) en la vida real; son sus sueños cumplidos. Archer empezó a escribir una obra teatral inmediatamente después de que estallara el escándalo de Monica Coghlan, e hizo lo mismo en cuanto sus ambiciones de convertirse en alcalde de Londres se fueron a pique en 1999. En la primera obra, incluso llegó a interpretar en escena el papel del acusado, acabando de derribar todas las barreras posibles entre sus fantasías y la realidad. De hecho, algunas de sus palabras son el relato apenas velado de engaños reales, lo que le proporciona la satisfacción de terminar de tomarnos el pelo: no sólo sus

mentiras permanecen encubiertas en el mundo real, sino que el lector
le paga dinero comprando el libro donde las enumera.

Una variante del impostor se gana la vida por medio del engaño delictivo. Adscrito al maquiavélico tipo del «falso yo», se trata
del estafador con tendencias psicópatas que asume distintas identidades para, por ejemplo, venderles falsas pólizas de seguros a las
ancianas que viven solas. Los psicópatas son impulsivos, ávidos de
sensaciones, propensos al comportamiento delictivo y a infringir las
normas de la conducta decente, además de tener una conciencia
débil.[19] Si somos psicópatas, nuestras emociones no se ven profundamente afectadas. No experimentamos culpabilidad, remordimientos o empatía. En nuestra relación con los demás somos promiscuos,
manipuladores, grandilocuentes, egocéntricos, persuasivos y fríos.
En la imaginación popular los psicópatas son siempre unos maníacos
babeantes o unos asesinos a sangre fría, pero esos arquetipos en
realidad sólo resultan válidos para la exigua minoría que acaba convirtiéndose en criminales sexuales o asesinos en serie, algunos de los
cuales son maestros del disfraz y encuentran enorme placer en burlar
a sus perseguidores. La gran mayoría de entre el 2 y el 4 por ciento
de los británicos considerados como auténticos psicópatas no se
encuentran entre rejas, y algunos de ellos ocupan los cargos más
poderosos en nuestra sociedad. Porque, aunque la mayoría de los
individuos con trastorno de personalidad tienen graves conflictos con
las figuras de autoridad en el colegio y el trabajo, así como unas vidas
profesionales y personales insatisfactorias, la peculiar mezcla de
características de su naturaleza explica que algunos de ellos alcan-
cen un enorme éxito.[20]

La tendencia del falso yo a definirse de cara al exterior puede
convertir en un recurso esencial la actitud de complacer a los demás,
especialmente a figuras autoritarias como maestros, examinadores

o superiores. Esto puede traducirse en unos excelentes resultados en todo tipo de exámenes y en un ascenso meteórico en el ámbito laboral. Estas personas llegan a hacer lo impensable por convertir sus fantasías en realidad, por confirmar su narcisismo o delirios de omnipotencia en la realidad, utilizando su éxito para obtener la adoración y el poder de los que carecieron en la infancia. El mundo de las artes escénicas —la música pop, el teatro, el cine y la televisión— está lleno de narcisistas desesperados por conseguir siempre una nueva aprobación del público, a fin de reforzar transitoriamente la autoestima que tienen por los suelos. Su infantil sentido de insignificancia encuentra su contrapartida exacta en una necesidad superficial de ser considerados por los demás como lo opuesto. Cuando los desconocidos los señalan por la calle, estas personas sienten que se les está confiriendo identidad, lo que temporalmente compensa la sensación que tuvieron en la niñez de ser invisibles para sus cuidadoras.

Quienes son más tendentes a la omnipotencia que al narcisismo pueden convertirse en políticos y hombres de negocios obsesionados por el poder y la riqueza, siempre ansiosos de demostrar su valía, siempre inquietos y necesitados de dejar clara su superioridad sobre otros o de hacerse con una riqueza material que desmienta su pobreza interior. No es de extrañar que tildemos de «hambrientos» a los individuos prometedores y competitivos, ya que muchos de ellos pasaron literalmente hambre de afecto como bebés. Un ejemplo muy ilustrativo en este sentido es el de Frank Williams, propietario de una escudería de Fórmula Uno.

Cosa infrecuente en el caso de un famoso aún en vida, contamos con un retrato íntimo y fiable de su persona, realizado por alguien que compartió su vida, su ex mujer Virginia. En el prefacio del libro, Virginia asegura que su propósito no es el de ganar dinero o

ajustar cuentas. Lo escribió «como un exorcismo», con la esperanza
de que él lo leyera algún día: publicarlo era todo lo que podía hacer para comunicarse con Frank. Aunque Williams nunca ha contado su versión de los hechos, y es inevitable que la de ella no sea
objetiva por completo, el libro parece haber sido escrito con amor
antes que con espíritu de venganza.

La imagen que ofrece es la de un hombre cuya insensibilidad
linda con el sadismo. A su esposo le encantaba llevarla en automóvil
a casa por las noches por caminos rurales y con las luces del coche
apagadas. Virginia escribe: «Yo le pedía a gritos que conectara las
luces de una vez. Sin conmoverse por mis súplicas histéricas, él me
contestaba que así podía ir a mayor velocidad, pues veía los faros de
los vehículos que venían en sentido contrario». Durante su largo
noviazgo, recuerda, «sabía que tenía que comportarme como si me
tomase nuestra relación tan a la ligera como él; de lo contrario, el
día menos pensado saldría corriendo por piernas». Williams al principio se negaba a pasar mucho tiempo a su lado, pero poco a poco
fue convenciéndolo de que se quedara de forma regular en su apartamento de soltera, donde ella le lavaba la ropa y le daba de comer.
No obstante, añade Virginia, «Frank raras veces me avisaba cuando tenía que irse de viaje. Me lo decía la misma mañana de su partida y luego esgrimía un montón de excusas para no darme un número de teléfono donde localizarlo, de modo que yo nunca me sentía
segura. Yo detestaba esos momentos en los que se marchaba de golpe
y a menudo rompía a llorar, algo que él encontraba muy divertido».
Lo habitual era que, después de pasar varias noches seguidas juntos, «de pronto desapareciera durante tres semanas […] A Frank le
encantaba la compañía de las mujeres, pero parecía sentirse aterrado
por el poder que éstas pudieran ejercer sobre él». El propio Williams
así se lo confesó en un infrecuente arrebato de franqueza poco des-

pués de casarse con ella: «Lo que siempre me ha dado más miedo en esta vida es el matrimonio».

En consonancia con esto, a Williams le costaba tanto dar amor como recibirlo. Tuvieron que pasar quince años antes de que le hiciera un regalo a Virginia. Ese día «me quedé atónita. Frank nunca me había hecho un regalo. No era su costumbre regalarle nada a nadie».

El día de la boda, Frank llamó al restaurante donde habían quedado para almorzar antes de la ceremonia, le dijo que no podía ir porque tenía mucho trabajo y que se encontraría con ella directamente en la oficina del registro. Una vez terminada la boda, le dijo a Virginia: «Bueno, me vuelvo a la oficina. Nos vemos luego». Cuando tuvieron un hijo, ella le preguntó cómo se sentía en ese momento. «Oh, ya lo he visto. Me siento mareado», se limitó a decir él. Y, ante la perspectiva de tener una hija, su observación fue: «No entiendo cómo nadie puede querer una niña».

Virginia aprendió pronto a esperar las infidelidades de su marido. «Descubrí algo terrible: que Frank era un seductor nato», y en poco tiempo «dejé de hacerme ilusiones sobre la posibilidad de ser la única mujer en su vida». Virginia cree que, para los hombres famosos, las conquistas femeninas son como «un trofeo de guerra» ante el que sucumben sin remedio, y que «por desgracia, yo sabía que Frank no iba a ser una excepción».

El psicoanalista Anthony Storr ofrece una brillante descripción de los hombres de este tipo en su obra *Human Aggression*. Storr escribe que «aunque ansían el amor de forma apasionada, su desconfianza es tan profunda que toda relación verdaderamente estrecha les parece peligrosa. Recibir amor les resulta humillante, por no decir peligroso». Tal vez busquen aislarse a través de sus grandes logros profesionales, pero, como escribe Storr, «a pesar de su enorme éxito de cara al mundo exterior, el amor de otra persona parece amenazar su independencia y masculinidad». Como resultado, este tipo de hombres viven sumidos en un dilema perpetuo. Por un lado, apunta Storr, «al negar la necesidad del amor se encierran a sí mismos en una prisión de aislamiento y de futilidad estéril»; por otro, «aceptar el amor supone situarse en una posición de dependencia tan humillante que el individuo se siente débil y despreciable». Estas observaciones son muy pertinentes en el caso de Williams. Cuando se separaron, Virginia le preguntó: «Frank, ¿no te afecta nada de esto?». Y él contestó: «Ginny, las emociones son para los débiles». Virginia añade que «Frank jamás hablaba de sus emociones o sentimientos», así que al dejarla «se limitó a mirarme de forma inexpresiva».

La explicación de una personalidad tan fría y distante como la de Frank Williams se halla en las primeras experiencias de la vida. Sus padres se separaron poco después de que naciera, y en el futuro Frank sólo vería unas pocas veces a su padre. Nunca estuvo unido a su madre, quien se encontraba tan alejada física y emocionalmente del pequeño que, con sólo tres años de edad, empezó a escaparse de casa con regularidad y, en una ocasión, la policía lo encontró a bastantes kilómetros de su hogar. También a esa edad su madre lo internó en la primera de una larga serie de escuelas católicas. Como si no tuviese bastante con semejante privación de los cuidados maternos, muchas de sus vacaciones también las pasó lejos de ella, al cuidado de los monjes de un monasterio. En muchos aspectos, el pequeño Frank daba la impresión de ser un huérfano, y ésta es precisamente la clase de niñez que genera el tipo de personalidad descrito por Anthony Storr.[21] «Los bebés son, durante un tiempo prolongado, especialmente impotentes e incapaces de valerse por sí mismos», observa. Si nadie ofrece respuesta a sus necesidades, terminan por volverse desesperadamente inseguros y «por muy competentes o poderosos que sean en la edad adulta, siguen sintiéndose a merced de cualquiera al que permitan convertirse en alguien emocionalmente importante para ellos».

Por encima de todo, Williams utilizaba los automóviles de competición para protegerse de ese tipo de dependencia y para convertir el plomo de su patología en el oro del éxito. Virginia recuerda que los coches, en mucha mayor medida que cualquier mujer (ella incluida), eran su verdadero amor. Según su madre, «los pilotos fueron desde siempre sus héroes, los hombres capaces de manejar a su antojo aquellas máquinas con ruedas». Incapaz de ejercer control sobre la gente en el mundo caótico de su niñez, Williams recurrió a objetos inanimados y controlables para suplantar a los seres íntimos que tan impredecibles le resultaban.

Este caso, el de Frank Williams en particular y el de los individuos con trastorno de personalidad en general, no debe llevarnos a creer que tales personas son totalmente distintas del resto de los mortales. Todos hemos hecho uso en ocasiones de los engranajes mentales descritos más arriba y, como adolescentes o jóvenes adultos, más de la mitad de nosotros hemos sufrido algún trastorno de personalidad, leve o agudo.[22] En broma, pero más en serio de lo que pensamos, podemos jactarnos de nuestras hazañas sexuales o deportivas (grandilocuencia, narcisismo). Podemos fantasear con disfrutar de un poder absoluto en el trabajo o en la cama (omnipotencia). En nuestras relaciones sentimentales, podemos confundir nuestros sentimientos con los de nuestra pareja (proyección) y tratar de ignorar la verdad cuando ésta nos resulta intolerable (negación). Todos mostramos diferentes rostros ante las personas con quienes nos relacionamos en el trabajo y en la sociedad (falso yo), y gustamos de imitar o ponernos en la piel de otro cuando contamos un chiste o una historia (impostura). Ninguno de nosotros podría sobrevivir sin mantener en secreto muchas facetas personales a otras partes de nosotros mismos (división). Está claro que «la humanidad no puede soportar un exceso de realidad», y también las personas normales y mentalmente sanas se valen de esos mecanismos para reforzar y embellecer sus ilusiones.

Un dato interesante: a medida que nos hacemos mayores disminuye nuestra propensión a sufrir un trastorno de personalidad.[23] Un estudio estadounidense puso de manifiesto que la tercera parte de los jóvenes presentaban serios indicios de un trastorno grave de la personalidad, mientras que una quinta parte lo sufrían en grado leve. Sin embargo, entre los 25 y los 59 años de edad el porcentaje se reducía de forma drástica, y a los 60 años tan sólo el 11 por ciento sufrían un trastorno grave (un 17 por ciento adicional lo tenían en grado leve).

Aunque existen diferencias en el grado y cantidad de defensas psíquicas utilizadas por los enfermos con trastorno de personalidad y las personas mentalmente sanas, es muy fácil percibir indicios de privación infantil y debilidades específicas del yo con un simple vistazo a nuestro alrededor. Observar a alguien que lleva una hora esperando la llegada del autobús o a que le sirvan la cena en un restaurante revela reacciones de tipo hiperactivo o depresivo escondidas bajo un caparazón adulto. Cuando nos sentimos inseguros en relación con algo que ansiamos (saber el resultado de un examen, tener una cita o nuestro primer día en un nuevo trabajo), ponemos a prueba la fortaleza de nuestro sentido del yo y de nuestra capacidad para tolerar la incertidumbre, además del consiguiente riesgo de sentirnos rechazados. Basta con observar atentamente los habituales rituales de dominación y sumisión que se dan en la mayoría de los hogares y lugares de trabajo, donde se mezclan una cruel indiferencia y el placer ante el sufrimiento ajeno, en un egocentrismo lindante con la omnipotencia y el narcisismo. El modo en que afrontamos las adversidades está influido en enorme medida por nuestras primeras experiencias en ese sentido. El bebé que quiere comer, o que llora para que lo tomen en brazos, o porque tiene demasiado frío o calor, se encuentra en un estado de vulnerabilidad extrema, totalmente impotente y a merced de sus cuidadoras. Todos pasamos por una situación así en algún momento, y también hubo ocasiones en que todos recibimos unos cuidados carentes de empatía. La diferencia entre la gente con trastornos de personalidad y el resto radica en que la falta de empatía fue mayor y más prolongada en el caso de los primeros, como lo demuestran los datos científicos que establecen un vínculo directo entre la falta de empatía de los cuidados recibidos y el subsiguiente trastorno de personalidad.

Las causas infantiles del trastorno de personalidad

Son rarísimos los casos de niños que han logrado sobrevivir sin recibir cuidados empáticos durante la infancia. Hay 39 casos bien documentados de niños criados por animales salvajes o cuyos cuidados por parte de otros humanos no fueron más allá del suministro de comida.[24] Su desarrollo lingüístico es inexistente, no tienen capacidad para relacionarse en sociedad y su personalidad está totalmente trastornada. Si a esta radical privación emocional durante la infancia le siguen unos cuidados marcados por la empatía, se observa cierta mejora en el habla, la inteligencia y la capacidad de interacción social. Con todo, no consiguen sanar las profundas heridas causadas al yo. De forma invariable, estos casos redundan en importantes trastornos de personalidad y en un débil sentido del yo.

El estudio sistemático del impacto ejercido por la privación emocional durante la primera niñez fue emprendido después de que se observara que los huérfanos recluidos en centros o instituciones de tipo impersonal tenían problemas mentales y físicos.[25] Incluso en los orfanatos donde se daban buenas condiciones sanitarias e higiénicas, los índices de mortalidad eran muy superiores a los de los niños criados por sus padres. Los niños pequeños que vivían en estos centros sufrían el llamado «hospitalismo», cuyos síntomas incluían letargo, incapacidad para desarrollar mecanismos mentales y sociales fundamentales, y una extrema susceptibilidad a las infecciones y la enfermedad. En esas circunstancias, ningún niño prosperaba adecuadamente y todos sufrían daños permanentes, lo que sugiere que la posible resistencia o capacidad genética de adaptación de los pequeños no basta para superar la falta de los cuidados necesarios durante la infancia. Sin embargo, los niños que vivían en orfanatos pero tenían relación personalizada con sus cuidadores no presentaban tantos problemas de desarrollo. No era la falta de estímulos sensoriales en las cunas sin juguetes o colores la que causaba los problemas, ni tampoco se trataba de la simple ausencia de sus madres. La clave estaba en contar con alguien que conociera al bebé de forma íntima y comprendiese sus necesidades, capacidades, idiosincrasias y vulnerabilidades específicas. Los niños que tenían a una persona así superaban la falta de estímulos sensoriales y la falta de la madre. Siempre que alguien les mostrara empatía, los bebés crecían de una manera menos problemática.

El vínculo entre las primeras experiencias vitales y el trastorno de personalidad queda patente por el hecho de que al menos la mitad de los hombres y un tercio de las mujeres criados en orfanatos sufren estos trastornos. Lo que es más, cuanto más pequeño era el niño que recibía un cuidado insuficiente, mayor era la probabilidad de que con el tiempo desarrollara un trastorno de personalidad. En otro estudio se examinó a varios niños internados, que luego fueron entrevistados ya en la edad adulta.[26] Por el camino habían sufrido muchas adversidades, desde una pobre educación debida a la falta de supervisión hasta el acoso escolar, pero una experiencia negativa destacaba sobre todas las demás como precursora del trastorno de personalidad: la falta de adecuados cuidados paternos durante los dos primeros años de vida.

Lo que es de aplicación para los niños internados en orfanatos también vale para los pequeños cuyos padres no muestran empatía. John Ogawa y otros investigadores estadounidenses hicieron un estudio de seguimiento a 168 niños desde el nacimiento hasta los diecinueve años, evaluando la calidad de los cuidados recibidos durante la infancia.[27] La muestra, con niños cuyos padres tenían elevadas probabilidades de impartir malos tratos o unos cuidados precarios, fue seleccionada para comprobar si los cuidados inadecuados durante la primera infancia tenían correlación con problemas en fases posteriores de la vida. Se estudió de forma especial la influencia de los cuidados paternos tempranos sobre la disociación. Síntoma distintivo del trastorno de personalidad, la disociación consiste en una serie de estrategias mentales vinculadas a la amnesia, útiles para que el individuo pueda evadirse de las realidades que le son incómodas: no darse cuenta de las cosas, rechazarlas, olvidarlas o negarse a reconocerlas.[28] Las personas disociadas también escapan del presente ensimismándose en un aspecto concreto del mundo interior o exterior, por ejemplo mirando hipnotizados el dibujo del papel pintado de una pared o perdiéndose en sus propias ensoñaciones cuando están en compañía de otros. También puede darse el fenómeno de la despersonalización, por el que la experiencia es vivida como si le estuviera sucediendo a una tercera persona desvinculada del cuerpo o los sentimientos propios. En su forma más radical, el individuo disociado puede desarrollar diferentes subpersonalidades en las que refugiarse, lo que en algunos casos puede derivar en esquizofrenia.

Por vez primera, Ogawa demostró que el grado de cuidado negligente, abusivo e inarmónico a los dos años determinaba si una persona sufriría disociación diecisiete años más tarde. Los factores genéticos no parecían desempeñar papel alguno a este respecto: el carácter del bebé en el momento de nacer o a los tres meses de edad resultaba irrelevante en relación con la posible disociación futura. Un informe que acompañaba al mismo estudio también ponía de manifiesto que el patrón de apego indeciso a los dos años de edad predecía la disociación posterior, y que era la calidad de los cuidados recibidos durante la primera infancia la que determinaba el patrón de indecisión y la disociación subsiguiente.[29] A pesar del enorme cúmulo de influencias que intervienen entre la experiencia infantil y la medición de la personalidad a los diecinueve años, quedaba demostrado el impacto decisivo de la educación temprana. Los niños que tan sólo habían sufrido malos tratos después de la primera infancia, ya fuera entre los dos y los cuatro años o en las fases intermedia o última de la niñez, eran significativamente menos proclives a mostrar signos de disociación a los diecinueve años que los que habían padecido malos tratos en la primera infancia: cuanto más temprano era el maltrato, mayor era la probabilidad de que aparecieran síntomas de trastorno de personalidad.

Ogawa también fue capaz de explicar por qué algunos niños de la muestra eran más propensos que otros a desarrollar disociación al enfrentarse a experiencias traumáticas después de la primera infancia. Una conciencia fuerte del yo desempeñaba un papel crucial. Si el pequeño había conseguido desarrollarla en un estadio temprano, gracias a unos cuidados empáticos, era mucho menos proclive a la disociación en respuesta a los traumas sufridos en épocas posteriores. Los niños maltratados por primera vez después de los cinco años eran mucho menos propensos a sentirse disociados a los diecinueve si tenían una conciencia fuerte del yo. Al sentirse inseguros de quiénes son, a las personas con una conciencia débil les basta con unos traumas menores y menos frecuentes para llevarles a dudar sobre su propia realidad, y, a causa de sus imprecisas barreras psíquicas, les resulta más fácil disociarse para escapar de una realidad intolerable. Quienes disfrutan de un yo más fuerte consiguen seguir siendo ellos mismos. Así lo indica otro estudio, que demuestra que los adultos de veintidós años gozan de unas relaciones de mayor calidad con sus parejas —son más conscientes de su propio carácter y más respetuosos de la autonomía del otro— si sus madres los cuidaron de forma sensible durante el primer año de vida.[30] Con sensibilidad o sin ella, el impacto de los cuidados tempranos se fija en forma de patrones electroquímicos en el cerebro, que permiten revelar o bien un yo fuerte, o bien un trastorno de personalidad.[31]

Círculos virtuosos y viciosos de los primeros cuidados maternos; los genes y el trastorno de personalidad

Ogawa también examinó la posibilidad de que los genes pudieran ser responsables de la disociación: después del nacimiento, y luego a los tres meses, se midieron los rasgos de carácter heredados de los padres. Dichos rasgos no permitieron predecir en absoluto la disociación a los diecinueve años, lo que demuestra que la genética ejerce un papel mínimo o nulo. Los estudios efectuados con gemelos idénticos indican que lo mismo sucede con respecto a muchos otros trastornos de personalidad. El factor genético volvió a demostrarse poco menos que irrelevante en otro estudio realizado sobre las personalidades fronterizas.[32] Por el contrario, más de veinte estudios aportan datos indicadores de que los fronterizos fueron víctimas de malos tratos en la infancia (en especial, pérdida o separación de los padres, no sentirse queridos o padecer abusos físicos o desatención por parte de ambos progenitores) en mayor medida que quienes sufren otro trastorno de personalidad u otro tipo de enfermedad mental.[33] Una investigación de gran envergadura mostró que el 84 por ciento de los fronterizos habían estado sometidos a malos tratos de algún tipo por parte de los padres, en comparación con el 61 por ciento de los pacientes con otros trastornos de personalidad.[34] No obstante, al menos en teoría, la causa del trastorno de personalidad podría radicar en el temperamento heredado por el niño. Un niño que nace con un carácter difícil podría hacer que sus padres dejaran de mostrar empatía. Siempre en teoría, si el bebé naciera con rechazo a establecer contacto visual, si siempre se mostrase irritable o si apenas durmiera y se pasara las horas llorando, podría suceder que uno de los progenitores tirase la toalla y no se esforzase más en intentar comunicarse ni en ponerse en el lugar del pequeño. Es cierto que el bebé no tiene poder físico sobre sus progenitores ni puede utilizar recursos mentales conscientes para influir en ellos. Pero, dado que la mayoría de los padres están muy motivados para conseguir que su bebé se sienta feliz, un niño difícil siempre provoca gran ansiedad, ya que los padres tienen la sensación de no hallarse a la altura de sus necesidades. Por lo demás, también es muy posible que los bebés de carácter difícil por razones hereditarias sean hijos de unos padres cuya genética los inclina a mostrar menos empatía en su cuidado, con lo que nos encontraríamos ante un círculo vicioso. El niño nace con escasa tendencia a relacionarse de forma estrecha con los padres, quienes por su parte tampoco tienen demasiada inclinación en este sentido: la mala relación podría ser el resultado de la herencia genética por ambas partes.[35]

Estas posibilidades han sido investigadas a través de la medición del grado de dificultad que los niños presentan al poco de nacer, el comportamiento subsiguiente de la madre y el modo en que éste influye en el pequeño. Como se observaba en el capítulo 4, la mayor parte de los estudios coinciden en que es el grado de empatía materna, y no el carácter difícil del niño, el que determina lo que sucederá en el futuro.[36]

Al escribir estas palabras, soy plenamente consciente de lo muy frustrantes, irritantes y deprimentes que pueden resultar para aquellas lectoras que son madres y sienten que les están fallando a sus bebés. Soy muy consciente de lo difícil que es cuidar de un niño de pecho, y lo último que querría es avivar la ansiedad o los sentimientos de culpa. De hecho, uno de mis objetivos es poner de manifiesto que la mayoría de las madres corren un mayor riesgo de ver afectada su salud mental durante los primeros meses de vida del recién nacido. Entre el 10 y el 15 por ciento de las madres desarrollan una grave depresión poco después del parto, cifra que se eleva al 25 por ciento durante el primer año de vida del pequeño.[37] Para el resto de las madres que no sufren ningún trastorno mental, el cuidado del bebé durante los primeros meses suele generar disforia, un estado de leve depresión acompañada de una extenuación total.[38] En un estudio reciente efectuado sobre 1.000 madres británicas, más de la mitad declararon que el agotamiento las sumía «en un estado de desesperación» que las hacía mostrarse muy irritables con sus bebés, y que las que tenían niños muy pequeños apenas dormían un promedio de cuatro horas por noche.[39] Las cuatro quintas partes de las madres con hijos menores de dos años añadían que éstos habían deteriorado la relación con su marido o pareja sometiéndola «a una enorme presión», siendo habituales las discusiones conyugales. Las dos terceras partes confesaban asimismo haber perdido «todo apetito sexual». Y aunque hay muchos momentos en que las madres gozan de una sensación de plenitud y realización sin precedentes, hasta que el pequeño no se ajusta a unos patrones estables de sueño y alimentación diarios (sobre todo, nocturnos), la madre es propensa a sufrir una aterradora sensación de pérdida de control, impulsos violentos periódicos contra el niño y una desesperación crónica.

La mayoría cree que la depresión posparto es, en gran medida o simplemente, una contrariedad de tipo biológico, un problema derivado de la regulación hormonal, pero lo cierto es que no existen pruebas que demuestren que tiene una causa física primordial. Si bien los niveles hormonales de todas las mujeres cambian durante el embarazo y a lo largo de las semanas posteriores al nacimiento, nunca se ha demostrado la existencia de diferencias hormonales entre las madres deprimidas y las no deprimidas.[40] Por el contrario, es posible predecir con bastante precisión qué madres tienen mayores probabilidades de sumirse en una depresión posnatal analizando su historial psicológico: el tipo de niñez que ellas vivieron y sus circunstancias actuales, no la genética ni las hormonas, son las que permiten predecir la depresión posparto. En la mayoría de los casos, es la combinación de estos factores, unida al tremendo esfuerzo que supone responder a las demandas del bebé, la que las lleva a caer en la depresión. El problema fundamental estriba en la dependencia absoluta respecto al bebé, veinticuatro horas al día, que provoca la pérdida total de autonomía por parte de la madre. La gran mayoría de las madres no siempre cuentan con ayuda cuando la agobiante labor de atender las necesidades del bebé resulta excesiva. En las sociedades preindustriales las personas vivían agrupadas en clanes familiares, por lo que siempre había hermanas, madres u otros parientes dispuestos a echar una mano, pero actualmente la exhausta madre de un niño de pecho se encuentra con frecuencia al límite de su capacidad de aguante, sin que nadie la ayude en su ingrata tarea.[41]

Una desahogada posición reduce ciertamente el riesgo de depresión, pues facilita la adquisición de elementos materiales de ayuda (automóviles, lavadoras) y la contratación de sus equivalentes humanos (enfermeras, niñeras). En un estudio definitivo sobre el tema, mientras que la tercera parte de las madres con niños menores de seis años y escasos recursos económicos sufrían de depresión aguda, el porcentaje entre las mujeres de clase media se reducía al 4 por ciento.[42] Pero no es sólo cuestión de dinero. Las mujeres que dan el pecho corren mayor riesgo, ya que duermen menos horas y la producción de la leche resulta agotadora;[43] también las mujeres sin una relación de pareja estable, en especial las divorciadas y las madres solteras.[44] Lo mismo sucede con las que perdieron a su madre de niñas,[45] y, si ésta vive, las que tienen una mala relación con ella o la tuvieron cuando eran pequeñas (y como resultado presentan un patrón inseguro de apego).[46] El número de hijos es otro factor de importancia. Las madres con tres o más hijos menores de catorce años tienen más probabilidades de sufrir una depresión, sobre todo si uno de ellos es menor de seis años.[47] Aunque haya superado la experiencia de tener un primogénito, la madre que dispone de escasa ayuda se siente aterrada ante la perspectiva de tener que cuidar de un segundo o tercer hijo. El riesgo adicional que supone tener que ocuparse de más de un hijo queda claramente ilustrado por el simple hecho de que la depresión es mucho más frecuente entre las madres de gemelos que entre las que tienen un solo hijo.[48]

374 TE JODEN VIVO

Todos estos factores, en general predecibles antes del nacimiento y muchos de ellos evitables si nuestra sociedad estuviera mejor organizada, influyen en la aparición de la depresión materna. Pero ¿qué hay del bebé? ¿Afectan también las dificultades propias de cada pequeño? Todas las madres que han tenido más de un hijo coinciden en que cada uno era diferente, y que eso podía ser causa de desesperación. Por ejemplo, durante las primeras semanas de vida y hasta los tres meses, cerca de la quinta parte de los bebés lloran más de tres horas al día durante más de tres días a la semana; sufren lo que se conoce como cólicos.[49] En estos casos, los llantos empiezan a darse con mayor frecuencia unas dos semanas después del nacimiento, alcanzando su punto álgido durante el segundo mes. El bebé tiene prolongados ataques de fuerte llanto que son difíciles de calmar, incluso cuando está siendo alimentado, y en general se muestra inquieto e irritable. De forma habitual, los lloros incontenibles tienen lugar a primera hora de la noche, justo cuando la madre está más exhausta. El bebé suele apretar los puños, flexionar las piernas sobre el estómago y arquear la espalda; el rostro se le enrojece y hace muchas muecas; el estómago puede estar duro y distendido, y son corrientes los vómitos y los gases. De forma desconcertante, los ataques de llanto no parecen tener un desencadenante obvio, y pueden terminar de forma abrupta y espontánea.

Todo parece indicar que el cólico es una enfermedad de origen físico, y sin embargo, a pesar de décadas de investigación, no se ha llegado a identificar un factor causal presente en los bebés con cólicos y ausente en los que no los sufren.[50] Lo cierto es que el cólico parece ser raro o inexistente en varias culturas no occidentales, lo que sugiere que no se trata de una dolencia de tipo médico, como una infección bacteriana.[51] El problema tampoco parece tener que ver con el hecho de que el bebé mame del pecho materno o sea alimentado con biberón.[52] Las más respetadas autoridades en la materia estiman que, de la quinta parte de los bebés que sufren cólicos, la causa es de origen físico en sólo entre el 5 y el 10 por ciento. No sólo eso, sino que cada vez resulta más evidente que la mayor parte de los recién nacidos, si no todos, presentan algunos síntomas de cólico, y que la única diferencia entre los catalogados como enfermos y el resto estriba en la severidad y frecuencia de los ataques.[53] El cólico pleno no es sino la versión extrema de un espectro universal. Para el recién nacido es seguramente una parte normal del proceso de ajuste de su estómago a la digestión de la comida —ya que durante los nueve meses precedentes se ha estado nutriendo a través de la placenta— y a otras peculiaridades de su nueva existencia fuera del útero, como la necesidad de tener una flora bacteriana. Aunque pueden darse diferencias sustanciales en el grado de sensibilidad que los recién nacidos muestran respecto a estas nuevas condiciones, los datos indican que el verdadero factor clave radica en la reacción que la madre muestra ante la inevitable ansiedad periódica del bebé.

Las primeras semanas de vida del niño suponen un período delicado en extremo para la madre. Ésta se siente emocionalmente frágil y vulnerable, y la necesidad de ajustarse a los patrones del bebé viene a traducirse en una especie de *jet-lag* permanente, con sus propios patrones de sueño y descanso en un caos absoluto. Y lo peor de todo: la madre tiene que acostumbrarse a esperar que lo inesperado sea el patrón de comportamiento de su bebé. Hasta los tres meses de edad, y a veces más allá, justo cuando la madre cree que ha establecido una rutina básica, el pequeño puede modificar sus patrones de forma impredecible, lo que provoca el desespero y la depresión de la madre. Con todo, si ésta cuenta con el apoyo adecuado y es capaz de soportar el caos, puede llegar a establecerse un círculo virtuoso: el bebé percibe la serenidad materna y aprende que sus necesidades suelen ser atendidas con rapidez y eficiencia, de forma que a las seis u ocho semanas se acostumbra sin mucho esfuerzo a ser alimentado de forma regular, cada dos, tres o cuatro horas, y a dormir durante buena parte de la noche, durante la cual sólo precisa ser alimentado una o dos veces.

Pero si la madre carece de apoyos y corre el riesgo de sufrir depresión posparto, puede establecerse un círculo vicioso, lo que supone una de las experiencias más horribles para un ser humano, ya que el dolor psíquico de la madre se ve exacerbado por el íntimo convencimiento de que no está respondiendo como debe a las necesidades de su hijo. En esta situación, cuando el bebé presenta síntomas de cólico, la madre o es incapaz de mantener la calma o se limita a ignorar al bebé y dejar que siga llorando, tal vez influida por algún libro sobre la maternidad que sugiera introducir unos estrictos horarios de alimentación y descanso desde el mismo momento de nacer. (De hecho, la imposición de tales patrones debe hacerse de modo gradual y nunca antes de los dos meses.) Se ha demostrado que el simple acto de tomar al bebé en brazos ayuda a reducir el llanto: los niños que están en brazos de sus madres tres horas o más al día lloran bastante menos a las tres y seis semanas de vida.[54] El contacto estrecho con la madre también promueve la seguridad en el apego, como ha demostrado un estudio experimental.[55] A un grupo de madres elegidas al azar se les pidió que llevaran a sus hijos sujetos al cuerpo con un portabebés dos o tres veces al día. A los 13 meses, el doble (80 por ciento) de estos niños mostraban patrones seguros de apego, en comparación con los bebés del grupo de control no llevados en portabebés de forma regular, quienes mostraban patrones seguros sólo en el 40 por ciento de los casos. Lo que es más, los bebés cuyas madres los alimentan cuando lo piden y no les imponen normas durante los dos primeros meses lloran menos a esa edad que los niños cuyas madres establecen desde el principio unos patrones estrictos (aunque hacia los cuatro meses es conveniente introducir de forma gradual unos horarios regulares para el alimento y el sueño).[56] Sin embargo, cuando el bebé ha desarrollado un cólico pleno, es habitual que ninguna solución funcione y que la madre se vea obligada a apechugar con la situación. Tomarlo en brazos tal vez no ayude a reducir su llanto, pero probablemente le proporcionará algún consuelo.[57]

Si la madre tiene ocasión de dejar de vez en cuando al «mocoso llorón» —porque así es como lo verá en esos momentos— en manos de otros a fin de disfrutar de un poco de descanso reparador, será algo bueno para todos los implicados. Pero si eso no es posible, el niño cada vez sufre mayor ansiedad y la madre se va deprimiendo cada vez más, lo que la vuelve menos empática y aumenta la angustia del pequeño, y así sucesivamente. A las dos o tres semanas del nacimiento, se ha creado una dinámica infernal en la que la madre apenas duerme y la mayor parte de las horas de vigilia del bebé se reducen a muecas, llantos y gritos. Se ha establecido un círculo vicioso, ciclo que debe romperse para evitar problemas posteriores: los niños de tres años que de bebés sufrieron cólicos son más proclives a la hiperactividad, las rabietas incontrolables y los trastornos del sueño.[58]

Teniendo en cuenta todo esto, no es de extrañar que exista una vinculación directa entre el grado que alcanzan los cólicos del bebé y la salud mental de la madre. Nada menos que el 50 por ciento de las madres cuyos bebés sufren cólicos agudos tienen propensión a sufrir trastornos mentales.[59] El porcentaje se reduce al 25 por ciento cuando los hijos tienen cólicos moderados, y al 3 por ciento cuando muestran síntomas mínimos. Pero ¿qué es lo que aparece primero: el cólico del bebé o el trastorno mental de la madre?

Mientras que no se han hallado indicios de que el cólico sea causado por patógenos físicos (gérmenes), se ha demostrado que los antecedentes de la madre desempeñan un papel muy importante. En un estudio se entrevistó a 1.200 madres durante su embarazo, y luego más adelante cuando los bebés tenían tres meses y la tercera parte de éstos sufrían cólicos agudos o leves.[60] Tener una buena relación de pareja antes del parto ofrecía protección contra el cólico. Asimismo, si durante el embarazo la madre había sufrido mucho estrés, se sentía socialmente aislada y estaba convencida de que necesitaría mucha ayuda para cuidar del niño después del parto, el hijo tenía mayores probabilidades de padecer cólicos. Por ejemplo, el 25 por ciento de las mujeres que no presentaron síntomas de estrés durante el embarazo vieron cómo sus bebés desarrollaban cólicos, mientras que dicho índice ascendía al 70 por ciento cuando la madre había mostraba cinco o más síntomas de estrés durante la gestación. Dado que madre e hijo están unidos a través de la placenta, es muy probable que los efectos físicos del estrés en la madre, como los niveles elevados de cortisol, pasen de forma directa al flujo sanguíneo del niño, lo que tal vez genere mayor vulnerabilidad al cólico.

Otros estudios muestran que la relación de la madre con su propia madre, así como el tipo de niñez que experimentó, pueden determinar si la relación madre-hijo será un círculo virtuoso o vicioso, e inducir el cólico. Al ser preguntadas durante el embarazo o pocos días después del parto, las mujeres que tienen recuerdos angustiosos de la niñez, o esperan la falta de apoyo de sus propias madres o una excesiva interferencia por parte de éstas, tienen mayor probabilidad de que sus hijos sufran cólicos.[61] Es muy probable que el cólico se transmita hasta cierto punto a través de las generaciones por la relación problemática entre la abuela y la madre, antes que por la simple herencia genética. En su forma más simple, esto puede deberse a que la abuela enseña a la madre a cuidar del recién nacido de modos que exacerban el cólico, acaso reprendiéndola si durante las primeras semanas toma al niño en brazos con frecuencia o si lo alimenta cada vez que el pequeño lo pide. Otras abuelas pueden revelarse incapaces de prestar ayuda, pues el recuerdo de sus propias hijas padeciendo cólicos les resulta excesivo, dejando ahora a éstas solas y totalmente exhaustas. A la inversa, si la abuela está unida a su hija de forma exagerada, sin respetar su autonomía de adulta y sin dejar de tratarla como si aún fuera una niña, la interferencia excesiva puede generar ansiedad o ira en la madre, impidiéndole lidiar con los síntomas de cólico que todos los niños muestran de vez en cuando. Todo esto puede verse empeorado por el hecho de que tanto la madre como la abuela no recibieron en su momento cuidados empáticos, por lo que ahora son incapaces de mostrar empatía y se reproduce de nuevo el círculo vicioso.

Por supuesto, el cólico no es el único problema que un recién nacido puede presentarle a su madre. Inmediatamente después del parto, la mayoría de los bebés no ofrecen dificultades a la hora de dormir o ser alimentados, ni tampoco son especialmente huraños, apáticos, pasivos, etc., sino que se muestran muy variables al respecto. La razón tiene poca o ninguna relación con la genética, como demostró un fascinante estudio italiano sobre los gemelos en el útero: las variaciones en la experiencia prenatal son muy considerables.[62] Combinada con las dificultades propias del parto, esto explica las diferencias de carácter que puedan presentar los recién nacidos. Pero el descubrimiento más relevante se refiere al hecho de que, con independencia del carácter que el niño muestra al nacer, lo que determina su personalidad a los seis o doce meses de edad es la forma en que su madre se relaciona con él.[63] Prácticamente siempre, el bebé difícil lo es cada vez menos cuando la madre lo trata con empatía,

y lo mismo suele pasar a la inversa: el pequeño tranquilo y relaja-
do puede convertirse en difícil si los cuidados que recibe carecen de
empatía.[64] Cuando las madres con bebés «difíciles» reciben asesoramiento sobre el mejor modo de cuidar de ellos, pronto dejan de
considerarlos como un problema porque sus horarios de sueño y
alimentación se vuelven más regulares.[65]

El papel que desempeñan los cuidados maternos también puede ser examinado desde la perspectiva de las madres que sufren trastornos prenatales. Los numerosos estudios realizados en niños con
progenitores poco proclives a mostrar empatía por ser depresivos,
maltratadores o consumidores habituales de alcohol o cocaína, demuestran que los pequeños crecen con muchos más problemas.[66] Se
calcula que en Gran Bretaña hay un mínimo de doscientos mil niños cuyos padres son adictos a la heroína. Los bebés de carácter
tranquilo al nacer y con padres heroinómanos tienen muchas mayores probabilidades de convertirse en críos difíciles y en mostrar
patrones de comportamiento asociados a los trastornos de personalidad.[67] También se sabe que los pequeños que sufren malos tratos
severos tienen mayor tendencia a convertirse en indecisos, y que los
indecisos son más proclives a padecer un trastorno de personalidad
en la edad adulta.[68]

En el caso de los bebés con madres deprimidas, se ha demostrado
que los cuidados faltos de empatía alteran de forma perceptible los
patrones de ondas cerebrales del bebé, que pasan de presentar pautas
sanas a anormales.[69] Los daños a largo plazo en el hemisferio derecho del cerebro tienen lugar con independencia del carácter observado en el niño al nacer. Cuando se examinaron las ondas cerebrales
de los hijos de madres deprimidas poco después del parto y luego
en períodos posteriores, se registraron cambios en los patrones electroquímicos de los pequeños tratados sin empatía por sus madres de-

primidas. Esto ocurría con independencia del patrón observado en el cerebro del niño poco después de llegar al mundo. De forma significativa, si la madre conseguía curarse de la depresión durante el segundo o tercer año de vida del hijo, las huellas del daño cerebral sufrido por el pequeño seguían estando presentes. Los patrones patológicos de la electroquímica cerebral constituyen la traducción física y persistente de los cuidados carentes de empatía.

Si verdaderamente existen recién nacidos difíciles que pueden llevar a la madre a sufrir un trastorno mental, el motivo de fondo radica en la vulnerabilidad de la madre. Se ha demostrado que si un recién nacido se comporta de forma apática, la madre propensa a la depresión tiene mayores probabilidades de desarrollar a su vez un comportamiento apático.[70] Las madres con tal predisposición corren un serio riesgo de verse arrastradas desde la melancolía hasta la desesperación por el hijo difícil, cuando no cuentan con el apoyo social de una pareja o unos amigos. En este sentido estricto, el carácter del niño al nacer puede provocar una depresión en los progenitores, con los consiguientes cuidados sin empatía.

Por supuesto, siempre cabe la posibilidad de que nazca un bebé con un carácter realmente infernal. Puede que uno de cada dos mil niños nazca con una mínima capacidad para relacionarse con los padres y con el resto de las personas. En estos casos excepcionales, resulta evidente que con el paso del tiempo el niño terminará desarrollando sus tendencias de personalidad independientemente de quiénes hayan sido sus padres. El carácter del pequeño no habrá variado por mucha empatía que se haya puesto en su cuidado y, en una situación tan desafortunada, casi cualquier progenitor con una mente saludable acabará emocionalmente perturbado. Y sin embargo, incluso en casos extremos como los ocasionados por la enfermedad del autismo, la forma de reaccionar de los padres tiene consecuencias significativas. Cuando los padres de niños autistas reciben asesoramiento profesional para tratarlos de forma específicamente ajustada a sus trastornos emocionales, los pequeños crecen con bastantes menos problemas si los padres son asesorados cuando el niño tiene sólo dos o tres años.[71] Estos pequeños por lo general acaban internados en centros especiales, pero cuando los padres cuentan con una motivación excepcional, recursos materiales y ayuda profesional, el niño autista puede acabar llevando una existencia relativamente normal.

En términos generales, no hay duda de que los recién nacidos constituyen una seria amenaza para la salud mental de la madre, y nuestra sociedad no hace lo suficiente para afrontar el problema. No obstante, es preciso añadir que el estado emocional del bebé medio está dictado casi en su totalidad por el nivel de empatía que sus cuidadores le dedican minuto a minuto, hora a hora, mes a mes, mientras que la capacidad de empatía del cuidador medio no viene marcada por el carácter del pequeño. Dos simples hechos subrayan esta correlación de poder. En primer lugar, las tres cuartas de los bebés han sido golpeados alguna vez por sus padres durante el primer año de vida.[72] Los niños de pecho no pueden golpear a sus padres. En segundo lugar, los niños de este grupo de edad (menores de dos años) tienen cuatro veces más probabilidades de ser asesinados que los de cualquier otra edad.[73] Los niños de pecho no pueden matar a sus madres.

El guión del trastorno de personalidad
durante la última niñez

Son los cuidados carentes de empatía, y no los genes, los que crean un yo débil biológicamente anclado en la electroquímica del cerebro, pero la atención y los cuidados posteriores son susceptibles de modificar esos patrones cerebrales. Por ejemplo, pueden tener un efecto sobre cómo se desarrollará el potencial del trastorno de personalidad, así como en la forma exacta que éste adoptará: el grado de narcisismo, adicción, psicopatía y demás. En consecuencia, y para ser precisos, la privación emocional en la infancia no causa el trastorno de personalidad, sino que más bien establece la vulnerabilidad al trastorno. El tipo de cuidados posteriores y el guión familiar en que se inscriben, además del tipo de sociedad en la que crece el pequeño, determinan en qué grado ese potencial permanecerá aletargado o acabará manifestándose.

De las diferentes experiencias que pueden tener lugar en la fase posterior de la infancia, la desatención, los malos tratos físicos y los abusos sexuales son las principales causas del trastorno de personalidad. Al ser preguntados al respecto en la edad adulta, cerca de la mitad de los individuos con trastorno de personalidad declaran haber sufrido abusos o malos tratos; un porcentaje muy superior al que se da en individuos sin trastorno de personalidad o con otras enfermedades mentales, como la depresión.[74] Las personas que sufrieron malos tratos o abusos en la niñez son cuatro veces más proclives a padecer un trastorno de personalidad que el resto de la población.[75] De hecho, es posible que un pequeño porcentaje de los adultos con trastorno de personalidad consiguieran desarrollar en su primera infancia un yo fuerte, que más tarde se fue debilitando por las atroces experiencias vividas en fases posteriores.

Los síntomas del trastorno, como la disociación, no son sino formas de afrontar unas circunstancias intolerables. Para el niño que es golpeado o sometido a abusos sexuales, la disociación es un buen método para distanciarse de la experiencia que vive en sus carnes; lo mismo vale para muchas de las otras defensas con frecuencia

presentes en quienes sufren un trastorno de personalidad. La negación («Esto no me está pasando»), la omnipotencia («Puedo hacer
lo que me da la gana», por mucho que uno se sienta impotente) y
el narcisismo («Soy perfecto», aunque uno se crea insignificante)
ayudan a que el niño se evada del dolor físico, la rabia, el odio a sí
mismo, la tristeza y la humillación desencadenados por los abusos.
Las subpersonalidades, que con el tiempo pueden llevar a la esquizofrenia total, constituyen el mecanismo definitivo de huida («Soy
otra persona, así que no soy yo quien está sufriendo estos abusos»).
De modo significativo, la edad en que se produjeron los abusos
sexuales influye en el número de subpersonalidades que con el tiempo se desarrollan, así como en el grado de fragmentación del yo. Los
niños que sufrieron abusos antes de los seis años tienen bastante
mayor número de subpersonalidades y un yo más confuso que quienes padecieron los abusos a edad más tardía.[76] De forma paralela,
cuanto más tempranos y graves son los abusos, más probable es que
el niño acabe por convertirse en un adulto violento.[77] Todo esto refuerza la idea de que el impacto de la experiencia temprana es superior cuanto mayor es la debilidad del ego y menor la capacidad para
afrontar la adversidad.

La vida del director cinematográfico Woody Allen ilustra de
forma significativa el papel que los abusos sufridos en la niñez pos-
trera desempeña en el desarrollo del potencial para el trastorno de
personalidad, potencial establecido con anterioridad durante la
primera infancia.[78] No son sólo los personajes que escribe e interpreta en sus películas los que presentan trastornos de personalidad;
también él muestra muchos síntomas de trastornos en su vida real.

Para Allen, el contacto normal con las personas normales resulta
doloroso y angustioso. En lugar de intercambiar miradas o un breve saludo con el desconocido que se pueda encontrar en un ascen-

sor, prefiere fijar la mirada en la pared o enfrascarse en la lectura de un periódico. Si un conocido le toca, Allen se encoge. Aunque lleva décadas tocando todas las semanas con un mismo grupo de jazz a cuyos miembros conoce perfectamente, apenas habla con ellos. El papel de cómico constituye su modo predilecto de interrelación social. «Salgo a escena, cuento mis chistes, se ríen y me largo», declaró una vez, dejando entrever la desconfianza y recelo con que contempla a los demás.

Desde que tuvo uso de razón y hasta los cuarenta y tantos años, era incapaz de acostarse sin dejar una luz encendida y sin haber registrado antes toda su casa «por si hay algún enemigo que vaya a por mí». Al cineasta le atemoriza todo medio de transporte que no esté bajo su control directo, ya sea un avión, un ascensor o un tren. Tiene pánico a ser secuestrado o envenenado, y es incapaz de comer de un plato que no haya sido sometido a un prolijo ritual de escrutinio. Nunca se baña, sólo se ducha, por miedo al agua sucia. Cuando estaba casado con Mia Farrow y fue por primera vez a la casa que ésta tenía en el campo, regresó a Nueva York al comprobar que en la residencia no había ducha. Mia tuvo que hacer que instalaran una ducha para su uso exclusivo. También acostumbra a llevar su propia comida cuando va como invitado a algún sitio.

Para Allen, la relación con las mujeres se convierte en dolorosa cuando el elemento sexual da paso a la dependencia y la intimidad. Las mujeres que le inspiran tales sentimientos pronto pasan a ser tratadas con desconsideración y a ser tachadas de locas, malvadas o estúpidas. El amor estable y duradero le es esquivo, como demuestra que sus primeros matrimonios durasen poco más de unas semanas. Sus comentarios sobre la actriz Diane Keaton, a quien apodaba «la chica del guardarropa», son muestra de su necesidad de sentirse superior a su pareja: «Cuando la conocí por primera vez, la mente se le quedó en blanco». Sobre su actual matrimonio con Soon-Yi, la hija adoptiva de Mia Farrow, Allen ha dicho: «La desigualdad de mi relación es algo maravilloso. La vida con una mujer mucho menos brillante que yo funciona muy bien». Hasta el momento, esta relación parece ser la más estable en su vida.

Allen se sintió por primera vez realmente querido durante su relación con Mia Farrow. Al principio consiguió mantenerla a cierta distancia, por muy novedosa que le resultara la sensación de ser amado, con el argumento de que: «Una relación siempre funciona mejor cuando uno no tiene que vivir con su pareja». Continuaron viviendo un tiempo separados, pero el cineasta se vio finalmente arrastrado al compromiso doméstico. Farrow por entonces ya le había dado un hijo, pero Allen se sintió mucho más unido a Dylan, la niña que habían adoptado juntos. Hasta entonces él se había mostrado voluble en su rechazo hacia los niños, pero, consciente de que su hombre tenía predilección por las rubias, Farrow se las arregló para conseguir adoptar un bebé rubio. Por primera vez en su vida, Allen mostró auténtica pasión por una criatura, una pasión que con el tiempo se convertiría en destructiva y aberrante.

Allen trataba a Dylan con un amor y una dedicación tan grandes que los demás niños se sentían excluidos. A veces llegaba a masticarle la comida para que pudiera tragarla con mayor facilidad. También la animaba a que le chupara el pulgar y en cierta ocasión fue visto untándole crema solar en la raja de las nalgas. Cuando la policía tomó cartas en el asunto, la pequeña Dylan, de siete años, afirmó que Allen le había tocado los genitales en dos ocasiones. El oficial asignado al caso declaró que había indicios más que suficientes para emprender acciones legales, si bien él personalmente no lo recomendaba, ya que un juicio podría causarle mucho daño a la pequeña. El psicólogo infantil a quien el propio Allen contrató para evaluar la relación la describió como «inapropiada». La conclusión del informe del Tribunal Supremo en relación con la petición de custodia de la niña por parte de Allen estableció que éste era un padre «egocéntrico, insensible e indigno de confianza».

Lo más probable es que nada de todo esto hubiera salido a la luz pública si Allen más tarde no se hubiese embarcado en otra relación cuestionable: la que mantiene con Soon-Yi, la hija que Mia Farrow había adoptado cuando estaba casada con André Previn. Por entonces una muchacha de diecinueve años necesitada de afecto, parece ser que Soon-Yi fue la que sedujo a Allen de forma deliberada. El cineasta se muestra sinceramente incapaz de comprender por qué sucumbir a las insinuaciones de la muchacha se considera algo inapropiado. Aunque no fuese el padre biológico de la niña, su papel en el hogar era el de una figura de autoridad; aun así, Allen sigue insistiendo en que lo sucedido fue un emparejamiento sexual completamente normal. Y no resulta menos extraño que fuera incapaz de imaginar el daño que le causaría a Mia Farrow, su pareja durante casi diez años, al mantener relaciones con su hija.

Puede resultar sorprendente que un hombre sometido a psicoanálisis durante treinta años fuese capaz de obrar con tan mínimo discernimiento del impacto que podrían tener sus actos. Pero Allen es muy ducho en el arte de mantener a los demás a distancia, y no se da por enterado de cuanto no le conviene saber sobre sí mismo y sobre quienes le rodean. Un amigo lo ha descrito como «una de las personas más insensibles que conozco», y el propio cineasta ha llegado a decir que, en sus diversos tratamientos de psicoanálisis, «ni por un momento llegué a sentirme emocionalmente implicado». Cuando uno de sus psicoanalistas le presionó para que se abriese más y dejase de reprimir sus sentimientos, Allen concluyó abruptamente el tratamiento.

Desde que tenía cinco años, Allen se sumergió en la ficción ci-
nematográfica, viviendo una existencia paralela de fantasía a través
de los personajes que veía en la pantalla del cine de su barrio. Las
identidades alternativas también han ejercido un papel fundamental en su vida. Trabajando siete días a la semana y rodando una película al año durante el último cuarto de siglo, Allen ha dedicado la
mayor parte de su existencia a la creación y escritura de los papeles que él mismo interpreta en sus películas, así como a la narración
del proceso vital de esos personajes ficticios. Durante la mínima parte
de su vida que no está vinculada a la ficción, el cineasta mantiene
a los demás a distancia interpretando en la vida real su propio papel, un personaje escrito por el entorno social que le rodea. En 1996
se prestó al rodaje de una película documental sobre su persona;
durante semanas enteras, la cámara lo estuvo siguiendo dieciséis
horas al día. Lo que es más, en todo momento Allen llevaba encima un diminuto micrófono emisor por radio, para que el equipo de
filmación no se perdiera ni una sola de sus palabras. Tras ver la
película, un amigo mostró su asombro por que hubiera sido capaz
de aparecer como un hombre razonable, cálido y amigable, sin cometer ningún desliz ni delatarse una sola vez. Allen estaba interpretando el personaje que quería proyectar como su verdadero yo.

El constante cambio de personajes es el tema central de su película *Zelig*, así resumida por su biógrafo:[79]

Ambientada durante los años veinte y principios de la década de los
treinta, la película aparece como un documental sobre Leonard Zelig,
un hombre que busca tan desesperadamente caer en gracia que hace
lo imposible por encajar en los círculos más dispares. Inseguro y ansioso, no puede evitar asumir la personalidad, e incluso la apariencia,
de las personas con las que se encuentra. Por ejemplo, el contacto con

un músico negro lo hace convertirse en un músico negro; al conversar con un psiquiatra se transforma en un erudito doctor, y así sucesivamente. Como consecuencia de su milagroso talento, Zelig, el camaleón humano, se convierte en una celebridad internacional agasajada por doquier y comercializada en forma de muñecos y juegos de mesa, canciones y bailes de moda. Pero, al mismo tiempo, la fama acaba por cobrarse su tributo, «y Zelig paga el precio de convertirse en un ser humano infeliz y vacío», según explicó el propio Woody.

El biógrafo de Allen opina que la película es directamente autobiográfica: «Al igual que Leonard Zelig, Woody Allen es una celebridad que, obligado a luchar contra el monstruo de la fama, continúa sintiéndose como un pobre niño perdido antes conocido como Allan Konigsberg».

Si Allen no tiene una personalidad caracterizada por la impostura, cuando menos muestra una serie de constantes reveladoras en su vida. Desde que tiene uso de razón recuerda haber sido «pesimistamente depresivo». Su primera visita a un psicoterapeuta, a los veintitrés años de edad, fue causada por «ser constantemente consciente de una depresión para la cual no tenía un motivo aparente». A los cincuenta y un años de edad declaró que «no pasa un día sin que piense muy seriamente en la posibilidad del suicidio». Por muy lejos que haya llegado, siente una sensación tan profunda de fracaso que «nada me satisface». Cuando conoció el término preciso con que se describe la incapacidad para experimentar el placer, «anhedonia», de inmediato pensó en usarlo como título para su próxima película. Su incapacidad para el placer y su oscilación entre la adicción al trabajo y la depresión llevan a pensar inevitablemente en las estrategias de hiperactividad y depresión con que el niño pequeño se enfrenta a los cuidados carentes de empatía.

Resulta típico en las personas de éxito con un trastorno de personalidad que parte de su estrategia de defensa contra los sentimientos de impotencia e insignificancia se centre en el intento de manipular y convencer a los demás para que acepten como reales sus fantasías personales de poder y posición social. Con esto no quiero decir que esta clase de personas no merezcan la gloria. Allen lleva un cuarto siglo trabajando sin cesar en sus películas, sin permitirse ni un solo fin de semana de descanso. Pero él es el primero en reconocer que su adicción al trabajo es una defensa, afirmando que cuando trabaja duro «no me deprimo». Al principio su motivación principal era conseguir la fama. Un amigo de la infancia explica que «Woody tenía la imperiosa necesidad de ser reconocido», y el propio Allen recuerda que ya a los trece años quería ser famoso. A los dieciséis se sintió emocionado al ver su nombre por primera vez en un periódico de difusión nacional, cuando un columnista del diario publicó un breve chiste suyo. Fue sólo en las dos últimas décadas del siglo XX cuando empezó a detestar el escrutinio público ligado a la fama.

Las vivencias infantiles causantes de este complejo y del trastorno de personalidad ilustran la importancia de las experiencias sufridas después de la niñez (y durante la misma) en el desarrollo del potencial establecido durante la infancia. Allen nació y creció en un hogar neoyorquino de clase media baja. Su padre, Marty, pasó por muchos empleos hasta encontrar trabajo estable en un club nocturno. Marty era una persona tranquila y buena, en marcado contraste con su mujer, Nettie, quien a las primeras de cambio perdía los estribos sin el menor motivo. En el hogar se libraba una guerra casi permanente entre ambos. Durante gran parte de la niñez de Woody vivieron en un apartamento minúsculo, y Allen recuerda que las trifulcas domésticas «eran, desde que tengo uso de razón, algo cotidiano». Aunque tenía una hermana ocho años menor que él, Woody era el centro de atención de su madre, quien además de agresiva seguramente era depresiva. Según Jack Freed, un amigo de la infancia: «Su madre tenía muy mal carácter y siempre le estaba soltando cachetes. Cuando se enfadaba con él, empezaba a chillar como una loca y acababa propinándole un buen bofetón. Si mi madre me hubiera pegado a mí de ese modo, yo habría salido corriendo entre lágrimas, pero Woody nunca lloraba. Tenía una capacidad asombrosa para reprimir sus emociones. Por el contrario, su madre era totalmente incapaz de controlarse». Otro amigo de la época la describe como «una mujer siempre de malhumor y regañando. A veces Woody no podía soportarlo más y le contestaba diciéndole cosas muy crueles». Años más tarde, en 1986, Allen se decidió a hablar con su madre sobre los castigos físicos que le infligió en la niñez. Tras negarse a reconocer lo evidente e insistir en que sus cuidados no habían sido en ningún caso inapropiados, finalmente reconoció: «Tal vez no te traté muy bien, porque entonces era demasiado estricta, y me arrepiento de ello. A tu hermana Letty la traté mucho mejor que a ti». En el guión familiar, Woody Allen fue el blanco de la negatividad materna.

Posiblemente la única forma de complacer a la madre fuese mediante el éxito convencional en la vida. Ella se enfurecía por su negativa a tomarse los estudios en serio y le hacía constante hincapié en la importancia del trabajo y el éxito. «¡No malgastes tu tiempo!», le gritaba. Lo envió a una escuela judía, y desde muy pequeño Woody se mostró como un alumno muy aplicado… pero sólo en aquellas actividades que personalmente le gustaban: la magia de salón, el clarinete o los chistes que ideaba y más tarde vendía a los periódicos.

Según su madre, fue un niño de carácter tranquilo y alegre hasta los cinco años de edad, cuando de repente se volvió apagado, malhumorado y antisocial. Ella no le encontraba sentido a su tristeza. Woody empezó a obsesionarse con la muerte, y a los seis años intentaba imaginarse con todo lujo de detalles cómo sería morirse, lo cual lo dejaba sumido en una profunda depresión.

A partir de esos breves datos biográficos, podemos hacer algunas conjeturas para establecer la conexión entre las experiencias infantiles de Allen y su personalidad adulta, teniendo siempre presentes el papel que desempeñan el guión familiar y el maltrato en la depresión infantil. No sabemos con exactitud cómo discurrieron sus primeros seis meses de vida, pero contamos con indicios significativos al respecto. Su biógrafo describe su primera infancia en estos términos:

> Poco después del primer cumpleaños del niño, Nettie encontró empleo como contable en una floristería de Manhattan y empezó a tener que desplazarse al centro de la ciudad todos los días. Su hijo fue dejado al cargo de una sucesión de canguros, por lo general muchachas con pocos estudios y necesitadas desesperadamente de dinero, que no estaban demasiado versadas ni interesadas en proporcionar los mejores cuidados a un niño pequeño. Como Woody más tarde recordaría, las canguros solían invitar a amigas al apartamento y se pasaban el día chismorreando mientras el pequeño jugaba a solas en un rincón [...] Su madre volvía agotada a casa por la noche y no tenía tiempo ni ganas de contarle cuentos a la hora de dormir. Cuando se irritaba con él, cosa que pasaba muchas veces, no vacilaba en ponerle la mano encima. Como resultado, creció desde muy pequeño creyendo que había sido un niño no deseado. Su convicción en ese sentido era inmutable.

Aunque a partir de esta información no podemos saber cómo fue su relación con su madre durante los primeros seis meses, lo más probable es que no fuese buena. Los estudios realizados con madres con personalidades como la de Nettie —agresivas y maltratadoras de sus hijos, como sabemos que fue Nettie desde que Woody tenía un año— indican que es muy raro que trataran a sus pequeños con empatía durante los primeros meses de vida.

Establecido en la infancia temprana, el potencial para desarrollar un trastorno de personalidad se vio desencadenado más adelante por la desatención y los malos tratos posteriores. La conflictiva situación de su hogar tal vez explique su rechazo al contacto con otros seres humanos y su percepción de que los demás siempre serán hostiles. El repetido maltrato físico infligido por la madre tuvo que reforzar dichos sentimientos y convertirlo en una persona llena de ira, con un potencial para la negatividad y la destrucción que más tarde sufrirían sus parejas. Es posible que la infelicidad lo llevara a refugiarse en sus propias fantasías y a vivir buena parte de su existencia a través de la ficción, no ya como cinéfilo fanático, sino también en su vida cotidiana, como forma de disociación de un presente intolerable que lo llevó a asumir una personalidad impostada. La negatividad agresiva-depresiva de su madre puede estar detrás de su propia tendencia a la depresión. Nunca recibió elogios, ni se sintió querido ni disfrutó de un mínimo de cariño y afecto, lo cual siempre propicia una baja autoestima. El sentimiento de insignificancia personal pudo llevarlo a aspirar a la fama como forma de ser reconocido por los demás. La convicción materna de que nada de lo que hacía era bueno puede explicar su falta de alegría, su incapacidad para experimentar el placer y su inamovible convicción de ser un fracasado, por muchos Oscar que tenga en la estantería. Que el único medio posible de obtener la aprobación de su madre fuese alcanzar grandes logros ayuda a explicar su necesidad de triunfar y su adicción al trabajo.

El guión social del trastorno de personalidad

La vida de Woody Allen ilustra el papel que la experiencia en la infancia tardía juega como detonador del potencial para el trastorno de personalidad. También resulta ilustrativo del papel que la sociedad desempeña en propiciar o eliminar el trastorno. El número de individuos con trastorno de personalidad varía de un país a otro y de una época histórica a otra. Un niño francés que hubiera vivido una niñez como la de Allen sería menos propenso a sufrir tales trastornos. Nueva York y Los Ángeles quizá presenten la mayor concentración mundial de individuos con trastorno de personalidad, enfermedad que en Norteamérica está más extendida que en ningún otro lugar.[80] En Estados Unidos, donde el crimen adquiere caracteres de verdadera plaga, hay un porcentaje cuatro veces mayor de psicópatas condenados que en el resto del mundo, y éstos son mucho más propensos a mostrar una gran insensibilidad, una total carencia de empatía y una elocuencia destinada a mostrar encantos superficiales y grandilocuentes.[81] Estos rasgos podrían muy bien ser extrapolables al común de la población. En gran parte debido a la influencia de la televisión, la individualista cultura estadounidense promueve con insistencia los comportamientosególatras e interesados;[82] por el contrario, las culturas de los países desarrollados que ponen el acento en la comunidad, como Suecia —con una proporción de la mitad de casos de trastorno de personalidad que en Estados Unidos— y Japón —donde la tasa de criminalidad sigue siendo baja—, muestran los índices más reducidos de psicopatía del mundo desarrollado. En la India y en China, países todavía más colectivistas, los estudios indican que tan sólo una persona entre mil sufre de psicopatía, en comparación con el porcentaje de entre veinte y cuarenta por cada mil en gran parte del mundo desarrollado.

Variaciones tan extremas entre unos países y otros son claramente indicativas de que la genética tiene muy poca influencia en la aparición de la enfermedad. Japón constituye un ejemplo revelador de que son la experiencia infantil y la estructuración social, y no la herencia genética, las que determinan la aparición de estos trastornos. Japón es uno de los pocos países desarrollados en los que se considera indispensable que los niños pequeños sean siempre tratados con empatía.[83] Hasta hace muy poco, casi todos los niños japoneses eran criados exclusivamente por sus madres biológicas, y se hacían enormes esfuerzos para que todas sus necesidades fueran debidamente atendidas. Si ha existido alguna sociedad con voluntad de impartir a los niños los cuidados empáticos necesarios para el establecimiento de un yo fuerte, ésa ha sido la nipona. Teniendo en cuenta que los niños japoneses disfrutan de unas primeras experiencias vitales mucho más satisfactorias que los estadounidenses, la mitad de los cuales están sometidos a cuidados sustitutivos de baja calidad durante el primer año de vida,[84] no es de extrañar que muestren unos índices mucho menores de trastorno de personalidad.[85] Y los resultados se notan: a día de hoy, Japón sigue mostrando mucha menor incidencia de la criminalidad y el consumo de drogas entre la juventud, en comparación con lo que sucede en Estados Unidos. Con todo, el mérito exclusivo no debe recaer en los cuidados maternos recibidos en la infancia. Es muy probable que el propio sistema social nipón reduzca las posibilidades de que los pocos niños que sufren carencias o abusos durante la infancia lleguen a desarrollar el potencial negativo establecido en los primeros años de vida. La sociedad japonesa presenta una concepción estructurada de las relaciones y un sentido del orden de los que carece en gran medida la sociedad americana. Durante el último cuarto del siglo XX, la colonización de la cultura y las costumbres

niponas por parte de Estados Unidos han llevado a un incremento de la criminalidad y el consumo de drogas. No obstante, el grado
de solidez durante la primera infancia apunta a que en Japón nunca
se alcanzarán los porcentajes estadounidenses de trastorno de
personalidad, especialmente de psicopatía.

La principal tendencia desestabilizadora de las muchas que se
observan en la sociedad estadounidense es la evolución de una sociedad colectivista a otra individualista. En el sistema colectivista,
la identidad personal se establece sobre la base de vínculos familiares
determinados por el nacimiento.[86] Las personas anteponen los intereses del grupo a los propios, y se valora la renuncia a los placeres hedonistas y egoístas. La virtud cardinal estriba en mostrar sensibilidad sobre el impacto que las acciones personales pueden tener
en los demás. Al adolescente no se le incita a cortar los lazos con la
familia, que suele ser numerosa. Al fomentar la obediencia, la responsabilidad y los comportamientos convencionalmente correctos,
cualquier intento de rebelión no tarda en ser sofocado.

Por el contrario, en las culturas individualistas presentes en
mayor o menor medida en todo el mundo desarrollado y que tienen
su epítome en Estados Unidos, la identidad se alcanza a través de la
educación y el estatus profesional, en una competición abierta que
se libra dentro de un supuesto sistema meritocrático que, en principio, no discrimina en razón del sexo, la raza o la clase social. En
estas sociedades, el yo se define en función de los pensamientos y
sentimientos del individuo, y no en los papeles sociales preestable-
cidos y externos. El objetivo del individualista es el de expresarse
a sí mismo, ya sea a través del hedonismo, el éxito o el consumismo. A fin de realizarse con plenitud, el yo tiene que liberarse del
papel familiar que le ha sido atribuido de forma externa. El adolescente debe buscar nuevos lazos y formar parte de distintos engra-

najes sociales —la escuela, la universidad, la profesión—, a los que
se consagran en grados diversos. Las familias son pequeñas, y los
padres consideran el trabajo como un medio de acceder a la auto-
suficiencia, la independencia y la creatividad.

Para quienes tuvieron una niñez marcada por la empatía y sin
maltratos, y por tanto cuentan con un yo fuerte, la sociedad individualista ofrece unas posibilidades de expresión personal sin precedentes en la historia. Pero para el gran número de niños con una
débil conciencia del yo, la cornucopia de elecciones personales y
exigencias constantes resulta muy desestabilizadora.[87] A medida que
se hacen mayores, se les exige que afronten las realidades de la vida
sin la ayuda de unas tradiciones sólidas y duraderas. La angustia
derivada de tener que elegir constantemente entre objetivos y premisas dispares los acecha en todo momento.[88] Estas creencias y demandas en conflicto, amplificadas por las aspiraciones estimuladas
por el consumismo, reducen las de por sí escasas posibilidades de
que el individuo con un yo débil alcance la estabilidad interior. En
una sociedad en la que las familias se rompen cada vez con más frecuencia, en la que los cambios de escuela son tan corrientes como
los traslados familiares, y en la que los abuelos, maestros y sacerdotes
han dejado de ser una alternativa, los niños carecen de modelos
estables. Antes había convenciones e instituciones sociales poderosas
capaces de mitigar los efectos de una niñez precaria, pero hoy su
número es mucho menor. Así lo indica un estudio efectuado con
niños y adultos jóvenes estadounidenses entre 1952 y 1993.[89] Los
niveles de ansiedad ascendieron de forma continuada durante dicho
período, hasta tal punto que el grado de ansiedad infantil tenido hoy
por normal en los años cincuenta habría sido considerado merecedor
de tratamiento psiquiátrico. Las causas de este incremento hay que
buscarlas en la creciente desestructuración social (debida a la gene-

ralización del divorcio o al aumento de las personas que viven solas), así como en los sentimientos de amenaza e indefensión provocados por fenómenos como la fuerte criminalidad. La depresión se
ha decuplicado desde 1950, al igual que la ansiedad, y el tan loado
«estilo de vida americano» parece tener mucho que ver en ello.[90] Lo
que vale para estas enfermedades mentales es sin duda también
aplicable a los trastornos de personalidad, como por ejemplo las
adicciones.

Por desgracia, los niños más necesitados de estructuración en
sus vidas son precisamente aquellos más proclives a abusar por sistema de las drogas y el alcohol. Para quienes tienen un yo fuerte, la
ocasional experimentación lúdica con la bebida o los narcóticos no
resulta peligrosa, pero para la persona con el yo débil, desesperadamente necesitada de fuentes fiables y excitantes de satisfacción, los
estimulantes le vienen como anillo al dedo. Los individuos que
menos deberían consumir drogas que distorsionan la percepción de
la realidad y animan las fantasías infantiles son precisamente los que
más atraídos se sienten por ellas. Un estudio realizado con 101 niños estadounidenses desde los tres a los dieciocho años de edad ilustra bien lo antedicho.[91] Los adolescentes que habían probado las drogas, pero con moderación, eran precisamente los más sanos a los
dieciocho años. Tanto los consumidores habituales como los que
nunca habían probado las drogas tenían bastante peor relación con
sus compañeros y mayores problemas emocionales en forma de
angustia o depresión. Ya desde el principio del estudio, estos dos
grupos habían vivido unas infancias más traumáticas en el ámbito
familiar. El modo en que sus padres los trataron de pequeños influyó
en su posterior comportamiento en relación con las drogas: el abuso
o la abstención. Comparados con los padres de los consumidores
ocasionales, los de los consumidores habituales eran percibidos como

fríos, críticos, exigentes en exceso y poco receptivos a las necesidades de sus hijos. En el caso de quienes nunca habían probado las drogas, los padres eran vistos como autocráticos, autoritarios y dominantes. De hecho, los investigadores llegaron a la conclusión de que el consumo moderado de marihuana era indicador de buena salud mental.

En Estados Unidos es donde más evidentes son los riesgos para el individuo con una conciencia débil del yo. Debido al enorme abismo entre ricos y pobres, la cuarta parte de la población vive en condiciones casi tercermundistas, con unos servicios sanitarios mínimos: cuanto más desigual es una sociedad, mayores son las deficiencias en este sentido.[92] Casi el 2 por ciento de la población de 260 millones son encarcelados en algún momento de su vida, en condiciones por lo general degradantes (casualmente, el mismo porcentaje que se daba en la antigua URSS, y si en aquella época los movimientos por los derechos humanos denunciaban lo que sucedía en aquel régimen totalitario, hoy es Estados Unidos quien está en el punto de mira de Amnistía Internacional).[93] Casi la mitad de los niños menores de un año reciben algún tipo de cuidado sustitutivo, de calidad más que discutible muchas veces y generadora de inseguridad.[94] Las condiciones son las precisas para favorecer la aparición del trastorno de personalidad (así como el patrón indeciso de apego), y no es de extrañar que la versión norteamericana del individualismo sea muy distinta de la europea. El egoísmo, la codicia y la falta de escrúpulos que, tradicionalmente a lo largo de la historia, fueron estrategias necesarias de adaptación a entornos primitivos, siguen teniendo gran vigencia y consideración en la América actual. En comparación, el individualismo europeo se basa en menor medida en los precedentes históricos y florece en un entorno cívico y comunitario.

Si se efectuase un amplio estudio de seguimiento desde el nacimiento hasta la muerte a varios miles de personas (en oposición a los 168 individuos investigados por Ogawa, en el estudio más completo realizado hasta la fecha), estoy seguro de que quedaría demostrado el papel crucial que los cuidados carentes de empatía durante la niñez desempeñan en el desarrollo del trastorno de personalidad. Estoy seguro de que muy pocos niños sometidos a esos precarios cuidados escaparían de sufrir esos trastornos en la edad adulta. Del mismo modo, prácticamente ninguno de los niños cuidados con empatía y poseedores de un yo fuerte padecerían el trastorno, incluso si en épocas posteriores fueron víctimas de malos tratos. Con todo, si el yo no fuera lo suficientemente fuerte, cuanto menos empáticos fueran los cuidados mayor sería el número de síntomas del trastorno, y los subsiguientes malos tratos no harían sino activarlos.

Un estudio así también demostraría unas escasas o nulas diferencias en los genes de los afectados por un trastorno de personalidad y los que no lo están. Las variaciones genéticas entre razas o países tampoco influirían en los resultados. Y, sobre todo, una comparación entre los distintos países desarrollados pondría de relieve que aquellos más influidos por el estilo del preponderante capitalismo estadounidense mostrarían un mayor índice de desarrollo del potencial de vulnerabilidad al trastorno de personalidad establecido en la infancia temprana.

Las implicaciones prácticas de tales descubrimientos nos llevarían a esforzarnos por crear una sociedad más centrada en el niño, en la que las madres y sus hijos pudieran recibir toda la ayuda necesaria, especialmente durante los seis primeros meses de vida. Por desgracia, existe un impedimento fundamental para lograr dicho fin: tras haber tratado personalmente con muchos de ellos, puedo asegurar que muchos de los dirigentes y líderes de opinión de nuestra sociedad sufren trastornos de personalidad, o presentan síntomas de ello; por lo general son sencillamente incapaces de reconocer la dependencia que el niño tiene de los padres o, en sentido más amplio, de los ciudadanos en general.

Muchas de las características asociadas al trastorno de personalidad resultan idóneas para acceder a posiciones de poder.[95] Se ha demostrado que el carácter camaleónico y modificable a voluntad que tantas veces acompaña a la disociación es muy útil para triunfar en una organización.[96] Si es ocultado con habilidad, el ansia omnipotente de controlar a los demás puede llevar a la meticulosidad y la eficiencia que tan esenciales resultan para el éxito. Pocas personas disfrutan trabajando por las noches o durante los fines de semana, pero para personas como Woody Allen o Frank Williams, que encuentran dolorosa una relación estrecha con los demás, el trabajo incesante es preferible a la vida doméstica. La falta de escrúpulos resulta más habitual entre quienes no empatizan con las emociones ajenas, como les sucede a tantos individuos fronterizos, y suele ser imprescindible cuando uno se propone llegar a lo más alto. Por lo general, esta serie de rasgos se desarrollan durante la primera infancia como mecanismos de defensa para sobrellevar las necesidades emocionales que no han sido debidamente atendidas. Las personas con trastorno de personalidad son las últimas en reconocer que tienen tales necesidades o que los demás puedan tenerlas, porque eso haría que se sintieran solas, furiosas o deprimidas.

El problema no parece tener una solución clara. La dirección de una gran empresa o de un ministerio exige una enorme dedicación, y tal vez quienes sufren un trastorno de personalidad sean los más dotados para hacer un trabajo que para otros supondría sacrificar la vida privada. Quizá haya que depositar nuestras esperanzas en difundir la idea de que una sociedad centrada en el niño sería la solución más rentable para la sociedad. A día de hoy, está claro que la inversión material para asistir a los padres en su labor educativa constituye un ahorro de dinero a largo plazo.[97] En este sentido, una investigación estadounidense demostró que, por cada dólar invertido en mejorar los cuidados y la educación de un grupo de niños pequeños desfavorecidos, se ahorraron seis dólares en gastos de prevención de la delincuencia, asistencia psiquiátrica y subsidios de desempleo.

El vínculo entre los cuidados recibidos en la niñez y la consiguiente conciencia del yo es espectral: está ahí, pero no podemos verlo. Aun así, ha desempeñado un papel esencial en la cadena de conexiones que permiten explicar nuestra existencia. Al final de la niñez, no sólo contamos con una conciencia más o menos fuerte del yo, sino que también se ha determinado el grado de seguridad de nuestros patrones de relación, al igual que la fuerza o debilidad de nuestra conciencia y el papel que asumimos en la representación familiar. En teoría hay decenas de permutaciones, pero en la práctica unas combinaciones son más frecuentes que otras, porque los padres, ya sean responsables y empáticos, o justamente lo contrario, suelen comportarse siempre del mismo modo.[98] Las personas con yo débil y trastornos de personalidad provocados por unos cuidados faltos de empatía durante la primera niñez tienden a ser inseguras e indecisas, y es muy posible que tanto padres como hijos tengan una conciencia débil porque fueron maltratados durante la niñez. A la inversa, los individuos con el yo fuerte acostumbran a ser seguros y a tener una conciencia benigna, lo mejor desde el punto de vista de la salud mental, pues sus padres siempre fueron responsables y sensibles a sus necesidades.

Por supuesto, hay muchas excepciones a estas normas. Algunos de nosotros gozamos de una primera infancia marcada por la empatía, pero más tarde fuimos tratados de un modo que nos convirtió en inseguros, y en la fase posterior de la niñez volvimos a disfrutar de unos cuidados adecuados a nuestros requerimientos. Los padres pueden cambiar. Es posible que sufran una depresión, vuelvan a trabajar, discutan y se separen... cualquier transformación puede modificar el tipo de cuidados que recibimos en una fase concreta de la niñez. No sólo eso, sino que también en nuestra faceta de padres tenemos nuestros gustos personales respecto a las distintas fases de la niñez. Hay quien se siente fascinado por los bebés y maravillado por su extraño mundo interior, pero no gusta tanto de la curiosidad incesante ante todo y del constante despliegue de actividad propios de la etapa intermedia de la niñez. Hay quien no siente especial atracción por los bebés pero adora a los niños pequeños, siempre sumidos en un vívido mundo de fantasía. Y los hay que no llegan a sentirse verdaderamente unidos a sus hijos hasta que éstos llegan a la adolescencia. Muchos padres viven tan aprisionados dentro del mundo de los adultos que tienen dificultades en ajustarse a la realidad infantil, que encuentran repetitiva y carente de estímulos. Su respuesta consiste en acelerar el ritmo con que el carácter infantil debe transformarse en personalidad adulta, obsesionándose con la educación del pequeño de tal modo que puede perjudicar su creatividad.

Llegados al final de este capítulo, y tras completar la auditoría que sigue a continuación (si habéis decidido realizarlas capítulo a capítulo), estaréis en disposición de aplicar la información aportada por este libro a vuestra propia personalidad: ése es el propósito del capítulo 6.

La auditoría de vuestra conciencia del yo

Si tenéis una conciencia débil o no muy fuerte del yo, así como síntomas de trastorno de personalidad, uno de estos síntomas puede ser precisamente la falta de autoconocimiento, que os dificultará ser conscientes de dichos problemas. Una forma de salvar este obstáculo puede ser pensar en alguien de quien sospecháis que tiene problemas de ese tipo.

Pensad en ese amigo, conocido o compañero de trabajo, y preguntaos si es particularmente propenso a mostrar alguna de las defensas psicológicas descritas en el apartado sobre el trastorno de personalidad (página 344).

— *Omnipotencia*: ¿Está esa persona obsesionada por controlar su entorno y a los individuos que le rodean? ¿Le gusta sentirse poderoso y dominante? ¿Detesta que alguien le lleve la contraria, y con mejores argumentos, en una discusión? ¿Suele albergar fantasías sobre lo que puede conseguir en la vida?

— *Narcisismo*: ¿Le cuesta hablar de nada que no tenga que ver con su persona? ¿Tan sólo se encuentra a gusto hablando de sí mismo o de una materia en la que se considere experto? ¿Tiende a mostrar una imagen exagerada de su propia importancia?

— *Negación*: ¿Cómo reacciona ante una mala noticia o una verdad molesta? ¿Tiende a olvidarse de que os dijo que iba a hacer algo por vosotros? ¿A no recordar actos o episodios incómodos de su pasado?

— *Proyección*: ¿Suele atribuiros unos sentimientos que no tenéis; os presiona para que sintáis cosas que no sentís? Después de haber estado con esa persona, ¿os sentís presa de unas emociones incómodas o tenéis la sensación de que os ha estado manipulando emocionalmente?

— *Disociación*: ¿A veces parece como si no estuviera? ¿Puede pasarse minutos enteros sin decir nada y con la mirada perdida, como en un estado de trance o shock? ¿Da la impresión de que le cuesta concentrarse en lo que le estáis diciendo? ¿Tiene subpersonalidades: se muestra como personas muy distintas según el contexto?

— *Impostura*: ¿Tiene facilidad para imitar voces o gestos ajenos? ¿Le gusta actuar, tal vez contemplando la vida como una especie de juego?

— *Falso yo o maquiavelismo*: ¿Es una persona retorcida y taimada, a la que habéis visto engañar a alguien de forma deliberada? ¿Da la impresión de no profundizar nunca en las cosas, de mantener una relación artificial y superficial con los demás?

Sois capaces de observar algunas de esas características en la persona en la que estáis pensando. Pero ¿podéis verlas también en vosotros?

Otra forma de intentar superar vuestra posible renuencia a observar esos rasgos en vosotros mismos consiste en considerar vuestro grado de «normalidad». Los psiquiatras emplean cuatro criterios principales para definir el trastorno de personalidad. Probad lo siguiente pensando en vuestra persona:

— Mis estados de ánimo muchas veces no se ajustan a lo que en general se considera normal. Por ejemplo, ¿siento las cosas con mayor intensidad que los demás? ¿Tengo arrebatos de ira aparatosos e impredecibles?

— ¿Suelo tener algunos pensamientos bastante inusuales? Por ejemplo, ¿mis compañeros de trabajo y amigos consideran que en lugar de pensar de forma lateral, como la mayoría de las personas, acostumbro a tener unas ideas muy raras?

—   ¿Son mis relaciones personales bastante extrañas? ¿Mi vida amorosa resulta chocante para los demás? ¿Entablo y termino amistades
con una frecuencia inusual?

—   ¿Soy impulsivo, tal vez propenso a repentinos atracones de comida
o compras compulsivas, tal vez estallando por razones que ni yo
mismo puedo entender y dando giros sorprendentes a mis decisiones?

—   ¿He mostrado alguna o todas estas tendencias desde que tengo uso
de razón?

Una forma de comprobar si lo anterior es de aplicación en vuestro caso puede ser consultarlo todo con la persona más normal que
conozcáis. Pero debéis tener presente que quizá tengáis tendencia
a rodearos de personas que tampoco sean muy normales. Así pues,
no os limitéis a preguntárselo a vuestro mejor amigo.

¿EN LA NIÑEZ FUISTEIS TRATADOS CON EMPATÍA?

En mayor grado todavía que las causas de vuestro patrón de apego,
identificar lo que creó vuestra conciencia del yo depende de lo que
otras personas os puedan contar sobre vuestra infancia temprana.
Es posible que a vuestra madre le sea difícil recordar con precisión
si cuidó de vosotros con empatía, sobre todo si sus cuidados fueron
del tipo que lleva al trastorno de personalidad (por ejemplo, si estaba deprimida o bebía más de la cuenta). Quizá lo mejor sea preguntar qué clase de bebés erais: ¿dormíais bien? ¿Comíais con regularidad y sin problemas? ¿Llorabais mucho? ¿Enfermabais con frecuencia?
Si vuestra madre presentaba un trastorno de personalidad, seguramente le será más fácil recordar cómo erais que la forma en que se rela-

cionaba con vosotros. Al responderos, puede dejar entrever en qué grado respondía a vuestras necesidades específicas. Si os atribuye muchas cualidades negativas durante la primera infancia, puede ser indicio de que ella no pasaba por un buen momento. Por supuesto, también es posible que en realidad fuerais unos pequeños monstruos, pero eso es algo muy infrecuente: es más probable que esté proyectando sobre vuestro yo infantil lo que ella misma sentía por entonces.

Es posible dar con más pistas de interés sobre lo sucedido durante vuestros primeros seis meses de vida recurriendo a las preguntas presentadas en el primer método de la auditoría que hallareis al final del capítulo 4. Por ejemplo, si vuestra madre sufrió un problema grave poco antes o después de que nacierais, como un divorcio o la muerte de un familiar, el trauma resultante pudo haber disminuido en mucho su capacidad de empatía.

Más fáciles de recordar resultan los malos tratos o desatención que pudierais sufrir en épocas posteriores, aunque incluso esto puede ser difícil de admitir si queréis proteger a vuestros padres. Si recordáis haber sido menospreciados, ignorados, agredidos o humillados, será un indicio significativo de que no fuisteis muy bien tratados durante la primera infancia. El progenitor que se comporta así con un crío de corta edad es muy probable que tampoco le mostrara demasiada empatía cuando era un bebé.

MÁS PSICOARQUEOLOGÍA: EL VÍNCULO ENTRE VUESTRA CONCIENCIA DEL YO Y VUESTRAS PRIMERAS EXPERIENCIAS

El recuerdo consciente y directo de la primera experiencia es inaccesible, por la simple razón de que ésta fue anterior a nuestra adquisición del lenguaje. Una vez que podemos describir los acontecimientos con palabras nos resulta mucho más fácil recordarlos, pero de la infancia temprana tan sólo contamos con un flujo de sensaciones que somos incapaces de ordenar o controlar con la parte del pensamiento que posibilita el lenguaje. Por esta razón, la búsqueda de datos sobre vuestras primeras experiencias en relación con vuestra vida actual tiene que centrarse en lo no verbal. Dos áreas fundamentales son vuestra actitud respecto a la comida y el tiempo.

— *La comida*: ¿Diríais que sois personas hambrientas, ávidas, que tienden a comer más de la cuenta, insaciables? Si es así, la razón puede deberse a que de bebés no os alimentaban cuando necesitabais leche: vuestra madre no respondía de forma adecuada a vuestras necesidades. A la inversa, esa misma falta de respuesta pudo convertiros en individuos que hoy negáis el hambre que podáis sentir, de forma que no coméis lo suficiente u os alimentáis de forma muy irregular.

Otra pista es vuestra actitud cuando tenéis que recibir la comida de otros. Tal vez os moleste de forma exagerada el hecho de tener que esperar vuestra comida, o puede que queráis ser siempre el cocinero, o que tengáis muchas manías respecto a ciertos grupos alimentarios: por ejemplo, nada de carne, o pescado, o lácteos. El control sobre la comida está en la raíz de la anorexia, pero en mayor o menor grado todos tenemos un fuerte deseo por determinar qué o cuándo comemos. Este deseo se remonta a las pautas de alimentación mediante teta o biberón de nuestros primeros meses de vida.

— *El tiempo*: La puntualidad extrema o su contrario, o la intolerancia hacia cómo se comportan los demás a este respecto —el vehemente disgusto por su impuntualidad habitual o por su puntualidad obsesiva—, puede indicar que en la primera niñez muchas veces nos hicieron esperar, debido a unos cuidados faltos de empatía. El sentido del tiempo del bebé existe en función de la sensación de hambre o no hambre, de sentir frío o no sentirlo por el cuidado materno, de soledad o fin de soledad, etc.: es un patrón muy primitivo. Pero todos seguimos experimentando estas cosas en la edad adulta. El modo en que reaccionamos cuando tenemos que esperar, cuando sufrimos pequeñas molestias o enfermedades, cuando vivimos solos o en compañía, está muy influido por nuestras primeras experiencias.

Podéis detectar indicios de que os cuidaron sin empatía si no toleráis que los demás —o vuestro propio cuerpo— os hagan esperar. La impaciencia extrema ante el menor contratiempo, como un resfriado que no desaparece de inmediato o un tren que se retrasa, es un signo revelador. Sin embargo, algunas personas que en la niñez fueron cuidadas sin empatía se convierten en extraordinariamente inmunes a estos frustrantes contratiempos. Por medio de la negación o la disociación, ignoran las señales de incomodidad que su cuerpo les envía. Y, a la vez, esas mismas personas pueden sorprendernos con infantiles estallidos de rabia ocasionados por aparentes nimiedades.

El indicio más claro de que os cuidaron sin empatía estriba en el hecho de que la dependencia normal de los demás, o la que los demás puedan tener de vosotros, sea vuestra peor pesadilla. Tener que confiar en otra persona para disfrutar del amor, de la comida o de la diversión resulta infernal para quien no disfrutó de unos cuidados empáticos, pues recrea su muy temprana experiencia de tener que estar siempre esperando.

Con esto terminamos la auditoría emocional que ofrece este libro. Ha llegado el momento de ponerla en práctica.

Notas

1. Véase *Singleton et al.*, 1998.

2. Véanse las pp. 15-38, *De Girolamo y Reich*, 1994.

3. El psicoanalista David Winnicott sostiene que su causa está en… Un resumen de sus sugerencias para los padres aparece en *Winnicott*, 1957. Un tanto más especializados pero igualmente instructivos resultan *Winnicott*, 1971 y 1972. Para una interesante biografía del personaje, véase *Kahr*, 1996.

4. Véase *Brazelton y Als*, 1979.

5. Véase la p. 51, *Stern*, 1985.

6. Véase *Weil*, 1992.

7. Para una crítica, véase *Joseph*, 2002; véase también *DeGrandpre*, 1999.

8. Este estudio fue realizado en el Imperial College de Londres. Véase www.tommy.campaign.org/website.html, mencionada en *Family Today*, 1, 1, Londres: NFPI.

9. Véanse *O'Connor et al.*, 2003, 2005; *Van der Bergh et al.*, 2004.

10. Véanse *Jacobvitz y Sroufe*, 1987; *Carlson et al.*, 1995.

11. Véase *Roy et al.*, 2000.

12. Véase *August et al.*, 1997.

13. Véase *Weil*, 1992.

14. Una buena descripción general de los rasgos propios de quienes sufren el trastorno aparece en las pp. 301-306, *Cloninger et al.*, 1997. Una descripción más pormenorizada de las distintas defensas psíquicas mencionadas en este apartado aparece en *Kernberg*, 1967.

15. Formulación efectuada por *Kohut*, 1971.

16. Véase *Hurlbert et al.*, 1992.

17. Véanse *Buss y Shackelford*, 1997; *Wiederman y Hurd*, 1999.

18. Véase *Gediman*, 1985.

19. Para una evaluación, véase *Lykken*, 1995.

20. Véase *Verycken et al.*, 2002.

21. Véase *Storr*, 1970.

22. Véase la p. 309, *Cloninger et al.*, 1997.

23. Véase la p. 309, *Cloninger et al.*, 1997.

24. Véase *Zingg*, 1940.

25. Véanse *Spitz*, 1946; *Bowlby*, 1951; *Bowlby*, 1978.

26. Véanse *Rutter et al.*, 1990; *Quinton y Rutter*, 1988.

27. Véase *Ogawa et al.*, 1997.

28. Para una descripción de los síntomas de la disociación, véase el capítulo 16, *Putnam*, 1995.

29. Véase *Carlson*, 1998; para una explicación de los vínculos existentes entre los cuidados durante la primera infancia y la disociación posterior, véase *Liotti*, 1992.

30. Véase *Grossman et al.*, 2002.

31. Véanse *Perry et al.*, 1995; *Schore*, 1997; véase también *Schore*, 2000.

32. Véase *Torgersen*, 1984.

33. Para una descripción de dichos estudios, véase *Zanarini et al.*, 2000.

34. Véase *Zanarini et al.*, 2000.

35. Véase *Plomin*, 1994.

36. Véase *Vaughan y Bost*, 1999.

37. Véase la p. 31, *Nicolson*, 1998; *Zeman*, 1997.

38. Véase la p. 55, *Nicolson*, 1998; *Patterson*, 1980.

39. Véase «Mother and Baby Sleep Survey», 2002.

40. Véase *Nicolson*, 1998.

41. Véanse las pp. 122-125, *Hess*, 1995.

42. Véanse las pp. 151-152, *Brown y Harris*, 1978.

43. Véanse *Nicolson*, 1998; *Alder y Cox*, 1983; *Alder y Bancroft*, 1986.

44. Véase *Brown y Moran*, 1997; véanse también las pp. 145-150 en *Bifulco y Moran*, 1998.

45. Véase *Brown y Harris*, 1978; véase también *Harris et al.*, 1987.

46. Véase *Brown y Moran*, 1994.

47. Véase *Brown y Harris*, 1978.

48. Véase *Thorpe et al.*, 1991.

49. Véanse *Wessel et al.*, 1954; *Barr et al.*, 1992; *Gormally y Barr*, 1997.

50. Véase *Gormally y Barr*, 1997.

51. Véase *Barr et al.*, 1991; *St. James-Roberts et al.*, 1994.

52. Para cuatro referencias en este sentido, véase la p. 602, *Rautava et al.*, 1993.

53. Véanse *Gormally y Barr*, 1997; *St. James-Roberts et al.*, 1998.

54. Véase *Hunzinger y Barr*, 1986.

55. Véase *Anisfield, E. et al.*, 1990.

56. Véanse *Bell y Ainsworth*, 1972; *Barr y Elias*, 1988; *Hubbard y Van Ijzendoorn*, 1991; tan sólo conozco un estudio que encuentre mayores ventajas a la regulación de los horarios durante las ocho primeras semanas: *Pinilla y Birch*, 1993.

57. Véase *Barr et al.*, 1991.

58. Para referencias vinculadoras del cólico y la hiperactividad, véase la p. 419, *Papousek y Von Hofacker*, 1998; de los arrebatos de ira y trastornos del sueño, véase *Rautava et al.*, 1995.

59. Véase *Papousek y Von Hofacker*, 1998.

60. Véase *Rautava et al.*, 1993.

61. Véanse *Carey*, 1968; *Raiha et al.*, 1995; *Keller et al.*, 1998; p. 416, *Papousek y Von Hofacker*, 1998.

62. Véase *Piontelli*, 2002.

63. Véase *Vaughan y Bost*, 1999.

64. Véase *Fish et al.*, 1991.

65. Véase *Taubman*, 1984; *Taubman*, 1988; *Hunziger y Barr*, 1986; *Van den Boom*, 1994.

66. Para una evaluación de la influencia que la psicopatología de los padres ejerce en los comportamientos de apego, véase *Van Ijzendoorn et al.*, 1992.

Para la influencia de la depresión, véanse las pp. 704-705, *Dawson et al.*, 2000.

Para la influencia de los maltratos, véase *Morton y Browne*, 1998.

Para la influencia del alcoholismo de los padres, véase *O'Connor et al.*, 1987; *O'Connor et al.*, 1992.

Para la influencia del consumo de cocaína por parte de los padres, véase *Rodning et al.*, 1989; *Rodning et al.*, 1991.

67. Véase *Van Ijzendoorn et al.*, 1999.

68. Este estudio fue realizado en la Universidad de Glasgow por McKeganaey, N., véase www.gla.ac.uk/centres/drugmisuse.

69. Véase *Dawson et al.*, 2000.

70. Véase *Murray*, 1993.

71. Véase *Folkmar*, 1998.

72. Véase *Leach*, 1999.

73. Véase *Criminal Statistics*, 2000.

74. Véanse *Herman et al.*, 1989; *Zanarini et al.*, 1989; *Ogata et al.*, 1990; *Brown y Anderson*, 1991; *Kirby et al.*, 1993; *Mullen et al.*, 1996; *Lewis et al.*, 1997; *Johnson et al.*, 1997; *Johnson et al.*, 2000.

75. Así se deduce de las entrevistas realizadas a 639 jóvenes adultos y a sus padres, en *Johnson*, 1997.

76. Véanse la p. 587 en *Putnam*, 1995; *Kirby et al.*, 1993; *McLellan et al.*, 1996.

77. Véanse *Manly*, 2001; *Keiley et al.*, 2001; *Famularo et al.*, 1994; *Bolger et al.*, 1998; *Keiley y Martin*, en preparación.

78. Véase *Meade*, 2000.

79. Véase *Meade*, 2000.

80. Véase *De Girolamo y Reich*, 1994.

81. Véase *Cooke y Michie*, 1999.

82. Véase *Lasch*, 1979.

83. Véase el capítulo 16, *Miyake et al.*, 1988; *Doi*, 1973.

84. Véase *Hakim*, 2000.

85. Véanse las pp. 286-289, *Derksen*, 1995; *Loranger et al.*, 1997. Este estudio internacional muestra muy bajos índices de psicopatía en sociedades de orientación comunitaria como Japón o Suiza.

86. En referencia al individualismo-comunitarismo, véanse las pp. 321-324, *James*, 1997.

87. Para una vívida descripción del impacto ejercido por los cambios sociales apuntados en este párrafo, véanse las pp. 291-305, *Derkson*, 1995.

88. Véase *Schwartz*, 2000; *Iyengar y Lepper*, 2000.

89. Véase *Twenge*, 2000.

90. Véase *Klerman*, 1992.

91. Véase *Shedler y Block*, 1990.

92. Véase *Kennedy et al.*, 1998.

93. Véase *Amnistía Internacional*, 1998.

94. Véase *Hakim*, 2000.

95. Véanse *Keating y Heltman*, 1994; *Fehr et al.*, 1992; *DeVries y Miller*, 1987; *Levicki*, 2001; para un estudio particularmente interesante del papel que el narcisismo desempeña en la consecución del éxito, véase *Wallis y Baumeister*, en imprenta.

96. Véase *Kilduff y Day*, 1994.

97. Véase *Greenwood et al.*, 1996.

98. Véase *Holden y Miller*, 1999.

6

SED LOS GUIONISTAS DE VUESTRAS VIDAS

They fuck you up, your mum and dad.
They may not mean to, but they do...

[Mamá y papá en verdad te joden vivo,
tal vez no quieran, pero al fin da igual;]

Si habéis realizado la auditoría emocional que hay al final de cada capítulo, a estas alturas tendríais que ser capaces de redefinir vuestros diferentes atributos y sus causas: vuestro papel en el drama familiar; vuestra conciencia punitiva, débil o benigna; vuestro patrón de apego evasivo, dependiente, indeciso o seguro; y vuestra más o menos débil o fuerte conciencia del yo.

Estas características han sido fijadas como patrones electroquímicos en vuestro cerebro. Por lo general, cuanto antes fueron establecidas, más difíciles son de cambiar, si eso es lo que se pretende. Con todo, tampoco son inmutables: es mucho lo que podemos hacer para colonizar nuestro pasado y, al conquistar ese territorio, modificar el presente.

Al final de este capítulo encontraréis un ejercicio destinado a utilizar vuestra auditoría emocional en provecho propio: la escritura de un relato del que seréis el protagonista. Pero, antes de poner manos a la obra, es preciso tener en cuenta una serie de nociones.

El cambio se produce por medio de la comprensión de la pro-

pia personalidad, lo que también podríamos denominar discernimiento personal. Hay muchas formas de llegar a dicho discernimiento, si bien todas comparten una misma característica: la expresión
personal. En primera instancia, probablemente en algunas ocasiones hayáis hablado de vosotros mismos con compañeros de trabajo, amigos, familiares o parejas, a fin de encontrar alguna clave personal. Tal vez les hayáis preguntado qué piensan de vosotros, y más
de una vez os habrán expresado sus opiniones sin pedírselas, tanto si nos gusta como si no. Este tipo de conversaciones pueden llevar
al discernimiento, pero lo normal es que no lo hagan. De hecho, y
de forma paradójica, la honestidad al hablar con otros sobre vuestras propias personas puede ser una forma de eludir la verdad. Al
poner en palabras determinados pensamientos, los hacemos externos a nuestra persona, con lo que ya no son aplicables a nuestro caso.

Otra opción, cada vez más habitual, es la de hablar con un profesional con la formación necesaria para escuchar a los demás,
como un psicólogo o un terapeuta. Aunque no hayan recibido la
formación específica para llevar a cabo el tipo de auditoría emocional descrita en este libro, estos profesionales pueden ser una
ayuda valiosísima. Pero también cabe la posibilidad de que un
psicólogo concreto no termine de adaptarse a nuestro problema
particular.

Otra posibilidad es la de expresarse a través de la actividad artística, por ejemplo escribiendo o pintando. Una vez más, éste puede
ser un vívido método de autodescubrimiento, pero también de no
llegar a la verdad. El ejercicio literario que hay al final de este capítulo
ofrece un medio para llegar a conocerse a través de la escritura.
Porque, independientemente del método utilizado, es la comprensión de nuestra personalidad lo que estamos buscando.

La comprensión de la propia personalidad

Mientras estaba trabajando en un programa de televisión sobre Mark Chapman, el asesino de John Lennon, conocí a un psicólogo neoyorquino que creía que era posible, a través del hipnotismo, borrar las experiencias negativas de nuestra mente y sustituirlas por otras positivas. En el caso de una víctima de abusos sexuales a la que había hipnotizado, este psicólogo aseguraba haberla transportado al momento previo a los primeros abusos que había sufrido. La paciente describió cómo su padre entró en el dormitorio y se sentó en la cama. En lugar de hablarle sobre lo ocurrido en realidad, el psicólogo en ese momento se limitó a decirle que su padre simplemente le había leído un cuento antes de darle un beso de buenas noches. Al salir del trance hipnótico, lo que la paciente recordaba era que su padre había sido cariñoso con ella, y no un abusador; así pues, sostenía el psicólogo, aquella mujer se había liberado de los efectos causados por el maltrato.

No tengo conocimiento de pruebas contundentes que avalen la posibilidad de una curación de este tipo, pero, aunque así fuera, no creo que el resultado fuese demasiado deseable. La clave para modificar la influencia del pasado en nuestro presente no estriba en la supresión de la realidad, sino en el conocimiento de nuestra propia personalidad: ser capaces de vernos como somos, de analizar nuestra idiosincrasia, de contemplarnos como los demás nos ven, de evaluar los motivos que nos mueven. Éstos son los rasgos que nos diferencian de otras especies. Particularmente valiosa resulta la comprensión de que cuanto nos está sucediendo en el aquí y ahora es una expresión del allí y entonces. Cuando se produce dicha comprensión, podemos cambiar nuestra personalidad.

El simple entendimiento de por qué hacemos algo o recordamos ciertos hechos de nuestro pasado puede ser útil, pero por sí solo no va más allá de ser un simple ejercicio de aprehensión intelectual. Por ejemplo, yo tengo algunas teorías plausibles sobre las razones que me han llevado a fumar durante la escritura de este libro. Mis padres eran ambos fumadores, mi madre nunca me dio de mamar y presento evidentes elementos sintomáticos de lo que Freud describía como oralidad, y que probablemente se remontan a mi más temprana infancia. Pero saber eso no es suficiente, como me doy perfecta cuenta ahora, mientras procedo a encender otro cigarrillo antes de escribir la siguiente frase. Me falta verdadero discernimiento sobre la forma en que estoy afrontando el pasado al adoptar este comportamiento en el presente. Aunque soy un psicólogo con un profundo interés en este tipo de cuestiones, no tengo sino una simple comprensión racional y cerebral de las posibles causas.

La verdadera comprensión de la propia personalidad requiere tanto de la emoción como de la revisión de la experiencia. Después de que el hermano de mi paciente, la señora B., fuera a vivir un tiempo a casa de ésta, un día ella se sorprendió porque estaba hablándole del mismo modo en que lo hacía su madre. Su hermano olvidó llevarse al trabajo unos sándwiches que le había preparado, y la señora B. lo llamó a la oficina y se ofreció a llevárselos «porque tienes que comer». La comprensión llegó cuando la señora B. se percató de que un gesto así por su parte era completamente innecesario, como su propio hermano le recordó al momento: era su madre la que le habría llevado los sándwiches a la oficina. Lo que hizo de esto una revelación, más allá de la simple comprensión mecánica, fue la conexión entre el pasado y el presente en el preciso momento en que iba a insistir en llevarle los sándwiches al trabajo. En ese instante experimentó una comprensión total de la auténtica realidad de la experiencia de su madre en casos similares, así como de su transmisión a la propia señora B. Tras este episodio, la paciente fue más capaz de contemplar la «vocecilla» materna que anidaba en su interior y sus propios anhelos personales como dos entidades por completo diferentes.

Otro ejemplo nos lo ofrece una de mis pacientes, que se sentía indecisa entre dos hombres. Tras haber decidido que estaba preparada para tener un hijo, no estaba segura de con cuál de ellos casarse para que fuera el padre de su vástago. Llevaba años viviendo con uno de ellos y, aunque seguían estando muy unidos, raras veces mantenían relaciones sexuales. El sexo era mucho más imaginativo y gratificante con el otro, pero la intimidad emocional entre ambos era menor. La mujer tenía treinta y tres años, y hasta entonces nunca había visto la necesidad de sacrificar su vida sexual. Mientras vivía con su pareja habitual, cuando se sentía atraída por otros simplemente se embarcaba en aventuras encubiertas. Ambiciosa y muy motivada en su carrera profesional como abogada criminalista, pocas veces llegaba a casa antes de las diez de la noche, y lo normal era que se pasase los fines de semana preparando los casos. Aunque le gustaba mucho su trabajo, apenas era consciente de que tan excesiva dedicación tenía su coste. Durante la mayor parte de sus horas de vigilia tenía que adoptar una actitud muy responsable y profesional, con una constante supervisión de sus pensamientos y sentimientos que la llevaba a ocultar los verdaderos y a ejercer un absoluto autocontrol.

En su caso se dieron tres momentos de discernimiento que la capacitaron para tomar una decisión. El primero de ellos tuvo lugar cuando comprendió que plantear la elección entre los dos hombres como una competición entre sus distintas cualidades era algo completamente espurio: lo que contaba era su propia psicología, y no la de ellos. La duda constante entre ambos era una simple estrategia para no mirar en su propio interior. La segunda comprensión fue la de que sus aventuras con otros hombres eran el único ámbito de su existencia tan formal en el que podía dar rienda suelta a quien era en realidad: trabajaba en exceso, lo cual estaba empezando a distorsionar su vida amorosa. La última y principal revelación asociaba las dos anteriores a su propia niñez. Las aventuras amorosas le servían como pretexto para no tener hijos y formar una familia, lo que ahora era una aspiración pero que en el fondo seguía aterrorizándola por lo que había presenciado de niña: el divorcio de sus padres después de una relación de pareja vacía y carente de amor. Subconscientemente convencida de que, si se casaba y tenía hijos, su vida conyugal iba a ser igual de tediosa y también acabaría en divorcio, se valió de las aventuras para postergar ese infausto momento.

Como suele suceder en la psicoterapia, ninguno de estos tres episodios de discernimiento se produjo en forma de revelación súbita y total, sino que la paciente tuvo que meditar sobre ellos para que empezaran a surtir efecto. Pero finalmente fue capaz de comprender que lo que quería era seguir para siempre con el hombre con quien llevaba años conviviendo, sin que ello por fuerza tuviera que condenarla a la muerte en vida que había sido el matrimonio de sus padres.

La comprensión de la propia personalidad no es un lujo ni un ejercicio de narcisismo autoindulgente: es algo indispensable. En el caso de Jeffrey Archer, la falta de tal comprensión resultó desastrosa. Según él mismo me dijo, al enterarse de que la prostituta Monica Coghlan contaba la relación que mantuvo con él en un periódico sensacionalista, donde también aparecían unas fotografías de un intento de soborno, se sintió deprimido pero de inmediato optó por enfrascarse en el trabajo: «Hay que seguir adelante: eso es lo que hay que hacer. Seguir adelante». Cuando le pregunté a qué podían deberse todos aquellos tropiezos en su vida pública, Archer contestó:

«A que me porté como un maldito imbécil». ¿Por qué? «Porque fui un ingenuo.» ¿Por qué, por qué? «Porque lo soy. Los entusiastas solemos serlo.» Al seguir presionándolo, culpó a su «ingenuidad» por no darse cuenta de que «en el mundo hay malas personas, y es algo que hay que afrontar». En vista de la poca perspicacia y comprensión que mostraba respecto a su repetido sabotaje contra su propia carrera, le pregunté si creía que algo así volviera a sucederle. Teniendo en cuenta que en 2001 sería condenado por perjurio, resulta irónico que respondiera: «Bueno, nos encontraremos dentro de veinte años y verá como estaba usted equivocado».

Curiosamente, esta entrevista no era la primera ocasión en que trataba con Jeffrey Archer. Fue en 1965, cuando yo estudiaba en una escuela de Kent. Él por entonces trabajaba como profesor de educación física en otra escuela cercana, y fue contratado por nuestro centro para mejorar nuestras capacidades atléticas. Archer era un monitor entrañablemente entusiasta, de un modo casi infantil... de hecho, era un profesor excelente. Quizá su vida habría sido más feliz si hubiera seguido siendo monitor de educación física. Desde luego, si hubiera realizado la auditoría emocional de este libro y la hubiera aplicado, se habría ahorrado muchos sinsabores, pues las semejanzas entre su pasado y su presente no podrían estar más claras.

La tendencia de Archer a mentir sobre el pasado ha sido documentada por su biógrafo, Michael Crick, y yo mismo he sido testigo de su deseo de esconder etapas de su vida que no encajan con la imagen que quiere proyectar ante los demás.[1] En 1987, mientras charlábamos antes de la entrevista, le recordé con agrado su estupendo trabajo como profesor de educación física. Entonces me miró de forma inexpresiva, sin responder una sola palabra, como si yo no hubiera dicho nada. Se negaba a reconocer el hecho de que en el pasado trabajó como monitor de gimnasia. Pero sus manipulaciones de la verdad van más allá de la simple represión. Por mucho que su siempre leal esposa, Mary, prefiera presentarlo como un fantasioso, lo cierto es que es un estafador y un mentiroso. Ya desde los inicios de su carrera, su currículum profesional hacía mención a una falsa licenciatura por la Universidad de California. Las autoridades gubernamentales han investigado varias veces sus asuntos financieros, desde el uso indebido de acciones del canal televisivo Anglia, de cuyo consejo de administración formaba parte su mujer, hasta el turbio destino de las donaciones a organizaciones benéficas de las que él era responsable. Su condena por perjurio finalmente dejó claro que había mentido sobre su relación con Monica Coghlan.

Jeffrey Archer presenta en este aspecto numerosas similitudes con la vida de su padre, William. Éste aseguraba haber participado en la Primera Guerra Mundial como capitán del cuerpo de ingenieros reales, pero Michael Crick demuestra que «no en las trincheras, sino en los tribunales, donde fue denunciado como mentiroso, impostor y estafador, perseguido por la policía de tres países distintos». Adúltero recalcitrante como su hijo lo sería en el futuro, William se ganaba la vida llevando a cabo pequeñas estafas. Mientras trabajaba como agente hipotecario, fue denunciado por estafa de pequeñas sumas en metálico, y fue condenado por fraude tanto en Estados Unidos como en Canadá. Al igual que su hijo, William cometió perjurio al menos en una ocasión, y también hacía uso de un currículum profesional falseado. Alardeaba de haber estudiado en Eton y Oxford y, al enterarse de que otro William Archer había sido condecorado en la guerra, el padre de Jeffrey se hizo pasar por el muerto, lo que le valió un aprecio robado considerable.

La prensa ha tratado de explicar estas similitudes como prueba de los genes antisociales que el padre le habría transmitido al hijo, pero es más probable que la explicación radique en la educación y los cuidados recibidos en la niñez. En mi opinión, acceder a una mayor comprensión de la influencia de su pasado en el presente le habría evitado a Archer la repetición de las añagazas de embaucador y la vida impostada típicas de su padre. Pero ¿cómo podría haber alcanzado ese discernimiento?

La revelación de la propia personalidad a los íntimos

Es posible llegar a comprendernos mejor a través de nuestra relación con los demás. En su forma más cruda, la comprensión puede producirse cuando alguien nos dice una verdad incómoda. Frustrado y harto de escucharnos, un amigo puede decirnos que nuestras quejas constantes sobre nuestra pareja son un verdadero latazo y que si no dejamos a esa persona de una vez es por simple miedo a encontrarnos solos. Puede que siempre hayáis sido una persona autoritaria e intimidante, y un buen día un amigo siempre complaciente os lo eche en cara. Si vuestro hijo se muestra muy reacio a ir a la escuela, tal vez un amigo os diga que eso es así porque no queréis que el niño os deje solos en casa. Sin embargo, en lugar de llevarnos a la comprensión de nuestros auténticos motivos, estas verdades del barquero suelen ser causa de agrias discusiones y la rotura de relaciones con quien tan sincero se ha mostrado. No es fácil soportar que alguien destruya nuestras ilusiones, y podemos mostrarnos muy desagradables a fin de evitar la depresión o el miedo que tales ilusiones nos evitan.

Menos peligroso resulta abrirnos a los demás, quizá después de haber tenido un mal día o cuando nos sentimos con la moral por los suelos. En momentos así es más fácil acceder, aunque sea brevemente, a la realidad de nuestras personas. Al admitir que nuestra infelicidad pueda tener relación con nuestros comportamientos o creencias, estamos en mejor disposición de cuestionarlos. El amigo que sabe escuchar y no trata de imponernos sus soluciones puede ayudarnos simplemente estando ahí. El discernimiento que se obtiene en estas situaciones tiende a emerger porque llevaba algún tiempo bullendo bajo la superficie. Si conseguimos no caer antes en la depresión, culpándonos irracionalmente de algo que no es culpa nuestra, podremos percibir de repente la existencia de un patrón autodestructivo en nuestros infortunios o infelicidad y caer en la cuenta de que existen otras alternativas, de que la fuerza de voluntad es una valiosa opción. En tales momentos entendemos que las cosas no tienen por qué ser como son y que adoptar determinadas medidas puede aportar el cambio deseado. Tomamos nota mentalmente para actuar de forma distinta la próxima vez, tal vez derramamos unas lágrimas, nos tomamos un par de copas y seguimos adelante con nuestras vidas.

Las personas varían enormemente en el grado de introversión o extroversión que muestran, así como en su recelo o confianza hacia el prójimo. Mientras que la mayoría de la gente confiesa de vez en cuando sus miedos más íntimos a los seres queridos, hay bastantes personas que no lo hacen, ya sea porque no creen que otro pueda comprenderlos o preocuparse por sus problemas, o porque temen que su interlocutor utilice esas confidencias en su contra. Las personas deprimidas son muy proclives a verse aisladas a causa de su negatividad, a retraerse y guardar silencio por la convicción de su propia insignificancia. Los estudios realizados sobre madres deprimidas con escasos recursos, por ejemplo, demuestran que tienen menos confidentes que otras madres en situaciones de precariedad parecidas pero que no sufren depresión.[2]

No obstante, la simple confesión de los problemas no lleva necesariamente al discernimiento. Cuando hablan de sí mismas, las personas deprimidas suelen hacerlo en términos tan negativos y obsesivos que acaban por espantar a quienes las escuchan. Es posible que revelen demasiadas cosas sobre sí mismas, con muchos detalles personales, de forma inapropiada para el contexto en que se encuentran o sin tener en cuenta el grado de intimidad existente con el otro.[3] Tal vez le expliquen con pelos y señales al primero que se encuentran sus problemas conyugales o las razones por las que sus hijos son inaguantables. Sus palabras son tan negativas y desoladoras que dejan al otro con una terrible sensación de incomodidad.

Como resultado, tienen problemas para entablar nuevas amistades, lo que confirma su sensación de que son estúpidos, desagradables o socialmente inaceptables.[4] Este tipo de revelaciones ante los demás no persiguen la búsqueda de la verdad, sino que tan sólo son un intento de descargar los sentimientos depresivos.

Las personas con trastorno de personalidad también son proclives a confiarse a los demás de una forma contraproducente. Los narcisistas sólo están a gusto si hablan de sí mismos, relegando a los demás al papel de simple audiencia admirada, un espejo ante el que congratularse de la propia imagen. Estas personas no suelen dejar que el otro se exprese apenas, y vienen a ser como un radiotransmisor averiado que permitiera la transmisión pero no la recepción, de manera que su pequeño universo presidido por ellos mismos no admite la irrupción de sugerencias o ideas ajenas.

Otro grupo impermeable lo forman los denominados represores, que constituyen entre el 10 y el 20 por ciento de la población, y que por sistema suprimen los elementos negativos de su pasado, su presente y su futuro.[5] Su optimismo irreal, que les hace ver siempre la botella medio llena, les lleva a ignorar cualquier verdad desagradable sobre sus personas.

Al tiempo que estos grupos suelen confiarse de maneras muy poco efectivas, la capacidad para abrirse a los demás también está sujeta a factores generacionales. Los estudios muestran que las generaciones jóvenes están acostumbrándose cada vez más a definirse en términos psicológicos antes que relativos a su papel en la sociedad.[6] Los jóvenes de hoy son mucho más proclives que los de antes al análisis y la comprensión de la propia personalidad. Aunque pasará algún tiempo antes de que la juventud británica llegue a los niveles hoy existentes en Estados Unidos, la cultura de la psicoterapia está cada vez más extendida. Así lo indican los programas al estilo *Gran hermano*, en los que los jóvenes se exponen voluntariamente al escrutinio público y se analizan a sí mismos durante semanas seguidas. Esta mayor capacidad para abrirnos ante los demás sólo puede ser buena en el sentido de que pone fin a la rígida autorrepresión de las generaciones anteriores, que se remonta a la época victoriana. El problema es que se corre el peligro de confundir el pavoneo exhibicionista con la honestidad, el egocentrismo obsesivo con la comprensión de uno mismo, y la sinceridad vehemente con la búsqueda lúcida y real de la autenticidad (es éste un problema muy propio de la sociedad estadounidense, que Lionel Trilling describió con exactitud en su obra *Sincerity and Authenticity*).[7]

Por supuesto, muchas veces utilizamos la sinceridad sobre nuestras propias personas como medio de camuflaje. Ya seamos inteligentes o estúpidos, los seres humanos somos muy hábiles a la hora de engañarnos a nosotros mismos y a los demás. De vez en cuando tratamos de domeñar una idea que nos resulta incómoda y reducir nuestra vulnerabilidad a ella por medio de su verbalización. Lo podemos decir medio en broma: «Ya sé que soy muy mandón, pero...», cuando vamos a mostrarnos tiránicos, o «Es típico de mí... siempre meto la pata», cuando es justo lo que acabamos de hacer.

Si nos sentimos ansiosos o irritados, podemos embarcarnos en rápidas diatribas marcadas por el autoanálisis que son olvidadas al momento (los cocainómanos son especialmente propensos a ello). La estratagema es muy perceptible en el tipo de confesión pormenorizada y angustiosa que efectuamos a un amigo y que más tarde no tiene ningún efecto sobre nuestro comportamiento (como se satirizaba en *El diario de Bridget Jones*). Dicha estratagema es habitual en los *reality shows* televisivos, donde un participante lloroso o arrepentido se confiesa de manera franca y ostentosa ante el amigo que acaba de hacer en el programa, con el objetivo encubierto de ganarse las simpatías del espectador. El objetivo parece ser el de presentarse como alguien honesto y consciente de sí mismo, pero la intención es la de conseguir la estima de los demás.

La revelación del propio yo como método para mantenerse en la ignorancia

Un síntoma reciente de este mal uso de la sinceridad nos lo ofrece el sinfín de columnas periodísticas y autobiografías que cruzan las fronteras de lo público y lo privado de una forma sin precedentes. Algunas de estas confesiones pueden tener origen en el deseo de romper los tabúes acerca del debate público de determinadas experiencias desagradables, como el impacto de enfermedades como el cáncer o el Alzheimer. Pero en otros muchos casos es difícil establecer los límites entre el legítimo deseo de divulgación pública y el afán exhibicionista de notoriedad y enriquecimiento material. Y en otros casos resulta casi imposible comprender cuál es la motivación final del autor, como no sea el deseo paradójico de eludir la verdad haciéndola aparentemente pública.

Hace unos años, la periodista Kathryn Flett utilizó su columna dominical en *The Observer* para realizar una crónica del fin de su matrimonio. Más tarde escribió un libro en el que nos embarcaba en un angustioso recorrido por su vida como adulta.[8] Podría haber creado una obra de ficción basada en su existencia, como tantos novelistas hacen, pero para Flett seguramente era importante que supiéramos cómo era ella en realidad, y la ficción novelada con una protagonista que respondiera a otro nombre no habría conseguido tal objetivo. De ese modo, conocimos a una mujer de treinta años, soltera, llena de inseguridades y ansiosa de ser amada. Nos embarcamos en su noviazgo y matrimonio con Eric. Compartimos con ella la experiencia del rechazo posterior por parte de Eric, y la crisis de nervios que sufrió cuando su siguiente novio le hizo lo mismo.

Recurrir a una de las técnicas fundamentales del psicoanálisis puede ayudarnos a explicar el objetivo inconsciente de Flett al escribir un libro de no ficción. En el transcurso de una sesión, el psicoanalista debe tener constantemente presentes los sentimientos que el paciente está despertando en él, lo cual puede ofrecerle pistas sobre los sentimientos no deseados que alberga en su interior. Por ejemplo, es posible que el psicoanalista se sienta inusualmente impaciente o irritado con el paciente, y la investigación posterior muestre que ésos son precisamente los sentimientos que el paciente esconde. En lugar de referírselos de manera directa al psicoterapeuta, utiliza diferentes estrategias, como ofrecer datos sugerentes pero muy incompletos o incluso insultos encubiertos, para provocárselos a su interlocutor. A través de la percepción de los sentimientos que está despertando en él (proceso conocido como contratransferencia), el analista consigue descubrir qué es lo que hay en el interior del paciente.

Suponiendo que el lector de las memorias de Flett fuera el psicoanalista y el libro el paciente, la técnica literaria utilizada y el contenido de la obra equivaldrían a las manipulaciones con las que el paciente transfiere sus emociones no deseadas al lector (psicoterapeuta): cómo nos hace sentirnos la autora puede indicarnos cómo se sentía ella cuando escribía esas palabras. Por ejemplo, hay muchos pasajes del libro en que al lector le resulta difícil no ver a Flett como un ser humano monstruoso. Es muy posible que así fuera como se veía la autora por entonces, y que intentara mantener esa percepción a raya escribiendo un libro sobre ello, un libro que indujera el mismo sentimiento en los lectores. La autora se habría sumergido en la escritura para no verse obligada a afrontar la verdad sobre su persona, por mucho que el proyecto se ocultara como un ejercicio superficial de sinceridad.

Aunque nunca he hablado con Kathryn Flett, quienes la conocen bien aseguran que dista de ser tan egoísta como el personaje de su libro. Mujer inteligente a todas luces, se da cuenta de que en su matrimonio se muestra manipuladora y dominante de forma insufrible. Sin embargo, en lugar de asumir que ésa fue la razón por la que Eric decidió abandonarla, la autora desarrolla la teoría de que éste actuó como lo hizo porque tenía fobia al compromiso, a fin de hacer que parezca que fueron las deficiencias psicológicas de Eric, y no las suyas, las que acabaron con el matrimonio. Flett analiza pormenorizadamente cómo la afectó su propia niñez infeliz (divorcio de los padres, padre maltratador, madre depresiva), pero la experiencia parece ser puramente cerebral, no emocional, y no la lleva a modificar sus comportamientos.

Resulta bastante obvio que el yo que lucha por superar sus patologías lo hace porque las sufre. En palabras de R. D. Laing, «Nosotros somos los velos que nos impiden vernos como somos»: Flett sólo puede ver las cosas a través de la lente distorsionada de su propia personalidad. Esto queda patente en los modos en que justifica su conducta ante sí misma, como la utilización unilateral de las vidas privadas ajenas para sus fines periodísticos.

Cuando los demás miembros del grupo de terapia al que asiste se enfurecen porque Flett escribe sobre ellos en su columna del periódico, ella se limita a observar que «aparentemente se lo han tomado como una especie de traición, aunque no acierto a ver por qué». Tan sólo una falta de comprensión profunda de sí misma puede explicar que una mujer manifiestamente inteligente «no acierte a ver por qué» los ha traicionado. Dado que la figura de su marido aparece con tanta frecuencia y con detalles tan embarazosos en el libro, mucha gente podría pensar que el objetivo de Flett era la venganza, pero considero más probable que la auténtica finalidad fuese la de racionalizar una experiencia nefasta. A pesar de su agudeza mental, la autora desdeña así la angustia de Eric respecto al hecho de que ella escribiera sobre él: «Eric trató de explicarme, con bastante ingenuidad, cómo se sentía al verse reflejado una vez por semana en un periódico de difusión nacional. Pero no me lo contaba todo (normal, ¿cómo iba a hacerlo?). Y además, escuchándolo, con su vieja jerigonza de siempre, tan predecible y carente de emoción [...] Yo sospechaba que en realidad no era capaz de afrontar su propia realidad. Y probablemente nunca lo haría». Esto resume la postura de Flett: reconoce que escribir sobre Eric contra su voluntad puede suponer un problema para él, pero no tarda en racionalizarlo todo diciéndose que se debe a que es incapaz de verse a sí mismo tal como es, incapacidad que de hecho es uno de los problemas fundamentales de la propia autora, quien opta por atribuírsela a su esposo.

La autobiografía de Kathryn Flett es un buen ejemplo del uso creciente de las columnas periodísticas por parte de personas con trastorno de personalidad, ansiosas de descargar y controlar las emociones no deseadas por el método de hacerlas públicas. La periodista Julie Burchill hacía exactamente eso mismo en su columna semanal en *The Guardian*, y en su autobiografía trató de obviar la cuestión de su flagrante trastorno de personalidad diagnosticándose a sí misma como psicópata, tal vez para poder seguir comportándose como tal. Otro ejemplo nos lo ofrece la presentadora de televisión Anne Robinson, cuyo libro de memorias no ahorra detalle alguno sobre su persona, por muy íntimo o desagradable que sea.[9] Al mostrarse así ante los demás, ahora ya nadie puede recriminarla o avergonzarla por unos comportamientos que por propia voluntad son de dominio público.

Culpar a los padres

Una pregunta importante es la siguiente: ¿qué es exactamente lo que tenemos que comprender sobre nuestra persona? Caer en la cuenta de que tenemos un *swing* sensacional o ejecutamos magníficos reveses tenísticos puede resultar muy agradable, pero no modificará nuestra persistente tendencia a deprimirnos o enamorarnos de la persona inadecuada. Como el lector ya habrá adivinado, mi intención es la de mostrar que la comprensión primordial es la que hace referencia al modo en que nuestros padres nos cuidaron durante la primera niñez. Pero resulta esencial que ello no nos lleve a culpabilizarlos.

Anne Robinson escribe: «Por desgracia, las mejores intenciones de una madre nunca son suficientes». En relación con su propia madre, se muestra igualmente clara: «Sus buenas intenciones se veían continuamente desbaratadas por los abusos no intencionados. Mi madre despreciaba a las personas dominantes cuando ella misma lo era, y además de una forma lamentable». Robinson hace hincapié en las consecuencias personales que tuvo el trato materno. Se casó con un hombre que era como su madre, y al igual que ella también se convirtió en una alcohólica. Robinson concluye que su madre «tenía tanto de tiránica como de mágica. Desde entonces siempre me he sentido a gusto en compañía de personas avasalladoras, de monstruos y de locos».

Aparte del dinero y la publicidad obtenidos, ¿de qué le sirvieron estas revelaciones a Robinson? ¿Tiene algún sentido echarles la culpa de todo a los padres? Por supuesto que no. Culpabilizar a otros no sirve de nada. Pero el discernimiento puede llevarnos muy lejos.

La mayoría de los padres hacen lo mejor por sus hijos en la medida de lo posible. El poema de Philip Larkin dice que «mamá y papá en verdad te joden vivo», pero en la segunda estrofa se aclara que también «a ellos los jodieron en su día». Teniendo en cuenta que nuestros padres en gran medida no podían evitar hacer lo que hicieron, la culpabilización está fuera de lugar. Otra razón es que, al echar las culpas a otros, podemos entender algunas cosas pero nos alejamos del conocimiento profundo sobre nosotros mismos. La culpabilización implica que seguimos sintiendo rabia, que somos incapaces de exorcizarla simplemente siendo conscientes de lo ocurrido en el pasado. Lo que nuestros padres nos hicieron no ha sido digerido; a día de hoy seguimos viviendo nuestra experiencia con ellos como si siguieran maltratándonos. Los padres viven en nosotros.

Pero aunque la culpabilización no tenga mucho sentido, conviene tener muy presente la forma en que nuestros padres cuidaron de nosotros. No es muy probable que nuestra madre fuera adicta al trabajo y al alcohol, como la de Anne Robinson, pero no hay persona en el mundo que en cierto modo no haya sufrido a manos de sus padres. Quien afirme que vivió una niñez perfecta está escogiendo la negación. Los relatos de infancias idílicas son simples autoengaños. Los estudios realizados con personas que hacen tales afirmaciones revelan que son incapaces de tener recuerdos precisos de la primera infancia.[10] Estos individuos pagan un precio muy alto por la supresión de los recuerdos desagradables, pues acostumbran a ser muy inseguros en sus relaciones y más propensos a las enfermedades mentales de toda índole.

La gran dificultad al afrontar la verdad sobre cómo nos cuidaron nuestros padres radica en nuestra voluntad de protegerlos: podemos odiarlos, pero también los queremos. Lo que es más, si los denigramos sentimos que nos estamos denigrando, pues forman parte de nosotros. En vez de hacerlo, nos decimos: «¿Qué sentido tiene? Lo hecho, hecho está». Se trata de una respuesta muy habitual, a pesar de que en la actualidad estamos llegando a lo que podría denominarse una cultura de la queja, en la que cada vez más tendemos a considerarnos como víctimas. Es verdad que hay una pequeña minoría de personas que utilizan a los padres como excusa para sus propios fracasos, pero, al pensar en ellos, la mayoría prefiere negar lo malo y subrayar lo bueno.

Esto tiene que cambiar. Es innegable que quienes olvidan el pasado están condenados a repetirlo. Resulta esencial que tengamos una comprensión realista de cómo minuto a minuto, aquí y ahora, revivimos lo que nos fue inculcado en la primera infancia. La psicoterapia puede ser el mejor método para conseguirlo.

La psicoterapia y la comprensión personal

Dado que buena parte de lo que nos motiva tiene carácter inconsciente, es lógico que sean otros los más adecuados para ayudarnos a acceder a la comprensión personal que nos falta. Los amigos y las parejas pueden ser muy valiosos en este sentido, pero su imagen de nosotros está inevitablemente sometida a prejuicios y distorsiones generadas por nuestra relación con ellos. Un psicoterapeuta puede aportar un punto de vista más objetivo, así como su experiencia a la hora de estimular la comprensión personal. En el mejor de los casos, la psicoterapia nos permite hablar con otra persona sobre nuestro pasado y presente, en un proceso que a la larga acaba por transformarnos. Hay varios tipos de psicoterapia, pero por desgracia ninguno de ellos emplea la clase de auditoría que aparece en este libro. Voy a resumir lo que unos tipos y otros pueden ofrecer.

El psicoanálisis tradicional, iniciado por Freud pero hoy bastante alejado de sus teorías originales, engloba una gran variedad de enfoques prácticos, y eso sin tener en cuenta las diferentes aptitudes de cada profesional. Si bien las terapias psicoanalíticas ayudan a resolver muchos problemas de diversa índole, en su práctica existen algunos aspectos frustrantes. Uno de ellos se refiere a que algunos psicoanalistas dan la impresión de no poner mucho de su parte, limitándose a guardar silencio mientras nos debatimos con nuestra vida interior y negándose a darnos sugerencias sobre el mejor modo de solventar nuestros dilemas individuales. Más problemática todavía resulta su generalizada tendencia a centrar la atención en las consecuencias personales que para nosotros tuvieron los hechos del pasado, en lugar de tratar de averiguar que fue lo que realmente sucedió. Cuando trabajaba en una comunidad terapéutica en los años ochenta, me topé con un caso muy ilustrativo en este sentido.

Me enviaron a una niña de cinco años para que la sometiera a un test de inteligencia. La pequeña se comportaba de una forma muy sexual: se frotaba contra mi pierna de forma sugerente e incluso me preguntó si quería que me tocara el pene. Informé de todo esto a mi supervisor, un psicoanalista freudiano a la vieja usanza, al que expresé mi alarma por la familiaridad con que la niña usaba un vocabulario tan sexual y sobre todo por su comportamiento, más chocante todavía con un adulto desconocido. Allí había indicios de abusos de algún tipo. Si no, ¿cómo se explicaba todo aquello? El psicoanalista me miró con desprecio. ¿Es que no había leído a Freud? ¿Qué esperaba de una niña de cinco años con el complejo de Edipo en su punto álgido y que de pronto se encontraba sola en presencia de un hombre? Era normal que en su mente se dieran fantasías de ese tipo, sin necesidad de intervención adulta alguna. El psicoanalista seguía sosteniendo la teoría freudiana de que todos nacemos con una tendencia genética a desear a nuestro progenitor del sexo opuesto cuando tenemos entre tres y seis años de edad.

En la actualidad esta línea de pensamiento está mucho menos extendida que en los años ochenta, debido a los numerosos datos que indican que la relación sexual entre padres e hijos tiene su origen en el progenitor, y no en el niño.[11] Por desgracia, muchos psicoanalistas siguen convencidos de que lo que anida en el interior del pequeño es en gran parte responsable de lo que pueda suceder. Esta hipótesis se remonta a una modificación fundamental que Freud introdujo en su teoría a finales del siglo XIX. En una conferencia celebrada el 21 de abril de 1896, Freud explicó su teoría de la seducción, en la que postulaba que los abusos sexuales perpetrados por los padres eran la principal causa de la neurosis, ante un horrorizado público de psiquiatras vieneses.[12] Como era de esperar, su correcta identificación del adulto como responsable del abuso sexual fue recibida con extrema frialdad. Poco después de esta conferencia, Freud afirmó: «Estoy aislado a más no poder: se ha corrido la voz de que conviene ignorarme, y a mi alrededor se está haciendo el vacío». La razón para que se retractara de su teoría, en 1905, no fue la del ostracismo profesional, sino una nueva y sincera convicción por su parte. Tras analizar más a fondo la cuestión, llegó a la conclusión de que el seductor no era el padre sino el hijo, detentador del complejo de Edipo, añadiendo que el deseo sexual del niño se quedaba en una fantasía que no llegaba a convertirse en realidad. Esta reformulación iba a contribuir a que la cuestión de los abusos sexuales no fuera convenientemente debatida durante los siguientes noventa años.

Conozco a algunos psicoanalistas y terapeutas que estarían dispuestos a adoptar mi propuesta de auditoría psicológica centrada en los cuidados tempranos de nuestros padres, aunque no estén necesariamente de acuerdo con todos mis puntos de vista, pero la mayoría sin duda se negarían. El mérito principal del psicoanálisis en relación con otras terapias estriba en su reconocimiento de la complejidad de nuestra vida interior. Los seres humanos no somos criaturas sencillas. Tan sólo el psicoanálisis afronta el hecho de que mucho de lo que sentimos y pensamos no se ajusta a una lógica implacable, que en este juego no disponemos de todas las cartas de la baraja y que nos faltan algunos sándwiches del picnic proverbial. Es la única teoría capaz de explicar los sentimientos ambivalentes que nos llevan a ser tan contradictorios. Por ejemplo, mi conciencia débil respecto a las normas de tráfico me lleva a cometer adelantamientos indebidos cuando creo que no me van a pillar, e incluso para ganar tiempo he llegado a meterme en dirección contraria por una estrecha calle cercana a mi casa. Y sin embargo, cuando poco después alguien hace algo parecido que me molesta, soy muy capaz de gritarle y decirle de todo, sin establecer relación entre mi comportamiento egoísta y el que acabo de presenciar. Soy un hipócrita en este ámbito, y creo que sólo la teoría psicoanalítica puede abordar este tipo de complejidades cotidianas. No menos importante resulta que la mayor parte de los analistas consideran que la niñez tiene mucho que ver en la explicación de tales deficiencias psicológicas, aun cuando no concedan tanta importancia como yo a los cuidados recibidos durante la infancia temprana. Es más de lo que puede decirse sobre el otro tipo principal de terapia, la conocida como cognitiva.

Mientras que los analistas tratan generalmente de hallarle sentido a nuestros pensamientos por medio de la exploración de nuestros sentimientos en referencia a la experiencia infantil, los terapeutas cognitivos consideran que los sentimientos tienen su origen en unos pensamientos erróneos y suelen sostener que el examen de nuestro pasado carece de valor. En lugar de analizar el pasado, nos piden que describamos nuestros patrones concretos de pensamiento y luego nos enseñan a utilizar otros mejores en su lugar. Esto puede ser útil en relación con determinados problemas, como las fobias, pero con frecuencia se queda en lo superficial. Decirle a quien se siente inútil y detestable que piense en sí mismo en los términos opuestos equivale a ofrecer una solución sin agregar qué pasos precisos hay que dar para llegar a ella; un poco como decir: «Mejórese». Las personas deprimidas saben lo que es no estar deprimido; el problema es que no se sienten así. Lo que es más, centrarse sólo en los patrones de pensamiento hace que el terapeuta no aproveche la potencialmente valiosa observación de las reacciones emocionales del paciente en consulta. Aunque es verdad que algunos psicoanalistas exageran en ese sentido, para el paciente puede ser muy significativa la percepción de que está atribuyendo determinadas emociones a su interlocutor, porque en esos momentos resulta obvio que tales emociones nacen de su propio pasado y nada tienen que ver con la personalidad del psicoanalista. Este tipo de dinámica suele ser muy fructífera.

Con esto no quiero decir que el tratamiento cognitivo sea inútil.

Entre otras cosas, tiene la ventaja de que el terapeuta está preparado para ofrecer sugerencias prácticas. Hasta la fecha, considero que
la terapia que mejor podría ayudar a vuestra auditoría emocional
viene a ser una combinación de lo mejor de ambos métodos. La
denominada terapia cognitivo-analítica (TCA) se inicia con cuatro
sesiones en las que se examina el modo en que los padres cuidaron
de uno, al final de las cuales el terapeuta entrega al paciente un
pequeño informe resumiendo lo que éste le ha contado. Las restantes
doce sesiones parten de esa base para centrarse en un problema
particular que el paciente crea conveniente resolver. Yo diría que casi
todas las personas, incluso las mentalmente sanas, encontrarían útil
esta terapia, siempre que la puesta en práctica fuese la correcta. Al
final, todos los estudios coinciden en que no es la clase de terapia
utilizada por el terapeuta la que determina la eficacia del tratamiento,
sino que ésta tiene que ver más bien con el carácter individual del
terapeuta como persona. Como es de esperar, siempre resulta preferible una persona cálida y comprensiva a otra simplemente lista
o llena de teorías.

Naturalmente, la terapia no es el único tipo de ayuda disponi-
ble. También están los medicamentos psiquiátricos, de los que estoy a favor, como expliqué en mi libro anterior *Britain on the Couch*
(véase el capítulo 7), siempre que se cumplan determinadas circunstancias. Para quienes sufren esquizofrenia, pueden ser un primer paso
esencial para recuperar cierta estabilidad. En el caso de los enfermos
bipolares, el litio puede tener efectos realmente salvadores. Los
antidepresivos pueden cambiarle la vida a los depresivos. La administración de estos fármacos puede devolverles a un estado mental
que posibilite de nuevo la comprensión profunda del yo. Pero, en
todos los casos, debe intentarse combinar la medicación con la psicoterapia, y tan sólo cuando ésta falla hay que limitarse a emplear

los medicamentos de forma permanente. En muchas ocasiones, una buena terapia consigue hacer innecesario el recurso a los fármacos. Por desgracia, también existen daños producidos en la infancia cuyo carácter es casi irreversible, ya que fijan unos patrones electroquímicos en el cerebro que únicamente pueden ser alterados con medicación; asimismo, hay algunas, muy raras, enfermedades mentales graves que tienen un fuerte componente genético. En uno u otro caso, la terapia por sí sola no basta, y es preciso seguir recurriendo a los fármacos.

A pesar de sus deficiencias, considero que los tratamientos psicoanalíticos son los más adecuados para conseguir cambios profundos y persistentes. Yo he sido analizado dos veces, y aunque no diría que ambas experiencias fueron unos éxitos rotundos, conozco a decenas de personas a las que el psicoanálisis les ayudó a lograr una transformación positiva. Los dos casos que mejor conozco son los de mis padres.

Mi madre sufrió toda clase de adversidades durante la niñez y la adolescencia. Su propia madre era una mujer distante, probablemente depresiva, que se implicaba muy poco en su cuidado. Mi madre sólo recordaba una vez en que la hubiese sacado a pasear en cochecito. Según parece, mi abuela encontró tan desagradable el episodio que nunca más volvió a repetir el experimento. Quien cuidaba de mi madre era una niñera, una mujer analfabeta oriunda de Tasmania. Aunque a veces pegaba a mi madre o amenazaba con abandonarla, entre ambas se daba una relación básicamente afectuosa. Ésta fue seguramente una de las razones por las que mi madre consiguió más adelante superar varias tragedias familiares. Cuando tenía catorce años, su padre se suicidó a causa de una profunda depresión. Al cabo de diez años, mi abuela tuvo que ser internada en un hospital psiquiátrico después de que mi madre se hubiera pasado varios meses tratando de evitar que se suicidara. Mi abuela murió poco después. Unos años más tarde, el hermano predilecto de mi madre perdió el juicio y se quitó la vida.

La otra razón por la que mi madre superó tantas desgracias fueron los dos tratamientos psicoanalíticos que recibió. Uno de sus hermanos le recomendó acudir al psicoanalista por primera vez cuando terminó sus estudios de secundaria a los dieciocho años, en 1932. Después de tres años de análisis, aunque antes nunca le había gustado estudiar, aprobó sin dificultad los exámenes de acceso a la universidad y se matriculó en psicología especializada en asistencia social. Un segundo tratamiento realizado por un profesional particularmente competente ayudó a mi madre a progresar aún más y formarse como psicoanalista. Sin embargo, poco después se casó con mi padre y abandonó su carrera profesional para cuidar de sus cuatro hijos, con la expresa intención de romper el círculo vicioso de las privaciones emocionales, a fin de que pudiéramos disfrutar de la experiencia que a ella le había sido negada. En lo cual, sin duda, tuvo un éxito considerable.

Mi padre era el quinto de seis hermanos, además de una hermana. Su propio padre era conocido por su carácter tiránico y egoísta, mientras que su madre era la agobiada cuidadora de su extensa prole. Al igual que mi madre, mi padre estaba absolutamente decidido a no repetir la desatención y los maltratos sufridos en la niñez. Fue la propia hija de Freud, Anna, la que lo sometió a tratamiento, y que, según él, no era muy buena psicoanalista. Aunque fue un progenitor imperfecto en varios aspectos, al igual que mi madre, supo transmitir a sus cuatro hijos el cariño y el respeto de los que él no había podido disfrutar, aunque de forma cuantitativa y cualitativamente distinta.

Este libro es una manifestación directa del éxito de mis padres en su superación de unas infancias difíciles. Ambos pensaban que el cuidado de los hijos era la piedra angular de la sociedad, y en nuestro hogar eran habituales los debates al respecto; de hecho, a fin de despertar conciencias en este sentido, entre 1960 y 1961 mi madre escribió en *The Observer* la que creo que fue la primera sección periodística dedicada a responder las cartas en las que los padres explicaban sus problemas. Me gustaría pensar que he logrado convertir mi interés en el vuestro, persuadiros de la importancia que los cuidados paternos tienen para la salud mental y para la sociedad en general, y que todo ello es consecuencia directa del hecho de que mis padres en su momento fueron psicoanalizados. Fue esa experiencia la que los capacitó para brindarme un afecto tal, que he decidido continuar con la misión que tanto les importaba.

Las terapias precisas para cada caso

No es fácil determinar qué tipos de psicoterapia son los más adecuados para cada problema, pues no hay datos fiables en abundancia.[13] En todo caso, es conveniente hacer algunas observaciones (en el capítulo 8 de mi libro *Britain on the Couch* también se habla de esta cuestión).

Lo mejor que puede decirse sobre el trastorno de personalidad es que muchos de los síntomas tienden a disminuir a medida que los individuos envejecen.[14] La delincuencia decrece de forma considerable, sobre todo la propensión a la violencia, mientras que las formas más extremas de narcisismo u omnipotencia se tornan menos acusadas.[15] Hay datos indicativos de que ciertos tipos de trastorno de personalidad responden mejor al tratamiento con psicoanálisis. También la TCA parece ser útil a este respecto.[16] Asimismo, la inseguridad en las relaciones (capítulo 3) se aborda mejor mediante el psicoanálisis y la TCA. En lo tocante a la depresión, el tratamiento dependerá del tipo de experiencias infantiles que la han causado.

Existen dos tipos básicos de depresión.[17] El primero se centra en una sensación de la falta de otras personas en nuestra vida, provoca sentimientos de soledad, desesperación y vacío interior, similares a los que se sufren durante el duelo, y suele estar causado por los cuidados paternos descritos en los capítulos 4 y 5. Al menos la mitad de las personas con trastorno de personalidad sufren de esta clase de depresión, y por lo general responden mejor a los tratamientos centrados en la relación que se establece con el psicoterapeuta. El otro gran tipo de depresión tiene que ver con el miedo al fracaso y la constante posición de inferioridad que el individuo cree ocupar en su relación con los demás. Esta depresión suele ser el resultado de los cuidados paternos descritos en los capítulos 2 y 3. Quienes la padecen también se beneficiarán del tratamiento centrado en la relación con el terapeuta, pero lo más importante es ayudarles a cambiar su forma de pensar.

La clase de depresión derivada de unos cuidados paternos carentes de empatía, por la cual el paciente se retrae del mundo exterior (capítulo 5), es la de más difícil curación. Los antidepresivos pueden ser de ayuda, al igual que la terapia cognitiva centrada en el «pensamiento positivo», pero con esto no se conseguirá una curación total. Cuanto más tardíos sean los orígenes de la depresión, es más susceptible de tratamiento.

En el caso de las depresiones causadas por los cuidados emocionalmente distantes o sin empatía entre los seis meses y los tres años, las terapias analíticas son tal vez las más recomendables, ya que permiten explorar la repetición del patrón infantil de inseguridad que el enfermo muestra en su relación con el terapeuta. El tratamiento cognitivo también puede ser de utilidad. Lo mismo vale para la depresión como resultado de la conciencia punitiva (capítulo 3), como la que sufría mi paciente la señora B. con su vocecilla interna, y para los tipos de depresión inducidos por las mentalidades de objetivo dominante o perfeccionistas (capítulo 2).

Los tratamientos cognitivos probablemente sean más indicados para neurosis específicas, como una fobia, o para resolver un hábito personal aislado, como la confrontación constante con los amigos o los superiores en el trabajo. La terapia cognitiva también puede ser útil en los casos de hiperactividad y delincuencia infantil, aunque la más efectiva en estos casos es sin duda la que combina las perspectivas cognitiva y analítica para ayudar a los padres a cambiar su forma de cuidar al niño, haciéndoles ver que su trato inadecuado al hijo no es sino la repetición de sus propias experiencias negativas de la infancia.

El caso de los delincuentes adultos resulta más complicado, pero en el caso de los individuos violentos está claro que los psicólogos de las cárceles no prestan la debida atención a las experiencias infantiles subyacentes a su afán destructivo, como se describía en el capítulo 3. No obstante, ninguna terapia curativa podría ayudar a quienes han sufrido tales daños que se han convertido en psicópatas irrecuperables.

Con respecto a las adicciones, el origen del problema siempre es muy importante, por lo que si el trastorno tiene su causa en la primera infancia será más difícil de curar que si la tiene en épocas posteriores. En la mayor parte de los casos y según mi propia experiencia, los métodos centrados en la abstinencia absoluta desde el primer momento son los más recomendables. Estos métodos suelen aplicarse en grupo y ser una versión modificada del programa de los 12 pasos, ideado en principio para los alcohólicos pero útil en casi todas las demás formas de adicción. Estas terapias de grupo presentan la gran ventaja de crear una especie de círculo de amigos que están en una situación parecida y se ofrecen apoyo mutuo, y constituyen una alternativa social a las personas con las que el paciente hasta entonces se ha entregado a su hábito autodestructivo. Una vez superado el síndrome de abstinencia, es posible pasar a otras clases de terapia.

Las enfermedades mentales extremas, como la esquizofrenia, el autismo y el trastorno maníaco-depresivo, son de tratamiento muy difícil, pues a veces tienen origen tanto en un componente genético como en factores adquiridos durante la infancia temprana. Como ilustra el caso de Rufus May descrito en el capítulo 1, los medicamentos contra la esquizofrenia tienen sus inconvenientes, aunque pueden ser de gran utilidad para que el enfermo disfrute del equilibrio suficiente para beneficiarse de las terapias de conversación. En el caso de los bipolares maníaco-depresivos, el litio es de uso menos controvertido que los fármacos para la esquizofrenia, y son muchos los pacientes que han llegado a la curación total después de que les fueran administradas las dosis precisas. Aunque hay psicoanalistas que han logrado curaciones, y terapeutas de otros enfoques que así lo afirman también, se trata de una labor muy difícil. Lo único que está claro es lo que se describe en el capítulo 5: cuando el paciente vuelve a casa del hospital, los padres tienen que hacer lo posible por no mostrarse negativos o generar más confusión.

Como es natural, la mayoría preferiríamos alcanzar una mejor salud mental y una mayor realización personal sin necesidad de recurrir ni a los medicamentos ni a la psicoterapia. Y siempre hay quien consigue encontrar una actividad que los absorbe por entero y en la que pueden reciclar su problema en forma de creatividad. Por medio del trabajo, del deporte o el arte, muchos individuos consiguen distanciarse de la infelicidad y ganar en discernimiento personal.

La comprensión personal a través de la creatividad

Además de entretenernos y divertirnos, el producto de la creatividad ajena suele estimular la comprensión de nuestro propio interior, ya sea a través de la lectura de novelas o poesía, escuchando ópera o música pop, o viendo películas o series de televisión. A quienes consideran que su vida carece de significado, por ejemplo, siempre les recomiendo que lean el relato de León Tolstói «La muerte de Iván Ilich». A las madres que tienen problemas con sus hijas adolescentes les aconsejo que vean la película de Mike Leigh *Life is Sweet*. Por supuesto, lo que funciona para una persona no tiene por qué funcionar para otras, pero de algún modo casi todos encontramos satisfacción y aprendemos algo mientras disfrutamos del arte. No obstante, no sólo podemos beneficiarnos como consumidores de arte, sino que también podemos convertirnos en creadores. Y, ampliando este concepto, el discernimiento personal también puede llegar a través de la creatividad aplicada a otros campos no artísticos, como el deporte o nuestra vida profesional. No obstante, del mismo modo que una conversación reveladora sobre nuestra persona o escribir acerca de nosotros mismos pueden ser formas de evitar la verdad, también pueden serlo estas otras actividades.

Según Freud, la actividad creativa encierra un elemento que niega la realidad, un componente de fantasía destinado a sustituir realidades que nos son incómodas.[18] El contenido de muchas novelas, poemas u obras de teatro tiene que ver muchas veces con la experiencia infantil del autor. Una persona cuyos padres fueron demasiado punitivos a la hora de educarla en el uso del orinal o sobre la limpieza en general puede manifestarlo en la edad adulta lavándose las manos de forma repetitiva a lo largo del día. Pero también puede responder, como hiciera el escritor satírico Jonathan Swift en el siglo XVIII, escribiendo una obra como *Los viajes de Gulliver*, plagada de ansiedades referentes a las heces y la orina.[19] El fóbico y Swift son iguales en el sentido técnico de que ambos encuentran una forma de expresar su angustia reprimida e inconsciente.

Pero la cosa no termina de estar clara a este respecto. En lugar de considerar que la creación artística es un síntoma patológico, siempre cabe pensar, sin apartarnos del razonamiento freudiano, que se trata de una forma perfectamente saludable de abordar los problemas, una «sublimación» de nuestros conflictos interiores por medio de una actividad socialmente apreciada. Un ejemplo: los periódicos informan de que el escritor Alan Bennett está sufriendo un bloqueo creativo. «Hace cuatro o cinco meses que soy incapaz de escribir una línea», le explica a un periodista. «Es algo que me deprime y me preocupa.» Bennett se declara temeroso de analizar sus motivaciones. «Sé que un par de críticos han escrito libros sobre mí, pero no los he leído porque no quiero saber cómo es o de qué va mi obra. Me preocupa obsesionarme demasiado con mi proceso creativo y acabar perdiendo la capacidad para escribir.» Sin la oportunidad de sublimar sus ansiedades en forma de ficción, Bennett se siente deprimido. ¿Significa eso que le resultaría de ayuda someterse a psicoanálisis? En un caso similar, la actriz cómica Ruby Wax, a quien entrevisté en 1988 y que está llena de odio hacia sí misma, es capaz de sublimar sus problemas para hacernos reír aunque se sienta deprimida. En su faceta profesional, Ruby disfruta de nuestra aprobación, cumple un papel útil a la sociedad y mejora en mucho su autoestima (así como los números de su cuenta bancaria).

La descripción freudiana del arte como neurosis también elude el hecho de que el arte nos ayuda a comprender mejor la realidad y a entendernos mejor a nosotros mismos. Como explicó el crítico literario Lionel Trilling: «Las ilusiones del arte sirven al propósito de establecer una relación más estrecha y veraz con la realidad».[20] La falsedad, en el sentido de pretender ser otro, desempeña un papel fundamental en hacer que seamos más auténticos en nuestras vidas. De la misma forma que el arte se consigue mediante las ilusiones del artificio, una personalidad sana se permite flirtear con la invención y el embellecimiento. La teoría del simbolismo como angustia existencial, defensora de que la creación artística es puramente defensiva, resulta insuficiente a las claras, ya que no dice nada sobre las motivaciones estéticas, como señala Anthony Storr: «El psicoanálisis no distingue entre arte bueno y arte malo, ni tampoco […] entre una obra de arte y un síntoma de neurosis».[21] Cualquier teoría sobre los orígenes de la creación artística tiene que considerar el hecho de que sus objetivos suelen ser la belleza y la resonancia emocional. La incapacidad para distinguir entre un fóbico que se lava las manos y *Los viajes de Gulliver* constituye una enorme deficiencia teórica.

Pero, por encima de todo, en términos de obtener discernimiento personal, no importa en absoluto que uno sea buen o mal artista, buen o mal jugador de golf. Lo que importa es el proceso de creación.

La importancia del juego

Algo que puede haber surgido al realizar vuestra auditoría emocional es que hayáis llegado a la conclusión de que vuestra vida no es tan alegre como os gustaría, que habéis perdido parte de la frescura y el entusiasmo de la niñez. En su libro *Playing and Reality*, Donald

Winnicott muestra que los juegos infantiles no son una simple forma de exorcizar miedos y conflictos, sino que también son una actividad marcada por la alegría, vital para el bienestar emocional en la edad adulta. Como adultos, tenemos una fuerte tendencia a preocuparnos en exceso por nuestros estados internos, como los instintos que nos llevan a buscar disfrute en el sexo y la comida. Del mismo modo, somos propensos a vernos agobiados por lo externo, como la necesidad de cumplir los plazos en el trabajo o de ajustarnos a las convenciones sociales. Tal como Winnicott lo describe, los juegos infantiles combinan elementos internos y externos, pero no para conseguir algún objetivo predefinido, ya sea instintivo o externo.[22]

La pérdida de nuestra capacidad para disfrutar en el trabajo o el hogar es un factor terriblemente empobrecedor, y no resulta fácil combinar las exigencias de la edad adulta con las necesidades personales asociadas al juego. Algunos aspectos de la sociedad moderna, como unas convenciones morales menos estrictas o la mayor posibilidad de escoger entre distintos empleos, facilitarían en principio dicha combinación, pero las presiones en sentido contrario siguen siendo numerosas. Por ejemplo, la posibilidad de trabajar como autónomo aporta mayor libertad. Sin embargo, ésta puede tornarse opresiva si el autónomo se siente empequeñecido por la sensación de que no tiene tanta consideración social o tanto dinero como sus conocidos. La inseguridad que el autónomo tiene respecto al trabajo no es una mala metáfora del hombre o de la mujer modernos: una persona siempre angustiada por la necesidad de triunfar tanto en la vida personal como en la profesional, obsesionada por la comparación obsesiva y envidiosa con los demás, nunca satisfecha con lo que tiene. Vivir más allá de las jerarquías puede conducirnos a la creación de otras todavía más totalitarias. Como resultado, la mayoría de las veces nos resulta imposible disfrutar de la vertiente lúdica de la vida.

Nuestra capacidad para la diversión y el juego puede ser analizada de forma simple observando en qué forma respondemos a las preguntas de rutina sobre nuestro estado que los allegados o conocidos nos hacen a diario. Si un amigo pregunta «¿Cómo estás?», la mayoría de las personas no responden con sinceridad. «Bien», decimos, sin revelar la fuerte discusión que hemos tenido con nuestra pareja o el abatimiento que nos ha entrado al comprobar lo que nos queda en la cuenta bancaria. Como es natural, quien hace la pregunta no suele esperar que le contestemos de forma sincera, lo que tampoco sería muy apropiado por nuestra parte. Pero hay diferentes formas de expresar nuestro estado mental, incluso en el caso de diálogos tan triviales. Uno puede responder con un «¡Bien!» demasiado tajante, sarcástico, que denota que no nos va tan bien en realidad, por mucho que nos estemos tomando la molestia de responder por pura cortesía. Más significativo aún es el modo en que uno habla de sí mismo ante los desconocidos. Al preguntarnos «¿A qué te dedicas?», uno puede entregarse al tedioso ritual de explicar los hechos de su vida profesional, pero también puede tratar de salpimentar un poco la cosa y contestar de una forma que sea divertida e implique al interlocutor. De hecho, la mitad de la experiencia lúdica consiste en el esfuerzo destinado a que la comunicación resulte auténtica, con lo cual se consigue una interacción más gratificante con el otro.

Una aplicación lúdica de la auditoría emocional consiste en tratar de entender el pasado que se oculta tras el presente de los demás, mucho más fácil de realizar que el análisis de nuestras propias personalidades. Y además, ¿quién no disfruta analizando a los demás? Amén de ser divertido, el ejercicio puede resultar muy práctico. Por ejemplo, si nuestro jefe es tan quisquilloso e incordiante que vuelve locos a todos sus empleados, podemos aliviar el estrés que nos supone relacionarnos con él a través de la observación minuciosa de los sentimientos que nos suscita. Con mucha frecuencia, lo que el jefe en cuestión está haciendo es proyectar sobre nuestras personas sus propios sentimientos no deseados, de modo que cuando nos sentimos humillados, enojados o temerosos, en realidad es así como él se siente. La simple percepción de este hecho nos puede ayudar de un modo sorprendente. Si llegamos a conocerlo un poco mejor y alguna vez nos habla de su niñez, pronto descubriremos cuál es la experiencia que está reviviendo en su relación con nosotros.

Tuve ocasión de presenciar la aplicación creativa de esta técnica por parte de un asesor psicológico que estaba impartiendo una charla a un grupo de profesionales médicos cuyo superior era totalmente inaguantable. El psicólogo les preguntó cómo se sentían después de estar un rato con su jefe. Una afirmó que se sentía estúpida, otro dijo que como un inferior, y un tercero apuntó una sensación de futilidad vacua. Entonces el psicólogo les pidió que trataran de imaginarse la experiencia cotidiana de ser una persona como su jefe. Tras comprender que se trataba de un hombre solitario y tremendamente inseguro, se dieron cuenta de que estaba proyectando sobre ellos sus propios sentimientos. Después de ese día, aunque tuvieron que seguir lidiando con su negatividad, al menos fueron capaces de no asumir como propios los problemas que él pudiera tener. Con el tiempo se aficionaron a intentar dilucidar qué era lo que le pasaba un día determinado, a través del análisis de cómo él les hacía sentirse.

El componente lúdico es la piedra angular de la plenitud emocional, una clave para la comprensión personal y el ejercicio de la voluntad. Dicho componente es susceptible de activación por medio de labores tan cotidianas como regar las plantas o lavar los platos. Aunque todos tenemos que ganarnos la vida y hay muchas labores

prosaicas que nos vemos obligados a realizar, vivir prestando atención a la vertiente lúdica de las cosas consigue que la existencia sea
muchísimo más gratificante.

La cordura, la creatividad y la esquizofrenia

Resulta dudosa la idea de que existe un límite preciso entre la cordura y la locura. Deberíamos hablar más bien de un espectro que
partiendo desde el extremo del hiperrealismo, pasando por el realismo normal, la enfermedad leve y el trastorno de personalidad, se
extiende hasta alcanzar la demencia absoluta.

En un extremo se encuentra el adulto en su faceta más realista,
cuya percepción del mundo presenta tan poca distorsión como es
posible en un ser humano. No hay muchas personas así. Le sigue el
individuo corriente, cuya percepción no presenta apenas atisbos de
depresión o neurosis. A continuación vienen las personas que sufren enfermedades mentales leves y, a continuación, acercándose en
ocasiones al borde de la locura, quienes tienen un trastorno de personalidad o disfunciones alimentarias como la anorexia. En el otro
extremo están los individuos afectados de bipolaridad, depresiones
graves y esquizofrenia. Hacia el final del espectro hay amplias zonas difusas, como las personas con trastorno de personalidad, con
sus subpersonalidades y disociación, o el delirio absoluto de los
esquizofrénicos. Una comparación entre la esquizofrenia y el modo
de pensar normal de los niños pequeños ofrece un paralelismo sorprendente.

A los cuatro años de edad somos muy dados al pensamiento
mágico, a establecer vinculaciones de cariz lúdico entre cosas que
en realidad nada tienen que ver entre sí. Hace poco estaba jugan-

do con una vivaracha niñita de esa edad, mi sobrina Lydia, quien de pronto me dijo en referencia a su hermano mayor: «Jack se ha marchado un año entero y me dijo que no iba a volver hasta que el tiempo cambiase». Cuando intrigado le pedí más detalles sobre la posible realidad de ese hecho, ella se limitó a ir modificando los datos para adaptarlos a su fantasía. Como yo sabía que en realidad Jack estaba en casa con sus padres, y también sabía que ella sabía que yo lo sabía, le pregunté qué clase de tiempo tenía que hacer para que su hermano se decidiera a regresar. Lydia señaló el cielo azul y contestó: «Jack me dijo que no volvería mientras el cielo siga siendo azul».

Muchos de los comentarios de Lydia tenían un marcado carácter surrealista, como: «Jack tiene dieciséis años, seis peces y ocho vídeos». La pequeña adora los juegos de palabras y siempre lleva consigo a una muñeca llamada Fizz, de cuyos sentimientos muchas veces me informa, y no hace falta ser psicoanalista para deducir que son un reflejo bastante fiel de lo que la niña siente. Cuando llegó la hora de acostarla, Lydia comentó, como si no fuera con ella, que Fizz no estaba cansada. Lydia se mostraba muy posesiva respecto a la muñeca, negándose a aceptar mis sugerencias de que yo también sabía muchas cosas sobre ella. Se había inventado que al día siguiente Fizz iba a cumplir once años, y cuando me ofrecí a hacer un pastel para la muñeca, al momento zanjó: «No, no. No es el cumpleaños de Fizz». Estaba claro que ese personaje le resultaba muy útil para sentir que tenía el control.

Hay interesantes paralelismos entre los juegos infantiles de Lydia y el proceso creativo de la literatura y otras vertientes artísticas. El simple placer que se deriva de la creación es sólo uno de ellos. El novelista sabe que sus personajes no son reales, pero en el momento de la creación cree en su realidad, del mismo modo que el lector al leer la obra ya finalizada. Por un lado, Lydia sabe que Fizz no es una persona real, y le desagrada cualquier intento de revelar la conexión entre los sentimientos de la muñeca y los suyos. Quien intente sugerir a un novelista que su ficción se basa en realidad en su propia persona se encontrará con una acogida igualmente gélida. Ya se trate de un niño o de un novelista, la ficción suele ser un medio para liberarse de realidades incómodas, para reajustarlas a fin de que sean más tolerables o para experimentarlas de forma indirecta. Por supuesto, ni los juegos infantiles ni el trabajo artístico pueden ser reducidos a estas simples funciones, pero esto demuestra la proximidad que hay entre la normalidad y la esquizofrenia.

Existe una línea muy delgada entre el niño pequeño que cree en sus amigos imaginarios, el novelista encerrado en las vidas ficticias de sus personajes, y el esquizofrénico convencido (como Rufus May, el antiguo esquizofrénico reconvertido en psicólogo, cuyo caso vimos en el capítulo 1) de que la trama de su vida se ha desarrollado de tal modo que se ha convertido en espía. Al igual que el niño y el novelista, el esquizofrénico está inventando un personaje en cuya realidad cree, con la salvedad de que ese personaje es él mismo, y no otro. En consecuencia, en el caso de las personas con un yo débil, la esquizofrenia puede ser contemplada como una regresión a la etapa infantil de desarrollo, regresión cuya finalidad es la de evadirse de la intolerable realidad de su vida como adulto.

Un ejercicio para convertiros en guionistas de vuestra vida

Ya os consideréis buenos o malos escritores, poco o muy creativos, os propongo que escribáis un relato, tan corto o largo como queráis, basado en vuestra auditoría emocional. Lo principal es que el ejer-

cicio os resulte agradable y entretenido, así que no os sintáis cons-
treñidos por ninguna de mis ideas. Voy a ofreceros una estructura
básica para que empecéis, aunque sois muy libres de apartaros de ella
a voluntad.

El propósito es escribir una obra de ficción que os permita ca-
pitalizar cuanto hayáis aprendido a lo largo de vuestra auditoría.
Mediante este ejercicio os propongo que tratéis de descubrir dos
aspectos principales sobre vuestras personas, pero cualquier otra
forma de comprensión es bienvenida.

El primer aspecto se refiere a una faceta de vuestra vida o personalidad actual de la que no estéis satisfechos. Puede tratarse de algo
relativamente insignificante, como la tendencia a comer demasiado
chocolate o la presencia de alguien en el trabajo que os pone de los
nervios. O puede tratarse de un problema mucho más serio, como
una depresión grave o una pareja maltratadora. Lo fundamental es
que sea algo que os intrigue, que tengáis un fuerte deseo de com-
prenderlo mejor.

El segundo aspecto tiene que ver con lo que podéis hacer con
respecto a ese problema y qué os impide hacerlo. Da igual que antes de empezar tengáis o no alguna idea sobre la solución a adoptar; la escritura del relato os aportará una. Aunque lleguéis a la conclusión de que en vuestra vida o vuestra persona tan sólo hace falta
un pequeño cambio, deseable y factible, el resultado habrá valido la
pena.

EL COMIENZO DE VUESTRO RELATO

El primer paso es el de decidir el tema: algo razonablemente concreto que os gustaría que fuese de otra manera. Tal vez ya lo tengáis

claro, y si no es así, releed las notas tomadas al hacer la auditoría emocional. En cualquier caso es deseable que vuestro tema, la cuestión que vais a abordar, haya suscitado ya algunas respuestas durante la realización de la auditoría.

La clave radica en identificar algo que os fascine, os inquiete u os preocupe de veras. Aquí tenéis algunos ejemplos:

— ¿Qué es lo que realmente me pasa?
— ¿Por qué no consigo prosperar en mi trabajo?
— ¿Por qué no puedo encontrar una pareja adecuada?
— ¿Tengo que seguir con mi pareja actual?
— ¿Qué puedo hacer para llevarme mejor con mi hijo pequeño?
— ¿Mi madre quería realmente a mi padre?
— ¿Por qué siempre tengo problemas con los jefes?
— ¿Por qué me siento irritable y deprimido con tanta frecuencia?
— ¿Por qué paso todo mi tiempo libre viendo la televisión?

LA DEFINICIÓN DEL PROTAGONISTA: VOSOTROS

Tras haber escogido el tema, ahora necesitáis un protagonista, basado en vosotros mismos, para analizar el problema. Supongamos que habéis escogido la cuestión «¿Por qué me siento irritable y deprimido con tanta frecuencia?». Volved a revisar la auditoría emocional y considerad lo que ésta haya puesto de relieve sobre las causas de vuestra propensión a sentiros deprimidos e irritables, tomando breves notas sobre los cuatro elementos analizados en los capítulos 2 a 5. Por ejemplo, supongamos que sois una madre a tiempo completo con treinta y cinco años y dos hijos, la hermana menor de la familia, con un hermano y una hermana. Podéis tomar las siguientes notas:

DRAMA FAMILIAR: La hermana menos agraciada, siempre salía mal-
parada en las comparaciones; me presionaban para ser la «buena» y
complaciente; tenía la impresión de que mamá no esperaba mucho de
mí ni valoraba demasiado mi intelecto.

CONCIENCIA: En general, débil (sexualmente benigna, actitud débil hacia la autoridad y el sentido del deber). Padres desorganizados de
forma deprimente, nunca podías estar segura de a quién iban a castigar; mamá no me presionaba para que rindiera en la escuela, a papá no
le importaba.

PATRÓN DE APEGO: Indeciso. Mamá podía ser deprimente, pero creo
que también estaba deprimida; no creo que respondiera demasiado a
mis necesidades de pequeña (la tía Joan dice que mamá estaba demasiado ocupada cuidándonos como para además tener que jugar con
nosotros).

CONCIENCIA DEL YO: Algunos síntomas de yo débil/trastorno de personalidad (por ejemplo, como demasiado). Mamá y yo tenemos una
relación aceptable, pero ella no se muestra demasiado empática. ¿Qué
empatía me mostraría cuando yo tenía tres meses? Cuando está con mis
hijos, no da la impresión de encontrarse muy a gusto entre niños.

Teniendo todo esto presente, ahora podéis inventar un protagonista para vuestro relato, proporcionándole un nombre y una historia personal. Si se trata de vuestra primera obra de ficción, seguid
el método que utilizan muchos novelistas primerizos, el que menos
dificultades ofrece. Continuando con el ejemplo de la madre de treinta y cinco años, haced que la protagonista sea una mujer de treinta
y tantos años, con dos hermanos y unos padres muy parecidos a los
vuestros: en otras palabras, vosotros, pero recreados en la ficción.

Por supuesto, siempre tenéis opción de crear un protagonista que
no se parezca a cómo sois en realidad; por ejemplo, en lugar de una

mujer, que sea un hombre con las características arriba mencionadas. Pero entonces el ejercicio os resultará bastante más dificulto-
so. Recordad que no se trata de ningún examen o competición. Estáis
haciendo este ejercicio para vuestra propia satisfacción.

LA TRAMA

Generalmente un relato requiere una cierta estructura narrativa.
Escoged algo que os permita abordar y desarrollar el tema escogido.

Continuando con el ejemplo de la mujer descrita más arriba
(cuyo nombre de ficción será, pongamos por caso, Jane), de nuevo
lo más práctico será que, para vuestro relato, os inspiréis en hechos
reales: una circunstancia significativa que percibáis que está relacionada con las causas de la depresión de Jane. El ámbito temporal del
relato puede ser tan conciso como una noche en un bar de copas,
o tan extenso como una vida entera reflejada en momentos puntuales.

Por ejemplo, podéis describir una comida de Navidad cuando
Jane tenía diez años y en la que su hermana fue tratada con favoritismo. A continuación podéis trasladaros en el tiempo veinticinco
años después, hasta la comida navideña que Jane celebra con su
marido y sus dos hijos, a fin de establecer las conexiones entre los
sentimientos de irritabilidad y depresión que Jane siente en ambas
ocasiones.

O también podéis narrar la historia desde el punto de vista del
marido de Jane, todavía centrándose en ella como protagonista y
utilizando vuestros recuerdos de hechos reales. Podéis describir lo
que sucede un domingo cualquiera en la vida de Jane a través de los

ojos del marido: se despierta, la ve a su lado en la cama, observa la reacción de ella cuando los niños se meten en la cama de matrimonio, más tarde almuerzo en casa de los padres de Jane, un paseo por el parque, cena frente al televisor, y algo de sexo después de que los niños se hayan acostado. Podéis reflejar cómo la sensación que Jane siempre tuvo de ser la hermana más fea encuentra su reflejo actual en sus dudas de que su esposo la siga encontrando atractiva. La «deprimente» falta de organización del hogar de su infancia puede expresarse en la caótica comida dominical en casa de los padres, y ser analizada por la manera en que Jane trata de contrarrestarlo con sus propios hijos, con un afán organizativo y controlador, especialmente con su hija.

EL ÉNFASIS EN VUESTRA VIDA PRESENTE

Las ideas que acabo de ofrecer os darán bastante margen de acción, pero también es posible abordar el relato desde otro enfoque más específico, aunque requerirá algo más de rigor.

Para empezar, anotad algunos nombres en tres cuartillas distintas:

— El nombre de vuestra pareja (o amantes). Si en este momento no tenéis ninguno, anotad el nombre del último que tuvisteis. Si nunca lo habéis tenido, el de quien os gustaría haber tenido.

— El nombre del amigo o amiga a quien tengáis en mayor estima.

— El nombre del amigo o amiga que más consiga irritaros.

A continuación, resumid en cada cuartilla la personalidad de cada uno y el tipo de relación que tenéis con ellos.

Por ejemplo, en referencia a una amiga que os pone de los nervios, podéis apuntar:

PERSONALIDAD: Agresiva y estridente. Tan sólo piensa en sí misma. Solitaria, pero sexualmente promiscua. En ocasiones es divertida. Puede ser celosa. Muchas veces me resulta aburrida. No sé por qué sigo viéndome con ella.

SU RELACIÓN CONMIGO: Cuando tiene un mal día, me hace la vida imposible llamándome en momentos inoportunos. Cuando trato de hacer un comentario, al instante me hace callar alzando el tono de voz. Quiere que cuide de ella y que la apoye siempre.

Una vez elaborados los perfiles de las tres personas, utilizad la auditoría de vuestro pasado para analizar el papel que cada uno de los tres desempeña en vuestro presente. Anotad en cada cuartilla quién es cada uno en términos de vuestro drama familiar, vuestra conciencia, vuestro patrón de apego y vuestra conciencia del yo.

Empezad por el encabezamiento «DRAMA FAMILIAR» y considerad de qué manera vuestro papel en el drama se refleja en vuestra relación con esa persona. Preguntaos si algo de lo que habéis escrito sobre esa persona os recuerda la personalidad de alguno de los actores de vuestro drama familiar, o la relación que tuvisteis con él. Podría tratarse del hermano o la hermana que siempre os trataba como lo hace la amiga, o que tenía una personalidad muy parecida. O tal vez os recuerde un aspecto concreto de la relación que uno de vuestros progenitores o hermanos mantenía con vosotros. Es posible que vuestro padre se mostrara traumáticamente autoritario con vosotros, pero no con vuestros hermanos, cuando había bebido más de la cuenta. Tal vez algún hermano tenía celos de vosotros.

A continuación, bajo el encabezamiento «CONCIENCIA», reflexionad sobre la forma en que la vuestra se pone de manifiesto en esa relación, y cómo eso es reflejo de las causas de que vuestra conciencia sea la que es. Tal vez seáis punitivas en el terreno sexual y os moleste la promiscuidad de vuestra amiga, creyendo que le causa problemas a ella y también a la relación personal con los amigos masculinos que compartís. Tras haberlo meditado bien, al saber lo que sabéis ahora sobre la conciencia punitiva, seguramente reparéis en que las críticas que hacéis a vuestra amiga son desproporcionadas en relación con su comportamiento real, y que en el fondo vuestra reacción tiene más que ver con vuestras propias inhibiciones. Vuestra madre no dejaba que salierais con chicos y se mostraba hostil a las manifestaciones de vuestra sexualidad. Hoy seguís considerando que éstas resultan censurables, y por eso sois tan críticas con vuestra amiga.

A continuación, bajo el encabezamiento «PATRÓN DE APEGO», anotad cómo la relación con esa amiga refleja vuestro patrón personal y, una vez más, cómo se conecta todo eso con lo que originó dicho patrón en vuestra niñez. Es posible que seáis dependientes y que ésta sea vuestra amiga evasiva y dominante: los dependientes suelen relacionarse con evasivos en la edad adulta. Tal vez podáis vincular la necesidad de que en vuestra vida haya un evasivo con las experiencias concretas que causaron vuestro patrón de dependencia. Quizá vuestra madre, o una cuidadora sustituta, no era sensible a vuestras necesidades, y ahora lo detectáis en el modo en que dependéis de esa amiga: la sensación de sentiros abandonadas que en ocasiones experimentasteis en el pasado. No es necesario que esa sensación se remonte a cuando erais muy pequeños, sino que pudo haber tenido lugar en una fase posterior de la niñez.

Por último, bajo el epígrafe «CONCIENCIA DEL YO», apuntad en qué formas vuestro yo más o menos fuerte o débil resulta patente en esa relación de amistad. Puede que hayáis identificado en vuestra persona algunos síntomas de trastorno de personalidad y comprendáis que, a pesar de lo irritante que os resulta vuestra amiga, en realidad disfrutáis de vuestra relación con ella porque en cierto modo compartís el problema. Ello tal vez se manifieste cuando os comportáis de forma egoísta con ella, o viceversa; sin embargo, ella no tiene reparos en mostrarse desagradable, algo que vosotras no os atrevéis a hacer. Utilizando la información aportada por la auditoría, considerad seguidamente qué aspecto específico de la relación con vuestros padres se está aquí reviviendo. Es posible que fuerais maltratadas o humilladas, o que os sintierais desatendidas por alguna razón. Puede que vuestra amiga os esté haciendo lo mismo que ellos os hicieron en su momento: sin saberlo, posiblemente os haga revivir esos mismos maltratos o desatenciones. Pero, con un poco de suerte, las cosas esta vez serán mejores. También es posible que seáis vosotras las que le estéis haciendo a la amiga lo que vuestros padres os hicieron, en lo que vendría a ser una especie de venganza indirecta. Y, cuanto más pensáis en ello, más cuenta os dais de que sois ambas las que os comportáis de forma desagradable en vuestra relación.

Una vez terminadas vuestras anotaciones, el resultado final podría ser como sigue:

LA AMIGA IRRITANTE: TRISH

PERSONALIDAD: Agresiva y estridente. Tan sólo piensa en sí misma. Solitaria, pero sexualmente promiscua. En ocasiones es divertida. Puede ser celosa. Muchas veces me resulta aburrida. No sé por qué sigo viéndome con ella.

SU RELACIÓN CONMIGO: Cuando tiene un mal día, me hace la vida imposible llamándome en momentos inoportunos. Cuando trato de hacer un comentario, al instante me hace callar alzando el tono de voz. Quiere que cuide de ella y que la apoye siempre.

CONCIENCIA: Punitiva como soy, me disgusta que Trish sea tan ligera de cascos. Pero la verdadera razón hay que buscarla en lo que mi madre me inculcó. ¿Por qué no puede Trish acostarse con quien le dé la gana? ¿Será posible que en el fondo le tenga envidia?

PATRÓN DE APEGO: Como dependiente, anhelo caerle bien a la evasiva Trish. ¿Será por eso que nunca me atrevo a decirle que deje de telefonearme a todas horas? Mi madre no me hacía mucho caso los fines de semana, cuando no trabajaba. La idea de no caerle bien a Trish me resulta muy parecida.

CONCIENCIA DEL YO: Soy consciente de que puedo mostrarme egoísta y perder los estribos con facilidad. Al menos Trish no se lo toma a mal, porque ella también es así. Con otras personas no me atrevo a mostrarme de ese modo. ¿Mi rabia tiene origen en la insensibilidad con que mi madre me trataba? ¿Es posible que el maltrato de mi padre borracho tenga algo que ver con todo esto?

Por medio del análisis de las tres personas indicadas, deberías descubrir bastantes cosas sobre vuestra relación con ellas y sobre sus orígenes. Las posibilidades ficticias que ofrece este material son numerosas, pero quiero subrayar dos de ellas en particular como forma de ayudaros a alcanzar el discernimiento.

La primera consiste en escribir un relato protagonizado por vosotros y en el que aparezcan las tres personas mencionadas, basado en hechos reales. El relato puede ser breve y hacer referencia a una velada que pasasteis juntos, en la que fuisteis al cine y a cenar fuera, y describir con detalle los recuerdos de lo sucedido aquella noche. Éste puede ser también un buen sistema para aplicar vuestras percepciones del papel que esas personas desempeñan en vuestras vidas, así como los orígenes infantiles de esas interacciones.

La segunda posibilidad es la de modificar ese mismo relato haciendo actuar a los personajes, incluido el vuestro, con los comportamientos que preferiríais que hubieran adoptado durante la velada en el cine y el restaurante. Esta segunda opción puede aportaros pistas sobre qué es lo que os impide obrar de forma diferente y sugeriros dónde están los límites de lo posible, incluso que lo mejor para vosotros sería cambiar de amigos.

Este ejercicio es de posible aplicación a otros ámbitos de vuestra vida. Por ejemplo, podéis realizarlo adoptando como personajes a vuestro jefe en el trabajo y a los colegas con quienes mejor y peor os llevéis.

David Astor, el fallecido editor del periódico *The Observer*, dijo en cierta ocasión: «Ninguno de nosotros es responsable de su carácter, pero sí de sus esfuerzos para domeñarlo». Si por «carácter» se refería a los patrones electroquímicos establecidos por la atención y los cuidados recibidos en la niñez y con los que más tarde interpretamos el mundo como adultos, estoy de acuerdo con su afirmación. Pero dominar y controlar nuestro carácter no es algo que resulte fácil o pueda efectuarse de manera absoluta. No pretendo haber resuelto en este último capítulo el problema de cómo el individuo puede alcanzar una mayor fuerza de voluntad. Pero sí espero haber sugerido formas de ayudaros a lograr que el pasado trabaje a favor, y no en contra, de vuestro presente. Estaría realmente encantando de leer vuestros relatos, así que, si os apetece, no dudéis en enviármelos.

Notas

1. Véase *Crick*, 1995.
2. Véase *Brown et al.*, 1986; véanse también las pp. 59-63, *James*, 1997.
3. Véase *Ruble et al.*, 1987.
4. Véase la p. 93, *Ruble et al.*, 1991.
5. Véase *Myers*, 2000.
6. Véase las pp. 82-83, *James*, 1997.
7. Véase *Trilling*, 1972.
8. Véase *Flett*, 1998.
9. Véase *Robinson*, 2001.
10. Véase *Main*, 1993.
11. Véase *Beitchman et al.*, 1992.
12. Para una transcripción precisa de dicha conferencia, véanse las pp. 215-282, *Masson*, 1984; para la descripción que Masson hace de las respuestas a dicha conferencia, véanse las pp. 3-13 de este mismo libro.
13. Véase *Roth y Fonagy*, 1996.
14. Véase la p. 309, *Cloninger et al.*, 1997.
15. Véanse las pp. 15-21, *Tarling*, 1993.
16. Para el psicoanálisis, véase *Chiesa y Fonagy*; para la TCA, véase *Ryle y Marlowe*, 1995.
17. Véase *Blatt y Holmann*, 1992.
18. Véase la p. 144, *Freud*, 1959.
19. Véase la p. 123, *Storr*, 1972.
20. Véase *Trilling*, 1972.
21. Véase la p. 18, *Storr*, 1972.
22. Véase *Winnicott*, 1972.

CONCLUSIÓN

Man hands on misery to man.
It deepens like a coastal shelf…

[El hombre lega al hombre su flagelo,
que se ahonda como el lecho de la mar.]

Háy tres puntos de vista principales sobre el modo en que lo innato y lo adquirido provocan que seamos distintos a nuestros hermanos. El primero viene a decir:[1]

Nacemos con tendencias distintivas genéticamente adquiridas, que en gran medida determinan quiénes somos. En muchos aspectos, los padres no influyen demasiado en cómo resultamos ser, desde luego no más que nuestros hermanos o amigos. La única excepción se produce cuando los niños crecen en entornos muy extremos, como un orfanato, o son objeto de abusos persistentes desde temprana edad. Como estas cosas tan sólo le suceden a una pequeña minoría de niños, en general, la clave está en los genes. Las experiencias tempranas no tienen mayor influencia que las vividas más adelante.

El segundo punto de vista se basa en el sentido común y establece que hay «un poco de ambas cosas»:[2]

Es verdad que el niño nace dotado de un historial genético que influye en el modo en que los padres se relacionan con él. Lo que es más, la forma en que los padres cuidan del niño también tiene en sí misma un origen parcialmente genético. Pero eso no lo explica todo. La manera en que los progenitores se relacionan con el pequeño puede influir hasta cierto punto en la forma en que se expresan dichos genes. Así, un niño retraído a quien sus padres animan activamente a que salga de su caparazón puede volverse menos tímido, o el que ha nacido extrovertido puede ver inhibido su carácter por las restricciones de los progenitores. Ambos niños siempre tendrán tendencia a la introversión y a la extroversión, respectivamente, pero el entorno personal se encargará de modificar su grado de expresión. Puede que en algunos casos las experiencias tempranas resulten más importantes que las acaecidas en época tardía, aunque no tiene por qué ser así necesariamente; en muchos casos, lo que sucede en el momento presente resulta bastante más decisivo.

El tercer punto de vista es casi diametralmente opuesto al primero:

En la mayoría de los casos, las diferencias psicológicas entre las personas no están muy influidas por factores genéticos. Si bien a veces ejercen una fuerte influencia en algunas enfermedades mentales extremas poco comunes, como la esquizofrenia, lo cierto es que éstas también pueden deberse por completo o en gran medida a la crianza. Por lo general, los cuidados de los padres resultan cruciales, sobre todo durante los primeros seis años de vida. Los patrones electroquímicos fijados en el cerebro durante ese período tienen un gran peso más adelante en nuestra elección de amigos, parejas y profesiones, y están constantemente recreando los patrones del pasado. Cuanto antes se asienta el patrón, más difícil es de cambiar. Aunque las experiencias posteriores pueden modificar lo establecido en los primeros años, tales experiencias tienen que ser realmente significativas, como un tratamiento de psicoterapia destinado a mejorar la situación del paciente, o unos abusos graves que la empeoren. A todo esto, el contexto general también desempeña un papel importante. Las tendencias sociales, como una mayor tolerancia a la promiscuidad sexual o al consumo de drogas, o una mayor presión para sacar buenas notas escolares, pueden aumentar la probabilidad de desarrollar el potencial establecido en la primera niñez de tener un futuro problemático.

El lector observará que este tercer punto de vista coincide con mi conclusión principal. Todo cuanto falta es atar los diversos cabos que la componen.

Mientras leíais este libro seguramente habréis reparado en que una misma circunstancia en la etapa adulta, como la depresión o los grandes logros en la vida, pueden tener más de una causa. Es muy probable que los cuatro aspectos personales en que me he centrado de forma más detallada —el papel en la familia, la conciencia, el patrón de apego y la conciencia del yo, cada uno de ellos vinculado a distintos grupos de edad y a tipos de cuidados paternos— influyan de forma simultánea en nuestra experiencia como adultos. En el caso de la depresión, por ejemplo, he sugerido que son muchos los modos de cuidados paternos a distintas edades que pueden motivarla, ya sea por sí solos o combinados. Voy a concluir aplicando estas diferentes perspectivas a los tres aspectos primordiales de la psicología humana: las causas de los niveles de éxito en la vida, las causas de los patrones de relación y personalidad adulta, y, por último, las causas de las distintas enfermedades mentales.

Las causas de los niveles de éxito en la vida

Suele afirmarse que la inteligencia es el rasgo general de carácter más hereditario, responsable de cerca de la mitad de las diferencias en la etapa adulta observadas en las investigaciones con gemelos. Sin embargo, no son sólo los estudios sobre adopción los que se encargan de poner esta cuestión en entredicho.

Los niños procedentes de hogares con escasos recursos que son adoptados a muy corta edad por familias de posición acomodada tienden a sacar los mismos resultados en las pruebas de inteligencia y los exámenes escolares que los hijos biológicos de sus padres adoptivos. Los británicos de las clases sociales inferiores o de origen afrocaribeño suelen obtener peores resultados en las pruebas de inteligencia —creadas, no lo olvidemos, por investigadores blancos y de clase media—, algo que en teoría puede deberse a la herencia genética, pero que más probablemente ilustra el papel fundamental que la educación y los cuidados de calidad desempeñan en el desarrollo de la inteligencia. Por lo demás, suele exagerarse la importancia de la inteligencia con respecto al éxito profesional. La motivación resulta mucho más significativa.

De forma curiosa, tanto el éxito como el fracaso profesional tienen con frecuencia su origen en el inadecuado trato recibido en la niñez: los abusos o la desatención, pero también la presión excesiva por parte de los padres. En otras palabras, son realmente pocas las personas con gran o escaso éxito profesional que poseen una fuerte conciencia del yo, un patrón de apego seguro o una conciencia benigna. En la mayor parte de los casos, sus personalidades son la combinación de unos cuidados carentes de empatía como bebés, insensibles a sus necesidades hasta los tres años, y autoritarios, arbitrarios o insuficientes entre los tres y los seis años. Así pues, tanto

el fracaso como el éxito extremos derivan de las adversidades sufridas
durante la infancia temprana.

LAS PERSONAS CON ÉXITO

Muchos padres están obsesionados por el rendimiento escolar de los
hijos y, antes incluso, por acelerar la consecución de hitos tan significativos en el desarrollo infantil como los primeros pasos o el
habla. Si bien ello puede redundar en buenos resultados en las pruebas de inteligencia y en excelentes y hasta prodigiosas notas escolares, no garantiza el éxito profesional en absoluto: los niños con
coeficientes de inteligencia muy elevados tienen las mismas probabilidades de convertirse en adultos excepcionales que los pequeños de
su mismo extracto social con coeficientes normales. En gran parte
de los casos, la fijación de los padres por los resultados de los hijos
conduce a una falta de creatividad y a una autocrítica constante que
en el futuro pueden desembocar en una seria depresión.

Mucho más importante que un espectacular coeficiente de inteligencia resultan el maquiavelismo y la predisposición al trabajo
duro. Pocas personas tienen dichas motivaciones cuando están satisfechas consigo mismas o están profundamente unidas a sus parejas o hijos. El hecho de que una de cada tres personas con un éxito
excepcional (determinado por su presencia entre las primeras seis-
cientas entradas de la *British and American Encyclopaedia*) hayan
perdido a un progenitor antes de los quince años demuestra que la
adversidad conduce muchas veces a la persecución obsesiva del éxito.

Quien tiene una débil conciencia del yo provocada por unos
cuidados carentes de empatía durante la infancia suele presentar
algunos de los siguientes rasgos: impaciencia, búsqueda de todo lo

novedoso, codicia insaciable, superficialidad, volubilidad, obsesión por llamar la atención, carácter compulsivo y obsesión por controlarlo todo. En la mayoría de los casos, estos rasgos no ayudan a hacer que una carrera profesional prospere, pero resulta fácil entender cómo el yo débil causado por las contingencias de los primeros cuidados puede ver su salvación en el éxito profesional, que sólo en muy pocos casos se consigue. Algunos científicos se evaden del dolor que les produce el contacto emocional con los demás por medio de la manipulación obsesiva de conceptos u objetos en los laboratorios de experimentación. De forma parecida, muchas personalidades se sumergen en sus papeles públicos, ya sean presentadores de televisión, actores o políticos, y, ávidos del amor que son incapaces de recibir en sus vidas personales, se convierten en adictos al afecto que su público les brinda. La incertidumbre generalizada que sienten los individuos con un yo débil puede llevar a la originalidad, a la capacidad de pensar sin hacer caso a las convenciones. El egotismo, compensador de la baja autoestima, puede aportar la confianza en uno mismo y la falta de escrúpulos que tantas veces acompañan al éxito. La omnipotencia, encubridora de una vulnerabilidad extrema, puede generar una ambición y una imaginación asombrosas, junto con la seguridad de disfrutar de una suerte providencial.

La inseguridad en las relaciones, provocada por el tipo de cuidados recibidos entre los seis meses y los tres años, puede hacer que la búsqueda del poder, el estatus o la riqueza se convierta en una atractiva alternativa a la intimidad. Es muy probable que muchos individuos con éxito sean indecisos en su patrón de relación, entregándose con todas sus energías al trabajo y en ocasiones a la promiscuidad sexual como forma de mantener a raya la intimidad. El miedo a la dependencia y la permanente convicción de que no hay que fiarse de nadie pueden traducirse en una profesionalidad pragmática e implacable. Cuanto más solitaria y desesperada se torna la persona, más dedicación pone en el trabajo, valiéndose de su carrera profesional como una herramienta para establecer contactos sociales y obtener atractivas recompensas que refuerzan su autoestima y contrarrestan la sensación de que nadie en la vida puede quererla. Siempre se puede confiar en el dinero, en la posición de poder o en el estatus de reconocimiento público, mientras que en la relación puramente personal, no distorsionada por la situación financiera o la jerarquía profesional, siempre existe el riesgo de que los demás nos rechacen o abandonen sin que dispongamos de medios para obligarlos a complacer nuestros deseos.

Una pequeña proporción de los triunfadores en el deporte o el mundo del espectáculo han logrado convertir en éxito profesional la impulsividad o el afán de novedad que les fueron inculcados por medio de unos cuidados arbitrarios y coercitivos entre los tres y los seis años de edad. No obstante, es mucho más frecuente que el éxito se deba a unos padres exigentes, perfeccionistas y controladores en exceso durante la niñez posterior. El amor está condicionado por el rendimiento del pequeño. Éste se obsesiona por cumplir los objetivos marcados por los padres, una empresa facilitada por su conciencia débil o insuficiente del yo, que busca minimizar los posibles conflictos entre el niño y sus progenitores. Respaldados por la labor que los padres efectuaron en su momento, los maestros y los superiores en el trabajo fijan más adelante en él sus nuevos objetivos; pero, paulatinamente, es el propio individuo quien empieza a establecer por su cuenta unas metas cada vez más ambiciosas. Una vez conformado el patrón del bienestar interior basado en la consecución de logros excepcionales, la persona se convierte en adicta a querer llegar siempre más allá. El yo débil y la inseguridad se tornan menos visibles para los demás, escondidos como están tras una fachada de desenvoltura y confianza en uno mismo. En muchos casos, las personas de éxito poseen no tanto un talento excepcional como una extraordinaria capacidad para manipular a sus colegas de profesión y una total determinación a medrar a toda costa. Cuando le pregunté al empresario sir John Harvey-Jones dónde radicaba la diferencia entre los presidentes de las grandes corporaciones y los simples directivos, su respuesta fue elocuente: «Los primeros ansían más el cargo».

En el pasado de muchas personas de éxito se da la circunstancia de que fueron las preferidas de uno u otro progenitor. Es bastante frecuente que las madres fuesen mujeres inteligentes y disciplinadas que insistieran en la necesidad de que el hijo fuera como ellas. Incluso cuando el amor materno estuviese condicionado por el rendimiento personal, con los años el niño llegó a sentirse predestinado a llegar mucho más lejos que sus hermanos. La condición de favorito de un progenitor aporta seguridad en uno mismo y cierto oculto convencimiento de que la llegada a la cima es inevitable y merecida.

Hay una pequeña proporción de personas de éxito, de las que sir John Harvey-Jones sea probablemente un ejemplo, que tienen un yo fuerte y se sienten seguros en sus relaciones. Disfrutaron del amor de uno o de ambos progenitores, con quienes se han identificado, y su éxito tiene origen en el placer creativo que encuentran en su campo de trabajo. De pequeños se les animó a disfrutar del placer de sus acciones y sus palabras, pero también recibieron formación práctica y efectiva cuando quisieron mejorar su rendimiento en algún ámbito de su elección. Su motivación radica menos en el dinero o el poder que en disfrutar de lo que hacen, y aunque trabajan duro, también gozan de unas ricas vidas personales. Hay muchos individuos con características similares que hoy podrían disfrutar del mismo éxito, pero que en su momento no estuvieron dispuestos a sacrificar sus relaciones personales para dedicar la mayor parte de su tiempo a trabajar duro y llegar a lo más alto. También está el caso de las personas muy trabajadoras pero que carecen de la falta de escrúpulos y el maquiavelismo precisos para batir a sus rivales menos dotados en un mundo cada vez más competitivo, donde el beneficio económico, el atractivo superficial y el pragmatismo comercial están por encima de la sustancia, de lo realmente importante.

LAS PERSONAS SIN ÉXITO

En principio, las personas que nunca llegan a desarrollar su potencial profesional[3] —el que les permita la clase social de la que provengan, sin duda el factor principal a la hora de determinar el mayor o menor éxito en la edad adulta[4]— pueden ser incompetentes, dispersas o carentes de motivación respecto al poder, la posición social o el dinero; es muy probable que no les guste trabajar muchas horas o que no tengan la seguridad en sí mismas, la astucia o la diplomacia necesarias para triunfar en los entornos de oficina; o quizá, simplemente, no hayan encontrado un trabajo que las inspire. Son pocos los individuos que no tienen éxito tan sólo por ser lerdos. Hay personas que no son ingeniosas o capaces de realizar sofisticadas operaciones mentales, pero que obtienen un gran éxito en la vida porque son buenos manipuladores o tienen unas ideas muy claras y sencillas a las que se atienen en todo momento. A nivel más profundo, las personas no consiguen prosperar porque son depresivas o agresivas, abusan del alcohol o las drogas, detestan la autoridad en todas sus formas, son obsesivas o ansiosas en exceso, tienen trastornos de personalidad o algunos síntomas, presentan comportamientos delictivos o temen que el sometimiento a las normas venga a suponer una suerte de traición a sí mismos.

La mayoría de los individuos con un yo débil resultante de los cuidados sin empatía durante la infancia son demasiado frágiles para perseverar en un trabajo difícil, frustrante y exigente. Si tienen síntomas de trastorno de personalidad, a la primera dificultad recurren a sus habituales estrategias y comportamientos, que consiguieron ocultar durante la entrevista de trabajo. El narcisismo disgusta a los superiores en el trabajo, y otro tanto sucede con las bravatas poco realistas de logros omnipotentes. Las personas de este tipo son propensas a culpar a los demás de sus propios errores, y su estado de ánimo suele oscilar entre la desesperación y la grandilocuencia. Si su yo débil las ha convertido en vulnerables a la depresión, es posible que tengan problemas en levantarse por las mañanas para ir a trabajar, y que se muestren letárgicas, irritables y negativas respecto al trabajo y a sí mismas. Tras haber descubierto que los empleos de oficina no son para ellas, tal vez decidan abandonar su empleo y partir de cero en otro terreno laboral, lo cual no les resulta fácil. Si se sienten deprimidas, no consiguen avanzar en los proyectos que hayan emprendido. Si sufren algún trastorno de personalidad, son proclives a cambiar constantemente de proyectos, sin profundizar en ninguno, y a alabar con exageración la validez de una empresa que al día siguiente habrán abandonado por otra nueva.

Cuando el yo débil tiene su origen en los patrones inseguros de relación establecidos por los cuidados inadecuados recibidos entre los seis meses y los tres años, el éxito profesional es aún más improbable. Quienes tienen un yo fuerte y al tiempo son inseguros son capaces de conseguir y conservar sus empleos, aunque la inseguridad siempre los reconcome por dentro. Los evasivos se irritan fácilmente con los compañeros y prefieren trabajar por cuenta propia. Su talante avinagrado provoca que los demás los eviten. Aunque pongan gran empeño en el trabajo, cuyo ámbito les resulta preferible a las inseguridades y los posibles rechazos propios de la vida social, su carácter arisco muchas veces les impide progresar. El pesimismo y la agresividad gratuita suelen empañar sus decisiones laborales, circunstancia que se vuelve en su contra en términos de ascenso profesional.

Por lo general, peor les suele ir aún a los individuos dependientes, y lo habitual es que sus salarios sean inferiores en una tercera parte a los de las personas con otros patrones de relación. Necesitan el constante aliento de los demás y siempre están a la espera de recibir las críticas ajenas, incluso cuando su labor es excelente. Su dependencia de quienes los rodean provoca que otros se lleven la palma en la política de oficina, y tampoco suelen considerarse capaces de ejercer funciones de liderazgo. Se sienten más felices en los empleos de tipo muy rutinario y predecible, lo que no es buena receta para conseguir el éxito en la esfera profesional.

Puede que los indecisos con un yo fuerte constituyan el tipo de persona insegura más capaz de alcanzar el éxito profesional, aunque lo más frecuente es que su indecisión provoque lo contrario. Aunque algunos son capaces de transformar dicha indecisión en flexibilidad, un rasgo que se ajusta bien a un mercado laboral cada vez más cambiante, la mayoría de ellos sufren una combinación de las desventajas profesionales tanto de los evasivos como de los dependientes.

Una vez en la escuela, lo aportado por los padres en el hogar desempeña un papel determinante en el rendimiento del niño. La falta de una educación elemental en nociones de lectura, escritura y aritmética provoca que el pequeño prosiga una trayectoria de bajo rendimiento, circunstancia que se acentúa si la escuela no es de calidad. Con todo, estos problemas pueden ser compensados más adelante a través del esfuerzo perseverante en la adolescencia y la primera juventud. Mucho más dañinos resultan los cuidados arbitrarios o coercitivos, o la falta de interés de los padres por los progresos educativos o de otro tipo que el hijo pueda efectuar. Incluso cuando la escuela es de calidad, la indiferencia de los padres muchas veces conduce a una trayectoria vital falta de motivación y propósito. La autoestima se resiente, socavada por la ausencia de elogios ante los posibles esfuerzos. Cuando el niño no ha sido querido o ha sufrido el favoritismo dirigido a un hermano, la autoestima disminuye más todavía. Para más inri, si los padres no se llevan bien entre ellos, o si se separan o divorcian, el riesgo de mal rendimiento escolar es mucho mayor, sobre todo en el caso de las niñas.

Las causas de los patrones de relación y personalidad adulta

Nuestra relación con los demás depende del modo en que los percibimos. Si imaginamos que una persona nos ofende de forma velada o simplemente no le gustamos, nuestra reacción será muy distinta a la que nos suscita el individuo que suponemos de trato agradable o amigable.

Los genes tienen una importancia muy escasa en nuestra percepción del otro, y por consiguiente apenas influyen en nuestra relación con el prójimo. Lo más habitual es que nuestras impresiones se basen en cómo nos ven los demás, en nuestras expectativas sobre su comportamiento futuro o en nuestras propias relaciones personales del pasado, sobre todo las experimentadas durante los primeros años de la infancia. Algunos estudios recientes señalan que, al encontrarnos con desconocidos, les imponemos unas identidades derivadas de nuestro particular guión familiar.[5] No sólo eso, sino que, tras haberlos convertido en fantasmas de nuestro pasado, si no se comportan del modo que exige el guión tratamos de manipularlos para que se ajusten a dichas expectativas.

Los cuidados sin empatía recibidos en la infancia conducen inevitablemente a unas relaciones complicadas en la edad adulta. Dichos cuidados establecen una serie de premisas negativas fundamentales, por las cuales nos sentimos incapaces de ser amados y de influir en el comportamiento ajeno. Si, como suele suceder, a estos cuidados sin empatía les sigue un trato por el que el pequeño tenga miedo a ser abandonado o rechazado, el patrón de inseguridad y suspicacia resultante será muy difícil de alterar en el futuro. Cuando en la última fase de la niñez se reciben además unos cuidados coercitivos, dominantes en extremo o muchas veces inconsistentes, nuestras relaciones personales en la edad adulta tendrán mayor tendencia a ser problemáticas. Y es muy probable que nuestro guión familiar nos haya convertido en personas indignas de confianza, incapaces o desagradables, lo cual trascenderá más adelante al ámbito del trabajo o el amor. Así lo indican claramente algunos datos sobre las causas de divorcio, datos a los que tal vez no se haya prestado la atención que merecen.

EL DIVORCIO, LA SEPARACIÓN Y LA PERSONALIDAD

Está claro que el notable incremento en el número de divorcios responde a motivos diversos, como la mayor independencia económica de las mujeres trabajadoras o la disponibilidad de asesoramiento legal por parte del estado para quienes quieran poner fin a su matrimonio. Sin duda, la mayor accesibilidad al divorcio de las parejas incompatibles ha evitado mucha infelicidad. Pero no se suele conceder demasiada importancia al incómodo hecho de que las personas que se divorcian suelen ser más propensas a tener problemas de relación personal con los demás, causados por los cuidados en la niñez y existentes antes de la aparición de conflictos conyugales.[6] Hay individuos cuya personalidad les hace correr un riesgo mucho mayor de divorcio, independientemente de con quién se casen.

Como un escritor expresó de forma rotunda en 1935: «No se puede esperar que un hombre y una mujer, ambos neuróticos en extremo, lleguen a disfrutar de una gran felicidad conyugal». Desde entonces, los estudios sobre la personalidad del marido y la mujer poco antes del matrimonio han puesto de relieve en el seguimiento posterior que la previa existencia de neurosis (acompañada de la consiguiente depresión leve) y de falta de control sobre los impulsos (por parte del marido) predicen las desavenencias posteriores y el divorcio, en comparación con lo que sucede entre las personas que no muestran esos rasgos antes del enlace. Otro estudio británico indica que la neurosis elevada entre las muchachas de dieciséis años predispone en mayor grado al divorcio. A todo esto, los hijos de padres divorciados tienen mayores probabilidades de sufrir distintos problemas psicológicos, lo que quizá explique su propia tendencia a divorciarse, en medida por lo menos dos veces superior a la observada entre los adultos cuyos padres no se divorciaron. En su conjunto, estos datos apuntan a que puede existir una predisposición personal y emocional al divorcio.

Un estudio en particular merece especial atención. Se realizó un seguimiento a trescientas parejas, desde antes de casarse, en 1940, hasta 1980. Las que se divorciaron habían mostrado muchos más problemas de personalidad antes de contraer matrimonio. Los divorciados de ambos sexos presentaban mayor incidencia de neurosis, mientras que los hombres eran más proclives a carecer del adecuado control sobre sus impulsos. Desde el principio, las mujeres eran más propensas a explicar que procedían de familias inestables en las que no existía unión emocional, lo que era indicativo de futuros problemas en ese mismo sentido. En su conjunto, estos datos servían para predecir quién se habría divorciado cuarenta años más tarde. No sólo eso, sino que entre las parejas que permanecieron unidas los factores de personalidad sugerían también qué matrimonios serían los más felices. Los autores concluían: «La impulsividad del esposo y la neurosis de ambos cónyuges son factores importantes que permiten predecir la infelicidad matrimonial [...] en las relaciones maritales; la neurosis produce ansiedad, mientras que los demás rasgos del esposo contribuyen a determinar si el matrimonio termina (en divorcio) o si se sufre de forma pasiva (como una unión estable pero insatisfactoria)».

Para muchos, la idea de que las personas deprimidas, neuróticas e impulsivas tienen mayores riesgos de divorcio puede resultar de simple sentido común. Pero es tal nuestra tendencia a no estigmatizar al individuo que no nos atrevemos a sugerir que éste pueda tener un problema. En vez de eso, preferimos echar la culpa a «la relación». O, presintiendo que una persona pueda tener un problema, optamos por callarlo por miedo a mostrarnos negativos. Pero son muchos los matrimonios que podrían verse beneficiados por la comprensión de esta clase de hechos. Cuando un individuo está claramente afectado por una depresión, en lugar de dejar que ambos cónyuges se vean abrumados por las dudas sobre la compatibilidad de su relación, resultaría mucho más útil que el deprimido buscara tratamiento para su mal. Esto es especialmente recomendable en el caso de las personas depresivas, proclives a la paranoia, a culpar de todo a sus allegados y a mostrarse hostiles y agresivos con ellos. La supuesta «incompatibilidad de caracteres» suele resultarles muy conveniente, pero con frecuencia se encuentran con los mismos problemas en su relación con futuras parejas. Entre los divorciados se da un porcentaje de divorcios más elevado que entre los casados por primera vez.

Es muy probable que las nuevas libertades y los valores que las acompañan no hayan afectado del mismo modo a todo el mundo. Seguramente los individuos neuróticos e impulsivos tuvieron siempre mayores riesgos de entregarse a matrimonios infelices, pero las presiones sociales del pasado les evitaban la posibilidad de expresarse en términos que propiciaran acabar con dichos matrimonios. De hecho, es muy posible que las grandes expectativas depositadas actualmente en la institución matrimonial los haya hecho ser aún más neuróticos e impulsivos. Esto puede traducirse en una mayor infelicidad conyugal y en un incremento del riesgo de separación, en una época en la que está de moda culpabilizar a la relación y se piensa que siempre hay alguien mejor esperándonos.

EL SEXO

Nuestra identidad, conducta y preferencias sexuales están influidas en gran medida por las relaciones personales vividas durante la primera niñez, y muy poco por factores genéticos. El modo como los padres reaccionan a nuestra oralidad sensual y a nuestra fascinación por la excreta, así como sus reacciones a nuestros intentos infantiles de flirtear con ellos y con los demás, son cruciales en la determinación de nuestro grado de inhibición. En combinación con los juegos sexuales que practicamos con los hermanos y otros niños entre los tres y los seis años, todo esto crea nuestro personal mapa del amor. En los niños varones, el patrón de cuidados recibidos puede influir en algo tan fundamental como el género por el que uno se siente atraído. En las niñas, el grado de intimidad con el padre no sólo influye en el tipo de hombre por el que se sentirán atraídas más adelante, sino que también afecta a la edad de llegada a la pubertad.

La desatención o los abusos sexuales pueden convertirnos en sexualmente promiscuos e indiscriminados en nuestras relaciones. La confusión entre el sexo y el amor puede llevarnos a ir alternando de pareja en pareja, esforzándonos en vano por encontrar la verdadera intimidad por medio de la simple genitalidad. A la inversa, también es posible que lleguemos a renegar del sexo y las relaciones personales que conlleva.

El patrón de apego inseguro es causa de frecuentes problemas. Los evasivos suelen preferir el sexo carente de toda vertiente romántica, mientras que para los dependientes nunca es suficiente. Los indecisos oscilan entre uno y otro extremo.

El guión familiar en la fase posterior de la niñez influye enormemente en la seguridad que podamos sentir respecto a nuestra apariencia física, en nuestra forma de afrontar las complicaciones de la edad adolescente y en nuestro grado de promiscuidad. Ser considerado el guapo o el feo de la familia, el niñito de mamá o la niñita de papá, uno más de los cuatro hijos del mismo género… todo eso afecta a nuestra particular sexualidad.

Si nuestros padres no se llevaban bien o estaban separados, mayor es el riesgo de promiscuidad juvenil durante la preadolescencia. Y si el padre solía estar ausente, las hijas tienden a confiar poco en los hombres.

LA PERSONALIDAD

La experiencia, en algunos casos previa al nacimiento (como sucede con la musicalidad), influye de forma profunda en nuestros intereses, en lo agradables o desagradables que podamos ser, así como en nuestro sentido del humor o la carencia de éste. En mucha mayor medida que los genes, nuestra personalidad está forjada por nuestras relaciones en la primera niñez.

Los trastornos de personalidad, como la conducta antisocial o el narcisismo extremo, tienen su origen en la primera infancia. En ausencia de empatía, nos defendemos a través de la negación o los delirios de omnipotencia, que determinan una percepción distorsionada de nosotros y de los demás.

Tales distorsiones resultan acentuadas por el maltrato posterior. Los rasgos personales del evasivo —agresivo, solitario, que desdeña a los demás— son el resultado de los cuidados paternos marcados por el rechazo, sufridos entre los tres y los seis años. Del mismo modo, la ansiedad, el afán de agradar a toda costa y la tendencia a malinterpretar los gestos bienintencionados de los demás, características propias del dependiente, tienen su origen en el sentimiento de abandono experimentado a esa misma edad. Los rasgos característicos del individuo seguro, como la confianza en el prójimo y el comportamiento que fomenta la popularidad, son el resultado del carácter positivo y confiable de la atención y los cuidados paternos. Todos estos rasgos de la personalidad se inscriben como patrones electroquímicos en el cerebro, resultado de miles y miles de interacciones con los padres.

Los cuidados arbitrarios, inconsistentes y coercitivos provocan que con el tiempo el niño se torne impulsivo y ávido de experimentar nuevas sensaciones. Cuando a ello se le une un yo débil y un apego inseguro, la frustración será amarga y duradera. En ausencia de unos cimientos sólidos en los que sustentarnos, acostumbramos a tomar atajos cuando algo o alguien se interpone a nuestros deseos. Es aquí, y no en la genética, donde radica el origen de la personalidad adictiva.

El guión familiar favorece o evita el afianzamiento de estos rasgos. Si somos los primogénitos, muchas veces se espera de nosotros que seamos responsables y de fiar; sin embargo, puede que nuestro yo débil o nuestro patrón de apego inseguro lo impidan. Tal vez han previsto que alcancemos unas metas imposibles, o nos consideren dotados de un talento excepcional en algún campo determinado, pero nuestra personalidad impide que seamos capaces de complacer a nuestros padres del modo que esperan.

Las causas de las distintas enfermedades mentales

En términos generales, cuanto más grave es la enfermedad mental, más temprano es su origen en la niñez. Del mismo modo, cuando la genética desempeña algún papel en la aparición de la enfermedad, éste es mucho mayor en el caso de las dolencias graves y menos extendidas —esquizofrenia, autismo, depresión bipolar— que en las más leves y frecuentes. A modo de resumen de mis hallazgos descritos en los capítulos precedentes, voy a referirme a cada enfermedad mental una por una, empezando por las más leves y con más probabilidad de no tener influencia genética, y acabando por las más graves, que sí lo tienen.

ENFERMEDADES MENTALES CAUSADA PRINCIPALMENTE
POR EL ENTORNO

La depresión leve

Los cuidados carentes de empatía durante la primera infancia y el
rechazo o abandono entre los seis meses y los tres años crean una
predisposición a la desolación en épocas posteriores: los adultos con
patrón de apego inseguro son más propensos a sufrir depresión. Con
frecuencia, la detonación de dicho potencial depende de la atención
y los cuidados recibidos en épocas posteriores. Quienes fueron des-
deñados, maltratados, desatendidos o controlados de forma excesiva
en la fase posterior de la niñez, corren mayor riesgo de ser depresivos. La percepción de no haber sido querido, de sentirse insignificante o de no estar a la altura de los hermanos o compañeros, provoca una autoestima baja.

Los padres cuyo afecto está condicionado por el rendimiento del
hijo, por ejemplo en los exámenes, suelen suscitar depresión infantil.
Unos padres perfeccionistas hacen que los hijos sean autocríticos en
exceso. La depresión derivada de una conciencia punitiva tiene su
origen en el establecimiento de unas metas imposibles, morales o de
otro tipo, por parte de los padres, que nunca se sienten satisfechos
del rendimiento del pequeño.

Las parejas que se llevan mal también generan depresión en el
niño, tanto si acaban por separarse como si no. Los niños que sufren un sentimiento de pérdida o ruptura por el divorcio o la separación de los padres tienen dos veces más probabilidades de caer en
la depresión en etapas posteriores de la existencia; aquellos cuyos
padres mantenían una relación conflictiva cuando contaban cinco
años de edad tienen cuatro veces más probabilidades.

Las adicciones

La noción de que existe un tipo de personalidad adictiva, que cae tanto en el alcohol como en la cocaína, el sexo o el consumismo compulsivo, puede tener algo de cierto, pero no parece existir un componente genético de importancia. La impulsividad y el anhelo de experimentar nuevas sensaciones característicos del adicto pueden ser la manifestación actual de la antigua hiperactividad del niño sometido a unos cuidados sin empatía. Este tipo de infancias es muy habitual entre los adoptados, lo que tal vez explique su mayor propensión a la drogadicción, que, en muchos casos, tan sólo es un intento de aminorar la depresión que conlleva la adicción.

Muchas adicciones son el reflejo de patrones inseguros de relación originados en la primera infancia entre los seis meses y los tres años de edad. La compulsión viene a sustituir a la seguridad y la satisfacción aportadas por la intimidad. La adicción puede constituir el modo de estructurar una existencia por lo demás caótica, cuyas causas radican en los cuidados arbitrarios y coercitivos recibidos entre los tres y los seis años. Los niños que sufren abusos son mucho más proclives a convertirse en adultos adictos, lo que a veces es una expresión de odio hacia sí mismo, casi siempre por el convencimiento de que el bienestar personal carece de importancia.

Antaño refrenados por las convenciones de una sociedad tradicional de tipo comunitario, el abuso de las drogas y los comportamientos descontrolados están bastante menos reprimidos en la actual sociedad individualista. Las personas que en la niñez se convirtieron en vulnerables a los comportamientos adictivos tienen que enfrentarse actualmente a un bombardeo publicitario diseñado para estimular la demanda de bienes de consumo.

El trastorno de personalidad

Los adultos tratados sin empatía durante sus dos primeros años de vida son mucho más propensos a mostrar síntomas de esta clase de trastornos. Si los subsiguientes cuidados durante la niñez dieron origen a un patrón de apego indeciso, es mayor la probabilidad de sufrir un trastorno de personalidad. Una débil conciencia del yo, combinada con la incapacidad para afrontar de forma consistente las frustraciones en las relaciones personales, incrementa el riesgo de que el niño desarrolle un trastorno de personalidad en la edad adulta, ya sea como defensa contra la depresión (que se presenta en la mitad de los casos) o para evadirse de la fragmentación psicótica (un trastorno de personalidad que está a un paso de la esquizofrenia).

Cuando en la fase posterior de la niñez se dan malos tratos físicos o abusos sexuales, el individuo vulnerable puede disociarse del propio yo y desarrollar subpersonalidades. Los adultos que disfrutaron de cuidados con empatía y más tarde sufrieron abusos o maltratos pueden evitar o atemperar el desarrollo de un trastorno de personalidad gracias al recuerdo de la empatía conocida durante los primeros años de vida.

Las tendencias culturales —como la creciente aceptación social del exhibicionismo, la grosería y el egoísmo— pueden contribuir al desarrollo del trastorno de personalidad. Los numerosos individuos de este tipo que aparecen en los programas de televisión o las muy admiradas estrellas de la música pop legitimizan tales comportamientos.

La violencia y la delincuencia

Los cuidados faltos de empatía durante los tres primeros años de vida generan unos niños iracundos y beligerantes, y anticipan la violencia en la edad adulta. Los posteriores cuidados arbitrarios y coercitivos entre los tres y los seis años también son causa de comportamientos violentos, sobre todo cuando se combinan con la desavenencia conyugal y la depresión e irritabilidad en la madre.

La violencia temprana engendra violencia posterior. Haber recibido maltratos físicos conduce a la depresión, y los hombres muchas veces tratan de combatirla con la «medicina» del alcohol. La reducción de las inhibiciones provocada por la bebida suele desembocar en una proyección de la agresividad hacia el exterior. Al mismo tiempo, los malos tratos recibidos en la niñez convierten la violencia en un medio aceptable para expresar las frustraciones y la rabia personal. La defensa implícita de la violencia que la sociedad realiza a través de las películas y la televisión, o la permisividad para manejar armas de fuego, favorecen que los individuos vulnerables recurran a ella para canalizar su paranoia y su depresión.

Puede que a las personas que roban nunca les inculcaran que el robo es un comportamiento erróneo, e incluso que fuera visto como algo admirable. Por lo general, quienes cometen estos delitos sufrieron en su infancia privaciones emocionales, como lo indica el hecho de que la tercera parte de la población carcelaria haya pasado por orfanatos en algún momento de la niñez, muchas veces debido a los malos tratos infligidos por los padres.[7] Los que cometen hurtos menores en las tiendas tal vez estén confundiendo el dinero y los bienes sustraídos con el amor que no recibieron de niños y del que ahora pretenden apropiarse de manera inconsciente. Los robos con violencia o allanamiento quizá respondan a este mismo propósito, con el aliciente de proyectar al exterior la venganza agresiva contra los padres.

La publicidad persigue estimular la adquisición de bienes de consumo, imposibles de pagar por la mayoría de los jóvenes, con lo que aquellos predispuestos al robo en razón de la educación recibida intentan apropiarse de ellos como sea. La introducción de la publicidad televisiva en Estados Unidos se tradujo en un aumento de los robos del 6 por ciento.[8]

Los trastornos alimentarios

Los cuidados sin empatía durante la infancia implican que no nos alimenten cuando tenemos hambre y que nos obliguen a comer cuando no la tenemos. Ello puede traducirse más adelante en una mala alimentación por defecto o por exceso. Los niños pequeños que comen mal o sufren de vómitos constantes tienden a mostrar unos patrones inseguros de relación, causados por los cuidados inapropiados recibidos entre los seis meses y los tres años.

En fases más avanzadas de la niñez, una madre perfeccionista incrementa los riesgos de padecer bulimia si la hija tiene una baja autoestima. Las madres de las bulímicas acostumbran a mostrarse desdeñosas y censoras, lo cual suele redundar en la depresión que tantas veces acompaña a este trastorno alimentario. A la inversa, las anoréxicas suelen tener unas madres que les generan confusión mediante mensajes contradictorios, similares a los oscuros «dobles vínculos» que los progenitores de los esquizofrénicos crean en sus hijos. En comparación con las bulímicas, las anoréxicas son más proclives a los delirios, que son un síntoma definitorio de la esquizofrenia: sobre todo, al delirio alucinatorio de tener una imagen de su cuerpo mucho más gruesa de lo que es en realidad. Muchas anoréxicas tienen una conciencia débil del yo y utilizan el no comer como un posible medio para intentar ejercer control en una familia en la que no tienen ninguno.

Especialmente en el caso de las adolescentes, la vulnerabilidad a los trastornos alimentarios generada en la niñez se ve más acentuada en sociedades que presentan estándares anormales de extrema delgadez como modelo que seguir, tanto en la publicidad como el mundo del espectáculo.

Las neurosis

Los niños y adultos con apego inseguro son más propensos a sufrir neurosis como las fobias y las obsesiones. La ansiedad generalizada es mucho más común entre los niños con padres muy estrictos o que ejercen un control excesivo sobre sus vidas. El trastorno obsesivo-compulsivo (TOC) está mucho más extendido entre los niños cuyos padres se mostraron agresivos, arbitrarios o intrusivos. Dicho trastorno puede desarrollarse como medio para imponer un orden predecible a su existencia, la repetición de un ritual seguro en un mundo que de otro modo resulta aterrador. El TOC constituye muchas veces un medio para obtener cierto control cuando los padres son demasiado perfeccionistas o controladores.

La hiperactividad

Los cuidados intrusivos y estimulantes en exceso a los seis meses de edad predicen la hiperactividad tanto a los tres como a los once años.

El patrón de apego inseguro cuando el niño tiene un año anticipa asimismo posteriores comportamientos hiperactivos. Los hijos adoptivos que en los primeros meses de vida sufrieron malos tratos son todavía más susceptibles a la hiperactividad.

Los hijos que viven con un solo progenitor, con frecuencia estresado por los apuros económicos o la falta de apoyo para cuidar del pequeño, tienen tres veces más probabilidades de ser hiperactivos que quienes viven con el padre y la madre. Los niños que entre los tres y seis años fueron sometidos a una disciplina arbitraria o controlados de forma excesiva y punitiva corren también mayor riesgo de sufrir trastorno hiperactivo.

El estilo de algunos medios de comunicación modernos —programas de televisión o videojuegos de ritmo frenético y demencial— también puede detonar el potencial hiperactivo del pequeño.

LAS ENFERMEDADES MENTALES CON UN IMPORTANTE
COMPONENTE GENÉTICO

El autismo

Es probable que el autismo sea la más genética de las enfermedades mentales, según apunta un estudio con gemelos. Con todo, hay razones para creer que lo adquirido también desempeña un papel importante.

Por ejemplo, si los padres aprenden a ofrecer unos cuidados especializados a edad temprana, el niño presentará una sintomatología menos acusada en el futuro. En este sentido, un estudio realizado con niños recluidos en orfanatos a edad muy temprana pone de relieve la existencia de unos índices muy altos de autismo o de sus síntomas: el índice de autistas totales se sitúa en el 6 por ciento (en comparación con el 0,2 por ciento registrado entre la población infantil en su conjunto), mientras que otro 6 por ciento presentan numerosos síntomas.[9] Estas cifras son muy indicativas de que los niños autistas evitan todo contacto social y se retraen hacia la relativa seguridad ofrecida por los rituales compulsivos de su propia creación —como correr sin parar de un lado a otro de una habitación— en respuesta a unas privaciones emocionales extremas (una teoría que el psicoanálisis aventuró hace mucho tiempo y que el desdén de la psiquiatría terminó por arrinconar).

La depresión bipolar

La segunda enfermedad de carácter más genético también puede estar influida por factores adquiridos, cuyo origen se remonta a las primeras semanas y meses de vida. El bebé que recibe unos cuidados sin empatía puede responder de dos maneras distintas: por un lado, desarrollar una gran hiperactividad que lo lleve a un estado de vigilancia permanente, incapacidad para dormir, tensión física y sensibilidad exacerbada hacia su entorno, como un animal acorralado; pero, por otro lado, puede retraerse en una inactividad depresiva y letárgica, centrándose en el propio cuerpo como única fuente de gratificación, ya que su cuidadora no le aporta las satisfacciones que necesita. Más adelante, el pequeño puede oscilar entre ambos estados de ánimo, lo que vendría a anteceder a la depresión bipolar en sí. Los adultos con depresión bipolar que en la infancia sufrieron abusos sexuales o maltratos físicos desarrollan la enfermedad a edad más temprana, oscilan con mayor brusquedad entre ambos polos y son más proclives al suicidio o las adicciones.[10] Esto indica que los cuidados recibidos en la primera niñez desempeñan un papel significativo, aun cuando los factores genéticos tengan también su importancia.

Si los padres se comportan de forma intrusiva u hostil, la bipolaridad puede ser muy acentuada; si tratan al niño con desdén, lo que predomina es la depresión. Cuando la depresión bipolar aparece como una enfermedad mental reconocible, con días de delirios frenéticos seguidos por semanas de pasividad absoluta, la débil conciencia del yo establecida en la infancia provoca que la persona esté a merced del que seguramente sea el estado mental más cruel para un ser humano.

La esquizofrenia

La mitad de los casos tienen un origen parcial o completamente genético; la otra mitad no. Los cuidados sin empatía pueden establecer el potencial para la enfermedad. La disociación y el desarrollo de subpersonalidades son más frecuentes en los adultos que sufrieron un cambio brusco en el patrón de cuidados antes de los dos años. La enfermedad es más habitual cuando los hermanos se llevan menos de dos años entre ellos, pues la escasa diferencia incrementa la presión sobre la madre y la probabilidad de unos cuidados faltos de empatía. Cuando un progenitor es esquizofrénico, el niño tiene dos veces más probabilidades de sufrir la enfermedad si se trata de la madre (generalmente su cuidadora principal), quien además trata al hijo sin empatía. Casi todos los esquizofrénicos fuman, y el hábito de fumar está vinculado a la oralidad (la predilección por los estímulos orales), que a su vez tiene que ver con la privación sufrida en la infancia.

Los posteriores entornos estresantes incrementan enormemente la posibilidad de expresión del potencial esquizofrénico, tanto si es debido a factores genéticos como al tipo de cuidados recibidos en la infancia. Los británicos de ascendencia caribeña son mucho más proclives a desarrollar la dolencia que sus familiares que no emigraron al Reino Unido.[11] La gravedad y duración de la enfermedad es superior en los países desarrollados que en los del Tercer Mundo. Más de la mitad de los pacientes sufren recaídas tras abandonar el hospital psiquiátrico para vivir otra vez con unos padres que se muestran negativos, pero el porcentaje de recaídas desciende al 16 por ciento cuando el hogar familiar ofrece un entorno más positivo. La dolencia está más extendida entre los adultos que de niños sufrieron abusos. Resulta muy significativo que los niños adoptados con un progenitor biológico esquizofrénico tienen mayores probabilidades de ser esquizofrénicos sólo si en el hogar de adopción reciben unos cuidados negativos o arbitrarios.

La depresión grave

Como en el caso anterior, los genes pueden ser los únicos causantes de la enfermedad, ya que los gemelos idénticos presentan la dolencia en la mitad de los casos. Pero eso demuestra también que la depresión grave puede tener su origen exclusivo en la atención y los cuidados ofrecidos por los padres: sólo las diferencias en el entorno pueden explicar que la dolencia sea compartida por gemelos con genes idénticos sólo en la mitad de los casos.

Los cuidados sin empatía durante la primera niñez pueden originar un retraimiento depresivo y constituir la base para una depresión marcada por los sentimientos de soledad, en la que uno se siente abandonado y no querido por nadie; o, simplemente, pueden crear el potencial para ese tipo de depresión, que las circunstancias familiares pueden activar en el futuro. Los cuidados sin empatía crean patrones inseguros de apego en los niños pequeños, al igual que un entorno conyugal conflictivo.

Los cuidados sin empatía durante la infancia también pueden constituir la base para el otro tipo principal de depresión grave, caracterizada por los sentimientos de fracaso y de culpabilización a uno mismo. El bebé nunca llega a desarrollar la convicción de que sus acciones puedan tener algún efecto. La sensación de impotencia infantil explica por qué algunos niños, pero no otros, caen en una depresión aguda causada por los cuidados coercitivos y erráticos recibidos entre los tres y los seis años, o por los abusos, la desatención y el desdén. Otro factor decisivo puede ser el hecho de tener unos padres perfeccionistas e hipercríticos que con el tiempo provocan en el hijo una depresión grave de tipo objetivo dominante.

Una perspectiva más amplia: la tiranía del determinismo genético

Si las consecuencias prácticas de conocer la influencia del pasado en nuestro presente individual son profundas, también resultan igualmente significativas para la sociedad en su conjunto. Una de las implicaciones fundamentales del hecho de que los cuidados paternos, y no los genes, son la causa principal de nuestra personalidad consiste en que destruye algunos de los principios más afines al pensamiento conservador de la extrema derecha. Por ejemplo, el convencimiento de que el rico reside en un castillo en razón de su genética superior, mientras que el pobre vive en un piso de protec-

ción oficial por su genética inferior. Hasta qué punto el thatcheris-
mo del «no existe tal cosa llamada sociedad» descansaba sobre dicha asunción me resultó patente en 1990, cuando asistí a un ciclo
de conferencias sobre «Cultura del crimen» organizado por una fundación británica de tintes derechistas, el Centre for Policy Studies
(CPS). Dos influyentes especialistas estadounidenses de orientación
conservadora presentaron sus teorías a un público con similar adscrip-
ción ideológica. A puerta cerrada, las premisas intelectuales del conservadurismo thatcherista fueron expresadas en toda su crudeza.

En el discurso de apertura, el presidente del partido, Kenneth
Baker, se dirigió a uno de los dos oradores norteamericanos: «Estos
días estoy leyendo su último libro, que me parece de enorme interés». Se trataba nada menos que de Charles Murray, autor de *Losing
Ground*, biblia del conservadurismo social estadounidense, y que más
adelante, junto con Richard Herrnstein —también presente—, es-
cribiría *The Bell Curve*, obra publicada en 1995 y que defendía la tesis
de la inferioridad genética de los pobres en general y de los afrocaribeños en particular. El gobierno británico conservador se tomaba
muy en serio a tales personajes, como demuestra el hecho de que
fuera invitado al Ministerio del Interior, a Scotland Yard y a Dow-
ning Street. Sus teorías sonaban a música celestial a los partidarios
de mantener a los pobres en su lugar por medio de un mayor control policial y un endurecimiento de las condenas. Murray y Herrnstein también sostenían que los programas sociales y educativos para
cambiar la situación de las clases más pobres y con mayor criminalidad estaban condenados al fracaso porque esa gente había nacido
así. Los programas estatales para prevenir la delincuencia eran in-
útiles, ya que modificar sus instintos criminales innatos y sus bajos
coeficientes de inteligencia era tan imposible como cambiar el color de los ojos de alguien con sólo hablarle.

Suele olvidarse con frecuencia que teorías eugenésicas de esa clase constituían una de las piedras angulares del proyecto político thatcherista. En el curso de los debates, David Willetts, director del CPS, desdeñó la investigación social británica como «de inspiración marxista en el peor de los casos, fabiana en el mejor». Haciéndose eco de las declaraciones de Margaret Thatcher sobre la criminalidad («Hay que despejar toda esa niebla de excusas [...] el principal responsable es siempre el delincuente»), Willetts rechazaba de plano las explicaciones de carácter social y animaba a abrazar el determinismo genético del profesor Herrnstein. Cuando a éste le llegó el turno de hablar, dijo que «los principales avances han tenido lugar en un campo de investigación conocido como genética cuantitativa». Agregó que en Escandinavia «entre el 60 y el 70 por ciento del comportamiento criminal es genético», y que aunque en el Reino Unido y Estados Unidos el porcentaje era inferior, no era «nada desdeñable».

Cuando le pedí que explicara esas teorías, repitió que «hay diferencias genéticas entre unas clases sociales y otras. A eso es a lo que me refiero». Pero ¿cómo de diferentes? Si intercambiáramos a mil niños nacidos en hogares pobres con otros mil nacidos en hogares ricos, ¿los primeros seguirían siendo más proclives al delito? «Buena pregunta... En un experimento como ése, los padres de los niños intercambiados empezarían a percatarse de que son diferentes al poco de nacer.» Herrnstein otorgaba gran importancia a la inteligencia: «El coeficiente bajo es el principal factor de predicción de la futura conducta delictiva», por lo que no había que seguir «respaldando las teorías de los años cincuenta y sesenta que sostienen que la pobreza es la principal causa de delincuencia. Hay niños que nacen con una predisposición genética a tener un bajo coeficiente intelectual y a convertirse en criminales». Herrnstein siguió afirmando que «no puedo creer que se ignore la posibilidad de prevenir la delincuencia teniendo en cuenta a los padres, desde las primeras etapas de la vida o incluso antes del nacimiento. En algún momento esta línea de conocimiento tendrá que ser aplicada de forma efectiva». Una de esas aplicaciones sería la eugenesia.

Ciertamente, Herrsntein y Murray debían de saber muy bien todo lo que había que saber en ese momento sobre cómo se genera una epidemia de criminalidad, ya que su país era de lejos el más violento del mundo desarrollado. Ambos se mostraban completamente seguros de que Gran Bretaña iba en esa misma dirección, pero a mí me parecía muy extraño que nuestro gobierno recurriese a unos estadounidenses en busca de orientación práctica. Teniendo en cuenta que en nuestro país se daban cinco veces menos asesinatos y tres veces menos agresiones, resultaría más lógico que fueran ellos quienes pidieran consejo para prevenir el crimen. Pero, a medida que los dos estadounidenses se explayaban sobre las medidas que debían tomarse, empezó a surgir una grave contradicción en su exposición. Herrnstein y Murray afirmaron que el delito es una elección racional y que, en consecuencia, el endurecimiento de las condenas haría desistir a los criminales. ¿Cómo conciliar eso con su no menos apasionada defensa de que el delito tiene un origen primordialmente genético? Si tal fuera el caso, los delincuentes tendrían tan poca responsabilidad sobre sus fechorías como sobre su estatura o su número de pie.

Murray era quien mejor ejemplificaba esta confusión entre el libre albedrío y el determinismo. Como los delincuentes son seres racionales, «decir que la amenaza del castigo resulta inefectiva equivale a decir que son personas totalmente distintas al resto de nosotros». Sin embargo, eso era precisamente lo que había estado afirmando cinco minutos antes, al defender que los criminales tienen unos genes delictivos y unos cerebros distintos a los de los demás miembros normales de la sociedad. Kenneth Baker se mostró igual de contradictorio y poco convincente cuando más tarde defendió la necesidad de responsabilizar legalmente a los padres por el comportamiento delictivo de sus hijos. ¿Cómo se podía culpar a unos padres que tampoco eran responsables de su propia genética?

Desde 1990, Charles Murray se ha mostrado aún más explícito en el afianzamiento de la explicación genética como premisa ideológica de la extrema derecha. En un artículo fechado en 2000 expresaba así su convicción de que la ciencia estaba dando la razón a sus postulados derechistas:[12]

> La historia de la naturaleza humana, como nos revelan la genética y la neurociencia, se conformará en una estructura conservadora. Aprenderemos, por ejemplo, que las mujeres tienen mayor capacidad innata para cuidar de los niños, mientras que los hombres están más dotados para ejercer como soldados. En relación con estos y otros muchos rasgos humanos relacionados con el matrimonio, el cuidado de los hijos y el mantenimiento del orden social, estoy convencido de que las convicciones de la derecha política encontrarán mayor justificación que las izquierdistas, y que muchas causas de la izquierda se demostrarán incompatibles con el modo en que los seres humanos han sido programados antes de nacer [...] Una vez que conozcamos nuestro historial genético completo, se hará evidente que la población estadounidense situada por debajo de la línea de la pobreza tiene una configuración genética sensiblemente distinta a la de la población situada por encima de esa línea. No es algo inimaginable. Es una certeza casi segura.

En realidad, se trata de una falsedad casi segura. Como he descrito al final del capítulo 2, por ejemplo, hay razones poderosas para dudar de que la genética desempeñe algún papel en la mayoría de los episodios de violencia. Lo que es más, otros muchos datos demuestran que los criminales, lejos de ser racionales, tienden más a la locura que a la maldad, circunstancia que tiene su origen en lo adquirido y no en lo innato.

En 1997 se publicaron los resultados de un estudio oficial sobre la salud mental y el historial personal de una muestra representativa de tres mil presos británicos.[13] Todos ellos habían sido examinados a fondo por psiquiatras, y nada menos que el 90 por ciento presentaban una enfermedad mental, la mayoría de ellos dos simultáneamente y una quinta parte hasta cuatro o cinco. Las dos terceras partes tenían un trastorno de personalidad, sufrían depresión, bebían en exceso, habían consumido drogas en el pasado o mostraban algún trastorno neurótico; el 7 por ciento sufrían esquizofrenia u otras enfermedades con delirios psicóticos. Tan significativos índices, más tarde confirmados en estudios estadounidenses similares, indican que la demencia va de la mano de la maldad, lo que lleva a pensar a algunos que los presos precisen más de tratamiento que de castigo. Desde luego, la derecha política no lo ve de ese modo. La derecha considera que tan amplia gama de trastornos tiene un mismo origen genético, por lo que la psicoterapia resultaría inútil. Aun así, es posible demostrar sin dejar lugar a dudas que la genética desempeña un papel exiguo en las tendencia delictivas o en la salud mental de la mayoría de los reclusos.

Una tercera parte de los presos británicos pasaron alguna parte de su niñez en instituciones de tipo público. En la mitad de los casos, la razón de su ingreso en tales centros fueron los maltratos físicos o los abusos sexuales, o el elevado riesgo de que sucedieran, y la amplia mayoría de los niños internados sufrieron privaciones emocionales durante la primera infancia. La combinación de unas

experiencias tempranas de privaciones y abusos, unidas a los efectos negativos ocasionados por la constante sucesión de cuidadores,
podría estar detrás tanto de la enfermedad mental como del comportamiento delictivo. El defensor de la teoría genética siempre alega-
rá que todos estos problemas tienen su origen en la herencia de los
genes paternos. Puede que acepte que unos cuidados deficientes en
la niñez no ayudan a paliar la situación, pero seguirá insistiendo
en que la clave está en los genes. No obstante, su hipótesis ha sido
refutada de modo incontrovertible.

Como vimos en el capítulo 3, hay numerosos estudios que com-
paran la situación de los niños adoptados a edad temprana tras haber
recibido cuidados sustitutivos con la de los pequeños que pasan por
distintos hogares de acogida, viven de forma permanente en centros
públicos o han sido devueltos a sus padres biológicos. La comparación es clave, ya que todos los niños eran hijos de padres muy proclives a sufrir una enfermedad mental o a presentar comportamientos
delictivos, por lo que si existiera un factor genético común el tipo
de cuidados recibidos resultaría irrelevante. Pero los resultados dejan
claro que el componente decisivo son los cuidados, y no la herencia genética. Los niños adoptados en una fase muy temprana de
la infancia no tienen más tendencia a la enfermedad mental o a la
delincuencia que los pequeños con padres biológicos de clase media respetuosos de la ley. En cambio, los niños crecidos en instituciones u hogares de acogida son más propensos al delito y el trastorno mental. De forma significativa, la posterior comparación entre
los criados en hogares de acogida y los recluidos en orfanatos y otros
centros públicos muestra que los primeros son menos proclives que
los segundos. Los que muestran una mayor propensión conflictiva
son los niños finalmente devueltos a sus padres biológicos (por lo
general trastornados y causantes de trastornos). Así pues, la canti-

dad de daño infligido encuentra su correlación exacta en la calidad
de los cuidados recibidos y no en el componente genético.

Por ejemplo, la comparación entre un grupo de niños acogidos
durante el primer año de vida y otro grupo de niños recluidos en
orfanatos a esa misma edad indica que estos últimos presentan una
mayor propensión a la hiperactividad.[14] Si bien en ambos grupos el
problema se daba en mayor grado que en los niños criados por sus
padres biológicos, la investigación sugiere (al igual que los demás
estudios mencionados en los capítulos 2, 3 y 4) que la hiperactividad encierra un marcado componente adquirido y que el patrón de
cuidados del niño resulta vital. La escasa importancia de los genes
se hace evidente al tener en cuenta que los niños de ambos grupos
eran hijos de unos padres igualmente propensos al delito y la enfermedad mental. Eran las diferencias en los cuidados las que explicaban la distinta conformación de la personalidad de cada pequeño,
y no la herencia genética.

Por lo general, los niños crecidos en orfanatos tienen muchas
más probabilidades de caer en la depresión y en la delincuencia y de
fracasar en la escuela que los pequeños criados por sus padres biológicos.[15] También son mucho más propensos a la inseguridad y a
las relaciones personales de cariz superficial, mostrando una falta de
reserva en el trato con los desconocidos y una sociabilidad superficial que resulta impersonal por su indiscriminación. En la niñez
posterior y en la adolescencia, los maestros los describen como irritables y proclives a mostrarse agresivos con quien trate de corregirlos,
así como a enzarzarse en discusiones y peleas con los compañeros.
De modo significativo, cuando el niño consigue convertirse en el
favorito de uno de sus cuidadores, los riesgos de que presente estos
problemas son menores.

Una de cada siete muchachas crecidas en centros públicos está embarazada cuando lo abandona, el 70 por ciento de los que salen no han aprobado nunca un examen, y el 40 por ciento ya ha desarrollado una enfermedad mental. Con el tiempo engrosan las filas del 30 por ciento de los sin techo registrados y el 40 por ciento de los pacientes de los programas públicos para desintoxicarse de las drogas o el alcohol. El hecho de que los niños crecidos en orfanatos sufran estos problemas en mucha mayor medida deja claro que no son los genes los causantes de los trastornos.

También demuestra que, en la gran mayoría de los casos, si durante la infancia recibe unos cuidados adecuados el niño tendrá muchas menos probabilidades de sufrir una enfermedad mental o convertirse en delincuente. Y asimismo subraya que los genes heredados de los padres biológicos influyen muy poco en la trayectoria vital. El tipo de problemas que los padres biológicos pudieran tener son un factor mucho menos determinante en ese sentido que la circunstancia de ser adoptado, crecer en hogares de acogida, en orfanatos o en el mismo hogar familiar del que una vez fue arrancado. Los cuidados de baja calidad y la falta de continuidad durante la primera niñez constituyen la principal causa de la delincuencia y la enfermedad mental. Creer, como parecen hacerlo tantos dirigentes británicos y estadounidenses, que la genética determina la pobreza, la maldad o la locura resulta simplemente incorrecto. Como hace poco escribió Carol Bellamy, directora ejecutiva de UNICEF: «La tragedia principal reside en que tantos líderes políticos simplemente desconocen la importancia crucial que tienen los tres primeros años en la vida de un niño».[16]

Lo que es más, y tal vez lo más destructivo de todo: cuando los padres creen tener muy escaso control sobre la psicología del pequeño —como suele sucederles a los defensores del origen genético de los comportamientos—, mayores son las probabilidades de que terminen por maltratar al niño.[17] Los padres que consideran que poco o nada tienen que ver con el mal comportamiento de su hijo son más proclives a cuidarlo de forma abusiva y maltratadora. Es significativo que estos mismos padres muchas veces se sientan incómodos y fácilmente irritables cuando están con otros niños que no son sus propios hijos. Esto demuestra que la creencia tan extendida en la importancia de la genética resulta altamente perjudicial para el desarrollo de millones de niños.

Es más que probable que los genes sean los que confieren emociones humanas como el humor, la ira o la tristeza, así como prerrogativas humanas como el habla, el pensamiento y la conciencia de la propia individualidad. Estas características no son el resultado de «un poco de ambas cosas», sino que están totalmente causadas por los genes, y están presentes en casi todos los seres humanos con independencia del entorno familiar, la clase, el sexo y la sociedad. Pero otra cosa muy distinta es el papel que la genética desempeñe en el establecimiento de las diferencias dentro de la psicología de cada individuo, como por ejemplo las que puedan darse entre nosotros y nuestros hermanos. Incluso en lo referente a la enfermedad mental con mayor componente genético, la esquizofrenia, el entorno sigue teniendo un papel muy importante; y, por suerte, tan graves dolencias son siempre muy minoritarias. En relación con trastornos mucho más extendidos, como la neurosis o la depresión leve, los genes desempeñan un papel muy escaso. Y con respecto a rasgos más específicos, como mi amor por la música de Lou Reed o por mi gato Zigzag, es casi seguro que no ejercen influencia alguna.

Hoy día se sabe que los patrones electroquímicos que conforman nuestra personalidad, e incluso el tamaño físico de distintas partes del cerebro, están muy influidos por el tipo de cuidados recibidos en la primera infancia. En la mayor parte de los casos, estos cuidados determinan el contenido de nuestro cerebro en mucha mayor medida que la herencia genética personal. Teniendo en cuenta que la calidad de los cuidados varía de forma considerable en función del estrés que puedan sufrir los padres y las circunstancias de su propia niñez, una situación económica precaria hace más probable que los cuidados paternos provoquen disfunciones electroquímicas en el cerebro. Los hijos de familias pobres son mucho más proclives a presentar niveles de cortisol demasiado altos o bajos como resultado de las experiencias negativas sufridas en la primera niñez, a lo que en la edad adulta suele añadírsele el estrés causado por la propia falta de dinero.[18]

Recientemente también se ha demostrado que existen diferencias en el modo como opera la serotonina (el neurotransmisor cerebral que incrementa la confianza en uno mismo, la seguridad ante los demás y el grado de éxito en la vida).[19] En un amplio estudio realizado con personas sanas de mediana edad y clase media, los investigadores descubrieron que los niveles de serotonina disminuían cuanto más bajo se estaba en la escala social. De forma significativa, estos reducidos niveles también se dan entre los individuos que comen en exceso, obesos, bebedores o fumadores, rasgos todos ellos mucho más frecuentes en las clases sociales inferiores. El bajo nivel de serotonina está sin duda relacionado con las experiencias sufridas en la primera niñez. Las ratas privadas de cuidados maternos durante los primeros siete días de vida muestran una reducción de la serotonina en el hipocampo cerebral; lo mismo sucede con los monos alejados de la madre durante los primeros seis meses. Es probable que las privaciones y abusos tempranos tengan el mismo efecto sobre los seres humanos. En suma, la evidencia científica demuestra que son las jerarquías sociales, y no los genes, las causantes de los distintos procesos cerebrales y hormonales entre diferentes clases sociales, en buena medida debidos a los distintos patrones de cuidados recibidos durante la infancia. También está cada vez más claro que la solución a este problema no consiste en la simple prescripción indiscriminada de medicamentos que eleven el nivel de la serotonina, como el Prozac, a los miembros de las clases más desfavorecidas.

Las implicaciones son considerables. A nivel personal, nos dicen mucho sobre lo que podemos hacer para llevar una vida más plena y agradable; a escala mayor, sugieren una serie de posibles reajustes sobre cómo debería organizarse nuestra sociedad. Ha llegado el momento de considerar la utilidad práctica que puede derivarse de saber cómo nuestros padres y la sociedad han conformado nuestra manera de ser.

Algunas sugerencias prácticas

Si los datos aportados en esta obra son correctos, la clave de nuestra personalidad radica en la clase de cuidados que recibimos durante la primera infancia, impartidos por unos padres a su vez fuertemente influidos por el tipo de sociedad en la que crecieron. Basándome en estas premisas, voy a hacer cuatro propuestas concretas que me parecen merecedoras de consideración por parte de los distintos gobiernos nacionales.

LA RIQUEZA MATERIAL NO RESULTA SUFICIENTE

Los estudios sobre la incidencia de la salud y la enfermedad mentales en los países desarrollados demuestran que, si se pertenece a los dos tercios superiores de la capa poblacional, el grado de riqueza material no afecta para nada a la personalidad del individuo. Tanto si se es un multimillonario o un empleado con un salario medio, la posible riqueza material no incide en nuestra salud mental ni en lo satisfechos que estemos con nuestra suerte. En el tercio inferior de la clase social, los escasos ingresos sí influyen en estos aspectos de la personalidad, pero en los dos tercios superiores de las sociedades desarrolladas resultan mucho más decisivos los cuidados recibidos en la infancia. En vista de esto, resulta verdaderamente incomprensible que el crecimiento económico continúe siendo el objetivo prioritario de todo partido político que aspire a formar gobierno. Bastante más interesante sería adoptar una serie de medidas políticas que buscasen mejorar la calidad de la experiencia infantil temprana: bajas remuneradas por maternidad y paternidad para quienes quieran cuidar personalmente de los hijos durante tan crucial etapa, guarderías de calidad o cuidados sustitutivos subvencionados para los progenitores que prefieran seguir trabajando.

AUDITORÍAS REGULARES DE LA SALUD MENTAL DEL PAÍS

La obsesión por los indicadores del rendimiento económico tendría que ser sustituida por una medición mucho más amplia de los efectos que la política del gobierno tiene sobre nuestra salud mental. Cada dos años debería realizarse una auditoría representativa a escala nacional, cuyos resultados sirvieran para juzgar la labor del gobierno. La auditoría incluiría una evaluación del modo en que las medidas gubernamentales favorecen o no la posibilidad de ofrecer unos cuidados de calidad a los hijos.

LA AUDITORÍA EMOCIONAL DE LOS ADOLESCENTES

Todos los adolescentes tendrían que someterse a una auditoría emocional a los dieciséis años. El grotesco énfasis puesto en el rendimiento en los exámenes debería ser reemplazado por una versión de la terapia cognitivo-analítica que ayudara al adolescente a evaluar el impacto que su educación y su crianza han tenido en su psicología.

EL ESTUDIO DE LA INFLUENCIA DE LA EXPERIENCIA TEMPRANA EN LA PSICOLOGÍA ADULTA

El gobierno debería encargar un estudio a gran escala de una muestra representativa de la población, a cuyos integrantes se les haría un seguimiento desde el nacimiento hasta la muerte, con el objeto de ayudar a comprender mejor los efectos que las primeras experiencias de la niñez tienen sobre las características personales del adulto. Dicho estudio tendría que ser detallado en un grado sin precedentes y observar las interacciones que tienen lugar en familias enteras, a fin de determinar con seguridad cuáles son los factores determinantes del guión familiar, la conciencia del yo, el patrón de apego y la fortaleza de conciencia.

No confío mucho en que estas ideas vayan a ser llevadas a la práctica. Pero no podemos permitirnos continuar ignorando la realidad y seguir la estela del país desarrollado más patológico del planeta, Estados Unidos, con su desastrosa indiferencia por las necesidades de los padres. Un reciente estudio de la Organización Mundial de la Salud sobre la incidencia de las enfermedades mentales en 14 países —desarrollados y en vías de desarrollo— pone de manifiesto los inquietantes porcentajes norteamericanos en comparación con el resto del mundo.[20] El 26 por ciento de los estadounidenses habían sufrido una enfermedad mental en los últimos doce meses, un índice seis veces superior al de la población de Nigeria o Shanghai y tres veces al promedio de la Europa continental. Una de las causas principales de esto, junto con la adicción al consumismo y las enormes desigualdades propias de la sociedad estadounidense, es sin duda la negativa a prestar ayudas a los padres. Como alternativa podríamos seguir la línea trazada por muchos de nuestros vecinos europeos, como Dinamarca o Francia. Si lo hacemos, nuestra actual riqueza material sin precedentes trabajará en pro, y no en contra, de nuestro bienestar emocional.

Tras haberme puesto serio durante las últimas páginas para analizar en detalle el contexto sociopolítico, tenía previsto en principio concluir este libro con los irónicos versos de Philip Larkin, su consejo final para alcanzar la felicidad:

> *Get out as early as you can,*
> *And don't have any kids yourself.*

> [Tan pronto como pueda alza el vuelo,
> y a los hijos más te vale renunciar.]

No obstante, durante el proceso de escritura de este libro la muerte de mi madre me ha convertido en huérfano, me he casado (por primera y espero que última vez), he cambiado de domicilio y estoy a punto de convertirme en padre (por primera vez, que yo sepa). Existe el peligro de que, poco después del nacimiento de nuestro hijo, a fin de dar un tinte convenientemente rosado a la burbuja de mis ilusiones, de pronto suscriba la idea de que la personalidad de los niños en realidad tiene un origen principalmente genético, con lo que mi mujer y yo quedaríamos exentos de un plumazo de toda responsabilidad. Sólo quería deciros que, si más adelante encontráis un artículo o libro míos que refute cuanto acabo de exponer en esta obra, lo ignoréis. Este libro presenta la verdad sin adornos, la verdad que tan sólo puede describir quien todavía no se ha convertido en padre.

Notas

1. Para una descripción más precisa de este punto de vista, véase *Scarr*, 1992.
2. Una buena descripción aparece en *Plomin*, 1990.
3. Para un resumen de un análisis reciente, véanse las pp. 13-17, *Feinstein*, 2001; para el informe completo, véase *CEP Discussion Paper N.º 443*.
4. Véase *MacKay*, 1999.
5. Véanse *Andersen et al.*, 1996; *Hinkley y Nadersen*, 1996; *Berk y Andersen*, en imprenta.
6. Algunos datos referentes a esta cuestión aparecen en las pp. 172-176, *James*, 1997.
7. Véase *Singleton et al.*, 1998.
8. Véase *Hennigan et al.*, 1982.
9. Véase *Rutter et al.*, 1999.
10. Véase *Post et al.*, 2001.
11. Véase *Hutchinson et al.*, 1996.
12. Véase *Murray*, 2000.
13. Véase *Singleton et al.*, 1998.
14. Véase *Roy et al.*, 2000.
15. Véase *Quinton y Rutter*, 1988.
16. Véase *Young Minds Magazine*, 2001.
17. Véase *Bugenthal et al.*, 1989.
18. Véase *Lupien et al.*, 2001.
19. Véase *Matthews et al.*, 2000.
20. WHO world mental health survey consortium, 2004.

EL PROBLEMÁTICO ESTUDIO DE MINNESOTA SOBRE GEMELOS CRIADOS APARTE

Las referencias aparecen al final de este apéndice.

Desde 1979, el profesor Thomas Bouchard y sus colegas llevan haciendo el seguimiento por todo Estados Unidos de casos de gemelos que fueron separados al nacer. Una vez identificados, los gemelos fueron sometidos a cincuenta horas de evaluación, en las que respondieron a más de quince mil preguntas en el departamento dirigido por Bouchard en la Universidad de Minneapolis, Minnesota.

Gracias a su repercusión en la prensa, los libros y la televisión, el estudio de Minnesota ha tenido un enorme impacto sobre la conciencia popular de cómo los factores genéticos influyen en el niño. En la mayoría de los casos, se describen las aparentemente asombrosas semejanzas entre hermanos gemelos que nunca han llegado a conocerse. Por ejemplo, el periodista Lawrence Wright (véase la p. 45, *Wright*, 1997) escribe sobre dos de las gemelas de Bouchard a las que les encanta el café sin leche y frío, ambas se cayeron por unas escaleras a los quince años de edad, lo cual debilitó sus tobillos, y con dieciséis años ambas conocieron en un baile al hombre con quien más tarde se casarían. Incluso Bouchard reconoce que las semejanzas de este tipo son pura coincidencia, pero ello no ha conseguido frenar su divulgación masiva como inquietantes muestras del misterio genético.

Para quien esté interesado en leer una crítica detallada de los problemas científicos presentados por este estudio, le remito al informe elaborado por Jay Joseph (2001). Una de las mayores preocupaciones del profesor Bouchard, según le contó al propio Lawrence Wright (véase la p. 60, *Wright*, 1997), era que nadie tuviera acceso o evaluara de forma independiente los datos concretos en que se basan sus informes científicos. Dado el extenso historial de falacias que se han dado en este campo de investigación, dicha negativa resulta de lo más desafortunada, hasta el punto de que algunos científicos se niegan a aceptar la validez de los argumentos de Bouchard hasta que no se lleve a cabo una evaluación independiente. Las sospechas sobre el rigor científico de Bouchard crecieron cuando salió a la luz que el proyecto había recibido becas por valor de 1,3 millones de dólares por parte del Pioneer Fund de Nueva York, institución con profundas raíces en el movimiento a favor de la eugenesia y que respalda proyectos que abogan por la segregación racial (véase la p. 50, *Wright*, 1997).

Los resultados publicados presentan numerosas omisiones desconcertantes y difícilmente explicables, así como de una ausencia de información básica acerca de la labor científica del grupo dirigido por Bouchard. En un estudio de esta clase, lo ideal sería que los gemelos hubieran sido separados al nacer y entregados en adopción a padres que les proporcionaran entornos sociales y personales muy diferentes. Y sin embargo, en muchas ocasiones Bouchard se abstiene incluso de indicar a qué edad se produjo la separación. Tampoco informa del tiempo que los gemelos llevan actualmente en contacto o de cómo se ha desarrollado éste. En muchos casos se da a entender que los gemelos mantuvieron un prolongado contacto telefónico antes de reunirse en las oficinas de Bouchard en Minnesota, lo cual muy bien podría haberlos convencido de lo muy parecidos que eran.

También está la cuestión de los parámetros estudiados por Bouchard. Se centró en aquellos con mayores probabilidades de respaldar sus teorías genéticas, como el coeficiente intelectual, sin apenas referirse al amplio espectro de factores psicológicos con escaso o nulo carácter hereditario, como la elección de pareja, la propensión a la violencia o los patrones de apego.

Otro de los problemas fundamentales reside en el hecho de que casi todos los gemelos estudiados se ofrecieron como voluntarios. A raíz de la masiva repercusión del estudio en los medios de comunicación, centrado en mostrar las semejanzas entre hermanos, eran los gemelos los que contactaban con los investigadores. Esto puede ser un claro indicio de su voluntad de identificarse como muy parecidos el uno al otro. Es muy posible que haya cientos de gemelos que no contactaron con Bouchard porque estaban muy seguros de las diferencias entre hermanos. Lo que es más, tampoco cabe descartar que algunos de los gemelos se hayan inventado supuestas similitudes para promocionarse en los medios y obtener beneficios económicos: varias parejas han recibido ya ofertas para contar su historia en libros o películas.

Bouchard rechaza la intromisión ajena en sus datos con el argumento de que eso iría en contra de la confidencialidad. Sin embargo, existe una larga tradición de publicación de informes de este tipo sin que nadie parezca haberse molestado (véase *Farber*, 1981), y no cabe duda de que, si quisiera, no tendría dificultad en conseguir el permiso de muchos interesados. Los medios de comunicación harían bien en adoptar una actitud más responsable a la hora de informar sobre este estudio.

REFERENCIAS

Farber, S.L., 1981, *Identical Twins Reared Apart*, Nueva York: Basic
    Books.
Joseph, J., 2001, «Separated twins and the genetics of personality:
    a critique», *American J. of Psychology*, 114, pp. 1-30.
Wright, L., 1997, *Twins*, Londres: Weidenfeld and Nicolson.

ADVERTENCIA SOBRE LOS ESTUDIOS CON GEMELOS

Las referencias aparecen al final de este apéndice.

INTRODUCCIÓN

Los estudios sobre gemelos y niños adoptados son los cimientos sobre los que se sustenta el edificio de la genética conductista. Hasta que la genética molecular pueda aportarnos datos concluyentes sobre los determinantes genéticos, la premisa de que los genes ejercen un papel fundamental en las diferencias individuales de la psicología humana descansa por entero en los hallazgos de los estudios con gemelos y niños adoptados.

La historia de los estudios sobre gemelos es pródiga en episodios poco gloriosos. Por ejemplo, y según se demostró en su momento, el psicólogo Cyril Burt simplemente se inventó los resultados de unos estudios ficticios sobre gemelos idénticos con el objetivo de reforzar sus teorías sobre el papel decisivo de la herencia genética. Siguen existiendo serias dudas sobre la validez de los métodos empleados por el influyente investigador de la esquizofrenia Franz Kallman (véase *Marshall*, 1984). Pero la principal objeción a estos estudios no se refiere al simple fraude científico, sino a los numerosos problemas concernientes a la validez de los métodos y premisas utilizadas en los estudios.

Los defensores del genetismo conductista tienden a ignorar o minimizar los problemas planteados por la literatura científica a este respecto (véase, por ejemplo, *Plomin*, 1997, una obra clave que apenas hace referencia a ellos). Si fueran tenidos más en cuenta, los partidarios de la teoría genética se mostrarían menos irritantemente seguros en sus aseveraciones y tendrían más cuidado en afirmar la supuesta validez y proyección general de los estudios con gemelos o niños adoptados.

PRIMER PROBLEMA: LA GENERALIZACIÓN DE LO HALLADO EN LOS ESTUDIOS CON GEMELOS (SHACTER, 1982; HAY, 1987)

La utilidad de los estudios con gemelos idénticos o no idénticos (mellizos) ha sido repetidamente cuestionada con el argumento de que la especial condición de gemelo y sus no menos inusuales condicionantes genéticos no permiten su extrapolación legitima a la población en general. Los datos son equívocos. Por ejemplo, los estudios con gemelos muchas veces indican que los padres se ven obligados a dedicar menos tiempo a cada uno de los hermanos, que el aprendizaje del lenguaje en ocasiones se retrasa y que se dan casos de «desidentificación», en los que los padres se esfuerzan en crear diferencias artificiales entre uno y otro hijo. Estas y otras peculiaridades llevan a dudar de la validez de generalizar las estimaciones genéticas basadas en muestras de gemelos en comparación con quienes no lo son y que, en definitiva, constituyen la gran mayoría de la población.

SEGUNDO PROBLEMA: LA ASUNCIÓN DE QUE TODOS LOS ENTORNOS SON
IGUALES (BAUMRIND, 1993; JOSEPH, 1998)

A la hora de estimar el alcance hereditario de las comparaciones entre
muestras de gemelos idénticos y de mellizos, los defensores del
genetismo conductista parten de la siguiente premisa: que los entornos habitados por ambos tipos de gemelos no difieren sistemática-
mente, y que por tanto las posibles diferencias existentes entre ambos
grupos no tienen su origen en factores externos, como los cuidados
paternos o las reacciones de sus compañeros, maestros y demás, sino
que la explicación tan sólo puede ser genética.

Sin embargo, son muchos los datos que invalidan esta premisa y
demuestran que los gemelos idénticos y los mellizos no siempre son
tratados de la misma manera. Un ejemplo de ello es la apariencia. La
investigación científica ha puesto de manifiesto que las reacciones
suscitadas por el individuo están sustancialmente influidas por su
atractivo físico. Las personas atractivas suelen ser enjuiciadas de manera
más positiva y tener mayor éxito en la vida que los individuos menos
agraciados (véase *Etcoff*, 1999). Como los gemelos idénticos tienen
idéntico aspecto físico, su posible atractivo suscitaría las mismas
reacciones en ambos casos, lo cual no sucedería con los mellizos, cuyo
físico no es idéntico. Así pues, algunas de las mayores concordancias
psicológicas entre los gemelos idénticos respecto a los mellizos tendrían
su origen en las muy parecidas reacciones del entorno hacia su apariencia física, y no en las peculiaridades psicológicas heredadas.

La refutación de la premisa de los entornos equivalentes convierte en poco fiables las estimaciones sobre el factor hereditario. Sin
llegar a invalidar por completo los estudios con gemelos, sí genera
una mayor confusión y desconocimiento sobre los índices de concordancias en que se basan dichos estudios.

TERCER PROBLEMA: LAS PREMISAS MATEMÁTICAS UTILIZADAS EN EL
ANÁLISIS DE LOS DATOS SOBRE GEMELOS (WAHLSTEIN, 1990, 1994)

Los genetistas conductistas subdividen los efectos del entorno en dos
categorías: compartidos y no compartidos. Los efectos compartidos
son los comunes a todos los hermanos, mientras que los no compartidos son los experimentados por cada individuo. Así pues, si un
progenitor está deprimido y proyecta su negatividad sobre todos los
hijos por igual, el efecto es compartido. El efecto no compartido se
produce cuando el progenitor descarga su depresión de forma más
directa sobre uno de los hermanos en particular.

Los análisis genetistas del comportamiento en gemelos parten
simplemente de la premisa de dividir el carácter hereditario entre los
efectos compartidos o no compartidos del entorno, así como entre
los efectos aditivos y los no aditivos. Tales premisas soslayan por
completo los efectos de la interacción entre la herencia y el entorno.

CUARTO PROBLEMA: LA INFLUENCIA DE LOS FACTORES PRENATALES EN
LOS GEMELOS IDÉNTICOS (DEVLIN, 1997)

Tras revisar 212 estudios de gemelos, Devlin demuestra que la influencia recibida en el útero materno en el útero explica muchas de
las concordancias entre los hermanos: unas concordancias que hasta
la fecha eran atribuidas solamente a factores genéticos.

QUINTO PROBLEMA: LOS ESTUDIOS CON GEMELOS Y ADOPTADOS OBVIAN
LA IMPORTANCIA DEL ENTORNO COMPARTIDO (STOOLMILLER, 1999)

Los partidarios de la genética conductista insisten en que los estudios con gemelos demuestran que los entornos compartidos ejercen en general un papel muy poco significativo. Esto es más que cuestionable, basándonos sobre todo en dos aspectos. En primer lugar, hay muchos estudios con gemelos que no confirman esta aseveración, ya que han hallado efectos compartidos significativos. En segundo lugar, existen numerosos estudios sobre el impacto del entorno familiar y la situación socioeconómica en el desarrollo y la psicopatología, que asimismo han puesto de relieve efectos compartidos.

SEXTO PROBLEMA: LA MEDICIÓN DEL ENTORNO EN LOS ESTUDIOS DE
GENÉTICA CONDUCTISTA (BAUMRIND, 1993)

Casi todos los estudios genetistas con gemelos o niños adoptados no se molestan en medir la posible influencia de los factores ambientales, y además utilizan parámetros considerados inapropiados por los defensores de las teorías de lo adquirido. Existe una creencia generalizada de que si se incluyeran mediciones de los efectos del entorno en los estudios con gemelos, se demostraría que su influencia es mucho mayor que la que afirman los genetistas, lo cual crearía una contradicción entre los resultados de comparar los niveles de concordancia en muestras de gemelos idénticos y no idénticos, y los efectos de las mediciones del entorno.

SÉPTIMO PROBLEMA: PRECAUCIONES AL INTERPRETAR LOS ESTUDIOS CON
NIÑOS ADOPTADOS (STOOLMILLER, 1999)

Cuando se dan gemelos en adopción, se hacen grandes esfuerzos para
que las familias adoptivas sean de raza y estatus socioeconómico
parecidos a los de la familia biológica de origen. Es lo que se conoce
como «adjudicación selectiva». Tanto la clase social como la raza de
la familia ejercen un influjo poderoso y bien documentado sobre la
personalidad del niño. Puesto que los estudios sobre adopción exa-
minan las similitudes entre los padres biológicos y los hijos entregados en adopción, es muy posible que algunos de estos parecidos
se expliquen por la adjudicación selectiva.

Desde la perspectiva de lo adquirido, un aspecto mucho más
preocupante de los estudios sobre adopción es el carácter burdo y
primario de algunas de las comparaciones que se hacen. Los genetistas dan por sentado que todas las semejanzas entre el padre biológico y el hijo son de orden genético, mientras que las diferencias
entre ambos son de origen adquirido. También asumen que las similitudes entre el niño y los padres adoptivos responden al entorno. Sin embargo, ninguna de estas premisas consigue explicar muchos aspectos determinantes. Por ejemplo, algunos niños se rebelan
contra la personalidad de sus padres adoptivos, un efecto claramente
adquirido que los genetistas no considerarían como tal.

Un problema final y fundamental es que los genetistas soslayan
por completo el hecho más que demostrado de que la adopción ejerce por sí misma una enorme influencia en la psicología del niño. Los
niños que viven en orfanatos u hogares de adopción presentan grandes diferencias con respecto a los niños adoptados, y éstos a su vez
son más propensos que los criados por sus padres biológicos a sufrir mayores problemas.

REFERENCIAS

Baumrind, D., 1993, «The average expectable environment is not enough: a response to Scarr», *Child Development*, 64, pp. 1299-1317.

Devlin, B. et al., 1997, «The heritability of IQ», *Nature*, 388, pp. 468-471.

Etcoff, N., 1999, *The Survival of the Prettiest*, Londres: Little, Brown.

Hay, D. A. y O'Brien, P. J., 1987, «Early influences on the school social adjustment of twins», *Acta Genetica Medica Gemellol*, 36, pp. 239-248.

Joseph, J., 1998, «The equal environments assumption of the classical twin method: a critical analysis», *J. of Mind and Behaviour*, 19, pp. 325-358.

Marshall, J. R., 1984, «The genetics of schizophrenia revisited», *Bulletin of the British Psychological Society*, 37, pp. 177-181.

Plomin, R. et al., 1997, *Behavioural Genetics*, San Francisco: Freeman.

Schacter, F. F. et al., 1982, «Sibling de-identification and split-parent identification: a family tetrad», en Lamb, M. E. y Sutton-Smith, B., *Sibling Relationships: Their Nature and Significance Across the Lifecycle*, Nueva Jersey: LEA.

Stoolmiller, M., 1999, «Implications of the restricted range of family enviroments of heritability and nonshared environment in behaviour-genetic adoption studies», *Psychological Bulletin*, 125, pp. 392-409.

Wahlstein, D., 1990, «Insensitivity of variance to heredity-environment interaction», *Behaviour and Brain Sciences*, 13, pp. 109-161.

Wahlstein, D., 1994, «The intelligence of heritability», *Canadian Psychology*, 37, pp. 244-258.

VALORACIONES DE LA INFLUENCIA PSICOLÓGICA DEL ENTORNO A PARTIR DE LOS ESTUDIOS CON GEMELOS

Las referencias aparecen al final de este apéndice.

N ormalmente, los estudios sobre gemelos se ordenan en función del grado de influencia hereditaria que se ha encontrado en ellos. Al elaborar esta tabla de valores, yo he operado a la inversa, haciendo referencia al grado de influencia del entorno descrito en los estudios, a la «externalidad» de los comportamientos. Tales estimaciones muestran que, en la gran mayoría de las diferencias psicológicas entre los seres humanos, la externalidad es mucho más influyente que el componente hereditario. Excepto allí donde se hace mención expresa en sentido contrario, todas las estimaciones que siguen proceden de la evaluación realizada por Robert Plomin (véase el capítulo 4, *Plomin*, 1990).

EXTERNALIDAD DE LA INTELIGENCIA

(porcentaje de diferencias individuales en la inteligencia causadas por el entorno)

En la niñez

65 por ciento (si bien la externalidad resulta muy superior en los estudios con niños adoptados; véase *Turkheimer y Waldron,* en preparación).

En la edad adulta

50 por ciento (en relación con el grado superior de externalidad descrito en los estudios con niños adoptados; véase *Turkheimer y Waldron,* en preparación).

EXTERNALIDAD DE LAS CAPACIDADES MENTALES ESPECÍFICAS

Memoria: 68 por ciento.
Capacidad espacial: 54 por ciento.
Éxito en los exámenes escolares: 62 por ciento.
Ingenio (rapidez de los procesos mentales): 62 por ciento.
Fluidez verbal: 70 por ciento.
Creatividad: 75 por ciento.

EXTERNALIDAD DE LA PERSONALIDAD

Rasgos de la personalidad

Personalidad general: 60 por ciento (la cifra es muy superior [78 por ciento] en los estudios con niños adoptados; véase la p. 189, *Hoffman,* 1991).

Extroversión: 60-70 por ciento.
Carácter neurótico: 70 por ciento.
Emotividad: 60 por ciento.
Nivel de actividad: 75 por ciento.
Sociabilidad: 75 por ciento.
Masculinidad-feminidad: escasa o nula influencia genética.
Tolerancia de la ambigüedad: escasa o nula influencia genética.

Actitudes y creencias

Conservadurismo: 70 por ciento.
Religiosidad: 100 por ciento.
Racismo: 100 por ciento.
Intereses vocacionales: 50 por ciento.

Relaciones personales

Homosexualidad masculina: las estimaciones varían entre el 0 y el 50 por ciento, pero la mayoría de los estudios parten de premisas erróneas. El estudio reciente más completo encuentra muy escasa influencia genética (véase *Bailey*, 1999).
Homosexualidad femenina: 75-100 por ciento.
Heterosexualidad de tipo romántico: 100 por ciento (véase *Waller y Shaver*, 1994).
Preferencias de los heterosexuales al elegir pareja: 100 por ciento (véase *Lykken y Tellegen*, 1993).
Seguridad de apego: 100 por ciento (véase *Ricciutti*, 1993).
Divorcio: 50 por ciento (véase *Mcgue y Lykken*, 1992).

EXTERNALIDAD DE LAS ENFERMEDADES MENTALES

Esquizofrenia: 52 por ciento (los estudios con niños adoptados ofrecen cifras similares; véase la p. 101, *Plomin*, 1990).

Depresión bipolar: 35-50 por ciento (las cifras son muy dispares, si bien los estudios sobre niños adoptados muestran mucha mayor externalidad; véase la p. 104, *Plomin*, 1990).

Depresión grave: 40-60 por ciento (las cifras son muy dispares, si bien los estudios sobre niños adoptados muestran mucha mayor externalidad; véase la p. 104, *Plomin*, 1990).

Depresión leve: las estimaciones varían entre el 80 y el 100 por ciento.

Neurosis de ansiedad: las estimaciones varían entre el 80 y el 100 por ciento.

Alcoholismo masculino: 70 por ciento (véanse las pp. 56-61, *Welleman y Orford*, 1999).

Alcoholismo femenino: 90-100 por ciento.

Hiperactividad: 50-70 por ciento (véase *Goodman y Stevenson*, 1989).

Trastorno fronterizo de la personalidad: 90-100 por ciento (véase *Torgersen*, 1984).

Autismo: 20-30 por ciento.

EXTERNALIDAD DE LOS COMPORTAMIENTOS ANTISOCIALES

Trastorno antisocial de la personalidad: 40-60 por ciento (el porcentaje es mucho mayor en los estudios con niños adoptados; véase *Collins*, 2000).

Robos en la edad adulta: 40-60 por ciento (el porcentaje es mayor en los estudios con niños adoptados; véase la p. 109, *Plomin*, 1990).

Delincuencia juvenil: 52 por ciento (el porcentaje es mucho mayor en los estudios con niños adoptados; véase la p. 394, *Stoolmiller,* 1999).

Violencia: escasa o nula influencia genética (véase *Carey*, 1989).

REFERENCIAS

Bailey, J. M. et al., 2000, «Genetic and enviromental influences on sexual orientation and its correlates in an Australian twin sample», *J. of Personality and Social Psychology*, 78, pp. 524-536.

Carey, G., 1989, «Genetics and violence: human studies», Estados Unidos: National Academy of Sciences.

Collins, W.A. et al., 2000, «Contemporary research on parenting – the case for nature and nurture», *American Psychologist*, 55, pp. 218-232.

Goodman, R. y Stevenson, J., 1989, «A twin study of hyperactivity II: the aetiological role of genes, family relationships and perinatal adversity», *J. of Child and Clinical Psychology*, 30, pp. 691-709.

Hoffman, L.W., 1991, «The influence of the family environment on personality: accounting for sibling differences», *Psychological Bulletin*, 110, pp. 187-203.

Lykken, D. T. y Tellegen, A., 1993, «Is human mating adventitious or the result of lawful choice? A twin study of mate selection», *J. of Personality and Social Psychology*, 65, pp. 56-68.

Mcgue, M. y Lykken, D.T., 1992, «Genetic influence on risk of divorce», *Psychological Science*, 3, pp. 368-373.

Plomin, R., 1990, *Nature and Nurture – an Introduction to Behavioural Genetics*, Pacific Grove: Brooks/Cole.

Ricciuti, A. E., 1993, «Child-mother attachment: a twin study», *Dissertation Abstracts International*, 54, p. 3364.

Stoolmiller, M., 1999, «Implications of the restricted range of family environments for estimates of heritability and nonshared environment in behaviour-genetic adoption studies», *Psychological Bulletin*, 125, pp. 392-409.

Torgersen, S., 1984, «Genetic and nosologial aspects of schizotypal and borderline personality disorders», *Archives of General Psychiatry*, 41, pp. 546-554.

Turkheimer, E. y Waldron, M. C., en preparación, «Nonshared environment: theoretical, methodological and quantitative review», *Psychological Review*.

Waller, N. G. y Shaver, P. R., 1994, «The importance of nongenetic influences on romantic love styles: a twin-family study», *Psychological Science*, 5, pp. 268-274.

Welleman, R. y Orford, J., 1999, *Risk and Resilience – Adults Who Were the Children of Problem Drinkers*, Amsterdam: Harwood.

BIBLIOGRAFÍA

Ainsworth, M.D.S. et al., 1978, *Patterns of Attachment*, Nueva Jersey: LEA.

Albert, R.S., 1983, «Family positions and the attainment of eminence», en Albert, R.S., *Genius and Eminence*, Oxford: Pergamon.

Alder, E. y Bancroft, J., 1986, «The relationship between breast feeding persistente, sexuality and mood in postpartum women», *Psychological Medicine*, 18, pp. 389-396.

Alder, E. y Cox, J.L., 1983, «Breast Feeding and postnatal depression», *Journal of Psychosomatic Research*, 272, pp. 139-144.

Allison, P.D. y Furstenberg, F., 1989, «How marital dissolution affects children: variations by age and sex», *Developmental Psychology*, 25, pp. 540-549.

Alpern, L. y Lyons-Ruth, K., 1993, «Preschool children at social risk: chronicity and timing of maternal depressive symptoms and child behaviour at school and at home», *Development and Psychopathology*, 5, pp. 371-387.

Amnistía Internacional, 1998, *United States of America: Rights for All*, Londres: Amnesty International.

Anisfield E. et al., 1990, «Does infant carrying promote attachment? An experimental study of the effects of increased physical contact on the development of attachment», *Child Development*, 61, pp. 1617-1627.

Andersen, S.M. et al., 1996, «Responding to significant others when they are not there», en Sorrentino, R.M. y Higgins, E.T., *Handbook of Motivation and Cognition*, 3, pp. 262-321.

Anderson, S.M. y Miranda, R., 2000, «Transference», *The Psychologist*, 13, n.º 12, pp. 608-609.

Andersson, B.-E., 1992, «Effects of day-care on cognitive and socioemotional competence of thirteen-year-old Swedish schoolchildren», *Child Development*, 63, pp. 20-36.

Apperson, L.B., y McAdoo, W.G., 1968, «Parental factors in the childhoods of homosexuals», *Journal of Abnormal Psychology*, 73, pp. 201-206.

Appleyard, K. et al., 2005, «When more is not better: the role of cumulative risk in child behaviour outcomes», *Journal of Child Psychology and Psychiatry*, 46, pp. 235-245.

Arieti, S. y Bemporad, M.D., 1980, «The psychological organization of depression», *American Journal of Psychiatry*, 137, pp. 1360-1365.

Asarnow, J.R. y Goldstein, M.J., 1986, «Schizophrenia during adolescence and early adulthood: a developmental perspective on risk research», *Clinical Psychology Review*, 6, pp. 211-235.

August, G.J. et al., 1997, «Hyperactive and aggressive pathways: effects of demographic, family and child characteristics on children's adaptative functioning», *Journal of Clinical Child Psychology*, 25, pp. 341-351.

Bach-Y-Rita, G. y Veno, A., 1974, «Habitual violence: a profile of 62 men», *American Journal of Psychiatry*, 131, pp. 1015-1020.

Bagley, C., 1986, «Sexual abuse in childhood», *Journal of Social Work and Human Sexuality*, 44, pp. 33-47.

Bahrich, H. et al., 1996, «Accuracy and distortion in memory for high school grades», *Psychological Science*, 7, pp. 265-271.

Bailey, J.M. et al., 2000, «Genetic and environmental influences on sexual orientation and its correlates in an Australian twin sample», *Journal of Personality and Social Psychology*, 78, pp. 524-536.

Baker, R. y Oram, E., 2000, *Baby Wars: Parenthood and Family Strife*, Nueva York: Diane.

Balen, M., 1994, *Kenneth Clarke*, Londres: Fourth Estate.

Barber, N., 1998, «Sex differences in disposition towards kin, security of adult attachment and sociosexuality as a function of parental divorce», *Evolution and Human Behaviour*, 19, pp. 125-132.

Barr, R.G. et al., 1991, «Carrying as colic therapy», *Pediatrics*, 87, pp. 623-630.

Barr R.G. et al., 1991, «Crying in !Kung San infants», *Developmental Medicine and Child Neurology*, 33, pp. 601-610.

Barr, R.G. et al., 1992, «The crying of infants with a colic: a controled empirical description», *Pediatrics*, 90, pp. 14-21.

Barr, R.G. y Elias, M.F., 1988, «Nursing interval and maternal responsivity», *Pediatrics*, 81, pp. 529-536.

Bates, J.E. et al., 1994, «Child care history and kindergarten adjustment», *Developmental Psychology*, 30, pp. 690-700.

Bateson, G., *Steps to an Ecology of Mind*, 1973, Frogmore, Herts, Reino Unido: Paladin.

Baumrind, D., 1966, «Effects of authoritative parental control on child behaviour», *Child Development*, 37, pp. 887-907.

Baumrind, D., 1967, «Childcare practices preceding three patterns of preschool behaviour», *Genetic Psychology Monographs*, 4 (p. 1, 2ª parte).

Baumrind, D., 1971, «Current patterns of parental authority», *Developmental Psychology Monographs*, 4 (2.ª parte).

Baumrind, D., 1991, «The influence of parenting style on adolescent competence and substance abuse», *Journal of Early Adolescence*, 11, pp. 56-95.

Baydar, N. y Brooks-Gunn, J., 1991, «Effects of maternal employment and childcare arrangements on preschoolers' cognitive and behavioural outcomes», *Developmental Psychology*, 27, pp. 932-945.

Beckwith, L. et al., 1999, «Maternal sensitivity during infancy and subsequent life events relate to attachment representations at early adulthood», *Developmental Psychology*, 35, pp. 693-700.

Beitchman, J.H. et al., 1992, «A review of the long-term effects of sexual abuse», *Child Abuse and Neglect*, 16, pp. 101-118.

Bell, S.M. y Ainsworth, M.D.A., 1972, «Infant crying and maternal responsiveness», *Child Development*, 43, pp. 1171-1190.

Bell, A.P., Weinberg, M.S. y Hammersmith, S.K., 1981, *Sexual Preferences: Its Development in Men and Women*, Bloomington: Indiana University Press.

Bellamy, C., 2001, «World leaders fail to grasp importance of a child's first years», *Young Minds Magazine*, 50, p. 9.

Belmaker, R. et al., 1974, «A follow-up of monozygotic twins discordant for schizophrenia», *Archives of General Psychiatry*, 30, pp. 219-222.

Belsky, J., 1986, «Infant day care: a cause for concern», *Zero to Three*, septiembre, pp. 1-7.

Belsky, J., 1988, «The effects of day care reconsidered», *Early Childhood Quarterly*, 3, pp. 335-373.

Belsky, J., 1993, «Etiology of child maltreatment», *Psychological Bulletin*, 114, pp. 413-434.

Belsky, J., 1999, «Interactional and contextual determinants of attachment security», en Cassidy, J. y Shaver, P.R., *Handbook of Attachment*, Nueva York: Guilford.

Belsky, J., 2002, «Developmental risks (still) associated with early child care», *Journal of Child Psychology and Psychiatry*, 42, pp. 845-860.

Belsky, J. (en imprenta), «Quality of nonmaternal care and boys' problem behaviour/adjustment at 3 and 5», *Child Development*.

Belsky J. y Cassidy, J., 1994, «Attachment and close relationship: an individual-difference perspective», *Psychological Inquiry*, 5, 27-30.

Belsky J. y Cassidy, J., 2000, «Attachment: theory and evidence», en Rutter, M. et al., *Developmental Principles and Clinical Issues in Psychology and Psychiatry*, Oxford: Blackwell.

Belsky, J. y Eggebean, D., 1991, «Early and extensive maternal employment and young children's socioemotional development», *Journal of Marriage and the Family*, 53, pp. 1083-1110.

Belsky, J. y Steinberg, L.D., 1978, «The effects of day care: a critical review», *Child Development*, 49, pp. 929-949.

Belsky, J. et al., 1991, «Childhood experience, interpersonal development and reproductive strategy: an evolutionary theory of socialization», *Child Development*, 62, pp. 647-670.

Bene, E., 1965, «On the genesis of male homosexuality», *British Journal of Psychiatry*, 111, pp. 803-813.

Bentall, R., 2003, *Madness Explained*, Londres: Penguin.

Bereczkei, T. y Csanaky, A., 1996, «Evolutionary pathways of child development», *Human Development*, 7, pp. 257-280.

Berk, M.S., y Anderson, S.M., 2001, «The impact of past relationships on interpersonal behavior», *Journal of Personality and Social Psychology*, en imprenta.

Bhugra, D. et al., 1997, «Incidence and outcome of schizophrenia in Whites, African-Caribbeans and Asians in London», *Psychological Medicine*, 27, pp. 791-798.

Bieber, I. et al., 1962, *Homosexuality: a Psychoanalytic Study of Male Homosexuality*, Nueva York: Basic Books.

Bifulco, A. y Moran, P., *Wednesday's Child: Research into Women's Experience of Neglect and Abuse in Childhood, and Adult Depression*, Londres: Routledge.

Blatt, S.J., 1995, «The destructiveness of perfectionism», *American Psychologist*, 50, pp. 1003-1020.

Blatt, S.J. y Holman, E., 1992, «Parent-child interaction in the etiology of dependent and self-critical depression», *Clinical Psychology Review*, 12, pp. 47-91.

Bokhorst, C.L. et al., 2003, «The importance of shared environment in mother-infant attachment security: a behaviour-genetic study», *Child Development*, 74, pp. 1769-1782.

Bolger, K.E. et al., 1998, «Peer relationships and self-esteem among children who have been maltreated», *Child Development*, 69, pp. 1171-1197.

Bowlby, J., 1951, *Maternal Care and Mental Health*, Ginebra: OMS.

Bowlby, J., *Attachment and Loss*, vols. I, II y III, Londres: Penguin.

Boydell, J. et al., 2001, «Incidence of schizophrenia in ethnic minorities in London», *British Medical Journal*, 323, pp. 1-4.

Braatan, L.J., y Darling, C.D., 1965, «Overt and covert homosexual problems among male college students», *Genetic Psychology Monographs*, 71, pp. 269-310.

Bradford, S., 1996, *Elizabeth – A Biography of Her Majesty the Queen*, Londres: Heinemann.

Braithwaite, J. y Braithwaite, V., 1980, «The effect of income inequality and social democracy on homicide», *British Journal of Criminology*, 20.

Brazelton, T.B. y Als, H., 1979, «Four early stages in the development of mother-infant interaction», *Psychoanalytic Study of the Child*, 34, pp. 349-369.

Bremner, J.D. et al., 1999, «Neural correlates of memories of childhood sexual abuse in women with and without postraumatic stress disorder», *American Journal of Psychiatry*, 156, pp. 1787-1795.

Bremner, J.D. et al., 2000, «Hippocampal volume reduction in major depression», *American Journal of Psychiatry*, 157, pp. 115-117.

Bremner, J.D. y Vermetten, E., 2001, «Stress and development: behavioural and biological consequences», *Development and Psychopathology*, 13, pp. 473-489.

Bread for Life, 1998, *Pressure to be Perfect*, Londres: Bread for Life (Flour Advisory Bureau).

Brown, D.G., 1963, «Homosexuality and family dynamics», *Bulletin Menninger Clinic*, 27, pp. 227-232.

Brown, F., 1968, «Bereavement and lack of a parent in childhood», en Miller, E., *Foundations of Child Psychiatry*, Oxford: Pergamon Press.

Brown, G.R. y Anderson, M.D., 1991, «Psychiatric morbidity in adult inpatients with childhood histories of sexual and physical abuse», *American Journal of Psychiatry*, 148, pp. 55-61.

Brown, G.W. y Harris, T., 1978, *Social Origins of Depression*, Londres: Tavistock.

Brown, G.W. y Moran, P., 1994, «Clinical and psychosocial origins of chronic depressive episodes I: a community survey», *British Journal of Psychiatry*, 165, pp. 447-456.

Brown, G.W. y Moran, P., 1997, «Single mothers, poverty and depression», *Psychological Medicine*, 27, pp. 21-33.

Brown, G.W. et al., 1972, «Influence of family life on the course of schizophrenic disorders: a replication», *British Journal of Psychiatry*, 121, pp. 241-258.

Brown, G. W. et al., 1986, «Social support, self-esteem and depression», *Psychological Medicine*, 16, pp. 813-831.

Bryson, E., 1996, «Brief report: epimediology of autism», *Journal of Autism and Developmental Disorder*, 26, pp. 165-167.

Bugenthal, D.B. et al., 1989, «Perceived control over caregiving outcomes: implications for child abuse», *Developmental Psychology*, 25, pp. 432-439.

Buhrich,. N. y McConaghy, N., «Parental relationships during childhood in homosexuality, transvesticism, transexuality», *Australia and New Zealand Journal of Psychiatry*, 12, pp. 1103-1108.

Burvill, P.W., 1995, «Recent progress in the epidemiology of major depression», *Epidemiologic Reviews*, 17, p. 1.

Bushman, J. et al., 2001, «Do people aggress to improve their mood? Catharsis beliefs, affect regulation opportunity and aggressive responding», *Journal of Personality and Social Psychology*, 81, pp. 17-32.

Bushnell, J.A. et al., 1992, «Long-term effects of intrafamilial sexual abuse», *Acta Psychiatrica Scandinavica*, 18, pp. 136-142.

Buss, D.M. y Shackelford, T.K., 1997, «Relation of sex and gender role to love, sexual attitudes and self esteem», *Journal of Research in Personality*, 31, pp. 193-221.

Cado, S. y Leitenberg, H., 1990, «Guilt reactions to sexual fantasies during intercourse», *Archives of Sexual Behaviour*, 19, pp. 49-63.

Campbell, S.B. et al., 1995, «Depression in first-time mothers: mother-infant interaction and depression chronicity», *Developmental Psychology*, 21, pp. 349-357.

Capron, C. y Duyme, M., 1989, «Assesment of socio-economic status on IQ in a full cross-fostering study», *Nature*, 340, pp. 552-554.

Carey, W.B., 1968, «Maternal anxiety and infantile colic: is there a relationship?», *Clinical Pediatrics*, 7, pp. 590-595.

Carlson, D.E. et al., 1995, «A developmental investigation of inattentiveness and hyperactivity», *Child Development*, 66, pp. 37-54.

Carlson, E.A., 1998, «A prospective longitudinal study of attachment disorganization/disorientation», *Child Development*, 69, pp. 1007-1028.

Carver, C.S. y Baird, E., 1998, «The American dream revisited: is it what you want or why you want it that matters?», *Psychological Science*, 9, pp. 289-292.

Caspi, A. et al., 1996, «Behavioural observations at age 3 years predict adult psychiatric disorders», *Archives of General Psychiatry*, 53, pp. 1033-1039.

Caspi, A. et al., 2002, «Role of genotype in the cycle of violence in maltreated children», *Science*, 297, pp. 851-854.

Caspi, A. et al., 2003, «Influence of life stress on depression: moderation by a polymorphism in the 5-HTT gene», *Science*, 301, pp. 386-389.

Caspi, A. et al., 2005, «Moderation of the effect of the adolescent-onset cannabis-use by functional polymorphism in COMT gene», *Biological Psychiatry*, 57, pp. 1117-1127.

Castle, J. et al., 1999, «Effects of qualities of early institutional care on cognitive attainment», *American Journal of Orthopsychiatry*, 69, pp. 424-437.

Cassidy J. y Berlin, L.J., 1994, «The insecure/ambivalent pattern of attachment: theory and research», *Child Development*, 65, pp. 971-991.

Cassidy, J. y Shaver, P.R., 1999, *Handbook of Attachment*, Nueva York: Guilford.

CEP Discussion Paper No. 443, «The relative economic importance of academic, psychological and behavioural attributes developed in childhood».

Chatoor, L. et al., 1998, «Attachment and feeding problems», *Journal of the American Academy of Child and Adolescent Psychiatry*, 37, pp. 1217-1274.

Chen, S. y Andersen, S.M., 1999, «Relationships from the past in the present», en Zanna, M.P., *Advances in Experimental Psychology*, 31, pp. 123-190.

Chiesa, M. y Fonagy, P., 2000, «Cassel Personality Disorder study», *British Journal of Psychiatry*, 174, pp. 485-491.

Chisholm, K., 1998, «A three-year follow-up of attachment and indiscriminate friendliness in children adopted from Romanian orphanages», *Child Development*, 69, pp. 1092-1106.

Chisholm, K. et al., «Attachment security and indiscriminate friendly behaviour in children adopted from Romanian orphanages», *Development and Psychopathology*, 7, pp. 283-294.

Cicchetti, D. y Rogosch, F.A., 2001(a), «Diverse patterns of neuroendrocrine activity in maltreated children», *Development and Psychopathology*, 13, pp. 677-693.

Cicchetti, D. y Rogosch, F.A., 2001(b), «The impact of child maltreatment on neuroendocrine functioning», *Development and Psychopathology*, 13, pp. 783-804.

Cloninger, C.R. et al., 1982, «Predisposition to petty criminality in Swedish adoptees», *Archives of General Psychiatry*, 39, pp. 1242-1247.

Cloninger, C.R. et al., 1997, «Personality disorders», en Guze, S.B., *Adult Psychiatry*, Nueva York: Mosby.

Coghill, S.R. et al., 1986, «Impact of maternal postnatal depression on cognitive development of young children», *British Medical Journal*, 292, pp. 1165-1167.

Cohn, J. et al., 1991, «Infant response in the still face paradigm at 6 months predicts avoidant and secure attachment at 12 months», *Developmental Psychology*, 3, pp. 367-376.

Cohn, J.F. et al., 1986, «Face-to-face interactions of depressed mothers and their infants», en Tronick, E.Z. y Field, T., *Maternal Depression and Infant Disturbance*, San Francisco: Jossey-Bass.

Cohn, J.F. et al., 1989, «Specifity of infants' responses to mothers' affective behaviour», *Journal of the American Academy of Child and Adolescent Psychiatry*, 28, pp. 242-248.

Cole, P.M. et al., 1992, «Emotion displays in two-year-olds during mishaps», *Child Development*, 63, pp. 314-324.

Collins, N.L. y Read, J., 1990, «Adult attachment, working models and relationship quality in dating couples», *Journal of Personality and Social Psychology*, 58, pp. 644-663.

Collins, W.A. et al., 2000, «Contemporary research on parenting: the case for nature and nurture», *American Psychologist*, 55, pp. 218-232.

Condry, J.C. y Condry, S., 1976, «Sex differences», *Child Development*, 47, pp. 812-819.

Cooke, D.J. y Michie, C., 1999, «Psychopathy across cultures: North America and Scotland compared», *Journal of Abnormal Psychology*, 108, pp. 58-68.

Cortois, C.A., 1979, «The incest experience and its aftermath», *Victimology*, 4, pp. 337-347.

Cox, C.J. y Jennings, R., 1988, *High Flyers*, Oxford: Basil Blackwell.

Crick, M., 1995, *Jeffrey Archer – Stranger than Fiction*, Londres: Penguin.

Criminal Statistics, 2000, Londres: Office of National Statistics.

Currie, E., 1985, *Confronting Crime*, Nueva York: Pantheon.

Cutting, J., 1992, «The role of right hemisphere disfunction in psychiatric disorders», *British Journal of Psychiatry*, 160, pp. 583-588.

Daniels, D. et al., 1985, «Environmental differences within the family and adjustment differences within pairs of adolescent siblings», *Child Development*, 56, pp. 764-774.

Dardis, T., 1989, *The Thirsty Muse*, Londres: Abacus.

Dawson, G. et al., 1997, «Infants of depressed mothers exhibit atypical brain activity: a replication of extension of previous findings», *Journal of Child Psychology and Psychiatry*, 38, pp. 176-186.

Dawson, G. et al., 1999, «Frontal brain electrical activity in infants of depressed and nondepressed mothers: relation to variations in infant behaviour», *Development and Psychopathology*, 11, pp. 589-605.

Dawson, G. et al., 2000, «The role of early experience in shaping behavioural and brain development and its implications for social policy», *Development and Psychopathology*, 12, pp. 692-712.

Dawson, G. et al., «Infants of depressed mothers exhibit reduced left frontal brain activity during interactions with mother and a familiar nondepressed adult», *Child Development*.

De Bellis, M.D., 2001, «Developmental traumatology: the psychobiological development of maltreated children and its implications for research, treatment and policy», *Development and Psychopathology*, 13, pp. 539-564.

De Girolamo, G. y Reich, J.H., 1994, *Personality Disorders*, Ginebra: OMS.

DeGrandpre, R., 1999, *Ritalin Nation*, Nueva York: Norton.

De Mause, L., 1974, *The History of Childhood*, Londres: Souvenir Press.

DeMeis, D. et al., 1986, «The balance of employment and motherhood», *Developmental Psychology*, 122, pp. 627-632.

Derksen, J., 1995, *Personality Disorders: Clinical and Social Perspectives*, Chichester: John Wiley.

Detting, A. et al., 2002, «Repeated parental deprivation in the infant common marmoset», *Biological Psychiatry*, 52, pp. 1037-1046.

DeVries, K. y Miller, D., 1987, *Unstable at the Top*, Nueva York: Signet.

De Wolff, M.S. y Van Ijzendoorn, M.H., 1997, «Sensitivity and attachment: a meta-analysis on parental antecedents of infant attachment», *Child Development*, 68, pp. 571-591.

DiLalla, D.L. y Gottesman, I.I., 1995, «Normal personality characteristics in identical twins discordant for schizophrenia», *Journal of Abnormal Psychology*, 104, pp. 490-499.

Doi, T., 1973, *The Anatomy of Dependency*, Nueva York: Kodansha International.

Dozier, M. et al., 1999, «Attachment and psychopathology in adulthood», en Cassidy, J. y Shaver, P.R., *Handbook of Attachment*, Nueva York: Guildford.

Duggal, S. et al., 2001, «Depressive symptomatology in childhood and adolescence», *Development and Psychopathology*, 13, p. 165.

Dumaret, A.-C et al., 1997, «Adult outcome of children reared for long-term periods in foster families», *Child Abuse and Neglect*, 21, pp. 911-927.

Dunn, J. y Plomin, R., 1990, *Separate Lives: Why Sibling are so Different*, Nueva York: Basic Books.

Durkheim, E., 1933, *The Division of Labour in Society*, Nueva York: Free Press.

Egeland, B. et al., 1988, «Breaking the cycle of abuse», *Child Development*, 59, pp. 1080-1088.

Egeland, B. et al., 1993, «Resilience as process», *Development and Psychopathology*, 5, pp. 517-528.

Egeland, B. et al., 1996, «Dissociation as a mediator of child abuse across generations», *Child Abuse and Neglect*, 20, pp. 1123-1132.

Egeland, B. y Hiester, M., 1995, «The long-term consequences of infant day care and mother-infant attachment», *Child Development*, 66, pp. 474-485.

Eisenstadt, M. et al., 1989, *Parental Loss and Achievement*, Madison, Connecticut: International Universities Press. 52.

Elder, G.H., 1974, *Children of the Great Depression*, Chicago: Chicago UP.

Eley, T.C. et al., 2004, «Gene-environment interaction analysis of serotonin system markers with adolescent depression», *Molecular Psychiatry*, 9, pp. 1-8.

Elicker, J. et al., 1992, «Predicting peer competence and peer relationships in childhood from early parent-child relationships», en Parke, R. y Ladd, G., *Family-Peer Relationships*, Nueva Jersey: Lea.

Ellis, B.J. et al., 1999, «Quality of early family relationships and individual differences in the timing of pubertal maturation in girls», *Journal of Personality and Social Psychology*, 77, pp. 387-401.

Ernulf, K.E. et al., 1989, «Biological explanation, psychological explanation, and tolerance of homosexuals: a cross-national analysis of beliefs and attitudes», *Psychological Reports*, 65, pp. 1003-1010.

Etcoff, N., 1999, *The Survival of the Prettiest*, Londres: Little Brown.

Evans, R.B., 1969, «Childhood parental relationships of homosexual men», *J. Consulting Clin. Psych.*, 33, pp. 129-135.

Falloon, I. et al., 1988, *Behavioural Family Therapy: A Workbook*, Buckingham: Buckingham Mental Health Services.

Famularo, R. et al., 1994, «Maternal and child post-traumatic stress disorder in cases of child maltreatment», *Child Abuse and Neglect*, 18, pp. 27-36.

Farrow, M., 1997, *What Falls Away*, Nueva York: Doubleday.

Feeney, J. y Noller, P., 1996, *Adult Attachment*, Londres: Sage.

Feeney, J.A., 1999, «Adult romantic attachment and couple relationships», en Cassidy, J. y Shaver, P.R., *Handbook of Attachment*, Nueva York: Guilford.

Fehr, B. et al., 1992, «The construct of Machiavellianism: twenty years later», en Spielberger, C.D. y Butcher, J.D., *Advances in Personality Assessment*, vol. 9, Hillsdale: Erlbaum.

Feinstein, L., 2001, «Getting the balance right», *CentrePiece*, otoño.

Fergusson, D.M. et al., 1996, «Childhood sexual abuse and psychiatric disorders in young adulthood», *Journal of American Academy of Child and Adolescent Psychiatry*, 34, pp. 1365-1374.

Feyerabend, P., 1995, *Killing Time: The Autobiography*, Chicago: University of Chicago Press.

Field, T., 1992, «Infants of depressed mothers», *Development and Psychopathology*, 4, pp. 49-66.

Finkelhor, D., 1980, «Sex among siblings: a survey on prevalence, variety and effects», *Archives of Sexual Behaviour*, 9, pp. 171-194.

Firth-Cozens, J., 1992, «The role of early family experiences in the perception of organizational stress», *Journal of Occupational Psychology*, 64.

Fish, M. et al., 1991, «Conditions of continuity and discontinuity in infant negative emotionality: newborn to five months», *Child Development*, 62, pp. 1525-1537.

Fisher, S. y Greenberg, R.P., 1985, *The Scientific Credibility of Freud's Theories and Therapy*, Nueva York: Basic Books.

Flett, K., 1998, *The Heart-Shaped Bullet*, Londres: Heinemann.

Folkmar, F., 1998, *Autism and Pervasive Developmental Disorders*, Cambridge: Cambridge University Press.

Fonagy, P. y Target, M., 1997, «Attachment and reflective function: their role in self-organization», *Development and Psychopathology*, 9, pp. 679-700.

Fonagy, P., 2001, *Attachment*, Londres: Routledge.

Fonagy, P. et al., 1995, «Attachment, the reflective self and borderline states», en Goldberg, S. et al., *Attachment Theory*, Nueva Jersey: Analytic Press.

Forehand, R. et al., 1975, «Mother-child interactions: comparison of a non-compliant clinic group and a nonclinic group», *Behaviour Research and Therapy*, 13, pp. 79-84.

Fossati, A. et al., 1999, «Borderline personality disorder and childhood sexual abuse: a meta-analytic study», *Journal of Personality Disorder*, 13, pp. 268-280.

Fox, N., «Stress and the serotonin transporter polymorphism interact to predict early childhood inhibited temperament», *Psychological Science*.

Fraser, S., 1995, *The Bell Curve Wars*, Nueva York: Basic Books.

Freud, S., 1930, *Civilization and its Discontents*, Standard Edition of the Complete Psychological Works of Sigmund Freud, Vol. XXI, Londres: Hogarth Press.

Freud, S., 1959, «Creative writers and day-dreaming», Standard Edition of Sigmund Freud's Scientific Works, IX, Londres: Hogarth Press.

Frey, K.S., 1987, «Coping responses of parents of disabled children», no publicado.

Friedrich, W.N. et al., 1991, «Normative sexual behaviour in children», *Pediatrics*, 88, pp. 456-464.

Frost, R.O. et al., 1991, «The development of perfectionism», *Cognitive Therapy and Research*, 15, pp. 469-489.

Frum, D., 2003, *The Right Man: The Surprise Presidency of George W. Bush*, Nueva York: Random House.

Gabbard, G.O., 1994, «Mind and brain in psychiatric treatment», *Bulletin of the Menninger Clinic*, 58, p. 427-446.

Galinsky, E., 1994, *Zero to Three*, abril/mayo, p. 33.

Gediman, H.K., 1985, «Imposture, inauthenticity and feeling fraudulent», *Journal of the American Psychoanalytic Association*, 33, pp. 911-936.

Gerbner, S., 2004, *Why Love Matters – How Affection Shapes a Baby's Brain*, East Sussex: Brunner-Routledge.

Gibb, B.E. et al., 2001, «Emotional, physical and sexual maltreatment in childhood versus adolescence and personality dysfunction in young adulthood», 15, pp. 505-511.

Gielgud, J., 1973, *Distinguished Company*, Nueva York: Doubleday.

Gilbert, D.G., 1995, *Smoking – Individual Differences, Psychopathology and Emotion*, Londres: Taylor and Francis.

Gilbert, P. et al., 1996, «Parental representations, shame, interpersonal problems and vulnerability to psychopathology», *Clinical Psychology and Psychotherapy*, 3, pp. 23-34.

Gilbert, P. y Andrews, B., 1998, *Shame: Interpersonal Behaviour, Psychopathology and Culture*, Oxford: OUP.

Gilbert, P. y Gerlsma, C., 1999, «Recall of shame and favouritism in relation to psychopathology», *British Journal of Clinical Psychology*, 38, pp. 357-373.

Gillespie, N.A. et al., 2005, «The relationship between stressful life events, the serotonin transporter (5-HTTLPR) genotype, and major depression», *Psychological Medicine*, 35, pp. 101-111.

Goldsmith, H.H. y Alansky, J.A., 1987, «Maternal and infant temperamental predictors of attachment: a meta-analytic review», *Journal of Consulting and Clinical Psychology*, 55, pp. 805-816.

Goldstein, M.J., 1985, «Family factors that antedate the onset of schizophrenia and related disorders: the results of a fifteen-year prospective longitudinal study», *Acta Psychiatrica Scandinavica*, 319, 71, pp. 7-18.

Goldstein, M.J., 1990, «Family relations at risk factors for the onset and course of schizophrenia», en Rolf, J. et al., *Risk and Protective Factors in the Development of Psychopathology*, Cambridge: Cambridge Universtiy Press.

Goodman, S.H. y Gotlib, I.H., 1999, «Risk for psychopathology in the children of depressed mothers: a developmental model for understanding mechanisms of transmission», *Psychological Review*, 106, pp. 458-490.

Gormally, S. y Barr, R.G., 1997, «Of clinical pies and clinical clues: proposal for a clinical approach to complaints of early crying and colic», *Ambulatory Child Health*, 3, pp. 137-153.

Gotlib, I.H. et al., 1988, «Depression and perceptions of early parenting: a longitudinal study», *British Journal of Psychiatry*, 152, pp. 24-27.

Gottesman, I.I., 1992, *Schizophrenia Genesis – the Origins of Madness*, Nueva York: Freeman.

Gottlieb, G., 1991, «Experiential canalization of behavioural development», *Development Psychology*, 27, pp. 4-13.

Gould, S.J., 1991, *The Mismeasure of Man*, Nueva York: W.W. Norton.

Grabe, H.J. et al., 2005, «Mental and physical distress is modulated by a polymorphism of the 5-HT transporter gene interacting with social stressors and chronic disease burden», *Molecular Psychiatry*, 10, pp. 220-224.

Graber, J.A. et al., 1995, «The antecedents of menarchal age: heredity, family environment and stressful life events», *Child Development*, 66, pp. 346-359.

Graber, J.A., et al., 1997, «Is psychopathology associated with the timing of pubertal development?», *Journal of the American Academy of Child and Adolescent Psychiatry*, 36, pp. 1768-1776.

Graham, Y.P. et al., 1999, «The effects of neonatal stress on brain development: implications for psychopathology», *Development and Psychopathology*, 11, pp. 545-565.

Green, R., 1987, *The Sissy Boy Syndrome*, New Haven: Yale University Press.

Greenberg, M.T. et al., 1993, «The role of attachment in the early development of disruptive behaviour problems», *Development and Psychopathology*, 5, pp. 191-213.

Greenberger, E. y Goldberg, W.A., 1989, «Work, parenting and the socialization of children», *Developmental Psychology*, 25, pp. 22-35.

Greenough, W.T., 1976, «Enduring brain effects of differential experience and training», en Rosenzweig, M.R., *Neural Mechanisms of Learning and Memory*, Cambridge, MA: MIT Press.

Greenough, W.T. et al., 1987, «Experience and brain development», *Child Development*, 58, pp. 539-559.

Greenwood, P, et al., 1996, *Diverting Children from a Life of Crime: Measuring Costs and Benefits*, Santa Monica: RAND.

Grossman, K.E. et al., 2002, «Attachment relationships and appraisals of partnership», en Pulkinnen, L. y Caspi, A., *Paths of Successful Development*, Cambridge: Cambridge Universtiy Press.

Gunnar, M.R. et al., 2001, «Salivary cortisol levels in children adopted from Romanian orphanages», *Development and Psychopathology*, 13, pp. 611-628.

Hakim, C., 2000, *Work-Lifestyle Choices in the 21 Century*, Oxford: OUP.

Halpern, D.F., 2004, *Public Policy, Work and Families*, Washington: American Psychological Association.

Halverson, C.F. y Waldrop, M.F., 1970, «Maternal behaviour toward own and other preschool children», *Child Development*, 41, pp. 839-845.

Hamilton, C.E., 1994, *Continuity and Discontinuity of Attachment from Infancy through Adolescence*, tesis doctoral, Universidad de California, Los Ángeles.

Hammen, C. et al., 1990, «Longitudinal study of diagnoses in children of mothers with unipolar and bipolar affective disorder», *Developmental Psychology*, 26, pp. 24-30.

Harris, J.R., 1995, «Where is the child's environment? A group socialization theory of environment», *Psychological Review*, 102, pp. 485-489.

Harris, T.O. et al., 1987, «Loss of parent in childhood and adult psychiatric disorder: the role of social class position and premarital pregnancy», *Psychological Medicine*, 17, pp. 163-183.

Hennigan, K.M. et al., 1982, «Impact of the introduction of television on crime in the United States: empirical findings and theoretical implication», *Journal of Personality and Social Psychology*, 42, pp. 461-477.

Herman, J.L. et al., 1989, «Childhood trauma in borderline personality disorder», *American Journal of Psychiatry*, 146, pp. 490-495.

Herrnstein, R.J. y Murray, C., 1994, *The Bell Curve*, Nueva York: Free Press.

Hershberger, S.L., 1997, «A twin registry study of male and female sexual orientation», *Journal of Sex Research*, 34, pp. 212-222.

Hess, L.E., 1995, «Changing family patterns in Western Europe», en Rutter, M. y Smith, M.D., Psychological Disorders in Young People, Chichester: Wiley.

Hewlett, S.A., 1993, *Child Neglect in Rich Nations*, UNICEF.

Hewlett, S.A. et al., 1998, *The War Against Parents*, Nueva York: Houghton Mifflin.

Himmelstein, S. et al., 1991, «An attributional analysis of maternal beliefs about the importance of child-rearing practices», *Child Development*, 62, pp. 301-320.

Hinckley, J. y Hinckley, J.A., 1985, *Breaking Points*, Michigan: Chosen Books.

Hinkley, K. y Nadersen, S.M., 1996, «Activating transference without consciousness», *Journal of Personality and Social Psychology*, 71, pp. 1279-1295.

Hock, E. et al., 1988, «Maternal and separation anxiety – its role in the balance of employment and motherhood in mothers of infants», en Gottfried, A.E. y Gottfried, A.W., *Maternal Employment and Children's Development*, Londres: Plenum Press.

Hodges, J. y Tizard, B., 1989, «IQ and behavioural adjustments of ex-institutional adolescents», *Journal of Child Psychology and Psychiatry*, 30, pp. 53-75.

Holden, G.W. y Miller, P.C., 1999, «Enduring and different: a meta-analysis of the similarity in parents' child-rearing», *Psychological Bulletin*, 125, pp. 223-254.

Horn, J.M. et al., 1975, «Bias against genetic hypotheses in adoption studies», *Archives of General Psychiatry*, 32, pp. 1365-1367.

Horrobin, D., 2001, *The Madness of Adam and Eve*, Londres: Bantam.

Howe, M.J.A., 1999, *Genius Explained*, Cambridge: CUP.

Hoyenga, K.B. et al., 1993, *Gender-Related Differences: Origins and Outcomes*, Londres: Allyn.

Hubbard, F.O.A. y Van Ijzendoorn, M.H., 1991, «Maternal unresponsiveness and infant crying across the first 9 months», *Infant Behaviour and Development*, 14, pp. 299-312.

Humphrey, L.L., 1989, «Observed family interactions among subtypes of eating disorders using structural analysis of social behaviour», *Journal of Consulting and Clinical Psychology*, 57, pp. 206-214.

Hunzinger, U.A. y Barr, R.G., 1986, «Increased carrying reduces infant crying: a randomized controlled trial», *Pedriatics*, 77, pp. 641-648.

Hurlbert, D.F. et al., 1992, «An examination into the sexuality of women with borderline personality disorder», *Journal of Sex and Marital Therapy*, 18, pp. 231-242.

Hutchinson, G. et al., 1996, «Morbid risk for schizophrenia in the parents and siblings of African-Caribbean and White probands», *British Journal of Psychiatry*, 169, pp. 776-780.

Hyun Rhee, S. et al., 2002, «Genetic and enviromental influences on antisocial behaviour: a meta-analysis of twin and adoption studies», *Psychological Bulletin*, 128, pp. 490-523.

Iyengar, S.S. y Lepper, M.R., 2000, «When choice is demotivating: can one desire too much of a good thing?», *Personality Processes and Individual Differences*, 79, pp. 995-1006.

Jablensky, A. et al., 1992, *Schizophrenia. Manifestations, Incidence and Course in Different Cultures. A World Health Organization Ten-Country Study*, Cambridge: CUP.

Jackson, L., 1991, *LaToyah: Growing up in the Jackson Family*, Nueva York: Dutton.

Jacobs, B. et al., 1993, «A quantitative dendritic analysis of Wernicke's area: gender, hemispheric and environmental factors», *Journal of Comparative Neurology*, 387, pp. 167-178.

Jacobvitz, D. y Sroufe, A.L., 1987, «The early caregiver-child relationship and attention deficit disorder with hyperactivity in kindergarten: a prospective study», *Child Development*, 58, pp. 488-495.

James. O.W., 1995, *Juvenile Violence in a Winner-Loser Culture*, Londres: Free Association Books.

James, O.W., 1997, *Britain on the Couch – Why We're Unhappier Compared with 1950, Despite Being Richer*, Londres: Arrow.

James, O.W., 2007a, *Affluenza – How to be Succesful and Stay Sane*, Londres: Vermilion.

James, O.W., 2007b, *Selfish Capitalist Origins of Mental Illness*, Londres: Vermilion.

Jamison, K.R., 1993, *Touched by Fire*, Nueva York: Free Press.

Jannsen, J.M.A.M. y Gerris, J.R.M., 1992, *Child Rearing*, Amsterdam: Swets and Zeitlinger.

Jansen, I. et al., 2004, «Childhood abuse as a risk factor for psychotic experience», *Acta Psychiatrica Scandinavica*, 109, pp. 38-45.

Jarvelin, I.I. et al., 1999, «Can excellent school performance be a precursor of schizophrenia?», *Acta Psychiatrica Scandinavica*, pp. 17-26.

Jedlicka, D., 1980, «A test of the psychoanalitic theory of mate selection», *Journal of Social Psychology*, 112, pp. 295-299.

Jennings, R. et al., 1994, *Business Elites*, Nueva York: Routledge.

Johnson, E.O. et al., 1992, «Mechanisms of stress: a dynamic overview of hormonal and behavioural homeostasis», *Neuroscience and Biochemical Review*, 16, pp. 115-130.

Johnson, J.G. et al., 1997, «Childhood maltreatment increases risk for personality disorders during early adulthood», *Archives of General Psychiatry*, 56, pp. 600-606.

Johnson, J.G. et al., 2000, «Association between four types of childhood neglect and personality disordered symptoms during adolescence and early adulthood; findings of a community based confidential study», *Journal of Personality Disorders*, 14, pp. 177-187.

Johnson, J.S. y Newport, E.L., 1989, «Critical period effects in second language learning», *Cognitive Psychology*, 21, pp. 60-99.

Johnson, M.H., 1999, «Cortical plasticity in normal and abnormal cognitive contradictions», *Development and Psychopathology*, 11, pp. 419-437.

Johnstone, L., 1992, «Family management in schizophrenia: its assumptions and contradictions», *Journal of Mental Health*, 2, p. 255-269.

Jonas, C.H., 1944, «An objective approach to the personality and environment in homosexuality», *Psychiatric Quarterly*, 184, pp. 626-641.

Joseph, J., 2002, «Not in their genes: a critique of the genetics of attention-deficit hyperactivity disorder», *Developmental Review*, 20, p. 539-567.

Jost, J.T. et al., 2003, «Political conservatism as motivated cognition», *Psychological Bulletin*, 129, pp. 339-375.

Kahr, B., 1996, *D.W. Winnicott*, Londres: Karnac.

Kalter, N. y Rembar, J., 1981, «The significance of a child's age at the time of parental divorce», *American Journal of Orthopsychiatry*, 51, pp. 85-100.

Karen, R., 1998, *Becoming Attached*, Oxford: OUP.

Kasser, T. y Ryan, R.M., 1993, «A dark side of the American dream: correlates of financial success as a central life aspirations», *Journal of Personality and Social Psychology*, 65, p. 410-422.

Kasser, T. y Ryan, R.M., 1996, «Further examining the American dream: different correlates of intrinsic and extrinsic goals», *Personality and Social Psychology Bulletin*, 22, pp. 280-287.

Kaufman, J. y Charney, D., 2001, «Effects of early stress on brain structure and function: implications for understanding the relationship between child maltreatment and depression», *Development and Psychopathology*, 13, pp. 451-471.

Kaufman, J. et al., 2004, «Social support and serotonin transporter gene moderate depression in maltreated children», *Proceedings of the National Academy of Sciences USA*, 101, pp. 17316-17321.

Keating, C.F. y Heltman, K.R., 1994, «Dominance and deception in children and adults: are leaders the best misleaders», *Personality and Social Psychology Bulletin*, 20, 3, pp. 312-321.

Keiley, M.K. et al., 2001, «The timing of child physical maltreatment: a cross-domain growth analysis of impact on adolescence externalizing and internalizing problems», *Development and Psychopathology*, 13, pp. 819-912.

Keiley, M.K. y Martin, N.C., en preparación, «Child abuse, neglect and juvenile delinquency: how new statistical approaches can inform our understanding of old questions – a reanalysis of Widom, 1989».

Keller, H. et al., 1998, «Relationships between infant crying, birth complications and maternal variables», *Child: Care, Health and Development*, 24, pp. 377-394.

Kendler, K.S. et al., 1993, «The prediction of major depression in women», *American Journal of Psychiatry*, 150, pp. 1139-1148.

Kendler, K.S. et al., 2005, «The interaction of stressful life events and serotonin polymorphism in the prediction of episodes of major depression», *Archives of General Psychiatry*, 62, pp. 529-535.

Kennedy, B.P. et al., 1998, «Income distribution, socioeconomic status and self rated health in the United States: a multilevel analysis», *British Medical Journal*, 317, pp. 917-921.

Kernberg, O., 1967, «Borderline personality organization», *Journal of the American Psychoanalitic Association*, 15, pp. 641-685.

Kierman, G.L., 1992, «The changing rate of depression», *Journal of the American Medical Association*, 268, pp. 3098-3105.

Kilduff, M. y Day, D.V., 1994, «Do chameleons get ahead? The effects of self-monitoring on managerial careers», *Academy of Management Journal*, 37, pp. 1047-1060.

Kirby, J.S. et al., 1993, «Correlates of dissociative symptomatology in patients with physical and sexual abuse histories», *Comprehensive Psychiatry*, 34, pp. 258-263.

Kirkpatrick, L.A. y Davis, K.E., 1994, «Attachment style, gender and relationship stability: a longitudinal analysis», *Journal of Personality and Social Psychology*, 66, pp. 502-512.

Klimes-Dougan, B. y Bolger, A.K., 1998, «Coping with maternal depressed affect and depression: adolescent children of depressed and well mothers», Journal of Youth and Adolescence, 27, pp. 1-15.

Kleinman, A. et al., 1997, «Psychiatry's global challenge: An evolving crisis in the developing world for a better understanding of the links between culture and mental disorders», *Scientific American*, 276(3), pp. 86-89.

Klohnen, E.C. y Bera, S., 1998, «Behavioural and experiential patterns of avoidantly and securely attached women across adulthood: a 31-year longitudinal perspective», *Journal of Personality and Social Psychology*, 74, pp. 211-223.

Kochanska, G., 1997, «Multiple pathways to conscience of children with different temperaments: from toddlerhood to age 5», *Developmental Psychology*, 33, pp. 228-240.

Kochanska, G. y Aksan, N. 1995, «Mother-child mutually positive affect, the quality of child compliance to requests and prohibitions, and maternal control as correlates of early internalization», *Child Development*, 66, pp. 236-254.

Koestner, R. et al., 1991, «Family origins of adolescent self-criticism and its continuity into adulthood», Journal of Abnormal Psychology, 100, pp. 191-197.

Kohut, H., 1971, *The Analysis of the Self*, Nueva York: IUP.

Kolb, B. et al., 1998, «Age, experience and the changing brain», *Neuroscience and Biobehavioural Review*, 22, pp. 123-159.

Konishi, M., 1995, «A sensitive period for birdsong learning», en Julesz, B. y Kovacs, I., *Maturational Windows and Adult Cortical Plasticity*, MA: Addison-Wesley.

Koob, G.F. et al., 1993, «The role of corticotropin-releasing factors in behavioural response to stress», en Chadwick, D.J. et al., *Corticotropin-Relea-sing Factor, CIBA Foundation Symposium 172*, Chichester: John Wiley.

Kotulak, R., 1996, *Inside the Brain*, Kansas City: Andrews McMeel.

Kuipers, L. et al., 1992, *Family Work for Schizophrenia: a Practical Guide*, Londres, Gaskell.

Ladd, C.O. et al., 1996, «Persistent changes in corticotropin-releasing factor neuronal systems induced by maternal deprivation», *Endocrinology*, 137, pp. 1212-1218.

Laing, R.D., 1960, *The Divided Self*, Londres: Penguin.

Laing, R.D. et al., 1964, *Sanity, Madness and the Family*, Londres: Penguin.

Laing, R.D., 1971, *The Politics of the Family*, Londres: Penguin.

Lam, D. y Kuipers, L., 1993, «Being critical is not a critical review», *Clinical Psychology Forum*, julio.

Lasch, C., 1979, *The Culture of Narcissism*, Londres: Sphere.

Lasky-Su, J.A., 2005, «Meta-analysis of the association between two poly-morphisms in the serotonin transporter gene and affective disorders», *American Journal of Medical Genetics*, 133b, pp. 110-115.

Leach, P., 1999, *Physical Punishment of Children in the Home*, Londres: National Children's Bureau.

Lee, C.M. y Gotlib, I.H., 1991, «Adjustment of children of depressed mo-thers: a ten-month follow-up», *Journal of Abnormal Psychology*, 100, pp. 473-477.

Leff, J. y Vaughn, C., 1994, «Critics of family management in schizophre-nia: their assumptions and contradictions», *Journal of Mental Health*, 3, pp. 115-116.

Levicki, C., 2001, *Developing Leadership Genius*, Nueva York: McGraw Hill.

Levine, R.A. et al., 1988, *Parental Behaviour in Diverse Societies*, San Fran-cisco: Jossey-Bass.

Lewinsohn, P.M. et al., 2004, «The prevalence and co-morbidity of subthres-hold psychiatric conditions», *Psychological Medicine*, 34, pp. 613-622.

Lewis, D.O. et al., 1997, «Objective documentation of child abuse and dissociation in 12 murderers with dissociative identity disorder», *American Journal of Psychiatry*, 154, pp. 1703-1710.

Lewis, R.A., 1963, «Parents and peers: socialization agents in the coital behaviour of young adults», *Journal of Sex Research*, 9, pp. 156-170.

Lewis, R.J. y Janda, L.H., 1988, «The relationship between adult sexual adjustment and childhood experiences regarding exposure to nudity, sleeping in the parental bed and parental attitudes toward sexuality», *Archives of Sexual Behaviour*, 17, pp- 349-362.

Lidz, T., 1985, «A psychosocial orientation to schizophrenic disorders», *Yale Journal of Biology and Medicine*, 58, pp. 209-217.

Liem, J.H., 1980, «Family studies of schizophrenia: an update and commentary», *Schizophrenia Bulletin*, 6, pp. 429-455.

Liotti, G., 1992, «Disorganized/disorientated attachment in the etiology of dissociative disorders», *Dissociation*, 4, pp. 196-204.

Loranger, A.W. et al., 1997, *Assessment and Diagnosis of Personality Disorders – The ICD-10 International Personality Disorder Examination*, Cambridge: CUP.

Lupien, S.J. et al., 2001, «Can poverty get under your skin? Basal cortison levels and cognitive function in children from low and high socioeconomic status», *Development and Psychopathology*, 13, pp. 653-676.

Luthar, S.S. et al., 2002, «Privileged but pressured? A study of affluent youth», *Child Development*, 73, pp. 1593-1610.

Luthar, S.S., 2003, «The culture of affluence: psychological costs of material wealth», *Child Development*, 73, pp. 1581-1593.

Luthar, S.S. et al., 2005, «Comparable "risks" at the socioeconomic status extremes: preadolescents' perceptions of parenting», *Development and Psychopathology*, 17, pp. 207-230.

Lykken, D.T., 1995, *The Antisocial Personalities*, Nueva Jersey: LEA.

Lykken, D.T. y Tellegen, A., 1993, «Is human mating adventitious or the result of lawful choice? A twin study of mate selection», *Interpersonal Relations and Group Processes*, 65, pp. 56-68.

Lyons, D. et al., 2002, «Early environmental regulation of glucocorticoid feedback sensitivity in young adult monkeys», *Journal of Neuroendocrinology*, 12, pp. 723-728.

McCauley, J. et al., 1997, «Clinical characteristics of women with a history of childhood abuse», *JAMA*, 277, pp. 1362-1368.

Maccoby, E.E., 1989, capítulo 8 en Garmezy, M. y Rutter, M., *Stress, Coping, and Development in Children*, Baltimore: John Hopkins Press.

McConville, B., 1985, *Sisters: Love and Conflict within the Lifelong Bond*, Nueva York: Pan.

Mcgue, M. y Lykken, D.T., 1992, «Genetic influence on risk of divorce», *Psychological Science*, 3, pp. 368-373.

McGuffin, P. et al., 1994, *Seminars in Psychiatric Genetics*, Londres: Gaskell.

McGuire, S. et al., 1995, «Maternal differential treatment of siblings and children's behavioural problems: a longitudinal study», *Development and Psychopathology*, 7, pp. 515-528.

MacKay, T., 1999, «Education and the disadvantaged: is there any justice?», *The Psychologist*, 12, pp. 344-349.

Mackenzie, C.D. y Wright, L.S., 1996, *Delayed Posttraumatic Stress Disorders from Infancy*, Países Bajos: Harwood.

McKenzie, K. y Murray, R.M., 1988, «Risk factors for psychosis in the UK African-Caribbean population», en *Ethnicity – An Agenda for Mental Health*, Londres: Gaskell.

McLellan, M.D. et al., 1996, «Age of onset of sexual abuse: relationship to sexually inappropriate behaviour», *Journal of American Academy of Child and Adolescent Psychiatry*, 34, p. 1375.

Mcmahon, R.J. y Wells, K.C., 1998, «Conduct problems», en Mash, E.J. y Barkley, R.A., *Treatment of Childhood Disorders*, Nueva York: Guilford Press.

Main, M., 1993, «Discourse, prediction and recent studies in attachment: implications for psychoanalisis», *Journal of the American Psychoanalytic Association*, 41, pp. 209-244.

Manly, J.T. et al., 2001, «Dimensions of child maltreatment and children's adjustment: contributions of developmental timing and subtype», *Development and Psychopathology*, 13, pp. 759-782.

Manuck S.B. et al., 2004, «Socio-economic status covaries with central nervous system serotonergic responsivity as a function of allelic varia-

tion in the serotonin transporter gene-linked polymorphic region»,
Psychoneuroendocrinology, 29, pp. 651-668.

Manuck, S.B. et al., 2005, «The socio-economic status of communities
predicts variation in brain serotonergic responsivity», *Psychological
Medicine*, 29, pp. 519-528.

Marcovitch, J., 1997, «Determinants of behavioural problems in Romanian
children adopted in Ontario», *International Journal of Behavioural
Development*, 20, pp. 17-31.

Marriage and Divorce Statistics, 2000, Londres: HMSO.

Marshall, J.R., 1993, *Clinical Psychology Forum*, 56, pp. 41-42.

Martorell R. et al., 1997, «Reversibility of stunting: epidemiological findings
in children from developing countries», *European Journal of Clinical
Nutrition*, 48, pp. 45-57.

Marvin, R.S. y Britner, P.A., 1999, «Normative development: the ontogeny
of attachment», en Cassidy, J. y Shaver, P.R., *Handbook of Attachment*,
Nueva York: Guildford.

Masson, J.M., 1984, *Freud: The Assault on Truth*, Londres: Faber.

Matejcek, Z. et al., 1978, «Children from unwanted pregnancies», *Acta
Psychiatrica Scandinavia*, 57, 67-90.

Matcejek, Z. et al., 1980, «Follow-up study of children born from unwanted pregnancies»), *International Journal of Behavioural Development*, 3,
pp. 243-251.

Matthews, K.A. et al., 2000, «Does socioeconomic status relate to central
serotoninergic responsivity in healthy adults?», *Psychosomatic Medicine*, 62, pp. 231-237.

Matthijssen, J.J.J.P. et al., 1998, «The relationship between mutual family
relations and child psychopathology», *Journal of Child Psychology and
Psychiatry*, 39, pp. 477-487.

Meade, M., 2000, *The Unruly Life of Woody Allen*, Londres: Weidenfeld and
Nicolson.

Mednick, S.A. et al., 1984, «Genetic influences in criminal convictions:
evidence from an adoption cohort», *Science*, 224, pp. 891-893.

Meiselman, K.C., 1978, *Incest*, San Francisco: Jossey-Bass.

Mendlewicz, J. et al., 2004, «Serotonin transporter 5-HTTLPR polymorphism and affective disorders: no evidence of association in a large European multicenter study», *European Journey of Human Genetics*, 12, pp. 377-382.

Messner, S.F., 1982, «Income inequality and murder rates», *Comparative Social Research*, 3.

Milburn, M.A., 1996, *The Politics of Denial*, Londres: MIT Press.

Miller, A., 1980, *For Your Own Good*, Londres: Virago.

Miller, A., 1991, *Banished Knowledge*, Londres: Virago.

Miller, P.R., 1958, «The effeminate passive obligatory homosexual», *Arch. Neurol. Psychiat.*, 80(5), pp. 612-618.

Mirowsky, J. y Ross, C.E., 1989, *Social Causes of Psychological Distress*, Nueva York: Aldine De Gruyter.

Miyake, K. et al., 1988, «Issues in emotional development», en Stevenson, H. et al., *Child Development and Education in Japan*, Nueva York: Freeman.

Moffit, T. et al., 1992, «Childhood experience and onset of menarche», *Child Development*, 63, pp. 47-58.

Money, J., 1986, *Lovemaps*, Nueva York: Irvington.

Moore, K.A. et al., 1986, «Parental attitudes and the occurrence of sexual activity», *Journal of Marriage and the Family*, 48, pp. 777-782.

Moorehouse, M.J., 1991, «Linking maternal employment patterns to mother-child activities and children's school competence», *Developmental Psychology*, 27, pp. 295-303.

Morton, N. y Browne, K.D., 1998, «Theory and observation of attachment and its relation to child maltreatment: a review», *Child Abuse and Neglect*, 22, pp. 1093-1104.

Mosher, L.R. et al., 1971, «Families with identical twins discordant for schizophrenia: some relationships between identification, thinking styles, psychopathology and dominance-submisivenes», *British Journal of Psychiatry*, 118, pp. 29-42.

Mosher, L.R. et al., «Drug companies and schizophrenia: unbridled capitalism meets madness», en Read, J. et al., *Models of Madness – Psychological, social and biological approaches to schizophrenia*, Hove: Brunner-Routledge.

Moss, P. y Melhuish, E., 1991, *Current Issues in Day Care for Young Children*, Londres: HMSO.

«Mother and Baby Sleep Survey», 2002, *Mother and Baby Magazine*, abril.

Mueller, M.M. y Dweck, C.S., 1998, «Praise for the intelligence can undermine children's motivation and performance», *Journal of Personality and Social Psychology*, 75, pp. 33-52.

Mullen, P.E. et al., 1994, «The effect of child sexual abuse on social, sexual and interpersonal function in adult life», *British Journal of Psychiatry*, 165, pp. 35-47.

Mullen, P.E. et al., 1996, «The long-term impact of the physical, emotional and sexual abuse of children», *Child Abuse and Neglect*, 20, pp. 7-21.

Munson, J.A. et al., 2001, «Structure and variability in the developmental trajectory of children's externalizing problems: impact of infant attachment, maternal depressive symptomatology and child sex», *Development and Psychopathology*, 13, pp. 277-296.

Muntaglio, B., 1999, *First Son: George W. Bush and the Bush Family Dynasty*, Nueva York: Three Rivers Press.

Murray, C., 2000, «Genetics of the right», *Prospect*, abril.

Murray, L., 1993, «The role of infant irritability in postnatal depression in a Cambridge (UK) community population», en Brazelton, T.B. y Lester, B.M., *The Cultural Context of Infancy*, vol. 3, Nueva Jersey: Ablex.

Murray, L. et al., 1993, «Depressed mothers' speech to their infants and its relation to infant gender and cognitive development», *Journal of Child Psychology and Psychiatry*, 31, pp. 1083-1101.

Myers, L.B., 2000, «Deceiving others or deceiving themselves», *The Psychologist*, 13, pp. 400-403.

Nash, M.R. et al., 1993, «Characteristics of sexual abuse associated with greater psychological impairment among children», *Child Abuse and Neglect*, 17, pp. 401-408.

NICHD Early Child Care Research Network, 1998, «Early child care and self-control, compliance and problem behaviour at twenty-four and thirty-six months», *Child Development*, 69, pp. 1145-1170.

NICHD, 1999(a), «Child care and the mother-child interaction in the first 3 years of life», *Developmental Psychology*, 35, pp. 1399-1413.

NICHD, 1999(b), «Chronicity of maternal depressive symptoms, maternal sensitivity and child functioning at 36 months», *Developmental Psychology*, 35, pp. 1297-1310.

Nicolson, P., 1998, *Post-Natal Depression: Psychology, Science and the Transition to Motherhood*, Londres: Routledge.

Nishith, P. et al., 2000, «Prior interpersonal trauma: the contribution to current PTSD symptoms in female rape victims», *Journal of Abnormal Psychology*, 109, pp. 20-25.

Norman, P., 2002, *Sir Elton*, Londres: Pan.

NSPCC, 2001, *Child Maltreatment in the United Kingdom: a Study of the Prevalence of Child Abuse and Neglect*, Londres, NSPCC.

O'Connor, M.J. et al., 1987, «Disorganization of attachment in relation to maternal alcohol consumption», *Journal of Consulting and Clinical Psychology*, 55, pp. 831-836.

O'Connor, M.J. et al., 1992, «Attachment behaviour of infants exposed prenatally to alcohol: mediating effects of infant affect and mother-infant interactions», *Development and Psychopathology*, 4, pp. 243-256.

O'Connor, P.J., 1964, «Aetiological factors in homosexuality as seen in Royal Airforce psychiatric practice», *Brit. J. Psychiat.*, 110, pp. 381-391.

O'Connor, T. et al., 1999, «Attachment disturbances and disorders in children exposed to early severe deprivation», *Infant Mental Health Journal*, 20, pp. 10-29.

O'Connor, T. et al., 2000, «The effects of global severe privation on cognitive competence», *Child Development*, 72, pp. 376-390.

O'Connor, T. et al., 2001, «A twin study of attachment in preschool children», *Child Development*, 72, pp. 1501-1511.

O'Connor, T.G. et al., 2003a, «Maternal anxiety and behavioural/emotional problems in children: A test of programming hypothesis», *Journal of Child Psychology and Psychiatry*, 44, pp. 1025-1036.

O'Connor, T.G. et al., 2003b, «Child-parent attachment following early institutional deprivation», *Development and Psychopathology*, 15, pp. 19-38.

O'Connor, T.G. et al., 2005, «Prenatal anxiety predicts individual differences in cortisol in pre-adolescent children», *Biological Psychiatry*, 58,
pp. 211-217.

Office of Applied Statistics, 2004, Department of Health and Human Services, Substance Abuse and Mental Health Services Administration,
Research Triangle Park, Carolina del Norte: Research Triangle Institute.

Ogata, S.N., et al., 1990, «Childhood sexual and physical abuse in adult
patients with borderline personality disorder», *American Journal of
Psychiatry*, 147, pp. 1008-1013.

Ogawa, J. et al., 1997, «Development and the fragmented self: longitudinal study of dissociative symptomatology in a nonclinical sample»,
Development and Psychopathology, 9, pp. 855-879.

Papousek, M. y Von Hofacker, N., 1998, «Persistent crying in early infancy: a non-trivial condition of risk for the developing mother-infant
relationship», *Child: Care, Health and Development*, 24, pp. 395-424.

Parsons, J.E. et al., 1982, «Socialization of achievement attitudes and beliefs: parental influences», *Child Development*, 53, pp. 310-321.

Pastore, N., 1949, *The Nature/Nurture Controversy*, Nueva York: Columbia UP.

Patterson, G.R., 1980, «Mothers, the unacknowledged victims», *Monographs
of the Society for Research in Child Development*, 85(3).

Patterson, G.R., 1982, *Coercive Family Processes*, Oregón: Castalia.

Patterson, G.R., 1990, *Antisocial Boys*, Oregón: Castalia.

Pedersen, C.B. et al., 2001, «Evidence of a dose-response relationship between urbanicity during upbringing and schizophrenia risk», *Archives
of General Psychiatry*, 58, pp. 1039-1046.

Perry, B.D. et al., 1995, «Childhood trauma, the neurobiology of adaptation and «use dependent» development of the brain: how «states»
becomes «traits»», *Infant Mental Healt, Journal*, 16, pp. 271-291.

Peters, D.K. et al., 1995, «Childhood sexual abuse and current suidality in
college women and men», *Child Abuse and Neglect*, 19, pp. 335-341.

Pinilla, T. y Birch, L.L., 1993, «Help me make it through the night: behavioural entrainment of breast-fed infants' sleep patterns», *Pediatrics*, 91,
pp. 436-444.

Pinker, S., 1997, *How the Mind Works*, Londres: Penguin.

Piontelli, A., 2002, *Twins – From Fetus to Child*, Londres: Routledge.

Plomin, R., 1990, *Nature and Nurture – an Introduction to Behavioural Ge-netics*, Pacific Grove: Brooks/Cole.

Plomin, R., 1994, *Genetics and Experience – The Interplay Between Nature and Nurture*, Londres: Sage.

Plomin, R. y Daniels, D., 1987, «Why are children from the same family so different from each other?», *Behaviour and Brain Science*, 10, pp. 1-16.

Plomin, R. et al., 1997, *Behavioural Genetics* (3.ª edición), Nueva York: Freeman.

Post, R.M. et al., 2001, «Developmental vulnerabilities to the onset and course of bipolar disorder», *Development and Psychopathology*, 13, pp. 581-598.

Putnam, F.W., 1995, «Development of dissociative disorders», en *Development and Psychopathology, Volume 2: Risk Disorder and Adaptation*, Cicchetti, D. et al., Londres: John Wiley.

Quinton, D. y Rutter, M., 1998, *Parenting Breakdown*, Aldershot: Avebury.

Radke-Yarrow, M. et al., 1985, «Patterns of attachment in two- and three-year-old children in normal families and families with depressed mothers», *Child Development*, 56, pp. 884-893.

Raiha, H. et al., 1995, «Family context of infantile colic», *Infant Mental Health Journey*, 16, pp. 206-217.

Rautava, P. et al., 1993, «Psychosocial predisposing factors for infantile colic», *British Medical Journey*, 307, pp. 600-604.

Rautava, P. et al., 1995, «Infantile colic: child and family three years later», *Pediatrics*, 96, pp. 43-47.

Read, J. et al., 2004a, «Childhood trauma, loss and stress», en Read, J. et al., *Models of Madness – Psychological Social and Biological Approaches to Schizophrenia*, Hove: Brunner-Routledge.

Read, J. et al., 2004b, «Poverty, ethnicity and gender», en Read, J. et al., *Models of Madness – Psychological Social and Biological Approaches to Schizophrenia*, Hove: Brunner-Routledge.

Read, J. et al., 2004c, «Unhappy families», en Read, J. et al., *Models of*

Madness – Psychological Social and Biological Approaches to Schizophre-nia, Hove: Brunner-Routledge.

Read, J. et al., 2005, «Childhood trauma, psychosis and schizophrenia: a literature review with theoretical and clinical implications», *Acta Psychiatrica Scandinavica*, 112, pp. 330-350.

Read, J. et al., 2006, «Prejudice and schizophrenia: a review of the "mental illness is an illness like any other" approach», *Acta Psychiatrica Scandinavica*, pp. 1-16.

Reiner, R., 1997, *Rethinking the Brain: New Insights into Early Development*, Nueva York: Families and Work Institute.

Ricciuti, A.E., «Child-mother attachment: a twin study», *Dissertation Abstracts International*, 54, p. 3364.

Richardson, J.L. et al., 1989, «Substance use among eighth-grade students who take care of themselves after school», *Pediatrics*, 84, pp. 556-566.

Robertson, G., 1972, «Parent-child relationships and homosexuality», *Brit. J. Psychiat.*, 121, pp. 525-528.

Robertson, J. y Robertson, J., 1989, *Separation and the Very Young*, Londres: Free Association.

Robins, L.N. et al., 1992, *Psychiatric Disorders in America*, Nueva York: Free Press.

Robinson, A., 2001, *Memoirs of an Unfit Mother*, Londres: Little Brown.

Rodgers, B. y Pryor, J., 1998, *Divorce and Separation: the Outcome for Children*, York: Joseph Rowntree.

Rodning, C. et al., 1989, «Characteristics of attachment, organization and play organization in prenatally drug-exposed toddlers», *Development and Psychopathology*, 1, pp. 277-289.

Rodning, C. et al., 1991, «Quality of attachment and home environments in children prenatally exposed to PCP and cocaine», *Development and Psychopathology*, 3, pp. 351-366.

Roe, A., 1952, *The Making of a Scientist*, Nueva York: Dodd, Mead.

Ross, C.A. et al., 2004, «Antipsychotic medication: myths and facts», en Read, J. et al., *Models of Madness – Psychological Social and Biological Approaches to Schizophrenia*, Hove: Brunner-Routledge.

Roth, A. y Fonagy, P., 1996, *What Works for Whom – a Critical Review of Psychotherapy Research*, Londres: Guildford.

Rowan, A.B. et al., 1994, «Posttraumatic stress disorder in a clinical sample of adults sexually abused as children», *Child Abuse and Neglect*, 18, pp. 51-61.

Roy, P. et al., 2000, «Institutional care: risk from family background or pattern of rearing?», *Journal of Child Psychology and Psychiatry*, 41, pp. 139-149.

Ruble, D.N. et al., 1987, «Social comparison and self-evaluation in the classroom: developmental changes in knowledge and function», en Masters, J.C., *Social Comparison, Social Justice and Relative Deprivation*, Nueva Jersey: LEA.

Ruble, D.N. et al., 1991, «Changing patterns of comparative behaviour as skills are acquired: a functional model of self-evaluation», en Suls, J. et al., *Social Comparison: Contemporary Theory and Research*, Nueva Jersey: LEA.

Rutter, M. y Smith, D., 1995, *Psychosocial Disorders in Young People*, Londres: John Wiley.

Rutter, M. et al., 1988, «Developmental catchup and deficit following adoption after severe global early prevention», *Journal of Child Psychology and Psychiatry*, 39, pp. 465-476.

Rutter, M. et al., 1990, «Adult outcomes of institution-reared children: males and females compared», en Robins, L.N. et al., *Straight and Devious Pathways in Development from Childhood to Adulthood*, Cambridge: CUP.

Rutter, M. et al., 1995, «Understanding individual differences in environmental-risk exposure», en Moen, P. et al., *Examining Lives in Context*, Washington: American Psychological Association.

Rutter, M. et al., 1999, «Quasi-autistic patterns following severe early global privation», *Journal of Child Psychology and Psychiatry*, 40, pp. 537-549.

Ryle, A. y Marlowe, M., 1995, «CAT of borderline personality disorder: theory and practice and clinical and research uses of the self states SDR», *International Journal of Short-Term Psychotherapy*, 10, pp. 21-34.

Sadowski, H. et al., 1999, «Early life family disadvantages and major depression in adulthood», British Journal of Psychiatry, 174, pp. 112-120.

Saghir, M.T. y Robins, E., 1973, Male and Female Homosexuality: A Comprehensive Investigation, Baltimore: Williams and Wilkins.

Sagi, A. et al., 1994, «Sleeping out of home in a Kibbutz communal arrangement: it makes a difference for infant-mother attachment», Child Development, 65, pp. 992-1004.

Sahlins, M., 1974, Stone Age Economics, Londres: Tavistock.

Scarr, S., 1992, «Developmental theories for the 1990's: development and individual differences», Child Development, 63, pp. 1-19.

Scarr, S., «Why childcare has little impact on most children's development», Current Directions in Psychological Science, 6, pp. 143-148.

Schiff, M. et al., 1982, «How much could we boost scholastic achievement and IQ scores? A direct answer from a French adoption study», Cognition, 12, pp. 165-196.

Schofield, M. 1965, Sociological Aspects of Homosexuality, Londres: Longman.

Schore, A.N.: 1996, «The experience-dependent maturation of a regulatory system in the orbital prefrontal cortex and the origin of developmental psychopathology», Development and Psychopathology, 8, pp. 59-87.

Schore, A.N., 1997, «Early organization of the nonlinear right brain and development of a predisposition to psychiatric disorders», Development and Psychopathology, 9, pp. 595-631.

Schore, A.N., 1998, «Early shame experiences and infant brain development», pp. 57-77, en Gilbert, P. y Andrews B., 1998, Shame: Interpersonal Behaviour, Psychopathology and Culture, Oxford: OUP.

Schore, A.N., 2000, «Relational trauma of the developing right brain and to the origin of severe disorders of the self», conferencia en el Anna Freud Centre, Londres.

Schwarz, B., 2000, «Self-determination: the tyranny of freedom», American Psychologist, 55, pp. 79-88.

Shedler, J. y Block, J., 1990, «Adolescent drug use and psychological health», American Psychologist, 45, pp. 612-630.

Shenon, P., 1995, en *The New York Times*, 15 de julio, p. 3, «New Zealand seeks causes of suicides by young».

Siegelman, M., 1974, «Parental backgrounds of male homosexuals and heterosexuals», *Arch. Sex. Behav.*, 3, pp. 3-19.

Siegelman, M., 1981, «Parental backgrounds of homosexual and heterosexual men: a cross-national replication», *Arch. Sex. Behav.*, 10, pp. 505-512.

Sigel, I.E., 1985, *Parental Belief Systems*, Londres: Erlbaum.

Singleton, N. et al., 1998, *Psychiatric Morbidity Among Prisoners in England and Wales*, Office of National Statistics.

Skuse, D. et al., 1994, «Postnatal growth and mental development: evidence for a sensitive period», *Journal of Child Psychology and Psychiatry*, 35, pp. 521-545.

Sloboda, J.A. et al., 1994, «Is everyone musical?», *The Psychologist*, agosto, pp. 349-354.

Snortum, J.R. et al., 1969, «Family dynamics and homosexuality», *Psychol. Rep.*, 24, pp. 763-770.

Solomon, J. y George, C., 1999, «The measurement of attachment security in infancy and childhood», en Cassidy, J. y Shaver, P.R., *Handbook of Attachment*, Nueva York: Guildford.

Speltz, M.L. et al., 1999, «Attachment in boys with early onset conduct problems», *Development and Psychopathology*, 11, pp. 269-285.

Spitz, R., 1946, «Hospitalism: a follow-up report», *Psychoanalitic Study of the Child*, 2, pp. 113-117.

Srivastava, A. et al., 2001, «Money and subjective well-being: it's not the money, it's the motives», *Journal of Personality and Social Psychology*, 80, pp. 959-971.

Sroufe, L.A. et al., 1990, «The fate of early experience following developmental change: longitudinal approaches to individual adaptation in childhood», *Child Development*, 61, pp. 1363-1373.

Sroufe, L.A., 1992, *Child Development: Its Nature and Course*, Nueva York: McGraw-Hill.

Sroufe, L.A. et al., 1999, «Implications of attachment theory for developmental psychopathology», *Development and Psychopathology*, 11, pp. 1-13.

Stabenau, J.R. et al., 1967, «Early characteristics of monozygotic twins discordant for schizophrenia», *Archives of General Psychiatry*, 17, pp. 723-734.

Stabenau, J.R., 1973, «Schizophrenia: a family's projective identification», *American Journal of Psychiatry*, 130, pp. 19-23.

Stein, A. et al., 1991, «The relationship between postnatal depression and mother-child interaction», *British Journal of Psychiatry*, 158, pp. 46-52.

Stein, M.B. et al., 1997, «Hippocampal volume in women victimized by childhood sexual abuse», *Psychological Medicine*, 27, pp. 951-959.

Steinberg, L. et al., 1989, «Authoritative parenting, psychosocial maturity and academic success among adolescents», *Child Development*, 60, pp. 1424-1436.

Steinberg, L., 1986, «Latchkey children and susceptibility to peer pressure: an ecological analysis», *Developmental Psychology*, 22, pp. 433-439.

Stephen, W.G., 1973, «Parental relationships and early social experiences of activist male homosexuals and male heterosexuals», *J. Abnorm. Psychol.*, 82, pp. 506-513.

Stern, D. 1985, *The Interpersonal World of the Infant*, Nueva York: Basic Books.

St. James-Roberts, I. et al., 1994, «Infant crying patterns in Manali and London», *Child: Care, Health and Development*, 20, 1-15.

St. James-Roberts, I. et al., 1998, «Links between maternal care and persistent infant crying in the early months», *Child: Care, Health and Development*, 24, pp. 353-376.

Stone, W.F. et al., 1993, «Authoritarianism: Left and Right», en Stone, W.F. et al., *Strength and Weakness – The Authoritarian Personality Today*, Nueva York: Springer-Verlag.

Stone, W.F. et al., 1992, *Strength and Weakness – The Authoritarian Personality Today*, Londres: Springer-Verlag.

Storr, A., 1970, *Human Aggression*, Londres: Penguin.

Storr, A., 1972, *The Dynamics of Creation*, Londres: Penguin.

Sulloway, F., 1996, *Born to Rebel*, Londres: Abacus.

Suomi, S.J., 1997, «Early determinants of behaviour: evidence from primate studies», *British Medical Bulletin*, 53, pp. 170-184.

Surbey, M., 1990, «Family composition, stress and human menarche», en Bercovitch, F. y Zeigler, T., *The Socioendocrinology of Primate Reproduction*, Nueva York: Liss.

Surtees, P.G. et al., 2006, «Social adversity, the serotonin transporter (5-HTTLPR) and major depressive disorder», *Biological Psychiatry*, 59, pp. 224-229.

Susser, E. et al., 1994, «Epidemiology of nonaffective acute remitting psychosis vs. schizophrenia: sex and socio-cultural setting», *Archives of General Psychiatry*, 51, pp. 294-301.

Symonds, M., 1969, «Homosexuality in adolescence», *Pennsyl. Psychiat. Quart.*, 9, pp. 15-24.

Taubman, B., 1984, «Clinical trial of the treatment of colic by modification of parent-infant interaction», *Pediatrics*, 74, pp. 995-2-1003.

Taubman, B., 1988, «Parental counselling compared with elimination of cow's milk or soy milk of the treatment of infant colic syndrome: a randomized trial», *Pediatrics*, 81, p. 756-761.

Tangney, J.P. et al., 1992, «Proneness to shame, proneness to guilt and psychopathology», *Journal of Abnormal Psychology*, 101, pp. 469-478.

Tarling, R., 1993, *Analysis Offending: Data, Models and Interpretation*, Londres: HMSO.

Taylor, S.E. et al., 1992, «Optimism, coping, psychological distress and high risk sexual behaviour among men at risk for acquired immunodeficiency disease», *Journal of Personality and Social Psychology*, 63, pp. 460-473.

Taylor, S.E. et al., 1994, «Positive illusions and well being revisited: separating fact from fiction», *Psychological Bulletin*, 116, pp. 21-27.

Teicher, M.H., 2000, «Wounds that time won't heal: the neurobiology of child abuse», *The Dana Forum on Brain Science*, 2, 4, pp. 50-67.

Teicher, M.H., 2002, «Scars that won't heal: the neurobiology of child abuse», *Scientific American*, marzo, pp. 54-61.

Terman, I.M. y Miles, C.C., 1936, *Sex and Personality*, Nueva York: McGraw-Hill.

Terman, L.M. et al., 1983, *Terman Life-Cycle Study of Children with High Ability, 1922-82*, Ann Arbor: Inter-University Consortium for Political and Social Research.

Teti, D.M. et al., 1995, «Maternal depression and the quality of early attachment: an examination of infants, preschoolers and their mothers», *Developmental Psychology*, 31, pp. 364-376.

Teti, D.M. et al., 1996, «And baby makes four: predictors of attachment security among preschool-aged firstborns during the transition to siblinghood», *Child Development*, 67, pp. 579-596.

Thapar, A. et al., 1999, «Genetics basis of attention deficit and hyperactivity», *British of Journal Psychiatry*, 174, p. 111.

Thompson, N.L. et al., 1973, «Parent-child relationships and sexual identity in male and female homosexuals and heterosexuals», *J. Consulting Clin. Psychol.*, 41(1), pp. 120-127.

Thornton, A. y Camburn, D., 1987, «The influence of the family on premarital sexual attitudes and behaviour», *Demography*, 24, pp. 323-340.

Thorpe, K. et al., 1991, «Comparison of prevalence of depression in mothers of twins and mothers of singletons», *British Medical Journal*, 302, pp. 875-878.

Timimi, S., 2005, *Naughty Boys*, Basingstoke: Palgrave-Macmillan.

Torgersen, S., 1984, «Genetic and nosological aspects of schizotypal and borderline personality disorders», *Archives of General Psychiatry*, 41, pp. 546-554.

Trilling, L., 1972, *Sincerity and Authenticity*, Londres: Secker and Warburg.

Triseliotis, J., 1989, «Foster care outcomes: a review of key research findings», *Adoption and Fostering*, 13, pp. 5-17.

Turner, A.M. y Greenough, W.T., 1985, «Differential rearing effects on rat visual cortex», *Brain Research*, 329, pp. 357-368.

Twenge, J.M., 2000, «The age of anxiety? Birth cohort changes in anxiety and neuroticism 1952-93», *Journal of Personality and Social Psychology*, 79, pp. 1007-1021.

US Department of Justice, Federal Bureau of Investigation, Crime in the United States, 2002.

Van den Aardweg, G.J.M., 1984, «Parents of homosexuals – not guilty?», *Amer. J. Psychoth.*, 38(2), pp. 181-189.

Van den Bergh, B.R.H. et al., 2004, «High Antenatal Maternal Anxiety is Related to ADHD Symptoms, Externalizing Problems, and Anxiety in 8- and 9- Year-Olds», *Child Development*, 75, pp. 1085-1097.

Vandell, D.L. y Corasaniti, M.A., 1988, «The relation between third graders after-school care and social, academic and emotional functioning», *Child Development*, 59, pp. 868-875.

Vandell, D.L. y Ramanan, J., 1991, «Children of the national longitudinal survey of youth: choices in after-school care and child development», *Developmental Psychology*, 27, pp. 637-643.

Vandell, D.L. et al., 1990, «Variations in early childcare: do they predict subsequent social, emotional and cognitivie differences?», *Early Childhood Research Quarterly*, 5, pp. 555-572.

Van den Boom, D., 1994, «The influence of temperament and mothering on attachment and exploration: an experimental manipulation of sensitive responsiveness among lower-class mothers with irritable infants», *Child Development*, 65, pp. 1457-1477.

Van Ijzendoorn, M.H. et al., 1992, «The relative effects of maternal and child problems on the quality of attachment in clinical samples», *Child Development*, 63, pp. 840-858.

Van Ijzendoorn, M.H., 1995, «Adult attachment representations, parental responsiveness, and infant attachment: a meta-analysis on the predictive validity of the adult attachment interview», *Psychological Bulletin*, 117, pp. 387-403.

Van Ijzendoorn, M.H. et al., 1999, «Disorganized attachment in early childhood: meta-analysis of precursors, concomitants and sequelae», *Development and Psychopathology*, 11, pp. 225-249.

Van Ijzendoorn, M.H. y De Wolff, M.S., 1997, «In search of the absent father – meta-analysis of infant-father attachment», *Child Development*, 68, pp. 604-609.

Vaughan, B.E. y Bost, K.K., 1999, «Attachment and temperament: redundant, independent or interacting influences on interpersonal adaptation and personality development?», en Cassidy, J. y Shaver, P.R., *Handbook of Attachment*, Nueva York: Guildford.

Venter, C., 2001, *The Observer*, p. 1, 11 de febrero de 2001.

Venter, J.C. et al., 2001, «The sequence of the human genome», *Science*, 291, 1304-1351.

Vereycken, J. et al., 2002, «Authority conflicts and personality disorders», *Journal of Personality Disorders*, 16, pp. 41-51.

Verhulst, F.C., 1990, «Problem behavior in international adoptees: II. Age at placement», *Journal of American Academy of Child and Adolescent Psychiatry*, 29, pp. 104-111.

Verhulst, F.C. et al., 1992, «Damaging backgrounds: later adjustment of international adoptees», *Journal of American Academy of Child and Adolescent Psychiatry*, 31, pp. 518-524.

Vohs, K.D. et al., 1999, «Perfectionism, perceived weight status and self-esteem interact to predict bulimic symptoms», *Journal of Abnormal Psychiatry*, 108, pp. 695-700.

Vorria, P. et al., 1998, «A comparative study of Greek children in long-term residential group care and in two-parent families: I. Social, emotional and behavioural differences», *Journal of Child Psychology and Psychiatry*, 39, pp. 225-236.

Wahlberg, K.-E. et al., 1997, «Gene-environment interaction in vulnerability to schizophrenia: findings from the Finnish adoptive family study of schizophrenia», *American Journal of Psychiatry*, 154, pp. 355-362.

Wakschlag, L.S. y Hans, S.L., 1999, «Relation of maternal responsiveness during infancy to the development of behaviour problems in high-risk youths», *Developmental Psychology*, 35, pp. 569-579.

Walkerdine, V., 1995, estudio no publicado, Departamento de psicología, Goldsmiths College, London University.

Waller, N.G. y Shaver, P.R., 1994, «The importance of nongenetic influences on romantic lovestyles: a twin-family study», *Psychological Science*, 5, pp. 168-174.

Wallerstein, J.S. y Kelly, J.B., 1979, «Children and divorce: a review», *Social Work*, 13, pp. 468-475.

Wallis, J. y Baumeister, R., en imprenta, *Journal of Personality and Social Psychology*.

Waters E. et al., 1995, «From the strange situation to the Adult Attachment Interview: a 20-year longitudinal study», en Crowell, J.A. y Waters, E., *Is the Parent-Child Relationship a Prototype of Later Love Relationships?*, Indianapolis: Society for Research in Child Development.

Watson, D.M. y Getz, K., 1990, «The relationship between oedipal behaviours and children's family role concepts», *Merril-Palmer Quarterly*, 36, pp. 487-505.

Weil, J.L., 1992, *Early Deprivation of Empathic Care*, Connecticut: IUP.

Weinstein, M. y Thornton, A., 1989, «Mother-child relations and adolescent sexual attitudes and behaviour», *Demography*, 26, pp. 563-577.

Wellings, K. et al., 1994, *Sexual Behaviour in Britain*, Londres: Penguin.

Wessel, M.A. et al., 1954, «Paroxysmal fussing in infancy, sometimes called colic», *Pediatrics*, 14, pp. 421-434.

West, D.J., 1959, «Parental relationships in male homosexuality», *Int. J. Soc. Psychiat.*, 5, pp. 85-97.

West, D.J., 1965, *Murder Followed by Suicide*, Londres: Heinemann.

West, P. et al., 2003, «Fifteen, female and stressed: changing patterns of psychological distress over time», *Journal of Child Psychology and Psychiatry*, 44, pp. 399-411.

Westen, D., 1998, «The scientific legacy of Sigmund Freud: towards a scientifically informed psychological science», *Psychological Bulletin*, 124, pp. 333-371.

Westwood, G., 1960, *A Minority: A Report on the Life of the Male Homosexual in Great Britain*, Londres: Longman.

Whitam, F.L. y Zent, 1984, «A cross-cultural assessment of early cross gender behaviour and familial factors in male homosexuality», *Archives of Sexual Behaviour*, 13(5), pp. 427-471.

Whiting, B.B. y Edwards, C.P., 1988, *Children of Different Worlds*, Massachusetts: Harvard University Press.

WHO [OMS] World Mental Health Survey Consortium, 2004, «Prevalence, severity, and unmet need of treatment of mental disorders in the World Health Organization mental health surveys», *JAMA*, 291, pp. 2581-2590.

Widom, C.S., 1989, «The intergenerational transmission of violence», in Weiner, N.A. and Wolfgang, M., *Pathways to Criminal Violence*, California Safe.

Widom, C.S., 1999, «Posttraumatic stress disorder in abused and neglected children grown up», *American Journal of Psychiatry*, 156, pp. 1223-1229.

Wiederman, M.W. y Hurd, C., 1999, «Extradyadic involvement during dating», *Journal of Social and Personal Relationships*, 16, pp. 265-274.

Wierson, M. et al., 1993, «Towards a new understanding of early menarche: the role of environmental stress in pubertal timing», *Adolescence*, 28, pp. 913-924.

Wilhelm, K. et al., 2006, «Life events, first depression onset and the serotonin transporter gene», *British Journal of Psychiatry*, 188, pp. 210-215.

Williams, V., 1992, *A Different Kind of Life*, Londres: Bantam.

Willis-Owen, S.A. et al., 2005, «The serotonin transporter length polymorphism, neuroticism and depression: a comprehensive assessment of association», *Biological Psychiatry*, 58, pp. 451-456.

Wilson, G.D. y Barret, P.T., 1987, «Parental characteristics: some evidence for Oedipal imprinting», *Journal of Biosocial Science*, 19, pp. 157-161.

Winnicott, D.W., 1957, *The Child, the Family and the Outside World*, Londres: Penguin.

Winnicott, D.W., 1971, *The Family and Individual Development*, Londres: Tavistock.

Winnicott, D.W., 1972, *Playing and Reality*, Londres: Penguin.

Wolf, P.H. y Fesseha, G., 1999, «The orphans of Eritrea: a five-year follow-up study», *Journal of Child Psychology and Psychiatry*, 40, pp. 1231-1237.

Wolkind, S.N. et al., 1980, «Continuities in maternal depression», *International Journal of Family Psychiatry*, 1, pp. 167-182.

World Health Organization [OMS], 1999, *Health and Behaviour Among Young People*, Copenhague: WHO Regional Office for Europe.

Wyatt, G.E. et al., 1988, «Kinsey revisited Part I», *Archives of Sexual Behaviour*, 17, pp. 201-239.

Yates, P., 1995, *The Autobiography*, Londres: Harper Collins.

Zahn-Wexler, C., 2002, «The development of empathy, guilt and internalization of distress: implications for gender differences in internalizing and externalizing problems», en Davidson, R., *Wisconsin Symposium on Emotion: Vol. 1 Anxiety, Depression and Emotion*, Nueva York: Oxford University Press.

Zahn-Wexler, C. et al., 1984, «Problem behaviours and peer interactions of young children with a manic-depressive parent», *American Journal of Psychiatry*, 141, pp. 236-240.

Zahn-Wexler, C. et al., 1992, «Development of concern in others», *Developmental Psychology*, 28, pp. 126-136.

Zalsman, G. et al., en imprenta, «A triallelic serotonin transporter gene promoter polymorphism (5-HTTLPR), stressful life-events», *American Journal of Psychiatry*.

Zanarini, M.C., 2000, «Childhood experiences associated with the development of borderline personality disorder», *Psychiatric Clinics of North America*, 23, pp. 89-101.

Zanarini, M.C. et al., 1989, «Childhood experiences of borderline patients», *Comprehensive Psychiatry*, 30, pp. 18-25.

Zanarini, M.C. et al., 2000, «Biparental failure in the childhood experiences of borderline patients», *Journal of Personality Disorders*, 14, pp. 264-273.

Zeman, S. 1997, *Understanding Depression*, Londres: Mental Health Foundation.

Zingg, R.M., 1940, «Feral man and extreme cases of isolation», *American Journal of Psychology*, 53, pp. 487-517.

Zuger, B., 1970, «The role of familial factors in persistent effeminate behaviour in boys», *American Journal of Psychiatry*, 126, pp. 1167-1170.

ÍNDICE ANALÍTICO